交通职业教育教学指导委员会精品课程配套用教材
国家示范性高等职业院校优质核心课程改革教材

# 路基病害整治

主　编　聂忠权
副主编　刘玉洁
主　审　杨　平

人民交通出版社

## 内 容 提 要

本书共分为三个部分，即常见的路基病害识别、路基病害整治设计、路基病害整治施工组织设计。其中，第二部分又可分为软土、黄土、膨胀土、冻土路基病害类型成因及防治措施、高填方路堤病害成因及防治措施、路基横向不均匀沉降、纵向不均匀沉降病害类型成因及防治措施、路基边坡病害整治。

**图书在版编目(CIP)数据**

路基病害整治/聂忠权主编. —北京：人民交通出版社，2010.3

ISBN 978-7-114-08306-8

Ⅰ.①路… Ⅱ.①聂… Ⅲ.①公路路基—灾害—防治 Ⅳ.①U416.1

中国版本图书馆 CIP 数据核字(2010)第 042319 号

交通职业教育教学指导委员会精品课程配套用教材

书　　名：国家示范性高等职业院校优质核心课程改革教材
　　　　　路基病害整治

著 作 者：聂忠权

责任编辑：戴慧莉

出版发行：人民交通出版社

地　　址：(100011)北京市朝阳区安定门外外馆斜街 3 号

网　　址：http://www.ccpress.com.cn

销售电话：(010)59757973

总 经 销：人民交通出版社发行部

经　　销：各地新华书店

印　　刷：大厂回族自治县正兴印务有限公司

开　　本：787 × 1092　1/16

印　　张：18.75

字　　数：467 千

版　　次：2010 年 3 月　第 1 版

印　　次：2019 年 6 月　第 5 次印刷

书　　号：ISBN 978-7-114-08306-8

定　　价：46.00 元

# 序 *Xiu*

为贯彻教育部、财政部《关于实施国家示范性高等职业院校建设计划，加快高等职业教育改革与发展的意见》（教高【2006】14号）和《关于全面提高高等职业教育教学质量的若干意见》（教高【2006】16号）精神，作为国家示范性高等职业院校建设单位，我院从2007年开始组织探索如何设计开发既能体现职业教育类型特点，又能满足高等教育层次需求的专业课程体系和教学方法。三年来，我们先后邀请了多名国内外职业教育专家，组织进行了现代职业技术教育理论系统学习和职业技术教育课程开发方法系统的培训；在课程开发专家团队指导下，按照“行业分析，典型工作任务，行动领域，学习领域”的开发思路，以职业分析为依据，以培养职业行动能力为核心，对传统的学科式专业课程进行解构和重构，形成了以学习领域课程结构为特征的专业核心课程体系；与企业专业技术人员共同组成课程开发团队，按照企业全程参与的建设模式、基于工作过程系统化的建设思路，完成了10个重点建设专业（4个为中央财政支持的重点建设专业）核心课程的学材、电子资源、试题库、网络课程和生产问题资源库等内容的建设和完善，在课程建设方面取得了丰厚的成果。

对示范院校建设工程而言，重点专业建设是龙头；在专业建设项目中，课程建设是关键。职业教育的课程改革是一项长期艰苦的工作，它不是片面的课程内容的解构和重构，必须以人才培养模式创新为核心，实训条件的改善、实训项目的开发、教学方法的变革、双师结构教师团队的建设等一系列条件为支撑。三年来，我们以课程改革为抓手，力图实现全面的建设和提升；在推动课程改革中秉承“片面地借鉴，不如全面地学习”，全面地学习和借鉴，认真地研究和实践；始终追求如何在课程建设方面做出中国特色，做出四川特色，做出交通特色。

历经1 000多个日日夜夜的辛劳，面对包含了我们教师团队心血，即将破茧的课程建设成果的陆续出版，感到几分欣慰；面对国际日益激烈的经济的竞争，面对我国交通现代化建设的巨大需求，感到肩上的压力倍增。路漫漫其修远兮，吾将上下而求索！希望更多的人来加入我们这个团结、奋进、开拓、进取的团队，取得更多更好的成果。

在这些教材的编写过程中，相关企业的专家给予了很多的支持与帮助，在此谨表示衷心的感谢！

四川交通职业技术学院院长

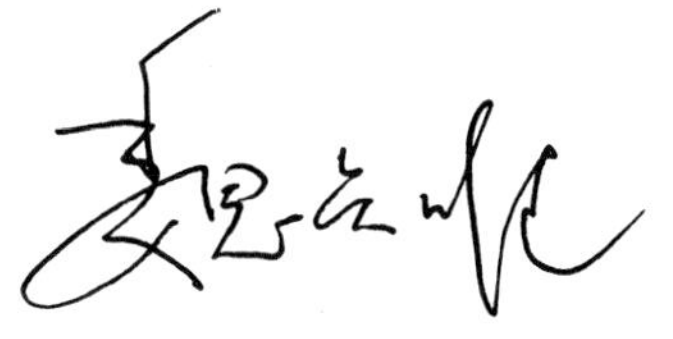

# 前　言

《路基病害整治》对我国开展路基病害整治与养护工作的经验进行了总结，适应职业教育教学改革的要求，满足了《路基病害整治》课程的项目教学需要，充分体现了新、特、高、准的原则。

1. 新——以学生为主导、以职业能力培养为核心，适合项目教学

基于路基病害整治工作的典型工作任务，教材设计了3个学习情境。每个学习情境包括引导文、相关知识、能力训练和考核标准，在保证知识的系统性、连贯性的前提下，强化了职业技术能力训练，使学生在校期间不仅能搭建宽广的专业平台，还能够具备一定的专业技能和素质。本教材适合以学生为主导、工学结合的项目教学，能够培养学生路基病害整治的路基养护的职业核心技术能力，适应职业教育教学改革，满足了《路基病害整治》课程项目教学需要。

2. 特——基于工作过程，选取编排内容

在广泛收集路基病害整治资料的基础上，以职业能力为导向，基于工作过程，分析确定路基病害整治工作的典型工作，设计学习情境，构造教学大纲，保证了本教材基本框架的准确定位，使其具有教学适用和结构合理的特性。

3. 高——校企合作，力创“四新”教材

通过校企合作，邀请行业企业专家参与教材编写，追踪新工艺、新方法、新技术难题和科技创新成果，站在一定高度上，力创“四新”教材，开拓学生视野，适应市场需求。

4. 准——与现行施工规范保持同步，内容严谨

本教材与现行施工规范保持同步，内容严谨，文字表述力求准确，并有详实的参考文献。

参与本教材编写工作的专业技术人员有（排名不分先后）：四川交通职业技术学院的聂忠权（学习情境一、学习情境二各单元、能力训练）；四川交通职业技术学院的陈华卫（学习情境二的单元一）、杨平（学习情境二的单元二、单元三）、侯烈（学习情境二的单元六、单元七）和王丽（学习情境二的单元八）；四川交通职业技术学院的康健华（学习情境三的单元一）、刘玉洁（学习情境三的单元三、能力训练）。另外，特邀请四川高速公路开发建设总公司赵仕华编写了学习情境二的单元五和学习情境三的单元二。本书由聂忠权担任主编，刘玉洁担任副主编，杨平担任主审。

鉴于《路基病害整治》所涉及的学科门类多，各专业之间的跨度非常大，限于

编写人员的业务和技术水平，疏漏之处在所难免，不妥之处恳请读者予以指正。

本教材的编写得到了李全文院长的大力支持，同时，还得到了长安大学张骏教授、李喜安博士、四川大学刘国东教授、王焱博士、贺亮博士、四川理工大学张莲花博士、刘惠军博士的大力协助，在此一并深表感谢。

此外，本教材还参考引用了书末所列参考文献的一些内容，在此向这些文献的作者深表谢意！

**编　者**

**2010 年 2 月**

# 目　　录

# 学习情境一　常见路基病害识别

<table>
<tr><td>学习任务</td><td>软土、湿陷性黄土、膨胀土和冻土路基病害，高填方路堤病害，路基纵、横向不均匀沉降以及路基边坡崩塌、滑坡、泥石流等病害识别</td><td>建议学时</td><td>16</td></tr>
<tr><td>工作情境描述</td><td colspan="3">软土、湿陷性黄土、膨胀土和冻土路基病害，高填方路堤病害，路基纵、横向不均匀沉降，路基边坡崩塌、滑坡、泥石流等病害是四川及西南地区雨季公路遇到的主要病害之一，也是公路养护工作中的重要工作。通过调查虹口改建公路，识别常见路基病害，为编制病害的整治应急治理方案和整治设计作准备</td></tr>
<tr><td>学习任务描述</td><td colspan="3">在教师的指导下，以小组形式分工合作，在观看录像与上网查阅资料的基础上，通过虹口改建公路现场调查，分析不同路基病害的形成条件、影响因素与特征，识别各种病害，完成病害调查表</td></tr>
<tr><td>学习目标</td><td colspan="3">完成本学习任务后，你应当能够：<br>(1)叙述各类常见路基病害的形成条件、影响因素与特征；<br>(2)叙述各类路基病害的危害；<br>(3)识别各类路基病害</td></tr>
<tr><td>内容结构</td><td colspan="3">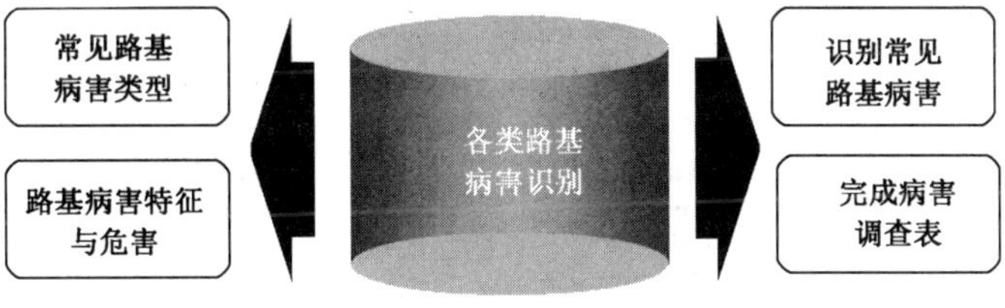
</td></tr>
<tr><td>教学条件</td><td colspan="3">(1)教学设备：罗盘、手持 GPS、照相机、皮尺。<br>(2)学习资料：<br>①路基病害整治校本教材(自编)；<br>②课程认识与病害识别引导文(自编)；<br>③公路路基设计规范(JTG D30—2004)；<br>④建筑边坡工程技术规范(GB 50330—2002)。<br>(3)教学场地：虹口改建公路。<br>(4)教师安排：2 名教师，每名教师指导 4 个小组 15 ~ 20 名学生</td></tr>
<tr><td>教学组织要求</td><td colspan="3">(1)工作完成形式：本次实训以分组的形式完成项目教学，共分 8 个小组，每个小组 5 ~ 6 名学生，小组成员分工合作，制订工作计划，完成路基病害识别调查表。<br>(2)基本要求：每个同学都要学会调查各类路基病害，并完成引导问题。<br>(3)注意事项：各小组识别病害的时候，要注意安全，保护环境</td></tr>
</table>

# 相关知识

## 一、路基病害整治课程认识

路基以土石为建筑材料，裸露在自然界中，整个路基经常受到自重、车辆荷载和各种自然因素的作用。由于水、温度和各种荷载的作用，土石的工程性质在不断变化，路基的各部分将产生可恢复或不可恢复的变形。那些不能恢复的变形将引起路基高程和边坡坡度、形状的改变，甚至造成土体位移和路基横断面几何形状的改变，危及路基及其各组成部分的完整和稳定，形成路基的病害。

常见路基病害包括软土、湿陷性黄土、膨胀土和冻土路基病害，高填方路堤病害，路基纵、横向不均匀沉降以及路基边坡崩塌、滑坡、泥石流等。

路基病害整治工作包括路基病害的识别、病害整治设计、施工管理和竣工验收等工作环节。路基病害整治课程主要介绍如何进行路基工程常见病害的识别、编制整治设计和施工组织设计（包括施工管理与质量检验等）。学完本课程，学生可以进行常见路基病害的常用整治设计和施工，适应养护工与施工员职业岗位。

### 1. 路基工程

路基是由土、石材料按一定技术要求，填筑压实而成的结构物。它承受路面传递的行车荷载，是支承路面的基础部分。路基三要素包括宽度、高度和边坡坡度。路基的基本断面形式有路堤、路堑和半填半挖路基，见图 1-1 ~ 图 1-3。

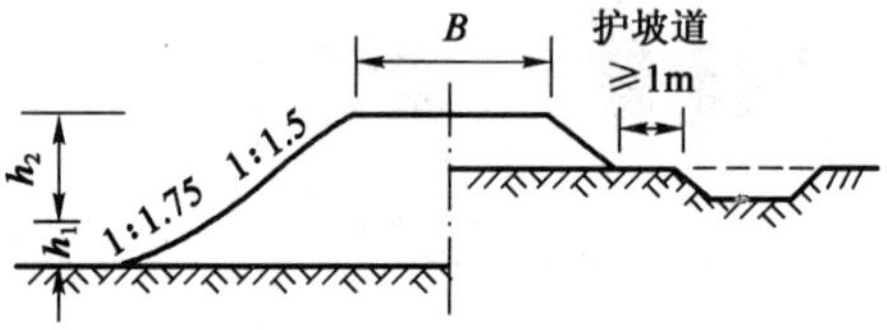


图 1-1　一般路堤

护坡道：一般公路 1 ~ 2m

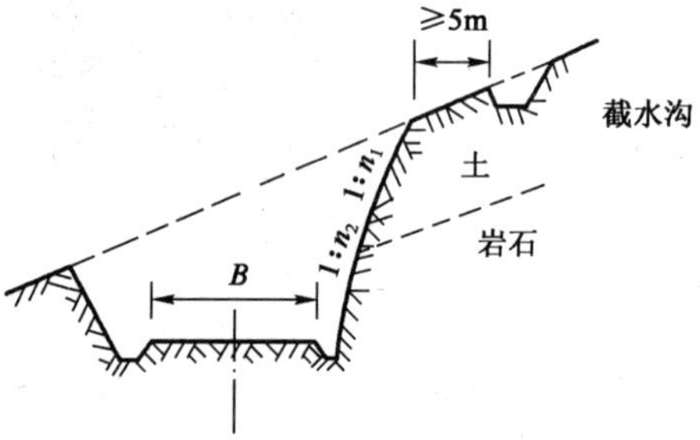


图 1-2　路堑

路基作为一项线形工程，有的公路延续数百公里，甚至上千公里。公路沿线地形起伏，地质、地貌、气象特征多变，再加上沿线城镇经济发达程度及交通繁忙程度不一，决定了路基工程复杂多变的特点。路基施工改变了沿线原有的自然状态，挖填及借弃土石方涉及当地生态平衡、水土保持和农田水利。路基稳定与否对路面工程质量影响甚大，并关系到公路的正常使用。实践证明，没有坚固稳定的路基就没有稳固的路面。

路基工程施工工艺较简单，工程数量大，耗费劳力多，涉及面较广，耗资也很多。部分资料分析表明，一般公路的路基修建投资约占公路总投资的 25% ~45%，个别山区公路可达 65%。因此，精心设计、精心施工，使路基能长时期具备良好的使用性能，对于节约投资、提高运输效益，均具有十分重要的意义。

现代化公路运输，不仅要求道路能全天候通行车辆，而且要求车辆能以一定的速度，安全、舒适、经济地在道路上运行。这就要求路基具有良好的使用性能，提供良好的行驶条件和服务水平。

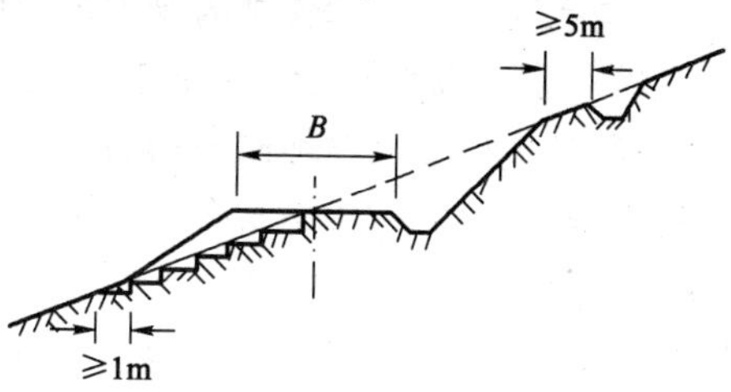


图 1-3 半填半挖路基

当自然横坡陡于1:5时，路堤基地应挖成台阶，宽≥1m，且有2%～40%向内倾斜的坡度。挖方边坡上方5m以外设截水沟

2. 路基工程的特点

在线路纵断面上，路基必须保证线路需要的高程；在平面上，路基与桥梁、隧道联结组成完整贯通的线路。因此，路基工程具有其独特的特点。

(1)结构简单，有大量土石方工程

路基是建筑在土石地基上并以土石为建筑材料的土工结构物。岩石和土都是不连续介质，各种岩石性质差异悬殊，并具有多种结构面；土的成因、成分、结构、构造也各不相同。在自然营力和人类活动的作用下，土石的工程性质在不断变化。因此，在以岩土力学为基础的路基工程设计中，取得正确反映土石工程性质的物理力学指标，并建立表达土石的应力—应变—时间关系的本构模型，是岩土工程的重要研究内容，也是路基设计和施工水平提高的基础。

(2)路基完全暴露在大自然中，受自然因素影响很大

在线路工程中，路基除可遇见各种复杂的地形、地质条件外，还常受严寒、酷暑、水位涨落、狂风暴雨等气候、水文乃至地震等自然条件的影响，将会引起各种病害，如膨胀土路基干缩湿胀引起路基边坡坍塌，南方淫雨、北方冻胀、融沉引起路基隆起、下沉、翻浆冒泥等病害，西北风蚀沙埋路基等。因此，路基的设计、施工、养护均离不开具体的自然条件，应该在充分调查研究的基础上，认识和克服自然灾害。

(3)路基同时受静荷载和动荷载的作用

路基上的路面结构和附属构筑物产生静荷载，交通车辆运行产生动荷载。动荷载是造成路基病害的主要原因之一。研究土体在动力作用下的变形、稳定问题，必须了解土的动力性质，包括土的动强度和液化、动孔隙水压力增长及消散模式、土的振陷等。一些新的测试手段和计算模型的出现，为进一步深入研究路基土动力响应提供了更为完善的条件。在路基设计中，一般将动荷载视为静荷载进行计算。

3. 路基工程的建筑要求

路基作为路面的基础，是在地表按路线线形(位置)和断面(几何尺寸)的要求开挖或堆填而成的岩土结构物。因其需承受路面及交通车辆的静、动荷载，并将荷载向地基深处传递扩散，所以路基应具有足够的强度和稳定性，并能抵抗自然因素的破坏而不致产生有害变形。

为了保证公路最大限度地满足车辆运行的要求，提高车速，增强安全性和舒适性，降低运输成本和延长道路使用年限，要求路基具有下述基本性能：

(1)承载能力

行驶在路面上的车辆，通过车轮把荷载由路面传给路基，在路基路面结构内部产生应力、应变及位移。如果路基结构整体或某一组成部分的强度或抗变形能力不足以抵抗这些应力、应变及位移，则路面会出现断裂，路基结构会出现沉陷，路面表面会出现波浪或车辙，从而使路

况恶化,服务水平下降。因此,要求路基结构整体及其各组成部分,都应具备与行车荷载相适应的承载能力。

结构承载能力包括强度与刚度两方面。强度和刚度是两个不同的力学特性,两者既有联系,又有区别。强度是指路基抵抗应力作用和避免破坏的能力;刚度是指路基抵抗变形的能力。路基是直接在天然地面上填筑或挖除部分地面而建成的。路基修建后改变了原地面的自然平衡状态。为了防止路基在行车荷载及各种自然因素作用下发生破坏与失稳,同时给路面提供一个坚实的基础,必须针对具体情况,采取一定的措施来保证路基具有足够的强度。同时,为保证路基在荷载作用下不致产生超过容许范围的变形,要求路基具有足够的刚度。

(2)整体稳定

在天然地表面建造的道路结构物改变了自然的平衡,在达到新的平衡状态之前,道路结构物处于一种暂时的不稳定状态。新建的路基结构袒露在大气之中,经常受到大气温度、降水与湿度变化的影响,使结构物的物理、力学性质随之发生变化,处于另外一种不稳定状态。路基结构能否经受这种不稳定状态,而保持工程设计所要求的几何形态及物理、力学性质,称为路基结构的稳定性。

在地表上开挖或填筑路基,必然会改变原地面地层结构的受力状态。原来处于稳定状态的地层结构,有可能由于填挖筑路而引起不平衡,导致路基失稳。如在软土地层上修筑高路堤或在岩质或土质山坡上开挖深路堑时,有可能由于软土层承载能力不足或者由于坡体失去支撑,而出现路堤沉落或坡体坍塌破坏。路线如果选在不稳定的地层上,则填筑或开挖路基会引发滑坡或坍塌等病害出现。因此,在勘测、设计、施工中应密切注意,并采取必要的工程措施,以确保路基有足够的稳定性。

大气降水使得路基结构内部的湿度状态发生变化,低洼地带路基排水不良及长期积水,会使低路堤软化,失去承载能力。山坡路基有时因排水不良,会引发滑坡或边坡滑坡。因此,防水、排水是确保路基稳定的重要方面。

大气温度周期性的变化对路基结构的稳定性有重要影响。在严重冰冻地区,低温引起路基的不稳定是多方面的,如低温会引起路基收缩裂缝;地下水源丰富的地区,低温会引起冻胀;春天融冻季节,在交通繁重的路段,低温有时会引发翻浆,使路基发生严重的破坏。

(3)耐久性

路基工程工程量巨大、投资大,从规划、设计、施工至建成通车需要较长的时间,且应有较长的使用年限,要求承重并经受车辆直接碾压的路面部分使用年限20年以上。因此,路基工程应具有耐久性。

在车辆荷载的反复作用与大气水温周期性的重复作用下,路基使用性能将逐年下降,强度与刚度将逐年衰变。路基的稳定性也可能在长期经受自然因素的侵袭后逐年削弱。因此,为提高路基的耐久性,保持其强度、刚度、几何形态,除了精心设计、精心施工、精选材料之外,还应把养护、维修、恢复路基性能的工作放在重要的位置。

**4.路基工程常见病害及其处置技术概述**

20世纪20年代以前,路基填筑都按"自然沉落"法设计、施工。直到1930年,美国Proctor首先提出用标准击实试验控制路基填筑压实度。自此,各国开始制订路基填筑标准。随着生产力的发展,公路运量和速度不断提高,既有公路路基不断出现病害,各国也不断提高新建路基的设计标准。

公路路基的各种病害及破损都是由路基的强度和稳定性不足引起的,影响路基强度和稳定性的因素主要来自两方面:一方面是地基性质、自然因素等地质条件,其主要的影响因素是温度和湿度;另外一方面是人为因素,包括设计(路基填料及性质、边坡坡度与高度等)、施工(路基压实、施工机械等)和养护。而路基建成后,其质量将主要取决于路基的养护水平。

长期以来,我国公路设计没有把路基当成土工结构物来对待,而普遍将路基冠名为“土石方”。在“重桥隧、轻路基,重土石方数量、轻质量”的倾向下,路基下沉、边坡坍滑、滑坡等病害经常发生,使新建公路交付运营后乃至运营多年仍不能达到设计的行车速度与运量,从而影响经济与社会效益。常见的路基病害及其整治措施如下:

1)按照路基土质与地质环境划分路基病害

按照路基土质的不同,路基病害可以划分为软黏土、杂填土、冲填土、饱和粉细砂(包括部分轻亚黏土)、湿陷性黄土、膨胀土、多年冻土等不良地基土病害。除此以外,还有沿河路基与风沙地区的路基病害。各种病害的特征见表1-1,常用的路基病害整治措施见表1-2。

**各类不良地基土与环境条件的路基病害特征表** 表1-1

| 病害特征 部位<br>不良地基 | 路　基 | 路　堤 | 边　坡 |
|---|---|---|---|
| 软土路基 | 路基失稳,纵横坡变碎 | 不均匀沉降将导致路面出现纵向裂缝、滑裂 | 局部滑坍或整体滑坡 |
| 湿陷性黄土 | 路基沉陷或陷穴 | 路堤或基底沉陷、滑坍或整体滑坡,土桥病害 | 坡面滑溜,局部滑坍或整体滑坡 |
| 膨胀土 | 路基下沉、翻浆,路面开裂 | 沉塌、滑坡 | 边坡沉塌、滑坡 |
| 冻土 | 不均匀冻胀,路面呈破碎状 | 纵向裂缝 | 滑坍 |
| 冲填土 | 振动液化,路基下沉 | 滑坍 | 滑坍 |
| 卵砾和块石 | 不均匀沉降 | 不均匀沉降 | 滑坍 |
| 沿河路基 | 路基沉陷、水毁 | 沉塌、滑坡 | 沉塌、滑坡 |
| 沙毁路基 | 风蚀、沙埋 | 风蚀、沙埋 | 风蚀、沙埋 |

**常用的路基病害整治措施表** 表1-2

| 整治方法 | | 适用条件及作用 | 原理及作用 |
|---|---|---|---|
| 换填法 | 开挖换填 | 软土、淤泥、淤泥质土、湿陷性黄土、素填土、杂填土地基及暗沟、暗塘等的浅层处理(厚度小于3m),属浅层处理 | 开挖换填按换填材料分别命名为砂垫层、碎石垫层、素土垫层、灰土垫层、二灰土垫层等换填法,挖除浅层软弱土或不良土,回填强度较高的材料,并分层碾压或夯实土,提高承载力和减小变形,改善特殊土的不良特性(如湿陷、冻胀、胀缩性等) |
| | 抛石挤淤法 | 石料丰富,运距较近,厚度小于呈流动状态的泥沼及软土,属浅层处理 | |
| | 爆破挤淤法 | 3~25m的软土或泥沼,属深层处理 | |
| 挤压法 | 碾压法 | 包括机械碾压法、重锤夯实法和振动压实法,适用于填土、疏松土层,属于浅层处理 | 利用压实原理,把浅层地基土压实、夯实或振实 |
| | 强夯法 | 砂土和碎石土、低饱和度粉土与黏性土、湿陷性黄土、杂填土和素填土等,对塑性指数高的饱和软黏土使用应慎重,强夯置换适用于软黏土 | 利用强大的夯实功能,在地基中产生强烈的冲击波和动应力,迫使土体动力固结密实(在强夯过程中,同时可填入碎石,置换地基土) |

续上表

| 整治方法 | | 适用条件及作用 | 原理及作用 |
|---|---|---|---|
| 挤压法 | 砂桩、碎石桩（振冲桩） | 松散砂土、人工填土、粉土或杂填土等 | 采用一定技术方法，通过振动和挤密，使土体孔隙减小，强度提高，在振动挤密过程中，回填砂、碎石、灰土、素土等，形成相应的砂桩、碎石桩、灰土桩、土桩等，并与地基土组成复合地基，从而提高强度，减小变形 |
| | CFG 桩 | 填土、饱和及非饱和黏性土、松散的砂土、粉土等，对塑性指数高的饱和软黏土使用应慎重 | |
| | 石灰桩 | 含砂量低，没有滞水砂层的软土 | |
| 排水固结法 | 普通砂井 | 深厚饱和软黏土、吹填土、松散粉土、新近沉积土、有机质土及泥炭土，对渗透性极低的泥炭土应慎用 | 通过在地基中设置竖向排水通道并对地基施以预压荷载，加速地基土的排水固结和强度增长，提高地基稳定性，提前完成基础沉降，属深层处理 |
| | 袋装砂井 | | |
| | 塑料排水带 | | |
| | 堆载预压、降水预压、电渗预压 | | |
| 化学加固法 | 灌浆法 | 砂土、粉土、黏性土、淤泥、淤泥质土、黄土、湿陷性黄土和人工填土地基；注浆法分为渗透灌浆、挤密灌浆、劈裂灌浆和电动化学灌浆，还可适用于岩石地基；地下水流速过大，砾石直径过大，含量过大及纤维质的腐殖土，永冻土地基及对有严重腐蚀的地基不适宜选用高压喷射注浆法 | 用专门技术，在地基中注入水泥浆液或化学浆液，使土粒胶结，提高地基承载力、减小沉降量、防止渗漏等；或在部分软土地基中掺入水泥、石灰等形成加固体，与地基土组成复合地基，提高地基承载力、减小变形、防止渗漏 |
| | 高压喷射注浆法 | | |
| | 水泥土搅拌法　湿法 | 湿法又称水泥浆搅拌法，干法又称粉体喷射搅拌法，适用于各种成因的饱和软黏土，淤泥、淤泥质土、粉土、杂填土等含水量较高的黏性土。可用于加固地基，成桩深度可达30m，也可用于组成水泥土挡墙，形成隔水帷幕，成墙深度可达18m，造价低 | 高压冲切土体，在喷射浆液的同时旋转、提升喷浆管，形成水泥圆柱体（若注浆管不旋转，也可形成墙状加固体），与地基土组成复合地基，提高地基承载力、减小沉降量、防止砂土液化、管涌和基坑隆起等 |
| | 水泥土搅拌法　干法 | | |
| 调整路基结构 | 反压护道法 | 软土层或泥沼土层较薄 | 路堤加筋法是用土工聚合物铺设在人工填筑的堤坝或挡土墙内，起到排水、隔离、加固补强、反滤等作用；土锚、土钉等置于人工填筑的堤坝或挡土墙内，可提高强度 |
| | 路堤加筋法 | 适用于人工填土、砂土、黄土、冻土、膨胀土等地基、路堤、挡墙、桥台、水坝、边坡病害、路基纵横向不均匀沉降与高填方路堤等，包括土工膜、土工织物、土工格栅、土工合成物、土锚、土钉、树根桩、碎石桩、砂桩等方法 | |
| | 侧向约束法 | 软黏土 | |
| 植被防护 | 直接植草 | 坡度小、坡面短，不适宜于黄土边坡防护 | |
| | 砌石或浆砌片石结合植草 | 一般边坡，因施工烦琐、速度慢、劳动强度大、造价高等缺点不宜推广应用 | |
| | 六角形预制块 | 各种限制性边坡，目前应用较多 | |
| | 土工网植被防护 | 普通坡面防护，在暴雨的冲刷下容易产生冲沟 | |
| | 土工格室结合三维网垫植草 | 各种限制性边坡，效果很好 | |
| 热加固、冻结、托换技术、纠偏技术等 | | 根据建筑物和地基基础情况确定 | 通过独特的技术措施处理软弱地基 |

(1)软土路基常见病害

软土地基有相对较大的孔隙,含水率较高,且透水性差。在软土地基上填筑路堤时,如果软土层滑动,路基就会失稳,将造成重大损失。在填土荷载的作用下,填方路堤工后沉降迅速或不均匀沉降量超过设计允许值,地基产生的不均匀沉降将导致路面结构和功能损坏,出现纵横坡变碎,行车颠簸;路面出现纵向裂缝,严重时裂缝变宽,裂缝向土路肩边缘伸展,裂缝处呈现错台,形成滑裂面。在两种不同处理方案交界处由于没有设置渐变段造成交界处形成沉降突变,在与桥涵等结构物连接处产生差异沉降,不仅会直接影响结构物的安全,而且车辆的激烈跳动会严重影响行车的平顺性和乘客的舒适性,甚至引起车祸。

软土地基有相对较大的孔隙,因此,可以利用劈裂注浆使劈裂面扩大,使浆液充填劈裂面、增强可灌性,引起土体固结及挤出,提高土体的固结度,从而提高土体的抗压强度。如有排水通道,也可以用压密注浆通过钻孔向土层中压入浓浆,在压浆点周围形成泡形空间,使浆液对地基土起到挤压密实作用。此外,还可以使用电动化学注浆法。对于含水率较高且没有排水条件的软基,还可以采用置换法,如旋喷桩法、混凝土挤密桩法等。

(2)黄土路基常见病害

黄土地区公路病害的主要诱因是由于水的侵入而产生的湿陷。黄土地区公路路基病害的主要表现形式为路基沉陷或陷穴、路堤或基底沉陷、坡面滑溜、路堤局部滑坍或整体滑坡、土桥病害等。

当以湿陷性黄土作为结构物地基时,要做到完全防水不太现实,而且受水浸湿后土的结构迅速被破坏,所以在处治上应以提高土体的密实度(一般当地基土体干密度大于15.0g/cm$^3$时就不具湿陷性)和改善土体的抗水能力为主。因此,通常在采用劈裂注浆、压密注浆法、旋喷桩来提高土体的密实度、改善土体的物理性能的同时,还应加强地面排水设施,并做好坡面防护。

(3)膨胀土路基常见病害

膨胀土一直是困扰岩土工程界的重大工程问题。膨胀土遇水膨胀、失水收缩的变形特性及其边坡浸水强度衰减特性在公路工程建设和运营中起到极大的破坏作用,常引发路基下沉、沥青混凝土路面开裂、翻浆、边坡沉塌、滑坡等病害。

在病害处治时,应以完善防排水设施和加强土质改良为主,可采用的方法有灰土换填、劈裂注浆、生石灰桩等。

(4)冻土地区路基病害

冻土区的活动层中每年都发生着季节融化和冻结,并伴生有各种冻土现象。因此,在冻土地区筑路时会产生一系列特殊的工程地质问题和路基路面病害。公路的路基在冻结期间将产生不均匀冻胀,从而导致路面高低不平。这对高速公路危害更大,轻则给行车带来障碍,重则造成行车事故。路基的不均匀冻胀还将导致公路的路面,特别是混凝土刚性路面产生裂缝。这种裂缝多呈纵向分布,且经冻融反复作用而不断加宽,严重时使路面呈破碎状。春融时,路基湿软,强度急剧降低,加上行车的作用,路面常有弹簧、臌包、冒浆、车辙等现象发生,这种现象称为翻浆。

土质、温度和水是形成冻胀与翻浆的三个基本条件。冻土处治的方法有:做好路基排水,提高路基填土高度,设置隔离层,换土,加强路槽排水,加强路面结构,加设防冻层,铺设隔温层等。

(5)冲填土地基

冲填土是由水力冲填而形成的,其性质与所冲填泥沙的来源及淤填时的水力条件有密切关系。含黏土颗粒较多的冲填土往往是欠固结的,易形成路基过度沉降和不均匀沉降以及边坡的滑塌。以粉细砂含量为主的冲填土,其性质基本上和粉细砂相同或类似,易产生砂土液化。

因此,在病害处理时可选用提高地基强度的方法。对于上部路堤填土较厚的冲填土,可选用劈裂注浆法,压密注浆使浆液对地基土起到挤压密实作用;对于上部路堤填土较薄的冲填土,可开挖路堤后按一般的方法处理,如换填等。

(6)卵砾和块石地基

卵砾和块石地基多位于山区的河谷地段和断层破碎带,具有大孔隙结构。随着上部振动荷载的重复作用以及地下水位的不断变化,卵砾及块石有可能发生重新排列,从而引起地基的不均匀沉降。针对其具有大孔隙性,可以采用渗透注浆法,通过浆液的填充和胶结作用来提高地基的承载力。

(7)路基水毁

暴雨和洪水对公路的破坏,包括:①漂浮物大量急剧地下冲,冲毁各类构造物;②各种排水系统堵塞,导致路基失稳。

公路水毁的主要形成原因有:①地质原因;②地形地貌原因;③气象原因;④环境的破坏。

防治措施包括:①防止漂浮物大量急剧地下冲;②疏通各种排水系统;③修理、加固和改善各类构造物;④检修防洪设备,备足抢护的材料、工具以及救生、照明和通信设施;⑤在汛期前应进行一次预防水毁的技术检查,查出的隐患应在雨季、汛期之前处理完毕。

(8)路基沙毁

在风沙地区,沙害是公路常见的病害,其危害主要表现为风蚀和风埋。其中,尤其以沙埋为主。路基遭受沙埋有两种形式:一是在风沙活动地区,由于沙粒沉落堆积,掩埋路基;二是在流动沙丘地区,由于沙丘的向前移动,掩埋路基,路基遭受风蚀,将会出现削低、变窄、掏空和崩塌等现象。

防治沙质路基风蚀,一般采用柴草、土石或无机、有机结合料进行固沙防护,以保证路基稳固和行车安全。

为防治路基沙埋,在路侧采用的措施可归纳为固沙、阻沙、输沙和导沙4种类型。固沙措施可采用草方格网或黏性土方格沙障,或直接利用卵石、砾石、黏性土、沥青乳液等覆盖沙面进行加固。阻沙措施除采用高立式防沙栅栏外,还可采用挡沙沟堤等。挡沙沟堤是由当地的沙土或砂砾筑成。输沙措施是通过改变下垫面和加大风速的办法,使风沙流顺利通过路基而不致产生沙埋。导沙措施是用导沙堤改变气流方向,使风沙流离开路基。有条件的地区应优先采用植物固沙,并贯彻草、灌、乔相结合的原则,以达到最大的防风固沙效果。对已发生沙埋的公路,需要将积沙清除到路基下风侧20cm以外的地形开阔处,并予整平,以免形成新的阻风积沙。

2)按工程部位划分路基病害

挖方地段的边坡、填方地段的路堤与一般路基的破坏形式有很大的区别,整治办法也不相同,具体分析如下:

(1)路基沉陷

路基工程完工后,随着时间的延长与汽车重复荷载的作用,常出现路基的整体下沉与局部下沉,特别是在填挖方接头处,路基下沉尤为突出。地基产生的不均匀沉降将导致路面结构和功能损坏，出现纵横坡变碎，行车颠簸；在两种不同处理方案交界处由于没有设置渐变段造成交界处形成沉降突变，在与桥涵等结构物连接处产生差异沉降，不仅会直接影响结构物的安全，而且车辆的激烈跳动严重影响行车的平顺性和乘客的舒适性，甚至引起车祸；路面出现纵向裂缝，严重时裂缝变宽，裂缝向土路肩边缘伸展，裂缝处呈现错台，形成滑裂面。

路基沉陷的处理措施见表 1-2。

(2)路堤沉陷与变形破坏

路基沉陷是指路基表面在垂直方向产生较大的沉落。路基的沉陷可以有两种情况：一是路基本身的沉陷；二是由于路基下部天然地面承载能力不足，在路基自重的作用下引起沉陷或向两侧挤出，如图 1-4a)所示。

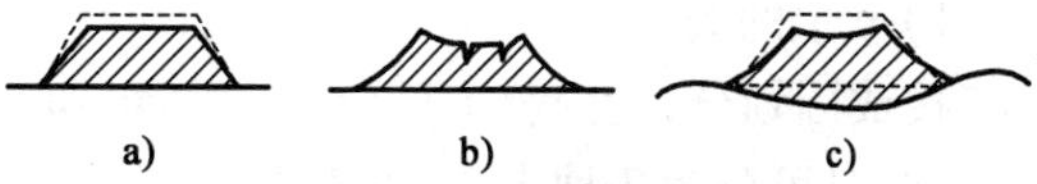

图 1-4 路堤沉陷

a)路基沉陷；b)路基沉缩；c)地基沉陷

因路基填料选择不当、填筑方法不合理、压实不足，在路基堤身内部将形成过湿的夹层，在荷载和水温综合作用下，引起路基沉缩，如图 1-4b)所示。

原天然地面为新近填土、软土、泥沼等，因承载能力不足，路基修筑前未经处理，在路基自重作用下，地基下沉或向两侧挤出，引起路基下陷，如图 1-4c)所示。

路堤沉陷会导致路堤的纵向与横向两方面的变形破坏，在解决路堤的纵向与横向两方面的变形破坏问题时，要在详细了解桥头地基的地质情况的前提下，选用处治措施(表 1-2)，并注意以下两点：

①纵向上保证桥台沉降与路堤地基沉降的平衡过渡；

②横向上维持路堤中央变形和坡脚路肩处变形的协调稳定。

(3)路基边坡病害

路基边坡的滑塌是最常见的路基病害之一。根据组成边坡的主体材料不同，边坡可分为土质边坡和岩质边坡两种，而这两者主体材料的结构、性质差别很大，其存在的工程地质问题也不相同，详见路基边坡病害。

在岩土体重力、水及震动力以及其他因素的作用下，边坡常见病害类型还可以划分为：剥落、落石、坍塌、崩塌、滑坡、坡面冲刷和泥石流等。根据边坡土质类别、破坏原因和规模的不同还可以分为：溜方、滑坡、风化剥落与崩塌落石。

另外，公路通过不良地质条件(如泥石流、溶洞等)和较大自然灾害(如大暴雨)地区，均可能导致路基的大规模毁坏。在公路勘测设计过程中，应力求避开这些地区或采取相应的工程技术措施，以保证路基的安全和稳定。

## 二、常见路基病害识别

四川地区常见的路基病害有软土、湿陷性黄土、膨胀土和冻土等特殊路基土病害，以及高填方路基病害，路基纵、横向不均匀沉降和路基边坡病害。各类病害的识别要点如下：

### 1. 软土类型及工程特征

软土一般是指在静水或缓慢流水环境中沉积而成、主要由细粒土组成的孔隙比大($e>1.0$)、天然含水率高($\omega \geqslant \omega_L$)、压缩性高($\alpha_{1-2}>0.5\text{MPa}^{-1}$)、强度低($<30\text{kPa}$)和具有灵敏结构性的土层。表 1-3 是区分软土与一般黏性土的物理力学性质指标。

**软土鉴别指标** 表1-3

| 土类 | 天然含水率(%) | | 天然孔隙比 | 直剪内摩擦角(°) | 十字板剪切强度(kPa) | 压缩系数 $a_{0.1-0.2}$ ($MPa^{-1}$) | 饱和度 $S_r$ (%) |
|---|---|---|---|---|---|---|---|
| 黏质土、有机质土 | ≥35 | ≥液限 | ≥1.0 | 宜<5 | <35 | 宜>0.5 | >95 |
| 粉质土 | ≥30 | | ≥0.9 | 宜<8 | | 宜>0.3 | >93 |

1)软土的类型

按成因划分,我国软土可分为三大类,即滨海沉积、内陆平原与山地沉积。按其沉积环境的不同,又可分为7种类型,见表1-4。

**软土的类型及特征** 表1-4

| 类型 | | 厚度(m) | 特征 | 分布概况 |
|---|---|---|---|---|
| 滨海沉积 | 滨海相 | 6~200 | 面积广,厚度大,常夹有砂层,极疏松,透水性较强,易于压缩固结 | 湛江、香港、厦门、温州湾、舟山、宁波、连云港、天津塘沽、大连湾等 |
| | 三角洲相 | 5~60 | 分选性差,结构不稳定,粉砂薄层多,有交错层理,不规则尖灭状及透镜体状 | 长江下游的上海地区、珠江下游的广州地区 |
| | 潟湖相 | 5~60 | 颗粒极细,孔隙比大,强度低,常夹有薄层泥炭 | 温州、宁波地区 |
| | 溺谷相 | | 颗粒极细,孔隙比大,结构疏松,含水率高,分布范围较窄 | 在福州、泉州一带 |
| 内陆平原 | 湖相 | 5~25 | 粉土颗粒占主要成分,层理均匀清晰,泥炭层多是透镜体状,但分布不多,表层多有小于5m的硬壳 | 洞庭湖、太湖、鄱阳湖、洪泽湖周边 |
| | 河床相、河漫滩相、牛轭湖相 | <20 | 成层情况不均匀,以淤泥及软黏土为主,含砂与泥炭夹层 | 长江中下游、珠江下游及河口、淮河平原、松辽平原 |
| 山地沉积 | 谷地相 | <10 | 呈片状、带状分布,谷底有较大的横向坡,颗粒由山前到谷中心逐渐变细 | 西南、南方山区或丘陵地区 |

按土质划分,软土包括淤泥、淤泥质黏性土、淤泥质粉土等。通常把经生物化学作用形成的含较多有机物(大于5%)的软弱黏性土,称为淤泥类土。其中,孔隙比大于1.5的称为淤泥,孔隙比小于1.5的称为淤泥质土。

以饱水的软弱黏性土沉积为主的地区,称为软土地区;以泥炭沉积为主的地区,称为泥沼地区。软土在我国沿海、沿湖、沿河地带有广泛分布;泥沼在我国大兴安岭、小兴安岭、长白山、三江平原及青藏高原等地区也有广泛分布。

软土和泥沼沉积物,都具有天然含水率高、孔隙比大、压缩性高和强度低的特点,在其上修建公路时,容易产生路堤失稳或沉降过大引起路基、路面破坏等问题。各类软土的主要物理力学特性见表1-5。

**各类软土的主要物理力学特性** 表 1-5

| 类型 | 天然密度 $\gamma$ (kN/m³) | 含水率 $\omega$ (%) | 孔隙比 $e$ | 有机质含量 (%) | 压缩系数 $a_{1-2}$ ($MPa^{-1}$) | 渗透系数 $k$ (cm/s) | 快剪强度 | | 标准贯入值 $N_{63.5}$ |
|---|---|---|---|---|---|---|---|---|---|
| | | | | | | | $C_u$ (kPa) | $\varphi_u$ (°) | |
| 软黏土 | 16 ~ 19 | $\omega_L < \omega < 100$ | >1.0 | <3 | >0.3 | $<1\times10^{-6}$ | <20 | <10 | <2 |
| 淤泥质土 | | | 1.0 ~ 1.5 | 3 ~ 10 | | | | | |
| 淤泥 | | | >1.5 | | | | | | |
| 泥炭质土 | 10 ~ 16 | 100 ~ 300 | >3 | 10 ~ 50 | >2.0 | $<1\times10^{-3}$ | <10 | <20 | |
| 泥炭 | 10 | >300 | >10 | >50 | | $<1\times10^{-2}$ | | | |

2)软土的工程性质

软土无论按成因划分,还是按土质划分,种类均较多,但它们都具有下列特性:

①颜色以深色为主,粒度成分以细粒为主,有机质含量高。

②天然含水率高,密度小。天然含水率大于液限,一般为 50% ~70%,液限一般为40% ~60%。

③天然孔隙比大,一般大于 1.0。

④渗透系数小,一般为 $1\times10^{-8}$ ~ $1\times10^{-4}$cm/s。沉降速度慢,固结完成所需时间长。而在大部分淤泥和淤泥质土地区,由于该土层中夹有数量不等的薄层或极薄层粉砂、细砂、粉土等,故软土在垂直方向的渗透性比水平方向的渗透性要小。

⑤压缩性高。淤泥和淤泥质的压缩系数一般为 0.7 ~ 1.5$MPa^{-1}$,最大达 4.5$MPa^{-1}$,且随着土的液限和天然含水率的增大而增高。

⑥抗剪强度低。软土的快剪黏聚力小于 10kPa,快剪内摩擦角小于 5°,固结快剪的强度略高,凝聚力小于 15kPa,内摩擦角小于 10°。

⑦软土的灵敏度高。灵敏度一般为 2 ~ 10,有时大于 10,并具有显著的流变特性。

2. 黄土类型及工程特征

黄土是自第四纪以来,大陆上与干旱半干旱气候条件下沉积而成的,呈褐黄色或灰黄色,且具有针状孔隙及垂直节理的一种特殊土。

我国是世界上黄土分布最广泛的地区,面积达 64 万 km²,占国土总面积的 6.6% 以上。其中,连续分布面积达到 44 万 km²。黄土主要分布在北纬 30° ~ 49°,东经 75° ~ 127°的大陆内部干旱和半干旱地区。虽然在此范围以外还有黄土状黏性土的零星分布,但典型黄土主要集中在甘肃、宁夏、青海、内蒙古、陕西、山西、河南和河北等省(区)。其中,以秦岭以北、长城以南、太行山以西、日月山以东的黄河中游地区的关中、陕北、宁夏、豫西、陇东及陇中的黄土高原的黄土最为典型,厚层黄土连续覆盖所形成的地貌景象,为世界罕见。

我国西北地区黄土地层最厚、最完整,且分布连续,其特点较典型。在地形上,多为由"梁"、"峁"、"塬"组成的自西北向东南缓缓倾斜的波状起伏的高原。其地形轮廓是在地质发展过程中,特别是在第四纪时期内多次遭受变动而发育形成的。概括起来,有 4 种类型的地貌单元,即基岩山地、黄土高原、河谷台地和川地—盆地。

西北黄河中、下游广大地区,除秦岭、六盘山、吕梁山和黄河较大支流的漫滩和 I 级阶地外,其余地区几乎均为黄土所覆盖,约占黄河中游总面积的 40% 以上。

我国各地黄土的工程性能如表 1-6 所示。

**我国各地黄土的工程性能表** 表1-6

| 地区 | 湿陷厚度（m） | 含水率（%） | 孔隙比 | $\delta_s$ | $\delta_{zs}$ | $P_{sh}$（MPa） | 湿陷类别 | 敏感性 |
|---|---|---|---|---|---|---|---|---|
| 河南北部 | 3～5 | 11～23 | 0.86～1.07 | 0.018～0.060 | 0.005～0.035 | 1.05～1.50 | 非或轻微自重 | 不敏感 |
| 山西中部 | 3～15 | 11～19 | 0.94～1.18 | 0.007～0.040 | 0.007～0.040 | 0.60～1.20 | 非或轻微自重 | 弱敏感 |
| 陕西中部 | 4～22 | 15～21 | 0.94～1.12 | 0.005～0.034 | 0.005～0.034 | 0.80～1.20 | 非或轻微自重 | 不敏感 |
| 甘肃东部 | 4～16 | 12～20 | 0.80～1.15 | 0.005～0.043 | 0.005～0.043 | 0.40～1.00 | 自重 | 中敏感 |
| 甘肃西部 | 4～20 | 5～7 | 0.90～1.24 | 0.005～0.059 | 0.005～0.059 | 0.30～0.60 | 强烈自重 | 强敏感 |

黄土具有多孔性，以粉土颗粒为主，富含碳酸盐，颜色以黄色为主；同时，黄土具有渗透性、湿陷性、易崩解等特点，在外荷载和自重作用下受水浸湿后容易产生湿陷变形。

黄土作为干旱半干旱地区的沉积物，由于其特定的生成环境，使其具有独特的结构特性。这种独特的结构特性直接影响着黄土的力学性状和工程特性，黄土的工程特性如下：

1）黄土的湿陷性

湿陷性是黄土的主要工程性质，它是指在一定压力下受水浸湿，土体结构发生迅速破坏而发生显著下沉的特性。并不是所有黄土都具有湿陷性，具有湿陷性的黄土厚度并不大，一般在上部的10～20m。

湿陷性黄土根据上覆应力的性质可分为自重湿陷性黄土和非自重湿陷性黄土两类。前者是指那些在自重压力下浸水湿陷的黄土，这种黄土浸水后对构筑物危害极大，即使本身荷重不大的构筑物（公路、铁路和机场跑道）受水浸后也会下沉；后者是指在土自重压力下浸水不发生湿陷，只有在一定附加荷重下浸水才会湿陷的黄土。

（1）湿陷性黄土特有特征

垂直大孔性、松散多孔结构和土颗粒间的加固凝聚力遇水即降低或消失（发生湿陷的内部因素）。

（2）黄土湿陷性的判定

方法：室内浸水压缩试验。

原理：把保持天然含水率和结构的黄土土样，逐步加压，达到规定的压力，土样压缩稳定后，进行浸水，使含水率接近饱和，土样就迅速下沉，达到稳定后，得到土样的高度 $h'_p$，计算土的湿陷系数。

$$\delta_s = \frac{h_p - h'_p}{h_0} \tag{1-1}$$

式中：$h_0$——土样的原始高度；

$h_p$——土样在规定试验压力 $P$ 下，压缩稳定后的高度；

$h'_p$——土样在压力 $P$ 作用下浸水，达到湿陷稳定后的高度。

浸水压力取值方法：根据我国《湿陷性黄土地区建筑规范》（GB 50025—2004）的规定，上述室内压缩试验确定时，浸水压力取值为在基础底面下10m以内，用200kPa；10m以下到非湿陷性黄土层顶面，用上覆土层的饱和自重应力（大于300kPa时，用300kPa）；当基底压力大于

300kPa 时,宜按实际压力测定。

判定方法(按规范规定):

①当 $0.015 \leqslant \delta_s \leqslant 0.03$ 时,湿陷性轻微;

② $0.03 < \delta_s \leqslant 0.07$,湿陷性中等;

③ $\delta_s > 0.07$,湿陷性强烈。

(3)湿陷性黄土地基湿陷等级

①自重湿陷性黄土与非自重湿陷性的区分。规范规定用 $\Delta_{zs}$ 来划分两种地基:

$$\Delta_{zs} = \beta_0 \sum_{i=1}^{n} \delta_{zsi} h_i \tag{1-2}$$

式中:$\delta_{zsi}$——第 $i$ 层地基土样,在压力值等于上覆土的饱和自重应力时,试验测定的自重湿陷系数;

$\beta_0$——根据我国建筑经验,因各地区土质而异的修正系数,陇西地区可取 1.5,陇东、陕北地区可取 1.2,关中地区取 0.7,其他地区取 0.5;

$h_i$——地基中第 $i$ 层土的厚度;

$n$——计算总厚度内土层数。

当 $\Delta_{zs} > 7$cm 时,为自重湿陷性黄土地基;$\Delta_{zs} \leqslant 7$cm 时,为非自重湿陷性黄土地基。

②湿陷性黄土地基的湿陷等级区分。湿陷性黄土地基的湿陷等级,即地基土受水浸湿发生湿陷的程度,可以用地基内各土层湿陷下沉稳定后所发生湿陷量的总和(总湿陷量)来衡量。总湿陷量越大,对桥涵等结构物的危害性越大,其设计、施工和处理措施要求也就相应越高。

总湿陷量计算式:

$$\Delta_s = \sum_{i=1}^{n} \beta \delta_{si} h_i \tag{1-3}$$

式中:$\delta_{si}$——第 $i$ 层土的湿陷系数;

$h_i$——第 $i$ 层土的厚度;

$\beta$——考虑地基土浸水机率、侧向挤出条件等因素的修正系数。

③湿陷起始压力 $P_{sh}$ 是表达黄土浸水后剩余强度的指标,即黄土在浸水后开始发生湿陷时的压力。小于这个压力,则浸水后不发生湿陷。自重湿陷性黄土的起始压力小于土的自重压力,非自重湿陷性黄土的起始压力大丁土的自重压力。

④湿陷敏感性是指黄土浸水之后湿陷发生的速度,快者为敏感的湿陷性黄土,慢者为不敏感或弱敏感的湿陷性黄土。湿陷敏感性黄土对建筑的破坏极为严重。湿陷敏感性表示方法较多,但典型的还是模糊综合评判法。该法以黄土的地质年代、自重湿陷量的大小、最上一层自重湿陷性黄土的埋藏深度以及自重湿陷性黄土层厚度在湿陷性黄土层总厚度中所占的比例大小等作为影响因素,用自重湿陷性敏感系数将地基分为不敏感、较敏感和敏感三类。

2)黄土的渗透性

老黄土中普遍存在构造节理,如斜节理;新黄土中原生柱状垂直节理发育,未曾发现有构造性节理。黄土中的节理对路基边坡的稳定性常起控制作用。在具有构造节理的黄土层中开挖的边坡,其破坏形式常呈现为沿节理面滑落;具有垂直节理的黄土边坡,其破坏方式常呈现为倒塌;无构造节理的黄土边坡,其破坏主要为滑坡。

对于黄土渗透性来说,因其不是颗粒的胶结起作用,而是颗粒的排列结构起各向异性作用,其影响是不能忽略的。研究表明,平行于垂直节理方向的渗透系数,即垂直向渗透系数一般大于水平向渗透系数。大量的试验证明,对不同的黄土,垂直方向渗透系数可以是水平方向渗透系数的1.2~2.55倍。

非饱和土作为一种多孔多相介质,在孔隙中既有气体运动,又有液体运动。这两种流体的运动规律及其相互间的关系直接影响到土的固结和变形。非饱和黄土中的水、气流动均可用达西定律描述。低饱和度范围内,渗水系数的变化幅度较大,而渗气系数的变化较小;干密度的变化则对渗气、渗水系数影响均较大。但在高饱和度范围内,渗气系数呈突降的趋势,而渗水系数却缓慢增长。总的趋势是饱和度愈大,渗气系数愈低,渗水系数愈大。

3. 膨胀土类型及工程特征

膨胀土是一种吸水膨胀、失水收缩开裂的特种黏性土。其矿物成分以强亲水性矿物蒙脱石和伊利石为主。在自然条件下,多呈硬塑或坚硬状态,裂隙较发育,常见光滑面和擦痕,裂缝随气候变化张开和闭合,并具有反复胀缩的特性;多出露于二级及二级以上的阶地、山前丘陵和盆地边缘,地形坡度平缓,无明显自然陡坎;主要特征有胀缩性、裂隙性和超固结性。

膨胀土在我国分布范围很广,黄河流域及其以南的10多个省区均有分布。其中,以云南、广西,湖北、安徽、河南、四川及河北等省区的山前丘陵和盆地边缘较为典型;山东、陕西、江苏,贵州和广东等地均有不同范围的分布。我国在总结大量勘测、设计、施工和维护方面的经验教训的基础上,已制订出《膨胀土地区建筑技术规范》(GBJ 112—87),简称《膨胀土规范》。

1)膨胀土的判别方法

(1)判别原则

决定膨胀土特殊工程性质的因素是多方面的,有膨胀土的成因、结构特征和物质成分等土体本身的内在因素,也有水和气候等外部条件。但结构特征和黏土矿物成分是内在的主要固定属性,也是控制膨胀土工程特性的决定性因素。因此,要鉴别某种土是否属于膨胀土,应根据土体本身的主要属性来进行区分。同时,选用的判别方法不宜过于烦琐。为此,采用宏观结构特征、黏土矿物成分以及土体特征指标作为判别膨胀土的三要素。

(2)指标选择

为了选择合理的判别指标,必须研究反映膨胀土基本性质的各指标间的相互关系,以及这些指标的各种组合规律。经分析认为,在确定膨胀土的判别指标时,若能着重考虑胀缩机理,选择表征膨胀土特征的独立指标和采用数学手段对各指标作相关分析,选出相关性最大的特征指标,并建立判别函数,就能比较理想地实现膨胀土的判别目的。

土的界限含水率是反映土粒与水相互作用的灵敏指标之一,它在一定程度上反映了土的亲水性能。它与土的颗粒组成、黏土矿物成分、阳离子交换性能、土的分散度和比表面积以及水溶液的性质等均有着十分密切的关系。对于工程具有较大实用意义的界限含水率,通常有液限、塑限、缩限三种定量指标。一般来说,膨胀土是具有高塑性和高收缩性的黏性土,液限越高,缩限越低,则土的膨胀潜势就越大。因此,采用界限含水率特征值,作为膨胀土的判限指标是可行的。

胀缩总率能反映膨胀土的黏土矿物成分和结构特征。在一定条件下,它是膨胀土比较稳定的属性指标,同时,也是水利工程有实用价值的重要指标。因此,也可以作为膨胀土判别指标之一。

粒度成分是反映膨胀土物质组成的基本特性指标。土中小于0.005mm的黏粒与小于0.002mm胶粒成分的含量越高,一般表明蒙脱石成分较多,分散性较好,比表面积大,亲水性强，膨胀性越大。所以，采用土中黏粒含量指标也同样可以区分膨胀土与非膨胀土。

(3)判别方法

①根据膨胀土特征指标判别。膨胀土的判别标准，国内外尚不统一，各行业也不统一。根据多年来工程实践中的经验总结和工程地质特征，采用现场定性和室内试验指标相结合的方法判别较为合理。在工程中，大多采用自由膨胀率 $F_s$ 与其他指标相配合的判别方法。自由膨胀率 $F_s$ 是以一定体积的扰动风干土在水中增加的体积与原有体积的百分比来表示的土的膨胀性。采用自由膨胀率的缺点是忽略了土的结构性。

a. 初判。根据地形地貌、土的天然结构特征、膨胀土具有的裂隙性、胀缩性等特征，进行初步判别。

建筑、水电等系统提出的临界判别值为：自由膨胀率 $F_s \geqslant 40\%$；液限 $W_L \geqslant 40\%$。

铁路系统提出的临界判别值为：自由膨胀率 $F_s \geqslant 30\%$；液限 $W_L \geqslant 40\%$。

塑性图判别法：以塑性指数 $I_P$ 为纵轴，以液限 $W_L$ 为横轴的直角坐标图。《公路土工试验规程》(JTG E40—2007)对膨胀土的判别为：膨胀土为高液限黏土(CHE)，分布范围为 $W_L > 50\%$，A 线以上，$I_P = 0.73(W_L - 20)$。

b. 详判。根据《膨胀土地区建筑技术规范》(GBJ 112—87)的评判标准，将膨胀土胀缩等级分为三级，评判指标为自由膨胀率和地基分级变形量(表 1-7)。

**《膨胀土地区建筑技术规范》(GBJ 112—87)膨胀土胀缩等级分级标准** 表 1-7

| 级别 | 指标 | |
|---|---|---|
| | 自由膨胀率 $F_s$(%) | 地基分级变形量 $S_c$(mm) |
| 强膨胀土 | ≥90 | ≥70 |
| 中膨胀土 | 65 ~ 90 | 35 ~ 70 |
| 弱膨胀土 | 40 ~ 85 | 15 ~ 35 |

根据《公路路基设计规范》(JTG D30—2004)，将膨胀土胀缩等级分三级，评判指标为自由膨胀率、膨胀总率和小于 0.002mm 黏粒含量(表 1-8)。

**《公路路基设计规范》(JTG D30—2004)膨胀土胀缩等级标准** 表 1-8

| 级别 | 指标 | | |
|---|---|---|---|
| | <0.002mm 黏粒含量 | 自由膨胀率 $F_s$(%) | 膨胀总率 $e_{ps}$(%) |
| 强膨胀土 | >50 | >90 | >4 |
| 中膨胀土 | 35 ~ 50 | 65 ~ 90 | 2 ~ 4 |
| 弱膨胀土 | <35 | 40 ~ 65 | 0.7 ~ 2 |

②根据膨胀土宏观结构特征判别。膨胀土的另一个重要鉴别方法是直接在野外观察膨胀土在长期自然地质作用过程中形成的特殊地质地貌景观的宏观判别法。膨胀土的野外宏观地质地貌特征，主要有以下 5 个方面：

a. 地貌特征。具有垄岗式地貌景观，常呈垄岗与宽谷相间，地形平缓无自然陡坎，坡面冲蚀沟槽发育，多出露于二级以上阶地与平原、缓丘。

b. 土体结构。具有多裂隙性，常见有垂直、水平和斜交三组，裂面光滑常有擦痕，并可见灰白色或黑色薄膜与条带等，土块可层层分割，成规则的几何形体。

c. 土质特性。黏土质重，滑感较强，常含有钙质与铁锰质结核或豆石。

d. 土的颜色。多为棕、黄、褐色夹灰白、灰绿色，灰白色、灰绿色等也较为常见。

e. 自然地质作用。常见边坡表层溜塌与浅层塑性滑坡，以及地裂等。

当道路通过具有上述宏观地质地貌特征的地区，应当首先考虑膨胀土的可能性。然后，再采取代表性土样，进行工程性质测试试验，选择微观判别指标和方法，对可能的膨胀土进行判别。野外宏观地质地貌符合以上特征，判别指标又达到临界判别值以上的土，则应判定为膨胀土。

③根据黏土矿物成分判别。膨胀土的黏土矿物成分是决定其工程特性的主要内在因素。已有研究资料表明，当黏土矿物中蒙脱石含量超过20%，则土的工程性质主要由蒙脱石所决定。一般蒙脱石含量为12%以上的土，则具有较强的胀缩性。

2）膨胀土的基本特性

膨胀土的矿物成分主要是次生黏土矿物蒙脱石和伊利石。蒙脱石矿物晶格极不稳定，亲水性强，浸湿时强烈膨胀；伊利石的亲水性较高，次于蒙脱石。当地基中含有较多的蒙脱石、伊利石时，地基就会遇水膨胀隆起，失水收缩下沉和干裂。

我国所分布的膨胀土除少数形成于全新世（$Q_4$）外，其地质年代多属于第四纪晚更新世（$Q_3$）或更早一些，颜色呈黄、黄褐、红褐、灰白和花斑等色，结构致密，为坚硬和硬塑状态，并含有铁锰质或钙质结核，具有以下一些工程特征：

①多出露于二级及二级以上的河谷阶地、山前和盆地边缘及丘陵地带；地形坡度平缓，一般坡度小于12°；无明显的天然陡坎；结构致密，为坚硬和硬塑状态；呈菱形土块者常具有胀缩性，且菱形土块越小，则胀缩性越强。

②裂隙发育，常见光滑面和擦痕。裂隙有竖向、斜交和水平3种。裂隙间常充填灰绿、灰白色黏土；竖向裂隙常出露地表，裂隙宽度随深度的增加而逐渐尖灭；斜交剪切缝隙越发育，胀缩性越严重。此外，膨胀土地区旱季常出现地裂，上宽下窄，长可达数十米至百米，深数米，避免陡立而粗糙，雨季则闭合。

③膨胀土的黏粒含量一般很高，粒径小于0.002mm的胶体颗粒含量超过20%。液限大于40%，塑性指数大于17，且多为22～35。自由膨胀率一般超过4m（红黏土除外）。其天然含水率接近或略小于塑限，液性指数常小于零，压缩性小，多属低压缩性土。

④膨胀土的含水率变化易引起胀缩变形。初始含水率与胀后含水率越接近，土的膨胀就越小，收缩的可能性与收缩值就越大。膨胀土地区多为上层滞水或裂隙水，水位随季节变化，常引起地基的不均匀胀缩变形。

3）膨胀土主要工程性质及其对路基稳定性的影响

（1）胀缩性与收缩性

膨胀土的胀缩变形特性取决于膨胀土的矿物成分和含量、微观结构等内在因素（内因），同时也受到气候、地形、地貌等外部因素（外因）的影响。

①影响膨胀土胀缩变形的内在因素。矿物及化学成分：如前所述，膨胀土主要由蒙脱石和伊利石等矿物成分组成，亲水性强，胀缩变形大。其中，蒙脱石不仅亲水性强，且具有易吸水又易失水的强烈活动性；伊利石虽比蒙脱石的这种特性较差，但也有很高的活动性。膨胀土的化学成分以氧化硅、氧化铝和氧化铁为主。其中，氧化硅的含量越大，则胀缩量越大。

微观结构：膨胀土中黏土矿物多呈晶状片，颗粒彼此叠聚成一种微集聚体结构单元，其微理结构为颗粒彼此面—面叠聚形成的分散结构。该结构具有很大的吸水膨胀和失水收缩的能力，故膨胀土的胀缩性还取决于其矿物在空间分布上的结构特征。

黏粒的含量:由于黏土的颗粒细小,比表面积大,因而具有很大的表面能,对水分子和水中阳离子的吸附作用强。因此,土中黏粒含量越多,则土的胀缩性越强。

土的密度:土的胀缩集中表现在土的体积的变化。对含有一定矿物成分的黏土来说,当其在相同的天然含水率条件下浸水时,土的密度越大,孔隙比越小,土的膨胀率越大,其收缩性越小;反之,土的密度越小,孔隙比越大,收缩性则越大。因此,在一定条件下,土的天然孔隙比是影响胀缩变形的一个重要因素。

含水率:土的原有含水率与土体膨胀所需的含水率相差越大时,遇水后,土的膨胀越大,而失水后,土的收缩越小;反之,土的膨胀越小,收缩越大。

土的结构强度:结构强度越大,土体限制胀缩变形的能力也就越大。当土体的结构受到破坏以后,土的胀缩性随之增加。

②影响膨胀土胀缩变形的外在因素。气候条件:包括降雨量、蒸发量、气温、相对湿度、地温等。雨季土中水分增加,土体膨胀,旱季水分减少,土体收缩。若建筑场地潜水位较低,则表层膨胀土受大气影响,土中水分处于剧烈变动之中,对室外土层影响较大,故基础室内外土的胀缩变形存在明显差异,甚至外缩内胀,使建筑物受到往复不均匀变形的影响,导致建筑物开裂。实测资料表明,季节性气候变化对地基土中水分的影响随深度的增加而递减。

地形地貌:仍然与土中水分的变化有关。对同类膨胀土地基,地势低洼地带比高处的胀缩变形要小得多。这是因为高地临空面大,地基中水分蒸发条件好,故含水率变化幅度大,地基土的胀缩变形也较剧烈。在边坡地带,坡脚地段比坡肩地段的同类地基的胀缩性又要小得多。

日照环境:日照也是造成土体胀缩的不可忽视的因素。

(2)抗剪强度特性

①膨胀土胀缩等级的影响。膨胀土随胀缩等级的提高,土体内摩擦角反而降低,而黏聚力则与等级无关。因此,为保证膨胀土路基的稳定性,对膨胀等级不同的膨胀土应加以区别对待,分别采取相应措施。同时应注意,强膨胀土不能作为路基填料。

②含水率的影响。无论哪种等级的膨胀土,含水率减小,则摩擦角、黏聚力增大。当最佳含水率收缩到塑限时,抗剪强度成倍地增长。膨胀土变湿时,抗剪强度比修筑时小得多。因此,当采用膨胀土修筑的路基边坡无覆盖时,其抗剪强度可能全部丧失是造成边坡溜坍、坍塌和浅层滑动的主要原因。

③上覆压力的影响。膨胀土随土层深度加大,其摩擦角、黏聚力值也增大。利用膨胀土的这种特性,填筑路堤时应充分考虑增大压力来提高抗剪性,许多路基产生变形从坍肩开始就是由于没有上覆压力而造成的。

④填筑条件的影响。土体填筑干密度越大,抗剪强度越大;含水率越高,抗剪强度越低。但击实土在膨胀后,摩擦角和黏聚力的最大值却出现在最佳含水率击实到最大干密度的条件下。因此,为保证用膨胀土填筑路基在施工中及建成后都具有较高的强度和稳定性,仍应采用在最佳含水率条件下压实到最大干密度来控制施工。

(3)渗透特性

膨胀土的体积变化主要是土中水分变化引起的,了解土的渗透性对分析已成路基和边坡水分变化的原因有重要意义。膨胀土渗透性差,其渗透性与上部压力、土体密实度有关。压实度增大,膨胀性越强的土,其渗透性越小。但膨胀土一经暴露于大气,在风化应力的作用下,失水收缩开裂后,其透水性将会显著增大,这点在工程设计中应充分考虑。

### 4. 冻土类型及工程特征

冻土是指在0℃以下,含有冰的各种岩石和土壤。冻土按其冻结状态时间的长短可分为多年冻土、季节冻土和瞬时冻土三类。

冻结状态持续三年以上的冻土为多年冻土。每年冬季冻结,夏季全部融化,冻结状态持续时间大于一个月,这种每年周期性冻结的冻土为季节性冻土。季节性冻土的冻结深度为数厘米至1 ~2m。瞬时冻土是指冬季冻结状态仅持续几个小时至数日的冻土,其冻结深度为数厘米至数毫米。

多年冻土是第四纪地质年代末次冰期的产物,是地球表面岩石圈热交换过程中,散热大于吸热的结果。因此,多年冻土分布具有明显的高纬度和高海拔地域特点。我国的多年冻土主要分布在东北大、小兴安岭和西部高山,高原地区总面积为 $2.146\times10^{6}\mathrm{km}^2$,约占全国陆地面积的22.3%。大、小兴安岭的多年冻土分布主要受纬度控制,并受西伯利亚和蒙古高原的高压气流影响,且该地区是我国最寒冷的地区,其面积约为 $3.82\times10^{5}\mathrm{km}^2$,主要分布在黑龙江省和内蒙古自治区。

每年冬季冻结,夏季融化的地表(浅层土体),在多年冻土地区称为季节融化层,在季节性冻土地区称为季节冻结层(季节冻土层)。

冻土是一种复杂的多相天然复合体,其结构构造上也是一种非均质、各向异性的多孔介质。冻土的基本成分有4种:固态的土颗粒、水、液态水、气体和水汽。

(1)季节性冻土按冻胀性的分类

季节性冻土按冻胀变形量和对结构物的危害分为5类,并以野外观测的冻胀系数为分类标准,季节性冻土分类见表1-9。冻胀系数:

$$K_{\mathrm{d}} = \frac{\Delta h}{z_0}\times100\% \tag{1-4}$$

式中:$\Delta h$——地面最大冻胀量;

$z_0$——最大冻结深度。

**季节性冻土分类表** 表1-9

| 类别 | 冻胀系数 | 冻胀变形量和对结构物的危害 |
| --- | --- | --- |
| 不冻胀土 | $K_{\mathrm{d}}<1$ | 冻结时基本无水分迁移,冻胀变形很小,对各种浅基础都没有任何危害 |
| 弱冻胀土 | $1\%<K_{\mathrm{d}}\leqslant3.5\%$ | 冻结时水分迁移很小,地表没有明显隆起,对一般浅埋基础也没有危害 |
| 冻胀土 | $3.5\%<K_{\mathrm{d}}\leqslant6\%$ | 冻结时有较多的水分迁移,形成冰夹层,如结构物自重轻、基础埋置过浅,会产生较大的冻胀变形,冻深大时会由于切向冻胀力而上拔 |
| 强冻胀土 | $6\%<K_{\mathrm{d}}\leqslant13\%$ | 冻结时水分大量迁移,形成较厚冰夹层,冻胀严重,即使基础埋深超过冻结线,也可能由于切向冻胀力而上拔 |
| 特强冻胀土 | $13\%<K_{\mathrm{d}}$ | 冻胀量很大是使桥梁基础冻胀上拔的主要原因 |

(2)多年冻土地基分类

多年冻土的融沉性是评价其工程性质的重要指标,可用融沉系数 $A$ 作为分级指标。多年冻土地基分类见表1-10。

$$A = \frac{h_{\mathrm{m}} - h_{\mathrm{T}}}{h_{\mathrm{m}}}\times100\% \tag{1-5}$$

式中:$h_{\mathrm{m}}$——季节融化层冻土试样冻结时的高度;

$h_{\mathrm{T}}$——季节融化层冻土试样融化后的高度。

多年冻土地基分类表　表 1-10

| 类别 | 名称 | 融沉系数 | 工程性质 | 工程对策 |
|---|---|---|---|---|
| I | 不融沉 | $A<1\%$ | 仅次于岩石的地基 | 修筑建筑物时可不考虑冻融问题 |
| II | 弱融沉 | $1\% \leq A<5\%$ | 可直接作为建筑物的地基，多年冻土中较好的地基土 | 当控制基底最大融化深度在3m以上时，结构物不会遭到明显融沉破坏 |
| III | 融沉 | $5\% \leq A<10\%$ | 具有较大的融化下沉量且冬季回冻时有较大的冻胀量 | 作为地基的一般基底融深不得大于1m，并采取专门措施，如深基保温防止基底融化等 |
| IV | 强融沉 | $10\% \leq A<25\%$ | 融化下沉量很大 | 因施工运营时均不允许地基发生融化，设计时应保持冻土不融或采用桩基础 |
| V | 融陷 | $25\% \leq A$ | 含水冰层 | 融化后呈流动、饱和状态，不能直接作地基，应进行专门处理 |

5. 高填方路堤病害类型

高填路堤也称高路堤。路堤是高于原地面的填方路基，其作用是支承路床和路面。路床以下的路堤分为上路堤与下路堤。上路堤是指路面底面以下 80～15cm 范围内的填方部分。下路堤是指上路堤以下的填方部分。

根据《公路路基设计规范》（JTG D30—2004）（以下简称《设计规范》），当边坡总高度大于20m（土石质填料）和12m（砂、砾填料）时，宜进行稳定性验算。因此，20m 和 12m（砂、砾填料）可视为高填路堤的分界值。又根据《公路路基施工技术规范》（JTG F10—2006）（以下简称《施工规范》）规定，水稻田或长年积水地带，用细粒土填筑路堤高度在6m以上，其他地带填土或填石路堤高度在20m以上时，按高填路堤施工。据此，高填方路堤与低填方路堤只是一个相对的概念。高填方路堤的稳定不仅与边坡高度有关，也与路基填料及其性质、边坡坡度、地基所处水文地质状况、路基压实机具、施工方法等有关。所以说，高填方路堤只是笼统地指填方较高的路堤（图 1-5）。

填土高度低于1m 者为矮路堤，其他为一般路堤。

由于公路是线形工程，高填方路堤所处的环境千变万化，其所在地段的水文地质情况错综复杂，又暴露在野外环境中，填土的密实与自然的固结都需要时间，且常年受车辆荷载重复作用，因此，在施工过程和工程完工后的车辆营运阶段发生的病害较多，而且较难处治。高填方路堤常见的病害有以下三类：

①整体下沉或局部沉降；

②路基不均匀沉降引起的纵横向开裂；

③路基滑动或边坡坍塌（图 1-6）。

图 1-5　高填方路堤

图 1-6　高填方路堤边坡坍塌

### 6. 路基横向不均匀沉降病害

由于车载、地下水及自重等作用，路基横向不均匀沉降引起的公路工程病害已成为公路工程质量通病之一。高等级公路改扩建工程中，新老路基衔接不良可能会导致新加宽路基失稳、路面损坏、路面整体性能下降等病害。

（1）新加宽路基失稳

新加宽路基失稳，主要表现为加宽路基沿新老路基结合面发生滑移，严重时甚至发生整体坍塌。这种病害容易发生在山区陡坡地形、软弱地基、高填方路堤等加宽路段。当加宽路基沿结合面滑移量较小时，新老路基结合面会产生错台，导致新老路基结合部位的路面开裂，雨水由裂缝渗入，结合面强度急剧降低，给路基稳定性留下更大的隐患。当路基滑移量较大，甚至整体坍塌时，会造成加宽路面整体破坏，严重时使既有路基相继出现失稳，致使既有路面也发生结构损坏和使用功能的下降。

（2）路面损坏

高等级公路改扩建沥青路面损坏，主要表现为出现面层破碎、结合料松散、道路横坡改变等症状，严重时会产生沿结合面走向的纵向裂缝。路面损坏是高等级公路改扩建工程中最常见的病害形式之一。路基的变形不协调会通过路面结构层反映出来，所以大多数路面病害都是路基病害的反映。

水泥混凝土路面损坏主要表现为出现唧泥和脱空现象，进一步发展会引起结合面附近出现纵缝、裂缝处板块断裂以及裂缝的扩展。由于结合部位两侧的新老路基沉降速率不一致，沉降量不同，导致结合部位存在应力突变、集中现象，弯拉应力大而结合界面强度较低会在该处开裂错台；另外，新加宽路基边坡坡角在填土自重作用下逐渐发生侧向位移，进一步带动其上的填土产生沉降和侧向位移，使整个加宽部分的填土沿结合部位产生横向和竖向移动。这两方面因素的作用会在交界处形成纵向裂缝。

新老路基结合部位施工工艺较复杂，施工难度较大，往往在此产生人为的质量因素（如密实度达不到设计标准等），这也是产生裂缝的原因之一。同时，在软土地区进行路基加宽改建时，原路基底部地基土的沉降固结状态、加宽路基的水文条件及物理力学性能、加宽路基新增的作用力对沉降变形的影响等都是导致路面开裂的主要因素。

（3）路面整体性能下降

随着路面病害的产生和道路纵横坡的变化，道路结构性能和服务性能也随之下降。当路面状况指数（PCI）、结构承载力、平整度等下降到一定程度时，还将影响行车安全。另外，就新老路基结合方式而言，在产生相同变形的前提下，双侧加宽产生的病害数量多，比单侧加宽更不利。

### 7. 路基纵向不均匀沉降病害

路基纵向不均匀沉降主要表现为桥头跳车和纵向填挖交界处不均匀沉降，致使路、桥过渡段出现不同程度的台阶，且路面平整性受损，严重影响了公路的使用功能。

1）路桥过渡段桥头跳车的危害性分析

桥头跳车是指桥梁、涵洞等构造物本身及台背填土由于行车荷载和自重的作用而继续沉降，通常构造物沉降与台背沉降不一致即产生不均匀沉降，导致台背与构造物联结处的路面出现台阶，从而出现高速行驶的车辆通过台背回填处产生颠簸跳跃的现象。桥头跳车是目前公路建设中常见的通病之一，严重影响了行车舒适性，降低了车辆的行驶速度和道路的通行能力，损害了高等级公路建设的社会效益和经济效益，是道路交通安全的重要隐患之一。

如何有效地消除桥头跳车或将跳车减小到最低程度，已成为高等级公路建设中亟待解决的问题。鉴于此，深入开展公路桥头跳车防治技术的研究，提出既经济又有效的防治措施，最大限度地减少、甚至消除跳车现象，对满足高等级公路对行车高速、安全及舒适的要求以及延长道路的使用寿命等，均具有十分重要的现实意义。

由于结构物与台背的不均匀沉降，致使路、桥过渡段出现不同程度的台阶，从而使路面平整性受损，严重影响了公路的使用功能。其危害性分述如下：

（1）影响行车速度

当车辆行至桥头台阶处，为防止车辆的剧烈冲击跳动，驾驶员被迫制动减速。同时，车辆颠簸、跳动也影响了行车驱动力的传递，使车辆的行驶速度受到不同程度的影响。车速降低幅度因桥面类型、台阶高度、车辆类型和行驶速度等而异。

根据已有的调查，台阶对车速的影响一般呈如下规律：

较小的台阶高度对车辆行驶速度影响不大，只有当台阶达到一定高度时，对车速才有显著的影响。台阶越高，特别是达到4cm以上时，对车速影响越显著。

车速的损失与车辆的行驶速度有关。以较小的车速（低于60km/h）行驶时，一般减速幅度较小；中速（60～80km/h）行驶时，减速幅度较大；而当以较高速度（高于80km/h）行驶时，减速幅度则相对不大，但跳车比较严重。同时，这与驾驶员行驶时看到台阶和作出的反应有关。

台阶对不同类型车辆行驶的影响也不相同，如较高台阶对小汽车行驶的影响较大，而载货汽车对台阶不如空车敏感。此外，驾驶员的心理状态、对道路的熟悉程度等都对通过台阶时速度的降低有不同程度的影响。

（2）影响行车安全

当车辆通过路桥过渡段的台阶处时，车辆产生跳动和冲击，使驾乘人员感到颠簸不适，影响行车的舒适性。同时，对驾驶员产生相当不利的心理影响，严重时则会影响其对车辆的正常操作，造成车辆失控，引起行车事故。

（3）影响车辆运营费用

因跳车而不得不在桥头处频繁减速，以减轻汽车的颠簸。无论是减速行驶，还是颠簸现象的发生，都会造成汽车机件不同程度的损坏和轮胎的磨耗。同时，汽车行驶速度的不稳定，无形中既浪费了油料，又增加了废气的排放。另外，还增加了车辆的行驶时间。因此，桥头跳车的出现，提高了车辆的运营成本。

（4）影响公路养护费用及使用寿命

台阶的存在使得车辆通过时产生跳动和冲击，从而对桥梁和路面造成附加的冲击荷载，加速桥头路面及伸缩缝的破坏。为了维持路桥良好的使用状况，对路桥过渡段出现的台阶要进行及时维修与养护。不断的维修养护不仅会花费大量的人力、物力和财力，而且还会产生不良的社会影响。

国内外资料表明，因桥头跳车而增加的道路维修费用很大。例如，美国约25%的桥涵（约150 000座桥涵、通道等构造物）受到桥头跳车的影响，全国每年为此花费的维修费用预计高达1亿美元以上。同样地，我国在桥头跳车的维修治理方面耗资巨大，全国高速公路年均维修治理过渡段的费用至少在1亿元以上。

由此可见，桥头跳车病害的发生使高等级公路不能达到高效运营、安全行驶、节省投资及舒适乘车的目的，在很大程度上降低了高等级公路的服务水平，损害了公路使用者的效益，从而严重影响了高等级公路的经济效益和社会效益。因此，防治桥头跳车病害势在必行。

2)路桥过渡段路基病害特征

桥头跳车的直接原因是刚性桥台结构物与柔性路堤在行车荷载的反复作用下,由于人工填土的变形或天然土基的自身固结沉降变形而产生相对较大的差异沉降。桥台结构物是经过精心设计和加固处理的,全桥呈刚性体系,在正常作用下,其沉降很小。而桥梁构筑物后的路基和路堤由于其地基状况和填料土自身的性质,则会产生一定的沉降变形。这种变形需经过一段时间后才能稳定。在经过很长时间后,当桥台与路堤间差异沉降超过一定值时,桥头跳车现象必然发生。此外,公路建设材料和对象以岩土体为主,具有复杂多变、不确定性和难预知性。因此,需要对具体问题具体分析。

要根本消除路基与桥台间的差异沉降是不可能的。目前虽然采取了大量预防措施,也取得了一定效果,但从调研资料可以看出桥头跳车问题仍然很严重。如何治理路桥过渡段病害成了亟待解决的课题。只有归纳出其破坏模式及特征,分析病害机理,才能找出合适的方法,达到治理的目的。

(1)路基整体滑移

①路基整体侧向滑移。路基的整体侧向滑移主要是由于路堤边坡过陡或是受到破坏后,在上部重复荷载作用下形成纵向裂缝或沿坡裂面整体下滑。其破坏模式如图1-7所示。

②路基整体向桥台方向滑移。对于桩柱式桥台,台前土体基本处于无侧限受压状态。当锥坡受到破坏,且在自重和车辆的冲击荷载作用下,土体有向桥内移动的趋势,形成横向裂缝或整体下滑,使得桥头部位的路基、路面产生较大的竖向位移,从而引起桥头跳车。其破坏模式如图1-8所示。

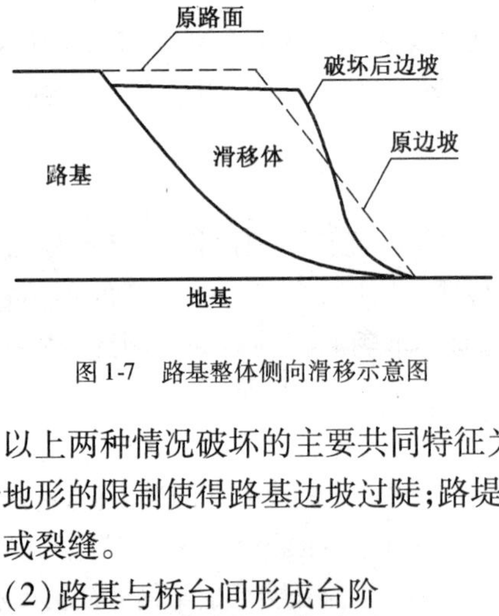

图1-7 路基整体侧向滑移示意图

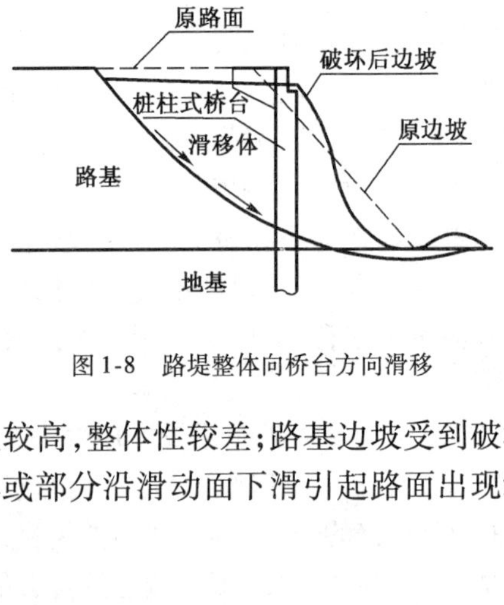

图1-8 路堤整体向桥台方向滑移

以上两种情况破坏的主要共同特征为:路堤填土较高,整体性较差;路基边坡受到破坏或由于地形的限制使得路基边坡过陡;路堤边坡的整体或部分沿滑动面下滑引起路面出现纵向错台或裂缝。

(2)路基与桥台间形成台阶

路基与桥台间形成台阶主要表现为:

①局部沉降发生在台背与过渡段结合处,即最大沉降深度$D$距离桥台背很近,形成错台。在桥台引道施工中,由于紧靠台背的填土难以夯实,极易发生垂直错台。当然,有时过渡段路面不发生局部沉降,而是相对路面设计高程整体下沉,这种情况也会在桥台与过渡段结合处造成垂直错台,如图1-9所示。

②路基相对路面设计高程整体下沉,当桥台与过渡段结合处的差异沉降$D$达到一定值时,引起了桥头跳车现象。其破坏模式如图1-10所示。

此模式的共同特征是:台背填土的均匀或者不均匀沉降较大;沉降差最大值产生在靠近台背处。

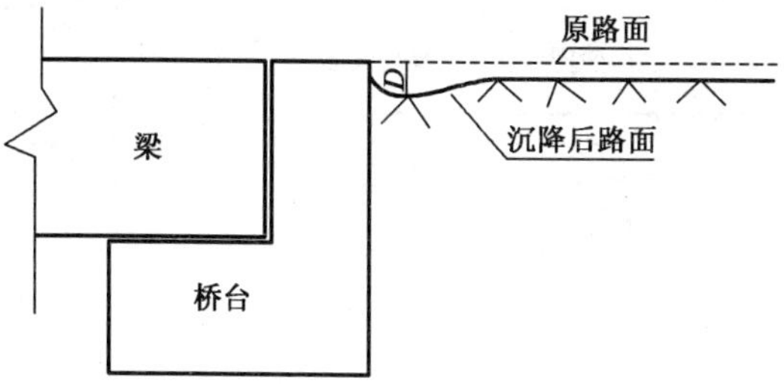


图 1-9　近台背路基沉降过大引起的差异沉降

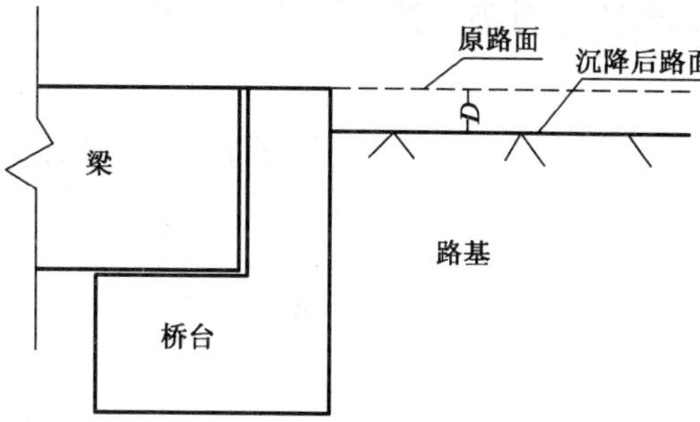


图 1-10　路基整体下沉引起桥台与路基差异沉降

(3)路面凹陷

路面凹陷也是公路在运营过程中的一种常见病害。局部沉降的最大深度 $D$ 点距离桥台背有一段距离,局部沉降范围较错台要大。局部沉降是过渡段上局部位置土体与桥台及其他位置上过渡段土体之间不均匀沉降较大而产生的。局部沉降使得行车颠簸,迫使车辆减速,从而引起路面破坏。特别是垂直错台,不但使汽车产生较大的附加冲击和振动作用,而且对桥台也造成水平冲击力,以致桥台破坏。其破坏模式见图 1-11。

该模式的主要特征是:过渡段内的路基沉降不均,局部沉降较大,路面出现凹陷;沉降的最大值 $D$ 距桥台有一定距离。

(4)搭板断裂

搭板断裂是采用搭板法预防桥头跳车过程中产生的一种新的病害。其破坏模式如图1-12所示。

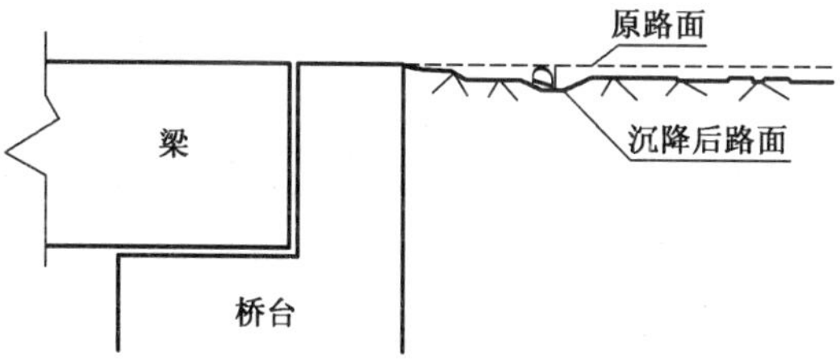


图 1-11　路基不均匀沉降引起路面破坏

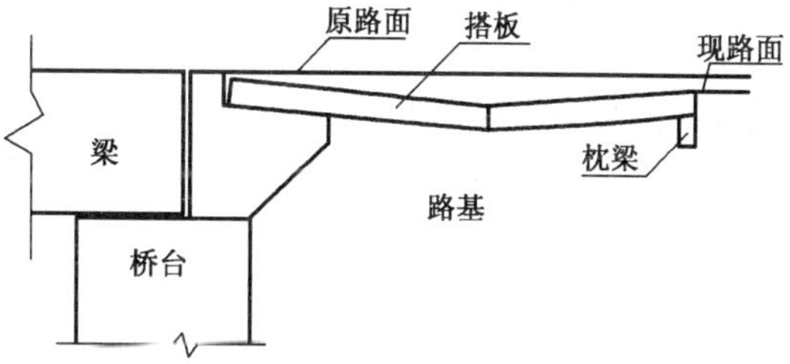


图 1-12　路基不均匀沉降引起的搭板断裂

其病害特征主要表现为:路基局部发生不均匀沉降,搭板底部脱空;枕梁部分及其以外的路基沉降较小;搭板较薄,不足以单独承受上部荷载;搭板沿脱空区受力较大的方向发生断裂;搭板与路堤形成纵向坡度差。

设置桥头搭板在防止桥头跳车方面取得了较大的进步,其成功的实例很多,但也有其不足之处。其中,当台背填土路堤沉降较大或搭板长度不够,搭板与路堤形成纵向坡度差超过一定范围时,就会在搭板与路堤的衔接处产生转角(图 1-13),车辆通过该处同样会产生类似桥头跳车的感觉,即"二次跳车"。

此病害的主要特征是:路基整体沉降过大;搭板较短,不足以使桥台与路基间的差异沉降实现平稳过渡;搭板一端简支于桥台,沉降相对较小;搭板末端产生差异沉降。

由于路桥过渡段问题比较突出,因此,在施工和设计中都采取了一定的措施,如在设置桥头搭板的同时，对搭板的路基进行注浆处理。这样减小了过渡段的下沉，但往往忽略了对搭板以外路基的处理与压实。经过一段时间的运营后在这一部位产生了差异沉降，从而形成新的跳车现象。其破坏模式如图1-14所示。

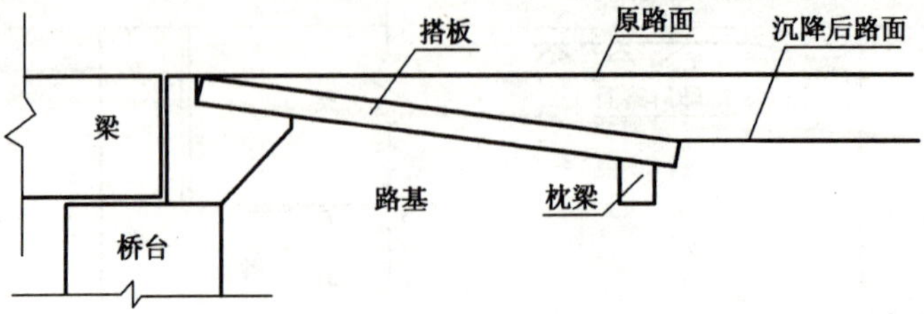


图1-13　搭板与路堤形成纵向坡度差示意图

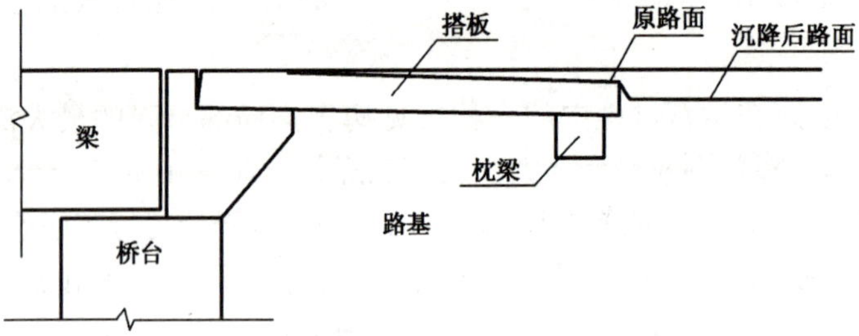


图1-14　搭板与路堤形成台阶示意图

该破坏模式的主要特征是：搭板段路基处治较好，下沉量较小；搭板末端路基整体或靠近搭板处路基沉降变形较大。

8. 路基边坡病害

1）岩质边坡的破坏类型

岩质边坡的破坏一般有平面破坏、楔形破坏、曲面破坏和倾倒破坏（表1-11）。其中，倾倒破坏一般发生在陡峭层状岩坡，这种岩坡一般不进行植被护坡；平面破坏、楔形破坏和曲面破坏是一种深层失稳破坏，一般是在坡面2m以下深处演化，产生剪切滑移破坏，滑移面为平面、楔形面或曲面。这种破坏形式因滑下的土石方量大（有时可达数十万方），造成的危害极大，因此，必须避免出现这种深层破坏。土质边坡的滑移面一般是圆弧形。

岩质边坡的破坏类型根据其发生的部位不同，又可分为深层破坏和浅层破坏两种。深层失稳破坏其破坏面形状包括平面、楔形面和曲面等。一般是在坡面2m以下深处演化，产生剪切滑移破坏，滑移面为平面、楔形面或曲面。这种破坏形式因滑下的土石方量大（有时可达数十万方），造成的危害极大，因此，必须避免出现这种深层破坏。而浅层破坏一般发生在坡面的表层或坡面下不足2m的范围内，虽然滑下的土石方量很小，但它严重破坏了坡面的植被，对于这种破坏也应有足够的认识。边坡的浅层破坏形式可以大致分为以下8种，如图1-15所示。

（1）崩塌（图1-15c））

崩塌（图1-16）是较陡斜坡上的岩土体在重力作用下突然脱离母体崩落、坠落、剥落堆积在坡脚（或沟谷）的地质现象。按崩塌体的物质组成分为两大类：一种是产生在土体中的，称为土崩；另一种是产生在岩体中的，称为岩崩。崩塌物下坠的速度很快，一般为5～200m/s，有的可达自由落体的速度。

**岩质边坡的破坏** 表 1-11

| 破坏类型 | 示意图 | 特征 | |
|---|---|---|---|
| 平面破坏 | 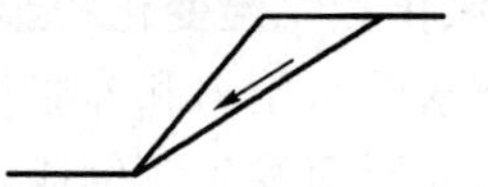 | 主要结构面的走向、倾向与坡面基本一致，结构面的倾角小于坡脚且大于其摩擦角，产生顺层滑坡形式的破坏。滑面是层状岩层层面或不同岩组之间的各种接触面，特别是岩层中夹有易滑的软弱层，如页岩、泥岩、泥灰岩等，而当地天然侵蚀或人工开挖基面又与软弱层分布部位邻近时，更易于产生顺层滑动 | 一个滑动平面和一个滑动块体 |
| |  | | 一个滑动平面和一条张裂隙 |
| |  | | 若干滑动平面节理 |
| |  | | 一个主要滑动平面和主动、被动两个滑动块体 |
| 楔形破坏 | 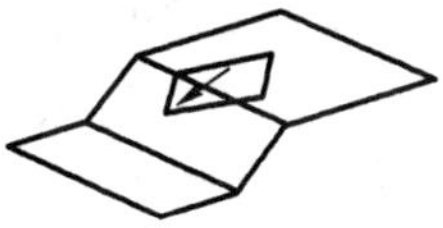 | 两组结构面的交线倾向坡面，交线的倾角小于坡脚且大于其摩擦角 | |
| 曲面破坏 |  | 碎裂结构、散体结构边坡中，因岩体节理很发育、破碎而出现的滑移破坏，滑移面是圆弧面或非圆弧面的其他曲面 | |
| 倾倒破坏 |  | 岩体被陡倾结构面分割成一系列岩柱，当为软岩时，岩柱产生向坡面弯曲；当为硬岩时，岩柱可再被正交节理切割成岩块，并向坡面翻倒 | |

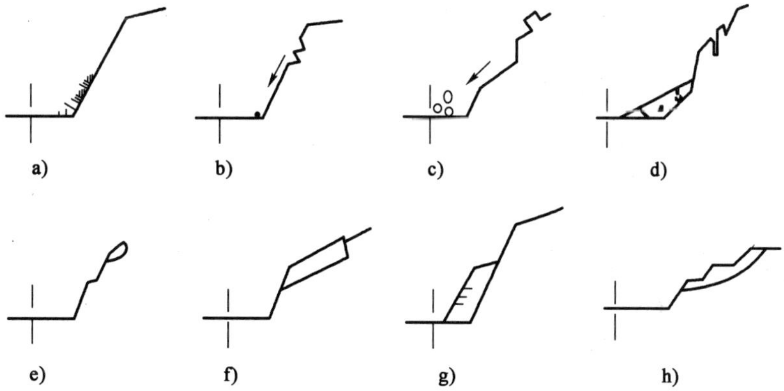


图 1-15 边坡的浅层破坏形式

a) 剥落；b) 落石；c) 崩塌；d) 堆塌；e) 表层溜坍；f) 风化剥落；g) 错落；h) 坡面浅层滑坡

按照崩塌体的规模大小可以分为剥落、坠落和崩落等。当其岩崩的规模巨大，涉及山体者，又俗称山崩；在陡崖上，个别较大岩块崩落、翻滚而下的，称为落石。斜坡上的岩体在强烈物理风化作用下，有较细小的碎块、岩屑沿坡面坠落或滚动的现象，称为剥落。

岩石崩塌通常被认为是岩体在陡坡面上脱落而下的一种边坡形式。它经常发生于陡坡顶部裂隙发育的地方。由于风化减弱了节理面间的黏结力，或者由于雨水渗入裂隙中，造成了裂隙水的水压力作用于向坡外的岩石上，或者岩石受到冻胀、风化和气温变化的影响，从而减弱岩体的抗拉强度和岩块松动，形成了岩石崩落的条件。裂隙水的水压力和冻胀作用是崩塌的常见原因。崩塌的岩块通常沿着层面、节理或局部断层带或断层面发生倾倒或者其下基础失去支撑而崩落。

(2)落石(图1-15b))

图1-16　崩塌现象

落石发生在块状结构、碎裂状结构的岩坡或土石混合的土坡中。其原因可能是坡面受雨水冲刷或风化作用后，浅层岩石发生局部松动，在重力作用下从坡面落下所造成的。在这种坡面上植被，首先应清除或加固危石。

(3)剥落(图1-15a))

剥落发生在容易风化的岩土坡面，如红层岩坡或膨胀土边坡。这些边坡开挖后如果不及时防护，坡面将发生风化，岩土体风化成散粒状后，将顺坡滑落下来。在这种坡面上植被，如果方法不当，风化的坡面会造成植被的破坏。

(4)堆塌(图1-15d))

对于碎裂状结构、散体结构的岩坡，易风化的坡面，黏性的土坡等，在地表水顺坡流下时，会带走坡面松散、软弱的土颗粒，在坡面形成条沟状，出现坡面沟蚀。有的地方被水淘空后，出现局部滑塌。滑塌和沟蚀冲积物将堆积在坡脚，形成堆塌破坏。另外，对于节理发育或软质、风化的岩体，由于边坡开挖过陡，在坡顶或边坡外缘产生拉张裂缝，并逐次向山侧发展而发生堆塌。堆塌体多呈半锥体形状，堆塌直至稳定的安息角为止。在这些边坡上即使进行了植被防护，如果方法不当，也会发生坡面沟蚀，从而破坏已做好的植被。

(5)表层溜坍(图1-15e))

坡体表面若分布有软弱土体或者一些破碎的硬质岩，在大气风化及水的侵蚀作用下，这些表层破碎的土体沿局部软弱面滑动坍塌的现象，称为表层溜坍。

(6)风化剥落(图1-15f))

风化剥落是指风化的石质路堑边坡，在外界环境因素(如降水、强风、振动等)的影响下，成片或块体剥落，从而危及线路和行车安全。一般多指因地形、地质原因而造成的体积较小，而数量较多的风化岩石剥落，现场常用设防护网或喷射水泥浆等方法处理。

风化剥落常发生在容易风化的岩土坡面，如泥岩、砂岩、红层岩坡或土质边坡。这些边坡坡面开挖后在雨水、日照等自然营力作用下将发生严重风化。坡体风化后在坡面形成一定厚度的松散层。在重力和雨水作用下，该松散层将顺坡滑落造成风化剥落破坏。在这种坡面上采用植被护坡，必须首先清除风化层或者将风化层强化使之稳定于坡面。

(7)错落(图1-15g))

错落是指斜坡的岩体在重力作用下，沿软弱面整体性的快速下错的现象。整个错动带的形状为折线形，后壁坡度较陡，下部坡度较缓。错动面出口在坡脚临空面以下，其错落体的垂直位移量大于水平位移量。在这种坡面上植被,首先应找出错落体,并予以加固。

(8)坡面浅层滑坡(图 1-15h))

坡体浅层若分布有较软弱的岩土体或者破碎的硬质岩石,在自然营力及重力作用下,这些浅层岩土体沿一定的软弱面或软弱带整体地以水平位移为主向下滑动的现象,称为坡面浅层滑坡。滑面埋深不大,滑体厚度较小,一般在 2m 以内。浅层滑坡将对坡面植被造成较大范围的破坏。

2)土质边坡破坏类型

土质边坡的滑移面一般是圆弧形。边坡的破坏类型有深层失稳破坏和浅层破坏。前者一般是在坡面 2m 以下深处演化,产生剪切滑移破坏,滑移面为平面、楔形面或曲面。这种破坏形式因滑下的土方量大(有时可达数十万方),造成的危害极大,因此必须避免出现这种深层破坏。后者一般发生在坡面的表层或坡面下不足 2m 的范围内。虽然滑下的土石方量很小,但它严重破坏了坡面的植被,对于这种破坏也应引起足够的认识。溜方是一种典型的浅层破坏,溜方是由于少量土体沿土质边坡向下移动所形成的。溜方通常指的是边坡上薄的表层土下溜。它可能是由于流动水冲刷边坡或施工不当而引起的,如图 1-17 所示。

3)滑坡

斜坡上不稳定的岩体或土体在重力作用下沿一定的软弱面(或软弱带)整体地向下滑动的现象称为滑坡,俗称“走山”、“垮山”、“地滑”、“土溜”等。滑坡现象主要是土体的稳定性不足而引起的,分路堤滑坡和路堑滑坡,如图 1-18 所示。

a)　　b)

图 1-17　溜方

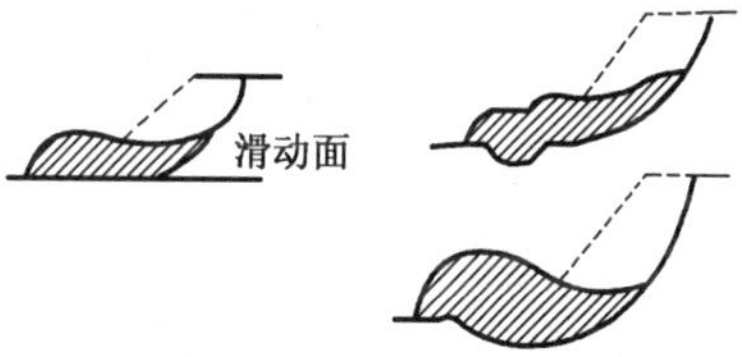


a)　　b)

图 1-18　滑坡

a)路堤滑坡;b)路堑滑坡

边坡坡度过陡,或边坡坡脚被冲刷淘空,或填土层次安排不当,是路堤边坡发生滑坡的主要原因。路堑边坡滑坡的主要原因是边坡高度和边坡坡度与天然岩土层次的性质不相适应。黏性土层和蓄水的砂石层交替分层蕴藏,特别是有倾向路堑方向的斜坡层理时,就更容易造成滑坡。

滑坡是山区公路的主要病害之一。由于山坡或路基边坡发生滑坡,常使交通中断,影响公路的正常运输。大规模的滑坡会堵塞河道,摧毁公路,破坏厂矿,掩埋村庄,对山区建设和交通设施危害很大。西南地区为我国滑坡分布的主要地区。该地区滑坡类型多、规模大、发生频繁、分布广泛、危害严重,已经成为影响国民经济发展和人身安全的制约因素之一。在西北黄土高原地区,以黄土滑坡广泛分布为其显著特征。在东南、中南的山岭、丘陵地区,滑坡、崩塌也较多。在青藏高原和大小兴安岭的多年冻土地区,也有不同类型的滑坡分布。

(1)滑坡的形态

发育完整的滑坡,一般有如下基本组成部分,见图 1-19。

滑坡体是指滑坡的整个滑动部分,即依附于滑动面下滑的岩土体,简称滑体。滑体的规模大小不一,大者达几亿立方米至十几亿立方米。

滑动面是指滑坡体沿某一软弱结构面移动,这一软弱结构面称为滑动面。滑动带是指平行滑动面受揉皱及剪切的破碎地带,简称滑带。滑动面(带)是表征滑坡内部结构的主要标志,它的位置、数量、形状和滑动面(带)土石的物理力学性质,对滑坡的推力计算和工程治理具有重要意义。滑动面的形状因地质条件而异,一般说来,发生在均质黏性土和软质岩体中的滑坡,一般多呈圆弧形;沿岩层层面或构造裂隙发育的滑坡,滑动面多呈直线形或折线形。

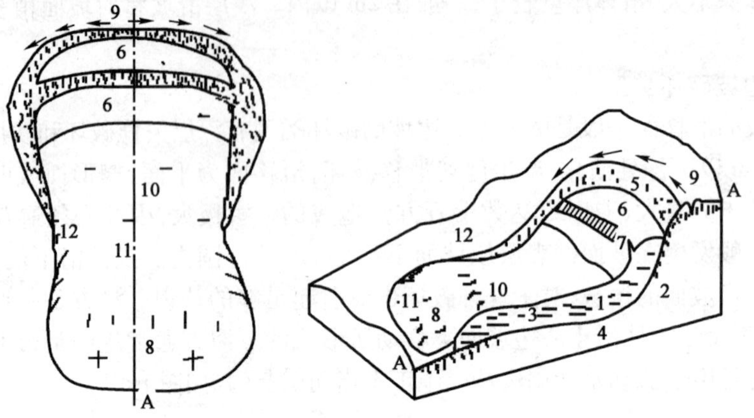


图 1-19　滑坡形态示意图

1-滑坡体;2-滑动面;3-滑动带;4-滑坡床;5-滑坡后壁;6-滑坡台地;7-滑坡台地陡坎;8-滑坡舌;9-张拉裂缝;10-滑坡鼓丘;11-扇形张裂缝;12-剪切裂缝

滑坡后壁是指滑坡发生后,滑坡体后缘和斜坡未动部分脱开的陡壁。有时可见擦痕,以此识别滑动方向。滑坡后壁在平面上多呈圈椅状。后壁高度自几厘米到几十米,陡坡一般为60°~80°。

滑坡台阶是指滑体滑动时由于各段土体滑动速度的差异,在滑坡体表面形成台阶状的错台,称为滑坡台阶。

滑坡舌是指滑坡体前缘形如舌状的凸出部分。

滑坡鼓丘是指滑坡体前缘因受阻力而隆起的小丘。

滑坡裂缝是指由于各部分移动的速度不等,在其内部及表面所形成的一系列裂缝。位于滑体上(后)部多呈弧形展布者,称为拉张裂缝;位于滑体中部两侧,又常伴有羽毛状排列的裂缝,称为剪切裂缝;滑坡体前部因滑动受阻而隆起形成的张性裂缝,称为鼓张裂缝;位于滑坡体中前部,尤其是滑舌部呈放射状展布者,称为扇状裂缝。

滑坡周界是指滑坡体和周围不动体在平面上的分界线。

滑坡洼地是指滑动时滑坡体与滑坡后壁间拉开成的沟槽,或中间低四周高的封闭洼地。

较老的滑坡由于风化、水流冲刷、坡积物覆盖,使原来的构造、形态特征往往遭到破坏,不易被观察。但是一般情况下,必须尽可能地将其形态特征识别出来,以利于确定滑坡的性质和发展状况,为整治滑坡提供可靠的资料。

(2)滑坡的野外识别

①古滑坡外貌特征的识别。在沿河谷布设路线时,为防止滑坡对道路造成的危害,应识别河谷两岸有无古滑坡的存在和是否有可能发生滑坡的地段。

在发生滑坡的古坡上,必然留下地形、地貌、地层及地物等方面的标志:常在较平顺的山坡上造成等高线的异常和中断,使斜坡不顺直、不圆滑而造成圈椅状地形和槽谷地形,滑坡舌向河心凸出呈河谷不协调现象;沿滑坡两侧切割较深,常出现双沟同源;在滑坡体的中部常有一级或多级异常台阶状平地；滑坡体下部因受推挤力而呈现微波状鼓丘及滑坡裂缝；滑坡体表面的植物因受不匀速滑移呈零散分布，树木歪斜零乱，有“醉树”及“马刀树”；若滑动之前滑坡体上曾建有建筑物，会出现开裂、倾斜、错位等现象。

岩质滑坡的地层产状与原生露头有明显的变化，其整体连续性遭到破坏，出现层位缺失或有升降、散乱的现象。

②滑坡先兆现象的识别。不同类型、不同性质、不同特点的滑坡，在滑动之前，均会表现出各种不同的异常现象，显示出滑动的预兆(前兆)。其中，较为常见的有以下几种：

大滑动之前，在滑坡前缘坡脚处，有堵塞多年的泉水复活现象，或者出现泉水(水井)突然干枯、井(钻孔)水位突变等类似的异常现象。

在滑坡体前缘土石零星掉落，坡脚附近土石被挤紧，并出现大量鼓张裂缝。这是滑坡向前推挤的明显迹象。

如果在滑坡体上有长期位移观测资料，那么大滑动之前，无论是水平位移量，还是垂直位移量，均会出现加速变化的趋势，这是明显的临滑迹象。

坡面上树木逐渐倾斜，建筑物开始开裂变形，此外，还可发现山坡农田变形、水田漏水、动物惊恐异常等现象，这些均说明该处滑坡在缓慢滑动。

(3)判定滑坡体的稳定性

在野外，从宏观角度观察滑坡体，可以根据一些外表迹象和特征，粗略地判断其稳定性。

已稳定的堆积层老滑坡体有以下特征：

①后壁较高，长满了树木，找不到擦痕，且十分稳定；

②滑坡平台宽、大，并已夷平，土体密实无沉陷现象；

③滑坡前缘的斜坡较缓，土体密实，长满树木，无松散坍塌现象，前缘迎河部分有被河水冲刷过的迹象；

④目前的河水已远离滑坡舌部，甚至在舌部外已有漫滩、阶地分布；

⑤滑坡体两侧的自然冲刷沟切割很深，甚至已达基岩；

⑥滑坡体较干燥，地表一般没有泉水或湿地，坡脚有清晰的泉水流出。

不稳定的滑坡具有下列迹象：

①滑坡后壁高、陡，未长草木处常能找到擦痕和裂缝；

②有滑坡平台，面积不大，且不向下缓倾，有未夷平现象；

③滑坡表面有泉水、湿地，舌部泉水流量不稳定，且有新生冲沟；

④滑坡前缘土石松散，小型坍塌时有发生，并面临河水冲刷的危险；

⑤滑坡前缘正处在河水的冲刷下。

需要指出，以上标志只是一般而论，若要得到较为准确的判断，需通过进一部的观察和研究。

4)泥石流

泥石流是一种水、泥、石的混合物，泥石流中所含固体体积一般超过15%，最高可达80%，其重度可达18kN/m$^3$。它的活动特点是：在一个地段上往往突然爆发，能量巨大，来势凶猛，且历时短暂，复发频繁。

泥石流的前锋是一股浓浊的洪流，固体含量很高，形成高达几米至十几米的“龙头”顺沟倾泻而下，冲刷、搬运、堆积十分迅速，可在很短的时间内运出几十万至数百万立方米固体物质和成百上千吨巨石，摧毁前进途中的一切，掩埋村镇、农田，堵塞江河，造成巨大的生命和财产损失。

因此，“冲”和“淤”是泥石流的主要活动特征和主要危害方式。冲是以巨大的冲击力作用于建筑物而造成直接的破坏；淤是构造物被泥石流搬运停积下来的泥、砂、石淤埋。冲的危害主要有冲刷冲击、冲毁、磨蚀、直进性爬高等各种形式；淤的危害方式主要有堵塞、淤埋、堵河阻水、挤压河道，使河床剧烈淤高、冲刷对岸，使山体失稳，淤塞涵洞，淤埋道路，影响工程使用寿命(图 1-20 ~ 图 1-27)。

图 1-20　泥石流冲毁公路设施

图 1-21　泥石流致使火车出轨

图 1-22　被泥石流冲毁的公路桥

图 1-23　艾利台风引发泥石流淤埋台中县和平乡

图 1-24　汶川地震后北川发生泥石流淤埋房屋

图 1-25　委内瑞拉泥石流冲毁楼房

泥石流的类型如下：

(1)泥石流按其物质成分分类

由大量黏性土和粒径不等的砂粒、石块组成的叫泥石流(图 1-28)。西藏波密、四川西吕、云南东川和甘肃武都等地区的泥石流，均属于此类。

以黏性土为主,含少量砂粒、石块,黏度大,呈稠泥状的叫泥流(图1-29)。这种泥流主要分布在我国西北黄土高原地区。

图1-26　泥石流冲进学校

图1-27　泥石流破坏生态环境

图1-28　泥石型泥石流

图1-29　泥流型泥石流

由水和大小不等的砂粒、石块组成的叫水石流(图1-30)。它是石灰岩、大理岩、白云岩和玄武岩分布地区常见的类型,如华山、太行山、北京西山等地区分布有这种类型的泥石流。

图1-30　水石型泥石流

(2)泥石流按其物质状态分类

一是黏性泥石流,含大量黏性土的泥石流或泥流。其特征是:黏性大,密度高,有阵流现象。固体物质占40% ~60%,最高达80%。水不是搬运介质,而是组成物质。稠度大,石块呈悬浮状态,爆发突然,持续时间短,不易分散,破坏力大。二是稀性泥石流,以水为主要成分,黏土、粉土含量一般小于5%,固体物质占10% ~40%,有很大分散性。搬运介质为浑水或稀泥浆,砂粒、石块以滚动或跃移方式前进,具有强烈的下切作用。其堆积物在堆积区呈扇状散流,停止后似“石海”。

(3)按泥石流沟的形态分类

有沟谷型泥石流、山坡型泥石流等不同类型。

# 能 力 训 练

## 第一部 分学习准备

1. 观看下列录像片段：
(1)录像片段一：崩塌。
(2)录像片段二：滑坡。
(3)录像片段三：泥石流。
(4)录像片段四：不良地基土。
(5)录像片段五：高填方与路基纵、横向开裂。
2. 回答下列问题：
(1)说出崩塌的形成条件与危害。
(2)说出滑坡的形成条件与危害。
(3)说出泥石流的形成条件与危害。
(4)说出不良地基土的形成条件与危害。
(5)说出高填方病害的形成条件与危害。
(6)说出路基纵、横向开裂的形成条件与危害。

## 第二部 分计划与实施

1. 组内分工，参照规范，根据工程实际情况，完成调查表(表1-12～表1-15)。
2. 完成高填方病害调查项目。
(1)自然地理位置。
病害位于：________________________________，
起点方位：E：____________，N：____________；海拔高程：______m；
终点方位：E：____________，N：____________；海拔高程：______m。
(2)地形地貌条件。
(3)病害基本特征。
(4)病害的形成条件。
(5)病害的稳定性及危害性分析。
(6)病害的治理方案建议。
3. 完成路基开裂病害调查项目。
(1)自然地理位置。
病害位于________________________________，
起点方位：E：____________，N：____________；海拔高程：______m；
终点方位：E：____________，N：____________；海拔高程：______m。
(2)地形地貌条件。
(3)病害基本特征。

## 崩塌(危岩)隐患点调查表

表 1-12

| 名称 | | | | 四川省(市)　县(市)　乡(镇)　村　社 | | | | |
|---|---|---|---|---|---|---|---|---|
| 野外编号 | | 崩塌类型 | □倾倒式<br>□滑移式<br>□坠落式 | 地理位置 | 坐标(m) | X:<br>Y: | 海拔(m) | 冠: <br>趾: |
| 室内编号 | | | | | 经度:E　°　′　″ | | 纬度:N　°　′　″ | |
| 统一编号 | | | | | 地名: | | | |

| 崩塌发生的斜坡环境 | | | | | | | | |
|---|---|---|---|---|---|---|---|---|
| 地质环境 | 崩塌(危岩)地层岩性 | | | 地质构造 | | 微地貌 | 地下水类型 | |
| | 时代 | 岩性 | 产状 | 构造部位 | 地震烈度 | □陡崖<br>□陡坡<br>□上凸下凹坡<br>□上陡下缓坡 | □孔隙水<br>□裂隙水<br>□岩溶水<br>□潜水<br>□承压水<br>□上层滞水 | |
| | | | | | | | | |
| 降雨河流影响 | 降雨量(mm) | | | 冲刷危岩坡脚的河流水文 | | | | |
| | 年均 | 日最大 | 时最大 | 洪水位(m) | 枯水位(m) | 相对于河流的位置 | | |
| | | | | | | □右岸　□左岸<br>□凹岸　□凸岸 | | |
| 危岩斜坡 | 坡高(m) | 坡度(°) | 坡向(°) | 斜坡结构类型 | □碎屑岩斜坡 □碳酸盐岩斜坡 □结晶岩斜坡 □变质岩斜坡 □平缓层状斜坡 □顺向斜坡 □斜向斜坡 □横向斜坡 □反向斜坡 □特殊结构斜坡 | | | |
| | | | | | | | | |

| 崩塌基本特征 | | | | | | | | |
|---|---|---|---|---|---|---|---|---|
| 危岩岩体结构特征 | 危岩体分割结构面 | | | | | | | |
| | 结构面类型 | □层理面 □片理或劈理面 □节理裂隙面 □层内错动带 □构造错动带 □断层 | | | | | | |
| | 组 | 结构面产状 | 裂缝贯通长度(m) | 裂隙率(条/m) | 危岩分割块度(长×宽×高)(m) | 裂缝张开度(mm) | 裂缝充填物及胶结度 | |
| | ① | ∠ | | | | | | |
| | ② | ∠ | | | | | | |
| | ③ | ∠ | | | | | | |
| | ④ | ∠ | | | | | | |
| | 全风化带厚度(m) | 卸荷带宽度(m) | 危岩带顺坡长度(m) | 危岩带最大宽度(m) | 危岩带最大高度(m) | 主崩方向(°) | 凹岩腔高度×宽度×深度(m) | |
| | | | | | | | | |
| 落石崩塌情况 | 近期发生时间 | 部　位 | | 特　征 | | | | |
| | | | | | | | | |
| 崩塌堆积体特征 | 长度(m) | 宽度(m) | 厚度(m) | 崩塌体分布面积($m^2$) | 崩塌体危险区面积($m^2$) | 崩落最大高差(m) | 崩落最远距离(m) | |
| | | | | | | | | |
| | 堆积物组成 | 结构 | 分选 | 落石块度 | 平面形态 | 剖面形态 | | |
| | | | | | □半圆<br>□矩形<br>□舌形<br>□扇形 | □凸形<br>□凹形<br>□线形<br>□阶状 | | |

续上表

<table>
<tr><td rowspan="6">影响因素</td><td>地质因素</td><td colspan="10">□节理极度发育 □结构面走向与坡面平行 □结构面倾角小于坡角 □软弱基座 □透水层下伏隔水层<br>□土体/基岩接触 □破碎风化层/基岩接触 □强/弱风化层界面 □两组结构面交线倾向坡外，倾角小于坡角</td></tr>
<tr><td>地貌因素</td><td colspan="10">□斜坡陡峭 □坡脚遭侵蚀形成凹岩腔 □坡顶超载堆积</td></tr>
<tr><td>物理因素</td><td colspan="10">□风化 □融冻 □胀缩 □累进性破坏造成的抗剪强度降低 □孔隙水压力高<br>□洪水冲蚀 □水位陡降陡落 □地震</td></tr>
<tr><td>人为因素</td><td colspan="10">□削坡过陡 □坡脚开挖 □坡后加载 □蓄水位降落 □植被破坏 □爆破震动 □渠塘渗漏<br>□灌溉渗漏</td></tr>
<tr><td>主导因素</td><td colspan="10">□暴雨 □地震 □工程活动</td></tr>
<tr><td>复活诱发因素</td><td colspan="10">□降雨 □地震 □人工加载 □开挖坡脚 □坡脚冲刷 □坡脚浸润 □坡体切割<br>□风化 □卸荷 □动水压力 □爆破震动</td></tr>
<tr><td rowspan="4">稳定性评判</td><td rowspan="2">危岩体</td><td colspan="2">目前稳定状况</td><td colspan="8">□稳定 □基本稳定 □不稳定</td></tr>
<tr><td colspan="2">发展趋势分析</td><td colspan="8">□稳定 □基本稳定 □不稳定</td></tr>
<tr><td rowspan="2">崩塌堆积体</td><td colspan="2">目前稳定状况</td><td colspan="4">□稳定 □基本稳定 □不稳定</td><td colspan="4" rowspan="2">（产生滑坡时应填写滑坡调查卡片）</td></tr>
<tr><td colspan="2">发展趋势分析</td><td colspan="4">□稳定 □基本稳定 □不稳定</td></tr>
<tr><td colspan="2" rowspan="6">危岩崩塌造成的损失或危害评估</td><td>危害对象</td><td colspan="5">□民房 □公路及行车 □市政基础设施 □河道<br>□其他：</td><td>危险性分级</td><td>灾害危害程度</td><td colspan="2">灾害规模等级</td></tr>
<tr><td rowspan="2">已造成危害（灾情）</td><td colspan="2">死亡（人）</td><td>直接经济损失（万元）</td><td colspan="2">毁房（间）</td><td rowspan="2">□特大□大<br>□中 □小</td><td rowspan="4">□一般<br>□较大<br>□重大<br>□特大</td><td colspan="2" rowspan="4">□小型<br>□中型<br>□大型<br>□巨型</td></tr>
<tr><td colspan="2"></td><td></td><td colspan="2"></td></tr>
<tr><td rowspan="3">潜在威胁（险情）</td><td>威胁人数</td><td>威胁户数</td><td>威胁财产（万元）</td><td colspan="2">其他</td><td rowspan="2">□特大□大<br>□中 □小</td></tr>
<tr><td></td><td></td><td></td><td colspan="2"></td></tr>
<tr><td colspan="9">建议搬迁安置： 户 人</td></tr>
<tr><td colspan="2" rowspan="3">防治建议</td><td>防治建议</td><td colspan="9">□制订防灾预案 □汛期临时避让 □专业监测 □工程治理 □搬迁安置</td></tr>
<tr><td>监测建议</td><td colspan="9">□定期目视检查 □安装简易监测设备 □地面位移监测 □深部位移监测</td></tr>
<tr><td>群测人员</td><td colspan="3"></td><td>村长</td><td colspan="2"></td><td>联系电话</td><td colspan="2"></td></tr>
<tr><td rowspan="2">平面及剖面图</td><td colspan="6">平面图（危岩范围、崩塌落石可能危害范围、威胁对象的分布）</td><td colspan="5" rowspan="2">剖面图（危岩结构、可能危害范围、威胁的对象）<br>高程(m) 比例尺1： 高程(m)</td></tr>
<tr><td>比例尺</td><td colspan="2">1:</td><td>照片编号</td><td colspan="2"></td></tr>
</table>

## 滑坡隐患点调查表

表 1-13

| | | | | | | | |
|---|---|---|---|---|---|---|---|
| 名称 | | 滑坡类型 | □崩塌 □倾倒<br>□滑动 □流动<br>□侧向扩离<br>□复合 | 地理位置 | 四川省 县 乡(镇) 村 社 | | |
| 野外编号 | | | | | 坐标(m) X:<br>Y: | 海拔(m) | 冠: <br>趾: |
| 室内编号 | | | | | | | |
| 统一编号 | | | | | 经度:E ° ′ ″ 纬度:N ° ′ ″ | | |
| | | | | | 地名: | | |

**滑坡形成环境**

| | | | | | |
|---|---|---|---|---|---|
| 原始斜坡地貌 | 斜坡结构类型 | 土质斜坡地质成因类型 | 坡度(°) | 坡高(m) | 坡向(°) |
| | □碎屑岩斜坡 □碳酸盐岩斜坡 □结晶岩斜坡 □变质岩斜坡 □平缓层状斜坡 □顺向斜坡 □斜向斜坡 □横向斜坡 □反向斜坡 □特殊结构斜坡 | □冲积层 □崩积层 □残坡积层 □人工堆积层 | | | |
| | 坡形 | □凸形 □凹形 □平直 □阶状 | 滑坡区及周边土地植被建筑情况 | | |

| | | | | | | |
|---|---|---|---|---|---|---|
| 斜坡地质 | 地层岩性 | | | 地质构造 | | □旱地 □水田 □草地<br>□灌木 □森林 □裸露<br>□建筑 |
| | 时代 | 岩性 | 产状 | 构造部位 | 地震烈度 | |
| | | | ∠ | | | |

| | | | | | | |
|---|---|---|---|---|---|---|
| 降雨河流影响 | 降水量(mm) | | | 影响滑坡前缘的河流水文 | | |
| | 年均 | 日最大 | 时最大 | 洪水位(m) | 枯水位(m) | 滑坡相对河流位置 |
| | | | | | | □左 □右 □凹 □凸 |

| | | | | |
|---|---|---|---|---|
| 地下水影响 | 地下水类型 | □孔隙水 □裂隙水 □岩溶水 □潜水 □承压水 □上层滞水 | 水位埋深(m) | |
| | 地下水露头 | □上升泉 □下降泉 □溢水点 | 泉流量(L/s) | |
| | 补给类型 | □降雨 □地表水 □人工 □融雪 | | |

**滑坡基本特征**

| | | | | | | | | |
|---|---|---|---|---|---|---|---|---|
| 外形特征 | 长度(m) | 宽度(m) | 厚度(m) | 面积($m^2$) | 危险区面积($m^2$) | 体积($m^3$) | 坡度(°) | 坡向(°) |
| | | | | | | | | |
| | 平面形态 | | | | 主轴方向剖面形态 | | | |
| | □半圆 □矩形 □舌形 □不规则 | | | | □凸形 □凹形 □直线 □阶梯 □复合 | | | |

| | | | | | | | | |
|---|---|---|---|---|---|---|---|---|
| 结构特征 | 滑体特征 | | | | | 滑床特征 | | |
| | 滑体性质 | 滑体岩性 | 结构 | 碎石体积含量(%) | 块度(cm) | 岩性 | 时代 | 产状 |
| | □岩质 □碎块石 □土质 | | □可辨层次<br>□零乱 | | | | | ∠ |

| | | | | | | | |
|---|---|---|---|---|---|---|---|
| 结构特征 | 滑面及滑带特征 | | | | | | |
| | 控滑结构面 | 埋深(m) | 倾向(°) | 倾角(°) | 厚度(m) | 滑带土定名 | 滑带土性状 |
| | □层理面 □片理或劈理面 □节理裂隙面 □覆盖层与基岩接触面 □层内错动带 □构造错动带 □断层 □老滑面 | | | | | | |

| | | | | |
|---|---|---|---|---|
| 降雨与滑坡变形的关系 | | | | |
| 变形迹象 | 近期发生时间 | 部位 | 特征 | 变形迹象 |
| | | | | □拉张裂缝<br>□剪切裂缝<br>□地面隆起<br>□地面沉陷<br>□剥、坠落<br>□树木歪斜<br>□建筑变形<br>□渗冒浑水 |

<table>
<tr><td rowspan="5">影响因素</td><td>地质因素</td><td colspan="6">□节理极度发育 □结构面走向与坡面平行 □结构面倾角小于坡角 □软弱基座<br>□透水层下伏隔水层 □土体/基岩接触 □破碎风化层/基岩接触 □强/弱风化层界面</td></tr>
<tr><td>地貌因素</td><td colspan="6">□斜坡陡峭 □坡脚遭侵蚀 □后缘加载堆积</td></tr>
<tr><td>物理因素</td><td colspan="6">□风化 □融冻 □胀缩 □累进性破坏造成的抗剪强度降低 □孔隙水压力高<br>□洪水冲蚀 □水位陡降陡落 □地震</td></tr>
<tr><td>人为因素</td><td colspan="6">□削坡过陡 □坡脚开挖 □坡后加载 □蓄水位降落 □植被破坏 □爆破震动 □渠塘渗漏 □灌溉渗漏</td></tr>
<tr><td>主导因素</td><td colspan="6">□暴雨 □地震 □工程活动</td></tr>
<tr><td colspan="2" rowspan="3">稳定性评判</td><td>复活诱发因素</td><td colspan="5">□降雨 □地震 □人工加载 □开挖坡脚 □坡脚冲刷 □坡脚浸润 □坡体切割<br>□风化 □卸荷 □动水压力 □爆破震动</td></tr>
<tr><td>目前稳定状况</td><td colspan="5">□稳定 □基本稳定 □不稳定</td></tr>
<tr><td>发展趋势分析</td><td colspan="5">□稳定 □基本稳定 □不稳定</td></tr>
<tr><td colspan="2" rowspan="6">滑坡造成的损失或危害评估</td><td>危害对象</td><td colspan="2">□民房 □公路行车 □市政基础设施<br>□河道 □其他:</td><td>危险性分级</td><td>灾害危害程度</td><td>灾害规模等级</td></tr>
<tr><td rowspan="2">已造成危害(灾情)</td><td>死亡(人)</td><td>直接经济损失(万元)</td><td>毁房(间)</td><td rowspan="2">□特大□大<br>□中 □小</td><td rowspan="4">□一般<br>□较大<br>□重大<br>□特大</td><td rowspan="4">□小型<br>□中型<br>□大型<br>□巨型</td></tr>
<tr><td></td><td></td><td></td></tr>
<tr><td rowspan="3">潜在威胁(险情)</td><td>威胁人数 | 威胁户数</td><td>威胁财产(万元)</td><td>其他</td><td rowspan="2">□特大□大<br>□中 □小</td></tr>
<tr><td></td><td></td><td></td></tr>
<tr><td colspan="6">建议搬迁安置: 户 人</td></tr>
<tr><td rowspan="3">防治对策</td><td>防治建议</td><td colspan="6">□制订防灾预案 □临时避让 □专业监测 □工程治理 □搬迁安置 □加强巡查</td></tr>
<tr><td>监测建议</td><td colspan="6">□定期目视检查 □安装简易监测设备 □地面位移监测 □深部位移监测</td></tr>
<tr><td>群测人员</td><td></td><td>村长</td><td></td><td>联系电话</td><td></td></tr>
<tr><td rowspan="2">滑坡示意图</td><td colspan="3">平面图(滑坡范围、可能危害范围、威胁对象的分布)</td><td>比例尺</td><td>1:</td><td>照片编号</td></tr>
<tr><td colspan="7">剖面图(滑坡结构、可能危害范围、威胁的对象)<br>高程(m) 比例尺1: → 高程(m)</td></tr>
</table>

调查负责人:__________ 填表人:__________ 审核人:__________ 填表日期:______年____月____日

调查单位:______________________________ 四川省__________县人民政府

## 泥石流隐患点调查表

表 1-14

| | | | | | | | |
|---|---|---|---|---|---|---|---|
| 名称 | | 地理位置 | 四川省　县　乡(镇)　村　社 | | | | |
| 野外编号 | | | 坐标(m) | X: | 海拔(m) | 沟口 | |
| 室内编号 | | | | Y: | | 沟源 | |
| 统一编号 | | | 经度:E　°　′　″　纬度:N　°　′　″ | | | | |
| | | | 地名: | | | | |
| 水系名称 | | | | | | | |

| 泥石流沟与主河关系 | | |
|---|---|---|
| 主河名称 | 泥石流沟位于主河的 | 沟口至主河道距离(m) |
| | □左岸　□右岸 | |

**泥石流沟主要参数、现状及灾害史、防治工程调查**

| | | | | | |
|---|---|---|---|---|---|
| 泥石流类型 | □泥流　□泥石流　□水石流 | 沟口巨石三轴长度(m) | $D_a$ | $D_b$ | $D_c$ |
| 水动力类型 | □暴雨　□冰川　□溃决　□地下水 | | | | |
| 泥沙补给途径 | □面蚀　□沟岸崩滑　□沟底再搬运 | 补给区位置 | □上游　□中游　□下游 | | |

| | | | | | | | | |
|---|---|---|---|---|---|---|---|---|
| 泥石流特征 | 重度(kN/m³) | | 流量(m³/s) | | 固体物质一次最大冲出量(m³) | | 泥位(m) | |
| 降雨特征值 | $H_{年max}$ | $H_{年cp}$ | $H_{日max}$ | $H_{日cp}$ | $H_{时max}$ | $H_{时cp}$ | $H_{10分钟max}$ | $H_{10分钟cp}$ |
| | | | | | | | | |

| | | | | | | | | |
|---|---|---|---|---|---|---|---|---|
| 沟口扇形地特征 | 扇形地完整性(%) | | 扇面冲淤变幅 | ± | 发展趋势 | □下切<br>□淤高 | | |
| | 扇长(m) | | 扇宽(m) | | 扩散角(°) | | 危险区面积(m²) | |
| | 挤压大河 | □河形弯曲主流偏移　□主流偏移　□主流只在高水位偏移　□主流不偏 | | | | | | |
| 地质构造 | □顶沟断层　□过沟断层　□抬升区　□沉降区　□褶皱　□单斜 | | | | | | 地震烈度(度) | |

| | | | | | |
|---|---|---|---|---|---|
| 沟域内松散堆积体 | 滑坡 | 活动程度 | □严重　□中等　□轻微 | 规模 | □大　□中　□小 |
| | 人工弃体 | 活动程度 | □严重　□中等　□轻微 | 规模 | □大　□中　□小 |
| | 自然堆积 | 活动程度 | □严重　□中等　□轻微 | 规模 | □大　□中　□小 |

| | | | | | | | | |
|---|---|---|---|---|---|---|---|---|
| 土地利用(%) | 森林 | 灌丛 | 草地 | 缓坡耕地 | 荒地 | 陡坡耕地 | 建筑用地 | 其他 |
| | | | | | | | | |

| | | | |
|---|---|---|---|
| 监测措施现状 | □有　□无 | 类型 | □雨情　□泥位　□巡查报险 |
| 防治措施现状 | □有　□无 | 类型 | □稳拦　□排导　□避绕　□生物工程 |

| | | | | | | | | | | |
|---|---|---|---|---|---|---|---|---|---|---|
| 灾害史 | 发生时间(年/月/日) | 死亡(人) | 大牲畜损失(头) | 房间(间) | | 农田(亩) | | 公共设施 | | 直接经济损失(万元) |
| | | | | 全毁 | 半毁 | 全毁 | 半毁 | 道路(km) | 桥梁(座) | |
| | | | | | | | | | | |

续上表

| 泥石流综合评判 | | | | | | | |
|---|---|---|---|---|---|---|---|
| 4. 主沟纵坡（‰） | | 7. 冲淤变幅（m） | ± | 9. 松散物储量（$10^4m^3/km^2$） | | 2. 补给段长度比（%） | |
| 13. 流域面积（$km^2$） | | 14. 相对高差（m） | | 10. 山坡坡度（°） | | 6. 植被覆盖率（%） | |
| 15. 堵塞程度 | □严重 □中等 □轻微 □无 | | | 12. 松散物平均厚（m） | | | |

| 3. 沟口扇形 | 扇宽（m） | 扇长（m） | 辐角（°） | 厚度（m） | 1. 不良地质现象 | □严重 □中等 □轻微 □一般 |
|---|---|---|---|---|---|---|
| | | | | | | |

| | | | |
|---|---|---|---|
| 5. 新构造活动 | □强烈上升区 □上升区<br>□相对稳定区 □沉降区 | 8. 岩性因素 | □土及软岩 □软硬相间<br>□风化和节理裂隙发育的硬岩 □硬岩 |
| 11. 沟槽横断面 | □V形谷（谷中谷、U形谷） □拓宽U形谷 □复式断面 □平坦型 | | |

| 评分 | 1 | 2 | 3 | 4 | 5 | 6 | 7 | 8 | 9 | 10 | 11 | 12 | 13 | 14 | 15 | 总分 | |
|---|---|---|---|---|---|---|---|---|---|---|---|---|---|---|---|---|---|
| | | | | | | | | | | | | | | | | | |

| | | | |
|---|---|---|---|
| 易发程度评估 | □高易发 □中易发 □低易发<br>□不易发 | 发展阶段 | □形成期 □发展期 □衰退期<br>□停歇或终止期 |

| 泥石流造成的损失或危害评估 | | | | | | | | |
|---|---|---|---|---|---|---|---|---|
| | 危害方式 | □泥石流泥沙淤埋 □泥石流冲击破坏 □泥石流冲刷破坏 □次生洪水灾害 | | | | | | |
| | 威胁危害对象 | □城镇 □村寨 □铁路 □公路 □航运 □引灌渠道 □水库 □电站<br>□工厂 □矿山 □农田 □森林 □输电线路 □通讯设施 □国防设施 | | | | | | |
| | 已造成危害（灾情） | 死亡（人） | 直接经济损失（万元） | | 其他 | 危险性分级 | 灾害危害程度 | 灾害规模等级 |
| | | | | | | □特大<br>□大<br>□中<br>□小 | □一般<br>□较大<br>□重大<br>□特大 | □小型<br>□中型<br>□大型<br>□巨型 |
| | 潜在威胁（险情） | 威胁户数 | 威胁人口 | 威胁财产（万元） | 其他 | | | |
| | | | | | | | | |
| | | 建议搬迁安置： 户 人 | | | | | | |

| 防治对策 | | | | | |
|---|---|---|---|---|---|
| | 防治建议 | □制订防灾预案 □临时避让 □专业监测 □工程治理 □生物治理 □搬迁安置 | | | |
| | 监测建议 | □汛期雨情预报及巡视报警 □安装简易监测设备 □泥石流暴雨预警系统监测 | | | |
| | 群测人员 | | 村长 | 联系电话 | |

| 示意图 | | | | |
|---|---|---|---|---|
| | 平面图（沟源松散堆积区、沟口扇地可能危害范围、威胁的对象的分布） | | | |
| | 比例尺 | 1: | 照片编号 | |
| | 剖面图（泥石流物源区、流通区、堆积区、威胁的对象）<br>高程(m) 比例尺1： → 高程(m) | | | |

调查负责人：__________ 填表人：__________ 审核人：__________ 填表日期：______年____月____日

调查单位：______________________ 四川省______________县人民政府

## 路基塌陷灾害调查表

表 1-15

<table>
<tr><td>名称</td><td></td><td rowspan="3">地理位置</td><td colspan="4">省　市　区　街道(镇、乡)　村　组</td></tr>
<tr><td rowspan="2">编号</td><td>野外:</td><td rowspan="2">坐标</td><td>经度:</td><td rowspan="2">高程</td><td rowspan="2"></td></tr>
<tr><td>室内:</td><td>纬度:</td></tr>
</table>

<table>
<tr><td rowspan="7">发育特征</td><td rowspan="4">陷坑单体</td><td>坑号</td><td>形状</td><td colspan="2">坑口规模</td><td>深度</td><td>长轴方向</td><td>充水情况</td><td colspan="2">发生发展情况</td></tr>
<tr><td>1</td><td>□圆形<br>□方形<br>□长条形</td><td colspan="2">直径　m<br>边长　m<br>长　m<br>宽　m</td><td>m</td><td>N</td><td>水位深　m<br>变动情况:</td><td colspan="2">发生时间:　年　月　日<br>发展变化:□停止□尚在发展</td></tr>
<tr><td>2</td><td></td><td colspan="2"></td><td></td><td></td><td></td><td colspan="2"></td></tr>
<tr><td>3</td><td></td><td colspan="2"></td><td></td><td></td><td></td><td colspan="2"></td></tr>
<tr><td rowspan="3">陷坑群体</td><td rowspan="3">坑数</td><td colspan="3">分布、发育情况</td><td colspan="4">发生、发展情况</td></tr>
<tr><td>分布面积</td><td>排列形式</td><td>坑的规模</td><td>始发时间</td><td>盛发时间</td><td>停止时间</td><td>尚在发展</td></tr>
<tr><td>$km^2$</td><td>□群集式<br>□长列式</td><td>口径　m<br>深度　m</td><td>年　月　日</td><td>从　年　月　日<br>至　年　月　日</td><td>年　月　日</td><td>□趋增强<br>□趋减弱</td></tr>
</table>

<table>
<tr><td>成因类型</td><td>□溶洞型塌陷</td><td>□土洞型塌陷</td><td>□冒顶型塌陷</td></tr>
</table>

<table>
<tr><td rowspan="4">形成条件</td><td rowspan="3">地质环境条件</td><td colspan="3">塌陷区地貌特征:□平原　□山间凹地　□河边阶地　□山坡　□山顶</td></tr>
<tr><td>塌坑地层时代及岩性:<br>地层产状:<br>断裂情况:<br><br>溶洞发展情况:<br>岩层总体发展程度:□强　□弱<br>塌顶溶洞埋深　m</td><td>塌陷土层结构及土性<br>□单层,土性:　厚度　m<br>□双层,上部土性:　厚度　m<br>下部土性:　厚度　m<br><br>下伏基岩时代及岩性:<br>溶洞发育情况:</td><td>塌陷岩土层时代及岩性<br>土层时代:<br>土性:<br>厚度:　m<br>岩层时代:<br>岩性:<br>厚度:　m</td></tr>
<tr><td>地下水位埋深　m</td><td>地下水位埋深　m,岩溶水　m,<br>土层水　m</td><td>地下水位埋深　m</td></tr>
<tr><td>诱发动力因素</td><td>□地震<br>□其他振动<br>□地面加载<br>□水库蓄水<br>□其他水位骤变<br>□溶蚀剥蚀<br>□车辆荷载</td><td>□深井抽水<br>井位在塌陷区的方向,距离　m,<br>抽水降深　m,日出水量　$m^3$<br>□矿坑疏干排水<br>矿坑在塌陷区的方向,距离　m,<br>日排水量　$m^3$<br>□江河水位变化<br>河边在塌陷区的方向,距离　m,<br>水位变幅　m<br>□地面加载　□振动</td><td>□坑道挖掘顶板冒落<br>□破碎岩土体地下水流强烈下泄<br><br>坑道、洞室埋深　m,<br>地下空区规模　$m^2$</td></tr>
</table>

<table>
<tr><td rowspan="7">灾害情况</td><td rowspan="2">已有灾害损失</td><td colspan="2">潜在灾害预测</td></tr>
<tr><td>陷坑发展预测</td><td>潜在损害预测</td></tr>
<tr><td>毁田　亩,毁房　间,阻断交通:□铁路　□公路　□通信　h</td><td></td><td></td></tr>
<tr><td>地面水源枯竭:□河水流量减少　$m^3/s$,□断流　$m^3/s$<br>□井泉水流量减少　$m^3/s$,□水位降低 m,□干枯</td><td>新增陷坑　个<br>扩大陷区　$km^2$</td><td>毁田　亩<br>毁房　间</td></tr>
<tr><td>地下井巷突水:□水量增大　$m^3/s$,□成灾,损失:<br>□淹井损失:</td><td>出现新陷区　处</td><td>断路　h</td></tr>
<tr><td>淹埋地面物资:</td><td>面积　$km^2$</td><td>其他</td></tr>
<tr><td>伤亡人员:　人</td><td></td><td></td></tr>
</table>

<table>
<tr><td rowspan="2">防治情况</td><td>已采取的防治措施及效果</td><td>今后防治建议</td></tr>
<tr><td></td><td></td></tr>
</table>

(4)病害的形成条件。

(5)病害的稳定性及危害性分析。

(6)病害的治理方案建议。

## 第三部分　评价反馈

1. 学生小组内自评(表1-16)。

学生小组内自评标准　　表1-16

| 考核指标 | 考核标准 | 分值 |
| --- | --- | --- |
| 1. 工作态度 | 积极主动参与研究策划、方案制订、方案实施等项工作,遵守时间 | 20 |
| 2. 工作任务 | 参与组织协调,积极承担一定的工作任务 | 30 |
| 3. 工作能力 | 表现出良好的创意和较强的工作能力,如统筹安排能力、沟通协调能力、总结或设计能力等 | 10 |
| 4. 工作业绩 | 学以致用,活学活用,取得理想的实训效果,并为小组作出了较大贡献 | 30 |
| 5. 合作精神 | 有良好的团队合作意识,能够与他人融洽地共处、共事,能够学习他人的优点、听取他人意见,能够与他人共享自己的经验,支持和协助他人为了共同的目标而努力工作,成功完成对其他组的指导 | 10 |

2. 教师考评(表1-17)。

教师考评标准　　表1-17

| 指标 | | 考核标准 | 分值 |
| --- | --- | --- | --- |
| 团队成果 | 1. 操作与记录 | 操作规范,记录图文并茂,美观、整洁、完善、正确,符合规范要求 | 70 |
| | 2. 引导问题 | 思路清晰,分析正确,文字简练,符合规范要求 | 30 |
| 小组总分 | | | |

3. 学生单元成绩汇总(表1-18)。

学生单元成绩汇总表(单元____________)　　表1-18

| 编号 | 学号 | 学生姓名 | 个人成果40% | 团队成绩60% | 平均成绩 |
| --- | --- | --- | --- | --- | --- |
| 1 | | | | | |
| 2 | | | | | |
| 3 | | | | | |
| 4 | | | | | |
| 5 | | | | | |
| 6 | | | | | |

# 学习情境二　路基病害整治设计

<table>
<tr><td rowspan="3">学习任务</td><td>任务一:编制一种特殊路基土(软土或黄土、膨胀土、冻土)整治设计;</td><td rowspan="3">建议学时</td><td>20</td></tr>
<tr><td>任务二:编制一种高填方路堤、路基纵、横向不均匀沉降整治设计;</td><td>12</td></tr>
<tr><td>任务三:编制一种路基边坡病害整治设计</td><td>16</td></tr>
<tr><td>工作情境描述</td><td colspan="3">软土、湿陷性黄土、膨胀土和冻土路基病害,高填方路堤病害,路基纵、横向不均匀沉降以及路基边坡崩塌、滑坡、泥石流等病害是常见的公路路基病害,也是公路养护工作中经常遇到的问题。根据教师提供的病害案例,依据病害的工程条件和相关规范,编制常见的路基病害整治设计,为政府部门决策提供依据</td></tr>
<tr><td>学习任务描述</td><td colspan="3">根据教师提供的病害案例,在教师的指导下,以小组形式分工合作,分析各种病害的形成条件,依据规范、标准与病害特征,完成下列病害整治设计任务:<br>(1)软土或黄土、膨胀土、冻土病害整治设计;<br>(2)高填方路堤或路基纵、横向不均匀沉降病害整治设计;<br>(3)崩塌或滑坡、泥石流病害整治设计</td></tr>
<tr><td>学习目标</td><td colspan="3">完成本学习任务后,在教师指导下,你应当能够编制下列整治设计任务:<br>(1)用CFG桩、碎石桩、塑料排水法整治软土病害的设计,用强夯法整治黄土病害的设计,用客土喷播种植技术与表水防护整治膨胀土病害的设计,用换填天然砂砾等方法综合整治冻土病害的设计;<br>(2)用注浆法整治高填方路堤病害的整治设计,用填筑、碾压土工格栅整治路基横向不均匀沉降病害的整治设计,高压旋喷桩和注浆整治路基纵向不均匀沉降病害的整治设计;<br>(3)用清除危岩、危岩支顶与排水整治崩塌的设计,用减重和反压、排水、挡墙与植被护坡整治滑坡的设计,用上游绿化、中游拦截、下游排导渠整治泥石流的设计</td></tr>
<tr><td>内容结构</td><td colspan="3">
</td></tr>
<tr><td>教学条件</td><td colspan="3">(1)教学设备:计算机、多媒体。<br>(2)学习资料:<br>①路基病害整治校本教材(自编);<br>②特殊路基土病害整治引导文(自编);<br>③公路路基设计规范(JTG D30—2004);<br>④建筑边坡工程技术规范(GB 50330—2002)。<br>(3)教学场地:理实一体实训室。<br>(4)教师安排:1名教师</td></tr>
<tr><td>教学组织要求</td><td colspan="3">(1)工作完成形式:本次实训以分组的形式完成项目教学,共分8个小组,每个小组5~6名学生,小组成员分工合作,制订工作计划,完成实训项目,教师总结。<br>(2)基本要求:每个同学都要学会:<br>①编制软土或黄土、膨胀土、冻土病害整治设计;<br>②编制高填方路堤或路基纵、横向不均匀沉降病害整治设计;<br>③编制崩塌或滑坡、泥石流病害整治设计</td></tr>
</table>

# 相 关 知 识

## 单元一 软土路基病害类型成因及防治措施

在公路工程建设中,不可避免地会遇到软土地基问题。软土地基具有含水率高、天然孔隙比大、压缩性高、渗透性小、抗剪强度低、固结系数小等不利的工程性质,导致地基承载力往往不能满足工程设计的要求,因此,需要对地基进行人工加固处理。处理软土地基有多种方法,如果处理不当,就会直接造成路基失稳或过量沉降,出现路基纵、横向断裂等病害。

### 一、软土路基病害成因

1. 选择填料不当

按照《公路路基施工技术规范》(JTG F10—2006),选择填料不得使用淤泥等劣质土,液限大于50、塑性指数大于26的土,以及含水率超过规定的土。如将上述土料作为填料土进行填筑,容易引发塑性变形和沉陷破坏。

2. 地下水和地表水

水浸入路基,引起路基内水位上升,填料中含水率增大,强度、稳定性降低,造成路基下陷等破坏。

3. 设计方面

地基勘测资料不全,局部沟塘、横向地基软土分布及深度变化不清,钻孔或静力触探布点不足,设计依据不充分,使得选择软基处理方法不当或处理深度不够、预压期不足,从而造成以上通病。

4. 施工方面

软基处理后,填土加载过快,尤其当接近或超过临界高度时,仍快速填筑,未能仔细进行沉降动态观测控制,路堤失稳;施工过程中质量把关不严,选择的塑料排水板型号和长度、粉喷桩、喷粉量、处理深度和搅拌等要求不满足设计要求。

### 二、软土地基处理的目的与原则

由软土组成的地基具有以下特点:

①地基承载力低;

②路基的沉降和差异沉降较大;

③路基沉降历时长。

由于软土地基的承载力较低,如果不作任何处理,一般不能承受较大的荷载。软土上的路堤可能会因为过大的沉降引起开裂,甚至剪切破坏。因此,在软土地基上修建路基,要求对软土地基进行处理。软土地基处理的目的主要是改善地基的工程性质,包括改善地基土的变形特性和渗透性,提高其抗剪强度。

软土地基处理有许多方法，如换土法、挤压法、排水固结法、胶结硬化法、调整路基结构法。各种方法都有各自的特点和作用机理。没有哪一种方法是万能的，对于每一个工程都必须进行综合考虑。通过几种可能采用的地基处理方案的比较，选择一种技术可靠、经济合理、施工可行的方案，既可以是单一的地基处理方法，也可以是多种地基处理方法的综合。

不同道路所经的地区土壤地质条件不同，遇到的软土地基也千差万别，而不同软土地基处理方法的适用条件和经济性也不一样。因此，为了使软基处理安全可靠、经济合理，达到预期的效果，必须根据设计的软土地基条件，选择合理的处理方法。首先，必须充分研究进行软土地基处理的理由、目的，然后考虑地基的性状、道路的标准、施工条件、对周围环境的影响等各种条件，选择最符合要求且最经济的方法。在选择上述处理方法时应考虑以下因素：

1. 地基条件

地质及地基构成不同，采用的方法也有所不同。

(1) 土质

①软土。选用以排水为目的的方法时，应考虑软土的颗粒级配范围或渗透系数大小。对灵敏度很高的软土，所采取的处理方法和施工方法对地基的扰动必须尽量小。

②泥炭类土。天然含水率大于500%的泥炭，往往压缩性很高，原始强度很低，但却有相当好的透水性。天然含水率在300%以下的黑泥，透水性小，受扰动时强度急剧下降。为减小剩余沉降，经常使用慢速加载法、路堤荷载压重法。稳定措施常采用反压护道法和挤密砂桩法。

抗剪强度低的泥炭类土，一般均堆积在地表附近的浅层部位，所以对局部性的泥炭土地基，采用换填法是有效而又可靠的。

(2) 地基构成

①软土层厚度。软土层浅而薄的情况，固结沉降量小，而且在短时间内能停止沉降，滑动破坏的可能性一般也很小。因此，处理措施可采用简单的表层处理法。对重要构造物的基础，也常用开挖换填法。若软土层较厚，则按不同的目的与土质，采用垂直排水和挤密砂桩等方法配合表层处理法处治。

②夹有排水砂层。在薄层软土（厚3～4m以下）之间夹有可供排水的砂层（厚大于5cm）时，不需要采用垂直排水法或挤密砂桩法，一般只采用表层处理法、慢速加载法、路堤荷载压重法。如果出现错台，也可采取修补路面、改正高差的方法。

2. 施工条件

施工条件是选择处理方法时必须考虑的重要因素。

(1) 工期

工期长，往往不需要采取专门的处理措施，可用慢速加载法在确保稳定的状态下填筑路堤，且通过长时间放置也能减小剩余沉降量。因此，软土地基上的道路工程，原则上工期要尽量长，按照工期选择处理方法。

(2) 材料

处理工程措施所用材料来源及其经济性，也是选择处理方法时必须考虑的重要因素。只要材料的运距不是特别远，通常采用砂垫层法、开挖换填法、反压护道法、路堤荷载压重法较为经济。

(3) 施工机械的作业条件

在软土地基上施工，不管采取何种施工方法，确保施工机械的作业条件是必须考虑的问题。因此,不管用何种处理方法,一般都要同时使用表层处理法对表面进行处理,以利于施工机械作业。

(4)施工深度

换填法的适用深度,开挖换填时为3m,强制换填时为7~10m。

垂直排水法与挤密砂桩法的极限施工深度为20~30m,超过这个深度一般是不经济的。

3. 周围环境

施工对周围环境的影响,如噪声、振动、地基的变化、地下水的变化、排出的泥水或使用的化学药剂可能对地下水产生污染等,在选择施工方法、处理方法时必须全面考虑。

地基特别软弱、路堤高度较大的情况下,周围地基常发生大的沉降或隆起。因此,在路堤坡脚附近有民房或重要构造物时,应考虑以减小总沉降量并控制剪切变形的方法为主要措施。当靠近城市、人口集中地区或民房以及现有构造物时,必须充分考虑软基处理措施对它们的影响。

## 三、换土法

### 1. 开挖换填

换填法是全部或部分挖除软土或泥炭类土,用砂、砾、卵石、片石等渗水性材料或强度较高的黏性土换填的软基处理方法。当软土或泥岩层厚度小于3m时,一般可采取全部挖除换填的方法;对厚度大于3m的情况,通常采取部分挖除换填的方法。全部挖除换填从根本上改善了地基,不留后患,效果最佳,是最为彻底的措施。路线通过软弱土层位于地表、厚度很薄(小于3m)且呈局部分布的软土或泥沼地段,宜采用全部挖除换填法处理。

换土法按回填材料的不同,命名为不同的垫层,如砂垫层、碎石垫层、素土垫层、灰土垫层、二灰土垫层等。虽然垫层材料不同,其应力分布稍有差异,但从试验结果分析其极限承载力还是比较接近的。通过沉降观测资料,发现不同材料垫层的特点基本相似,故可以近似按砂垫层的计算方法进行计算。但对湿陷性黄土、膨胀土、季节性冻土等某些特殊土采用换土法处理时,因其主要目的是为了消除或部分消除地基土的湿陷性、胀缩性和冻胀性,所以在设计时所需考虑解决问题的关键也应有所不同。

1)垫层材料的选择

(1)砂和砂石垫层材料

用砂和砂石料作为垫层材料时,应选用颗粒级配良好、质地坚硬的中、粗砂,可掺入一定数量的碎(卵)石,但要分布均匀,颗粒的不均匀系数($C_u$)最好不小于10。砂垫层的用料虽然不是很严格,但含泥量一般不超过5%,也不得含有植物残体、垃圾等有机杂质。如用作排水固结地基的砂、石材料,含泥量不应大于3%,并且不应夹有过大的石块或碎石(<50mm),因为碎石过大会导致垫层本身的不均匀沉降。

(2)素土垫层材料

素土可采用施工过程中挖出的黏性土,土料中有机质含量不得超过5%,也不得含有冻土或膨胀土。当含有碎石时,其粒径不宜大于50mm。素土垫层材料不应采用地表耕植土、淤泥及淤泥质土、杂填土等。

(3)灰土垫层材料

灰土垫层是将路基底面下一定范围内的软弱土层挖去,用按一定体积配合比的灰土在最佳含水率条件下分层回填夯实或压实,适用于处理1~4m厚的软弱土层。

①石灰。在施工现场用作灰土的熟石灰应过筛,其粒径不得大于5mm。熟石灰中不得夹有未熟化的生石灰,也不得含有过多的水分。

石灰的性质取决于其活性物质(氧化钙、氧化镁)的含量,石灰中氧化钙、氧化镁含量越高,其活性越大,胶结力越强。一般常用的熟石灰粉末质量应符合Ⅲ级以上的标准,活性氧化钙、氧化镁含量不得低于50%;如拌制强度较高的灰土,应选用Ⅰ、Ⅱ级石灰。当活性氧化物含量不高时,应增加石灰的用量。石灰储藏时间不宜超过三个月,长期存放将会使其活性降低。

②土料。灰土中的土料不仅作为填料,而且参与化学反应,尤其是土中的黏粒具有一定的活性和胶结性,其含量越多,则灰土的强度就越高。工程施工时常采用施工中挖出的不含有机质的黏性土或塑性指数大于4的粉土拌制灰土,不得使用表面耕植土、冻土、膨胀土以及有机质含量超过8%的土料。土料应过筛,其粒径不得大于15mm。

③石灰用量对灰土强度的影响。灰土中石灰用量在一定范围内,其强度随用灰量的增加而提高;但石灰用量超过一定限值后,灰土强度就增加很小,并有逐渐降低的趋势。如体积配合比为1:9的灰土,强度很低,只能改善土的压实性能;而体积配合比为2:8和3:7的灰土,一般为最佳含灰率,但与石灰的等级有直接关系,通常应以氧化物含量在8%左右时为最佳。

采用石灰、粉煤灰按适当比例加水拌和、分层夯实的垫层,称为二灰垫层。它与灰土垫层相似,但强度比灰土垫层高。其最佳含水率比灰土大,干密度比灰土小。压实系数为0.94～0.97,干密度为940～970kg/$m^3$,施工最佳含水率为50%左右,石灰掺入量以15%～20%为宜。

(4)碎石和矿渣垫层材料

碎石垫层用的碎石粒径,一般为5～40mm的自然级配碎石,含泥量不大于5%。

矿渣垫层应根据工程的具体条件选用矿渣垫层材料。大面积填铺时,多采用不经筛分的不分级高炉混合矿渣,最大粒径不大于200mm或不大于碾压分层虚铺层厚的2/3;小面积垫层采用20～60mm分级矿渣,采用的矿渣应符合下列技术条件:

①质地坚硬,稳定性合格,无侵蚀性;

②松散密度不小于1.1t/$m^3$,压碎指标不大于13%,含硫量不大于1.5%,铁矿含量不大于1%;

③泥土与有机杂质含量不大于5%。

在碎石和钢渣垫层的底部,为防止基坑表层软弱土发生局部破坏而产生过量沉降,一般应设置一层15～30mm厚的砂垫层,砂料应采用中、粗砂,然后再铺筑碎石或钢渣垫层。

2)垫层施工方法

①当地基表层具有一定厚度的硬壳层,其承载力较好,能上一般采用机械时,一般采用分堆摊铺法,即先堆成若干砂堆,然后用机械或人工摊平。

②当硬壳层承载力不足时,一般采用顺序推进摊铺法。

③当软土地基表面很软,如新沉积或新吹填不久的超软地基,首先要改善地基表面的持力条件,使其能上施工人员和轻型运输工具。工程上常采用如下措施:

a.地基表面铺荆笆。搭接处用铅丝绑扎,以承受垫层等荷载引起的拉力,搭接长度取决于地基土的性质,一般搭接长20cm。当采用两层荆笆时,应将搭接处错开,错开距离以搭缝间距的一半为宜,荆笆搭接如图2-1所示。

b.表面铺设塑料编织网或尼龙纺织网,纺织网上再作砂垫层,如图2-2所示。

c.表面铺设土工合成材料,土工合成材料上再铺排水垫层,如图2-3所示。

以上软土地基的常用施工方法可单一使用，也可与纺织网混合使用，还可根据当地材料来源，选择具有一定抗拉强度、断面小的材料。但应注意的是：饱水后材料要有足够的抗拉强度；当被加固地基处在边坡位置或将来有水平力作用时，由于材料腐烂而形成软弱夹层，给加固后地基的稳定性带来潜在影响。

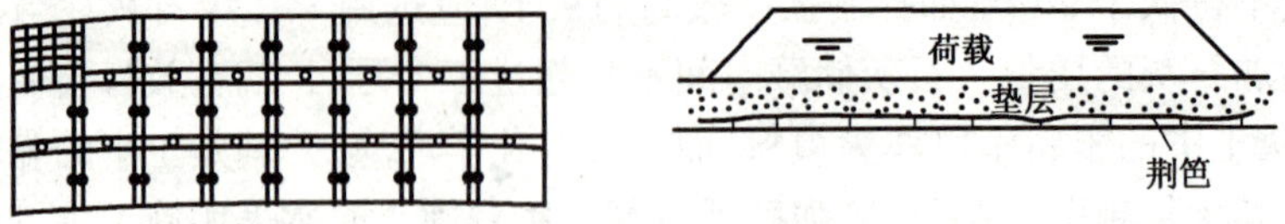


图 2-1　荆笆铺设示意图

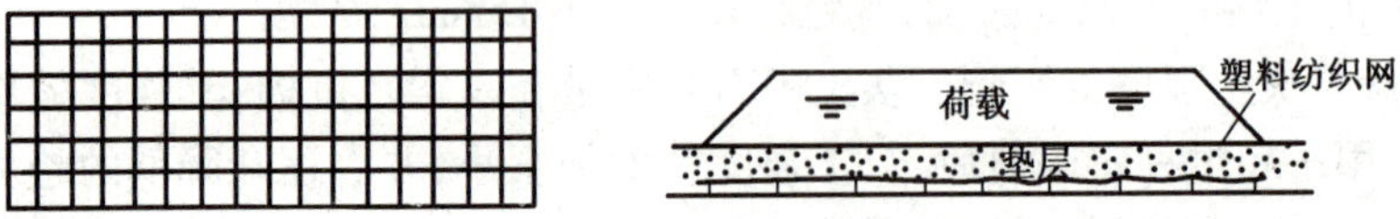


图 2-2　塑料纺织网铺设示意图

d. 尽管对超软地基表面采取了加强措施，但持力条件仍然很差，一般轻型机械上不去。在这种情况下，通常采用人工或轻便机械顺序推进铺设。常用的有两种方式：用人力手推车运砂铺设和用轻型小翻斗车铺垫，也可以将砂料运送到施工沿线两侧，用轻型推土机或皮带输送机运至路基，辅以人工找平。

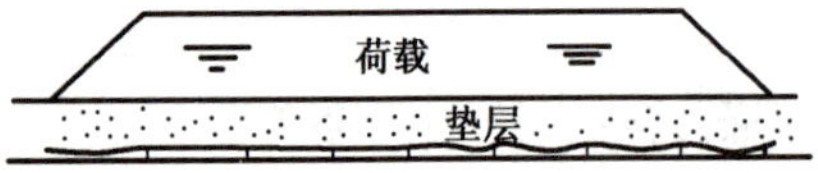


图 2-3　土工合成材料铺设示意图

应该注意的是，无论采用何种施工方法，在排水垫层的施工过程中都应避免对软土表层的过大扰动，以免造成砂和淤泥混合，影响垫层的排水效果。

3）施工中的注意事项

①换土法施工的关键是将垫层材料压实到设计要求的密实度。

②垫层施工前必须对下卧地基进行检验，如发现局部软弱土层，应予挖除，用素土或灰土填平夯实。对垫层底部有古井、古墓、洞穴、旧基础、暗塘等软硬不均的部位时，应先予清理，再用砂石逐层回填夯实，并经检验合格后，方可铺填上一层砂石料，再行施工。

③严禁扰动垫层下卧的软土，为防止践踏、受冻、浸泡或暴晒过久，坑底可保留 200mm 厚土层暂不挖去，待铺砂石料前再挖至设计高程，如有浮土必须清除。当坑底为饱和软土时，须在土面接触处铺一层细砂起反滤作用，其厚度不计入砂垫层设计厚度内。

④砂石垫层的底面宜铺设在同一高程上，如深度不同，基底土层面应挖成阶梯或斜坡搭接，各分层搭接位置应错开 0.5 ~ 1.0m 距离，搭接处注意捣实，施工应按先深后浅的顺序进行。垫层竣工后，应及时施工上层路面。

⑤垫层施工应注意控制分层铺填厚度，每层压实遍数宜通过试验确定。分层松铺厚度，可按采用的压实机具现场试验来确定，一般情况下松铺 30cm，分层压实厚度为 20cm。为保证分层压实质量应控制机械碾压速度，一般平碾为 2km/h；羊足碾为 3km/h；振动碾为 2km/h；振动压实机为 0.5km/h。

⑥人工级配的砂石应拌和均匀。用细砂作填料时，应注意地下水的影响，且不宜使用平振法、插振法和水振法。灰土、二灰土材料应拌和均匀，注意配合比，控制含水率，如土料水分过多或不足时应晾干或洒水润湿。

⑦当施工中地下水位高于挖土底面时，宜采用排水或降水措施，注意边坡稳定，以防止坍

土混入砂石垫层中。

⑧压实后的灰土、二灰土应采取排水措施,3d 内不得受水浸泡。

### 2. 抛石挤淤法

抛石挤淤法是在路基底部抛投一定数量的片石,将淤泥挤出基底范围,以提高地基强度的软基处理方法。一般来说,抛石挤淤不用抽水、挖淤,施工简单,比较经济、迅速、方便,但技术上缺少把握,当淤泥较厚时须慎重使用。

抛石挤淤法的适用范围:

(1)一般用于厚度小于 3.0m,其软层位于水下,表层无硬壳,软土液性指数大,呈流动状态的泥沼及软土;

(2)石料丰富,运距较近。

抛石挤淤法采用的片石大小,应根据泥炭或淤泥的稠度而定,对于容易流动的泥炭或淤泥,片石可稍小些,但一般不宜小于 30cm,且小于 30cm 的粒料含量不得超过 20%。

抛投的顺序:应先从路堤中部开始,由中部向前突进后再逐渐向两侧扩展,以使淤泥向两旁挤出;当软土或泥沼底面有较大的横坡时,抛石应从高的一侧向低的一侧扩展,并在低的一侧适当增加抛填数量。

当片石抛出水面后,应用重型压路机或载货汽车反复碾压,以使填石压密,然后在其上铺设反滤层,再进行路堤填土,如图 2-4 所示。

### 3. 爆破挤淤法

爆破挤淤法是将炸药放在软土或泥沼中爆炸,利用爆炸时的张力作用,把淤泥或泥炭扬弃,然后以强度较高的渗水性土回填的软基处理方法。爆破挤淤是换土的一种施工方案,具有比一般换填方法的换填深度大、工效高的特点。

爆破挤淤法主要适用于软土、泥沼的地基。当淤泥(或泥炭)层较厚,稠度大,路堤较高和施工期紧迫时,可采用爆破挤淤法换土。爆破挤淤重在"挤",必须地处开阔地带,保证在爆炸后抛填体的重力作用下淤泥可以被挤出待处理地基范围,并且不会对环境造成污染和破坏。主要适用于港口工程的防波堤、护岸、码头等基础处理,公路铁路房建等地处海滩、河滩等开阔地带的地基处理。爆破挤淤法处理软土地基适宜深度为 3 ~25m。

根据爆破与填土的相对关系,爆破挤淤法可分为两种:一种方法是先填后爆,即先在原地面上填筑低于极限高度的路堤,再在基底下爆破。这种方法适用于稠度较大的软土或泥沼,先填的路堤随爆随沉,避免了回淤。但应严格控制炸药,使其既能炸开淤泥或泥炭,又不致破坏已填路堤,如图 2-5 所示。然而,要做到这一点是较为困难的。另一种方法是先爆后填,适用于稠度较小、回淤较慢的软土。采用这种方法时,应事先准备好充足的回填材料,在爆破后立即回填,做到随爆随填,填满再爆,爆后即填,以免回淤,造成浪费。

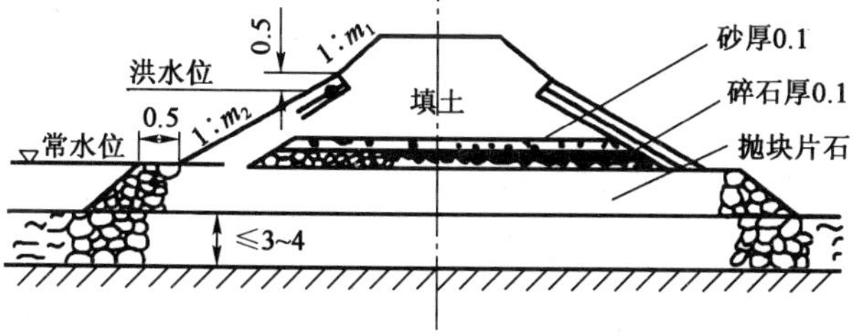


图 2-4　抛石挤淤法典型断面图(尺寸单位:m)

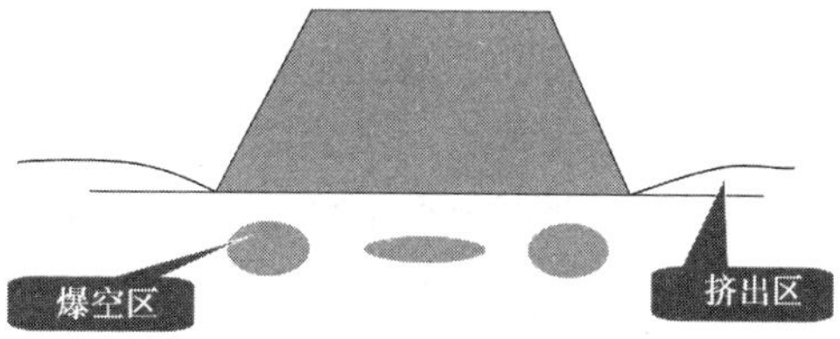


图 2-5　爆破挤淤法示意图

1)设计

(1)线药量计算

$$q_L = q_0 L_H H_{mw} \tag{2-1}$$

$$H_{mw} = H_M + \gamma_W H_W / \gamma_m \tag{2-2}$$

式中：$q_L$——线药量，即单位布药长度上分布的药量，kg/m；

$q_0$——单耗，即爆除单位体积淤泥所需药量，kg/ $m^3$，一般为0.6～1.0 kg/ $m^3$；

$L_H$——爆破挤淤填石一次推进水平距离，m；

$H_{mw}$——计入覆盖水深的折算淤泥厚度，m；

$H_M$——置换淤泥厚度，m；

$\gamma_m$——淤泥重度，kN/$m^3$；

$\gamma_W$——水重度，kN/$m^3$；

$H_W$——覆盖水深，即泥面以上的水深。

(2)一次爆破挤淤填石药量计算

$$Q_1 = q_L L_L \tag{2-3}$$

式中：$Q_1$——一次爆破挤淤填石药量，kg；

$L_L$——爆破挤淤填石一次的布药线长度，m。

(3)单孔药量计算

$$q_1 = Q_1 / M \tag{2-4}$$

式中：$q_1$——单孔药量，kg；

$M$——一次布药孔数。

(4)药包埋藏和起爆水位

爆破挤淤的药包埋深按下式计算：

$$h_\mu = 0.45 H_{mw} \tag{2-5}$$

式中：$h_\mu$——药包埋深，即药包中心在水面以下深度，m。

2)施工

(1)施工机械

挖掘机、装载机、推土机、自卸汽车(以上机械设备数量视一次堆石能力确定)、DZ22型振动打拔桩锤1台、吊车1部、全站仪、钢管(埋设炸药包用)。

(2)施工工艺流程与施工方法

施工准备→堆填石料→参数检测及调整→钻孔、安放药包→爆破→爆后测量→下循环爆破抛石挤淤。具体施工方法如下：

①施工准备。

a.根据设计文件要求，参考地质勘探资料，配合现场测量数据，编制施工组织设计，进行技术、安全交底。

b.确定淤泥深度、宽度等有关数据。根据施工能力，划分施工段，计算堆石高度及宽度。石料单次堆填高度$H = 1.3 \sim 1.8$倍置换处淤泥深度，堆填宽度应以一次施工能力确定。

c.计算药量、药包埋藏和起爆水位参数。

②堆填石料。

a. 堆填石料范围：一次处理淤泥宽度沿线。高度：$H = 1.3 \sim 1.8$ 倍淤泥深度。

b. 堆填作业采用机械作业。石方用自卸汽车运输，装载机、推土机配合挖掘机铲、推、堆。

c. 石料应使用不易风化石料，粒径应大于30cm。

③参数检测及调整。

a. 测量堆填石料的高程及宽度，计算堆填石料的高度及宽度。

b. 按照上数计算的数值进行调整。

④钻孔、安放药包。

a. 装药器加工。采用壁厚3mm的钢管，直径根据作业能力及药量大小确定。为保证装药器顺利装药，防止淤泥进入套管，用C20混凝土制成砣封堵钢套管下口。如图2-6所示，将混凝土砣的吊环挂进脱钩装置的吊钩上。利用混凝土砣的自重使吊钩处于锁挂状态。此时，钢套筒与混凝土砣外缘上平面留有间隙。放下振动锤，当混凝土砣底部碰到淤泥面时，钢套筒与混凝土砣的间隙在压力作用下消失。同时，混凝土砣在吊钩上的钩重力也消失，脱钩装置使吊环与吊钩分离。

b. 药包准备。采用防水乳化炸药，按照爆破设计要求准备单孔药量。为了安全传爆，要选用每米含炸药质量不小于11g的防水性能好的导爆索。为了安全准爆，采用两发电雷管并联放置炸药中，用防水橡胶袋包扎，防水胶封口，装入聚丙烯纺织袋包扎好，相邻药包连接绳长度 >5.5m，电线稍长一些，以免承受拉力时电线拉断，电线接头扎防水胶。药包连接好后，两端各留2倍于淤泥深的尼龙绳和电线。

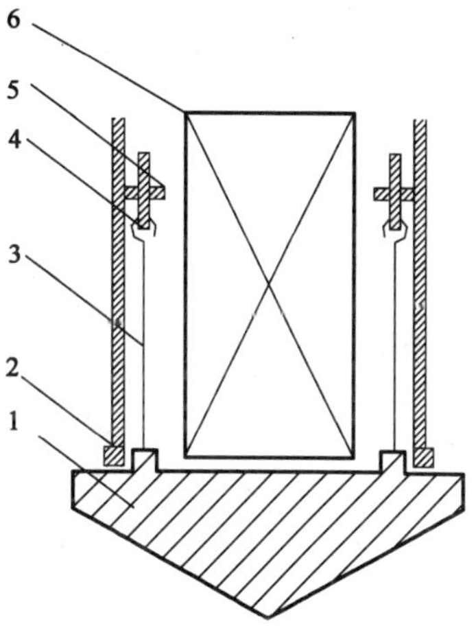

图2-6 装药器设计图

1-水泥混凝土砣；2-钢套筒；3-吊环；4-吊钩；5-销轴；6-炸药包

c. 平整场地。抛填石高度、范围符合设计要求后，需在抛填体上铺垫碎石、土等，用机械配合人工平整场地，以便布药机能正常作业。

d. 布药机就位。

e. 布设炮位。根据爆破设计，在抛填体坡脚处淤泥上测设炮位，做好标志，用 $\phi$40mm 的探管测布设深度 $h_{\mu}$ 内是否有障碍物，以便调整孔位。

f. 布药机布药。采用吊车悬挂DZ22型振动打拔桩锤，定位装药器于炮位上，布药机利用自重和振动压力把钢管插入抛填石料前方淤泥内，深度为 $h_{\mu}$。把连接好导爆索的药包从钢套管投药孔中吊入，并用测锤测量药包埋设深度，计算高程，保证药包安放深度符合设计要求。为防止提升装药器时带上药包及药包上浮不落底，可先向管内注水，至水从投药孔溢出时为止。最后，再利用打拔桩锤拔出钢管，慢拔保护火工材料，把药包及水泥混凝土砣留在淤泥中，如图2-7、图2-8所示。

淤泥厚度较小时可采用挖掘机配合人工进行装药施工，以节约成本，并加快施工进度。

⑤爆破。

a. 起爆器材采用8号工业铜质瞬发电雷管。采用微差爆破，根据爆破震动安全要求把炮眼分为5~10个为一段分段微差爆破，分段段差不小于200ms，如图2-9所示。

b. 起爆网络：采用双路塑料导爆管和导爆索起爆系统，以确保全部药包起爆。

c. 起爆药包群，爆炸作用和爆生气体瞬间巨大推动力使淤泥前移并形成爆坑。同时，抛填石料在自身重力及震动作用下迅速滑塌进入爆坑,形成爆炸前移体。

d.当爆破挤淤处理软土地基工点位于临近潮(水)影响地段,则爆炸挤淤施工中,起爆水位宜选在最高潮位时。

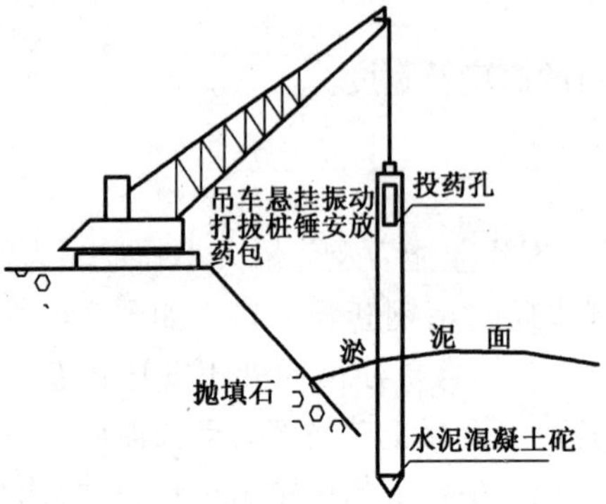


图2-7 布药机工作示意图

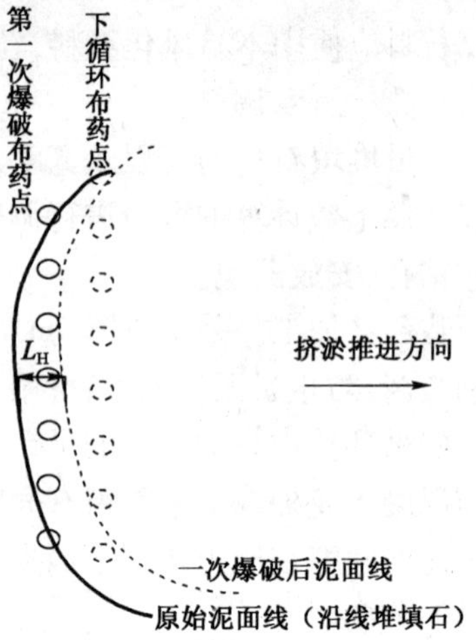


图2-8 布药孔位置示意图

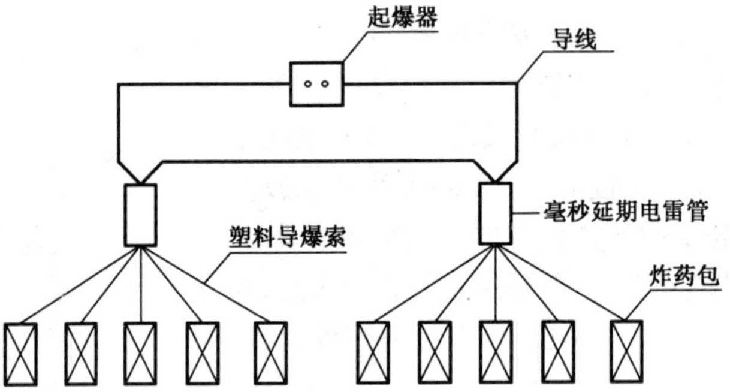


图2-9 微差爆破网络示意图

⑥爆后测量。爆后用全站仪进行测量爆炸挤淤填石一次推进水平距离 $L_H$ ,分析爆破效果,作为施工试验段,总结经验,调整爆破参数,优化施工工艺,以便进行下循环爆炸抛石挤淤。

⑦下循环爆炸抛石挤淤。

a.进行下循环爆炸抛石挤淤,直至按设计完成全部挤淤宽度。

b.在多次的反复爆炸过程中,爆破产生的巨大震动力也会使已抛填石方下沉并振动密实,不断提高爆破挤淤质量。

c.在施工过程中应加强路基沉降及位移监测工作,根据实际情况随时调整爆破参数来保证施工质量。

d.爆破挤淤处理软土地基工点位于临近潮(水)影响地段时,在抛石挤淤爆破过程中,需对周侧水石交界处进行爆破夯实,使石方完成落底,并爆夯密实坡脚平台。挤淤爆破起爆时间宜选择在潮水覆盖淤泥后进行,使爆后淤泥和海水充分混合,提高淤泥的流动性,同时使海水退潮时带走一部分淤泥。

(3)质量保证措施

①工程质量控制标准。爆破挤淤施工质量控制执行《公路路基施工技术规范》(JTG F10—2006),质量控制检查项目见表2-1。

**爆破挤淤检查项目表** 表 2-1

| 项次 | 检 查 项 目 | | 规定值允许偏差 | 检 查 方 法 |
|---|---|---|---|---|
| 1 | 抛填桩桩号(m) | | <1.0 | 尺量,每 100m 测两点 |
| 2 | 堆填高度(m) | | <0.3 | 水准仪 |
| 3 | 相邻两炮抛填进尺与设计进尺之差(m) | | <0.5 | 尺量,每次爆破,每 100m 测 4 点 |
| 4 | 地基断面宽度(m) | | 不小于设计值 | 尺量,每 100m 测两点 |
| 5 | 药包 | 单药包药量 $q_2$(kg) | $\pm 0.05q_2$ | 查施工记录 |
| | | 药包平面位置(m) | <0.3 | |
| | | 药包埋深(m) | 0 ~ −0.3 | |
| 6 | 置换量 | 填石底面高程(m) | 0 ~ −0.5 | 钻孔配合物探方法 |
| | | 填石底面范围(m) | 不小于设计值 | 钻孔配合物探方法 |
| | | 置换数量($m^3$) | ±10% | |
| | | 填石置换层底面和下卧地基层设计顶面之间的混合层平均厚度(m) | <1 | 钻孔配合物探方法 |

②质量保证措施。爆破挤淤是一种多循环的施工工艺,在抛石挤淤爆破施工过程中应进行每循环的施工质量检测,并根据检测结果及时修正爆破及堆石参数,确保施工质量。判断堤身落底与否,目前主要采用以下三种方法:

a. 体积平衡法。根据每炮抛填石料的质量和方量做好记录,逐段分析堤心石置换淤泥的范围及深度,根据设计延米抛方量和实际延米抛方量进行比较。这种估计判断方式能够比较及时地跟踪分析堤心石落底情况。

b. 钻孔检测法。利用钻孔检测可以直观地分析堤心石的落底深度。因钻孔检测耗用的时间较长,在施工阶段应以不妨碍正常施工为原则。

c. 探地雷达法。利用探地雷达可以对横断面和纵断面进行检测堤心石落底情况。

如未落底可加强侧爆,利用爆破震动和爆夯促使石方落底。

爆破时,应根据现场布药机钻孔深度正确确定用药量,保证爆炸挤淤深度及淤泥爆破影响范围。施工时抛填石方参数应满足设计要求,布药必须到位。堤身抛高增加,药包埋深适当,对堤身落底均为有利。

施工期进行爆前爆后断面测量,断面间距 20m;爆炸处理软基竣工后进行竣工断面测量,断面间距 10m,路基顶面平坦处测点间距 5m,加载处及破面处测点间距 2m,根据实抛方量及断面测量资料推算置换范围及深度。

工后沉降位移观测如下:

a. 及时设立沉降观测点,掌握堤身沉降规律,为工后沉降计算提供依据。

b. 爆炸处理软基竣工后,路基填土压实前按设计要求布设沉降板。路基填土期间,每周测量一次沉降,不加载时每两周测量一次沉降。

c. 路基加载速度应控制水平位移量每昼夜不超过 0.5cm,沉降量不大于 1.5cm,超过时即应暂停填筑,待沉降及位移量小于规定值后再继续施工。

③安全措施。

a. 火工材料的购买、运输、保管及使用等按照国家有关规定执行。

b. 爆破人员必须持证上岗。施工前对有关人员进行安全教育及安全技术交底。

c. 爆破作业安全规范参见《爆破安全规程》(GB 6722—2003)。

d. 爆破施工前,应根据施工条件和施工方法做好如下工作:爆破指挥机构的设立和爆破作业人员的分工;装药机械性能检查;爆破危险区内警戒标志,岗哨的设置;爆破危险区内需保护构筑物的调查。

e. 夜间大雾和雷雨天气禁止爆破。

f. 海上风力超过 6 级时,禁止爆破作业。

g. 爆破作业中,如发现爆破网络或药包扯拉缠绕应及时处理。

h. 设置于水下的药包及爆破网络不得拖拽,发现药包漂浮、网路损坏等异常现象,经排除后方可起爆。

i. 起爆前,应使全体员工和附近居民事先知道警戒范围、警戒标志和声响信号的意义、发出信号的方法和时间。发出信号的方法如下:第一次信号——预告信号,所有与爆破无关人员应立即撤至安全区外;第二次信号——起爆信号,确认人员、设备全部撤离危险区,具备安全起爆条件时,方准发出起爆信号,进行爆破;第三次信号——解除警戒信号,爆破员进入爆区检查确认安全后,方可发出解除警戒线信号。

j. 爆破后,爆破员必须按规定认真检查爆区有无盲炮。发现盲炮或怀疑有盲炮时,应立即报告并及时处理。不能及时处理的盲炮,应在附近设立明显标志,并采取相应的安全措施。

k. 处理盲炮时,应做好安全和警戒工作,无关人员不得进入现场。

l. 排除盲炮可采用重新起爆和诱爆法处理。

其他安全防护措施按国家有关现行标准执行。

④环保措施。

a. 成立对应的施工环境卫生管理机构,在工程施工过程中严格遵守国家和地方政府下发的有关环境保护的规律、法规和规章,加强对施工燃油、工程材料、设备、废水、生产生活垃圾、弃渣的控制和治理,遵守有关防火及废弃物处理的规章制度,做好交通环境疏导,充分满足便民要求,认证接受交通管理,随时接受相关单位的监督检查。

b. 将施工现场和作业限制在工程建设允许的范围内,合理布置,规范围挡,做到标牌清楚、齐全,各种标志醒目,施工场地整洁文明。

c. 将相关方案和要求向全体施工人员进行详细交底。

d. 噪声控制。严格执行《建筑施工场界噪声限值》(GB 12523—90),控制和降低施工机械和运输车辆造成的噪声污染。同时,合理安排作业时间,尽可能将作业安排在白天施工,避免夜间施工,使施工噪声对周围环境影响减少到最低程度。

e. 污染控制。在施工过程中,禁止把废渣、废土倒入田地或公路边。

## 四、挤压法

### 1. 碾压法

土是三相体,通过碾压机械,夯击或碾压填土、疏松土层,使其孔隙体积减少,密实程度提高,这种作用称为压实。压实能降低土的压缩性,提高其抗剪强度,减弱土的透水性,使经过处理的表层弱土成为能承担较大荷载的地基持力层。

大量工程实践和试验研究表明,影响土的压实效果的主要因素:土的含水率,土层厚度、压实机械及其压实功能等。土的压实效果常用压实度来衡量。

压实的方法常用的有机械碾压法、重锤夯实法和振动压实法。这些方法要求垫层材料分层铺设，然后逐层振密或压实。

(1)机械碾压法

机械碾压法是采用压路机、推土机、羊足碾或其他压实机械，利用机械自重压实地基土。施工时先将一定深度内的软弱土挖去，开挖的深度和宽度应根据设计的具体要求确定。先在基坑底部碾压，再将砂石或素(灰、二灰)土等在基坑内分层铺筑，然后逐层压实。机械碾压法施工时，应根据压实机械的压实能量控制碾压土的最佳含水率，选择适当的碾压分层厚度和碾压的遍数。

(2)重锤夯实法

重锤夯实法是用起重机械将夯锤提升到一定高度，自由落锤，以重锤自由下落的冲击能来夯实浅层地基和垫层填土。重锤夯实分层填土时，每层的虚铺厚度以相当于锤底直径为宜，夯实完后，应将路基表面修整至设计高程。

重锤夯实的现场试验应确定最少夯击遍数、最后两遍平均夯沉量和有效夯实深度等。夯实遍数一般为 8 ~ 12 遍，一般重锤夯实的有效夯实深度可达 1m 左右，并可消除 1.0 ~ 1.5m 厚土层的湿陷性。

(3)振动压实法

振动压实法是用振动压实机械在地基表面施加振动力以振实浅层松散土的地基处理和垫层压实的方法。实践证明，振动压实法适宜于处理砂、砂石、碎石、炉渣等渗透性较好的无黏性土为主的松散填土，也适宜处理黏粒含量少、透水性较好的松散杂填土。

以黏性土为主的软弱土，宜采用平碾或羊足碾；对杂填土，可用平碾；对砂土、砂石料、碎石土和杂填土，宜采用振动碾或振动压实机；对于狭窄场地、边角及接触带，可用蛙式夯实机。压实效果、分层铺填厚度、压实遍数、最优含水率等应根据具体施工方法及施工机具通过现场试验确定。一般情况下，用平板振动器时，最优含水率为 15% ~ 20%；用平碾及蛙式夯时，最优含水率为 8% ~ 12%；用插入式振动器时，宜对饱和的碎石、卵石或矿渣充分洒水湿透后进行夯压。

### 2. 强夯法

强夯法是 20 世纪 60 年代末、70 年代初首先在法国发展起来的，国外称之为动力固结法，以区别于静力固结法。它一般是通过 10 ~ 40t 的重锤采用 10 ~ 30m 的落距(最高可达 40m)夯击地基，对地基土施加强大的冲击能，在地基土中形成冲击波和动应力，使地基土压密和振密，以加固地基土，从而达到提高强度、降低压缩性、改善砂土的抗液化条件、消除湿陷性黄土的湿陷性的目的。强夯法主要适用于加固砂土和碎石土、低饱和度粉土与黏性土、湿陷性黄土、杂填土和素填土等地基。

对于饱和黏性土地基，近年来发展了强夯置换法，这是利用夯击能将碎石、矿渣等材料强力挤入地基，在地基中形成碎石墩，并与墩间土形成碎石墩复合地基，提高地基承载力和减小沉降。强夯法以其适应性广、效果好、造价低、工期短等特点，成为我国地基处理的一项重要技术。

1)设计

(1)有效加固深度计算

有效加固深度是选择地基处理方法的重要依据，同时又是判定处理效果的重要参数。目前，国内外尚无关于有效加固深度的确切定义，但一般可理解为：经强夯加固后，土层强度和变形等指标能满足设计要求的土层深度范围。Menard 提出了估算有效加固深度的计算公式：

$$H \approx \alpha\sqrt{Mh} \tag{2-6}$$

式中：$H$——有效加固深度，m；

$M$——夯锤重力，kN；

$\alpha$——修正系数；

$h$——落距，m。

国内外学者经多年的实践研究，相继建议了 Menard 公式中的修正系数，如美国 Leonards 建议 Menard 公式中的修正系数为 0.5；法国 Gambin 认为修正系数 $\alpha$ 应为 0.5～1.0；国内学者提出修正系数应为 0.5～0.8，对软土取 0.5，对黄土取 0.34～0.5。

影响有效加固深度的因素很多，除了锤重和落距外，还有地基土的性质、不同土层的厚度和埋藏顺序、地下水位以及其他强夯的设计参数等。因此，强夯的有效加固深度应根据现场试夯或当地经验确定。在缺少经验或试验资料时，可参考表 2-2 预估。

**强夯的有效加固深度表**（单位：m）　　表 2-2

| 单击夯击能（kN·m） | 碎石土、砂土等 | 粉土、黏土、湿陷性黄土 | 单击夯击能（kN·m） | 碎石土、砂土等 | 粉土、黏土、湿陷性黄土 |
|---|---|---|---|---|---|
| 1 000 | 5.0～6.0 | 4.0～5.0 | 4 000 | 8.0～9.0 | 7.0～8.0 |
| 2 000 | 6.0～7.0 | 5.0～6.0 | 5 000 | 9.0～9.5 | 8.0～8.5 |
| 3 000 | 7.0～8.0 | 6.0～7.0 | 6 000 | 9.0～9.5 | 8.5～9.5 |

注：强夯的有效加固深度应从起夯面算起。

（2）夯锤和落距

①夯锤。一般夯锤质量为 10～40t，目前采用的最大夯锤为 200t（图 2-10）。夯锤的平面形状一般有圆形和方形两种，还可分为有气孔式和封闭式两种。实践证明，圆形和带有气孔的锤较好，它可克服方形锤由于上下两次夯击着地并不完全重合，而造成夯击能量损失和着地时倾斜的缺点。

图 2-10　41t 圆形夯锤

夯锤中宜设置若干个上下贯通的气孔，孔径可取 250～300mm，它可减少起吊夯锤时的吸力以及夯锤着地前的瞬时气垫的上托力，从而减少能量的损失。锤底面积对加固效果有直接的影响，对同样的锤重，当锤底面积较小时，夯锤着地压力过大，会形成很深的夯坑，尤其是饱和细颗粒土，既增加了继续起锤的阻力，又不能提高夯击的效果。因此，锤底面积宜按土的性质确定，锤底静压力值可取 25～40kPa，对细颗粒土锤底静压力宜取较小值。对砂性土和碎石填土，一般锤底面积可采用 2～4$m^2$；对一般第四纪黏性土，建议用 3～4$m^2$；对于淤泥质土，建议采用 4～6$m^2$；对黄土，采用 4.5～5.5$m^2$。同时，应控制夯锤的高宽比，以防止产生偏锤现象，如黄土，高宽比可采用 1∶2.5～1∶2.8。

夯锤材料，特别是大吨位的夯锤，国内外多数采用钢板外壳内灌混凝土的锤。目前也有为了方便运输和根据工程需要，浇筑成在混凝土的锤上能临时装配钢板的组合锤。由于锤重的日益增加，锤的材料已趋向于由钢材铸成。

②落距。夯锤确定后，根据要求的单点夯击能量，可确定夯锤的落距。国内通常采用的落距是8～25m。对相同的夯击能量，常选用大落距的施工方案。这是因为增大落距可获得较大的接地速度，能将大部分能量有效地传到地下深处，增加深层夯实效果，减少消耗在地表土层塑性变形的能量。

(3)最佳夯击能

夯锤重力 $M$ 与落距 $h$ 的乘积称为单击夯击能。一般来说夯击时的夯锤重力和落距越大，则单击能量越大，夯击击数少，夯击遍数也相应减少，加固效果和技术经济较好。整个加固场地的总夯击能量(夯锤重力×落距×总夯击数)除以加固面积称为单位夯击能。强夯的单位夯击能应根据地基土类别、结构类型、荷载大小和要求处理的深度等综合考虑，并可通过试验确定。在一般情况下，对粗颗粒土可取1 000～3 000kN·m/m$^2$，对细颗粒土可取1500～4000kN·m/m$^2$。

但对饱和黏性土所需的能量不能一次施加，否则土体会产生流动，反而使强度降低，且难于恢复。因此，可根据需要分几遍施加夯击，两遍之间间歇一段时间，以逐步增加土的强度，改善土的压缩性。

在夯击能作用下，地基中出现的孔隙水压力达到土的自重压力，这样的夯击能称为最佳夯击能。

①黏性土的最佳夯击能确定。在黏性土中，由于孔隙水压力消散慢，当夯击能逐渐增大时，孔隙水压力也相应地叠加，因而在黏性土中，可根据孔隙水压力的叠加值来确定最佳夯击能。

②砂性土的最佳夯击能确定。在砂性土中，由于孔隙水压力增长及消散过程仅为几分钟，因此，孔隙水压力不随夯击能增加而叠加，为此可绘制孔隙水压力增量与夯击击数(夯击能)的关系曲线来确定最佳夯击能。

当孔隙水压力增量随着夯击击数(夯击能)增加而逐渐趋于恒定时，可认为该种砂土所能接受的能量已达到饱和状态，此能量即为最佳夯击能。

(4)夯击点布置及间距

①夯击点布置。夯击点可根据建筑物结构类型和夯击场地情况进行布置。对某些基础面积较大的建筑物或构筑物，可按等边三角形布置夯击点。同时，夯击点的布置应考虑施工时吊机的行走通道。

由于基础的应力扩散作用或需消除液化，强夯处理范围及具体的放大范围，可根据建筑物类型和重要性等因素决定。根据有关文献研究，加固范围比加固地基的长度 $L$ 和宽度 $B$ 各大出加固深度 $H$，即强夯加固范围为 $(L+H)\times(B+H)$。国内也有提出在基础外每边各大出 $H/2$，或多布置一圈夯击点进行加固，或增加夯击区四周夯击点施加的能量等方法。对一般建筑物，每边超出基础外缘的宽度宜为设计处理深度的1/2～2/3，且不宜小于3m。

②夯击点间距。夯击点间距(夯距)的确定，一般根据地基土的性质和要求处理的深度而定，通常为5～15m。为了使深层土得以加固，第一遍夯击点的间距要大，这样才能使夯击能量传递到深处。下一遍夯击点往往布置在上一遍夯击点的中间。最后一遍是以较低的夯击能进行夯击，彼此重叠搭接，用以确保地表土强度的均匀性和较高的密实度，俗称“搭夯”(或称满夯)。如果夯距太近，相邻夯击点的加固效应将在浅处叠加而形成硬层，从而影响夯击能向深部传递。夯击黏性土时，一般在夯坑周围会产生辐射向裂隙，这是动力固结的主要机理之一。如夯距太小时，相当于使产生的裂隙又被闭合，影响孔隙水的排除及加固效果。对处理深度较深或单击夯击能较大的工程，第一遍夯击点间距应适当增大。

(5)夯击击数与遍数

①夯击击数。夯点的夯击击数应根据现场试夯得到的夯击击数与夯沉量的关系曲线确定，且应同时满足下列条件：

a. 最后两击的夯沉量不大于50mm，当单击夯击能量较大时不大于100mm；

b. 夯坑周围地面不应发生过大隆起；

c. 不因夯坑过深而发生起锤困难。

国内确定夯击击数的方法有：以孔隙水压力达到液化压力为准则；以最后一击的夯沉量达到某一数值为限值；以上、下两击所产生的沉降差小于某一数值为标准。总之，各夯击点和夯击数应使土体竖向压缩最大，而侧向位移最小为原则，一般为4～10击。

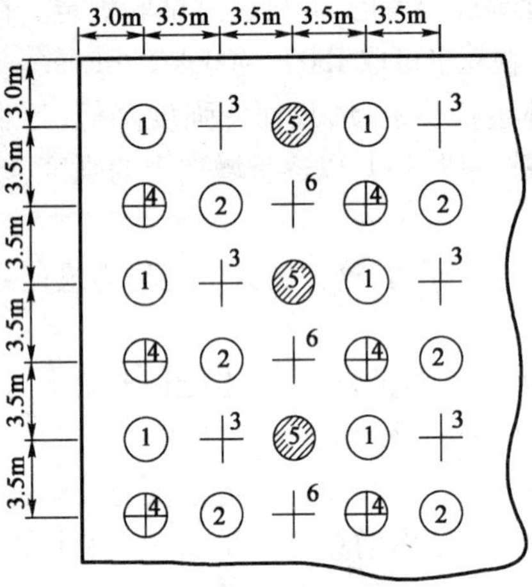


图2-11 夯点布置示意图

注：夯坑中数字是遍数编号

②夯击遍数。夯击遍数如图2-11所示。在整个强夯场地中，将同一编号的夯击点夯完后算为一遍。夯击遍数应根据地基土的性质和平均夯击能确定。一般情况下可采用2～3遍，最后再以低能量搭夯一遍，其目的是将松动的表层土夯实。对于渗透性弱的细颗粒土，必要时可适当增加夯击遍数。

(6)垫层铺设

强夯前要求拟加固的场地必须具有一层稍硬的表层，使其能支承起重设备，并便于对所施工的"夯击能"得到扩散。但是，对地下水位在2m深度以下的砂砾石土层进行强夯加固，可直接施行强夯，无需铺三设垫层。对于公路高填方路基的强夯压实，由于通过一般压路机的压实已形成较坚实的表面，为使夯击能尽量往下传递，也无需铺筑垫层。而对地下水位较高的饱和黏性土与易液化流动的饱和砂土，都需要铺设砂、砂砾或碎石垫层后才能进行强夯，否则土体会发生流动。垫层厚度随场地的土质条件、夯锤质量及其形状等条件而定。垫层厚度一般为0.5～2.0m。若场地土质条件好，夯锤小或形状构造合理，起吊时吸力小者，可适当减小垫层厚度，但铺设的垫层不能含有黏土。

若地表层为细黏土，且地下水位较高或地面有水的情况，可先将地表水排出，在表层铺设0.5～2m厚的砂、砂砾或碎石等松散性材料或降低地下水位。这样做的目的是在地表形成硬层，有利于机械设备进场施工。另外，还可加大地下水和表层的距离，防止夯击效率降低。

(7)间歇时间

对于需要分遍或多遍夯击的工程，两遍夯击间应有一定的时间间隔。各遍间的间歇时间取决于加固土层中孔隙水压力消散所需要的时间。对砂性土，孔隙水压力的峰值出现在夯完后的瞬间，消散时间只有2～4min，故对渗透性较大的砂性土，两遍夯击的间歇时间很短，也可连续夯击。

对黏性土，由于孔隙水压力消散较慢，故当夯击能逐渐增加时，孔隙水压也相应地叠加。其间歇时间取决于孔隙水压力的消散情况，一般为2～4周。目前国内有些工程在黏性土地基的现场埋设了袋装砂井(或塑料排水带)，以便加速孔隙水压力消散，缩短间歇时间。有时根据施工流水顺序先后，两遍间隙施工也能达到连续夯击的目的。

2)施工

(1)施工机械

在国外，西欧国家所用的起重设备大多为大吨位(100t)的履带式起重机，稳定性好，行走方便。最近，日本采用轮胎式起重机进行强夯作业，也取得了令人满意的结果。国外除使用现成的履带吊外(图2-12)，还制造了常用的三足架和轮胎式强夯机，用于起吊40t夯锤，落距可达40m。

我国绝大多数强夯工程只具备小吨位起重机的施工条件，所以只能使用滑轮组起吊夯锤，利用自动脱钩装置，使锤形成自由落体，见图2-13。拉动脱钩装置的钢丝绳一端固定在吊机上，以钢丝绳的长短控制夯锤的落距，夯锤挂在脱钩器的钩上，当吊钩提升到要求高度时，张紧的钢丝绳将脱钩器的伸臂拉转一个角度，致使夯锤突然下落，如图2-14所示。有时为防止起重臂在较大的仰角下突然释重而发生后倾，可在履带起重机的臂杆端部设置辅助门架，或采取其他安全措施，防止落锤时机架倾覆。自动脱钩装置应具有足够的强度，且施工时要求灵活。

图2-12　强夯施工现场

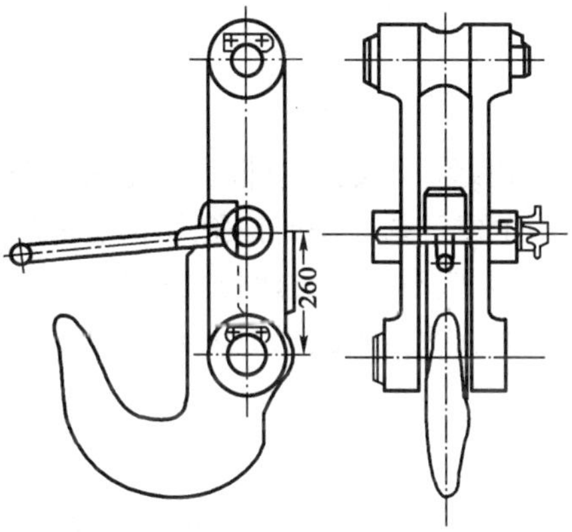


图2-13　强夯机械脱钩装置示意

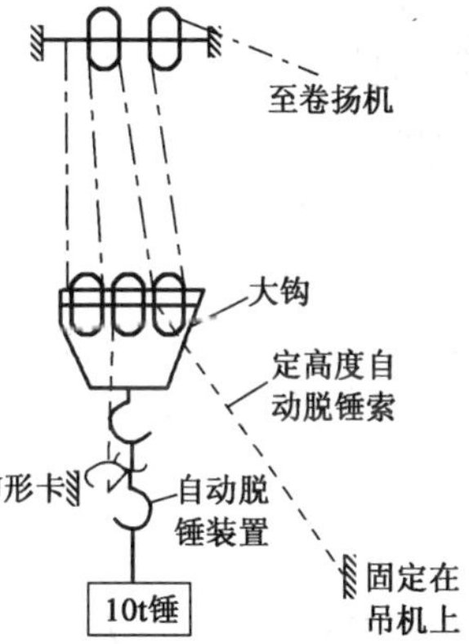


图2-14　定高度索脱钩示意图

(2)施工方法

正式施工前应进行强夯试验，埋设有关测试仪器，获取强夯参数，并提出施工工艺。

①试夯。正式开始强夯施工前，应根据初步确定的参数，在现场选择有代表性的地方试夯，与夯前测试数据进行对比，检验强夯效果，确定工程采用的各项强夯参数。若不符合设计要求，应及时进行调整。在进行试夯时，也可以采用不同的设计参数方案进行优选。

②强夯施工。

a. 平整场地。预估强夯后可能产生的平均地面变形，并以此确定地面高程，然后用推土机平整。施工前，应认真查明强夯范围内地下构筑物和各种地下管线的位置，尽量避开在其上进行施工，必要时采取相应的措施。

b. 铺设垫层。

c. 夯点放线定位及测量高程。在整平后的场地上标出第一遍夯击点的位置，宜用石灰或打小木桩的方法标出夯点，并测量场地高程。

d. 施工工艺。强夯机就位，使夯锤对准夯点位置，测量夯前锤顶高程。将夯锤起吊至预定高度，待夯锤脱钩，自由落下后，测量锤顶高程，并做好现场记录。若发现因坑底倾斜而造成夯锤歪斜时,应及时将坑底整平。按设计规定夯击次数及控制标准,完成一个夯点的夯击。重复以上步骤,直至完成第一遍全部夯点的夯击。夯击一遍后,应用推土机将场地推平,同时测量整平后的场地高程。按规定的间歇时间,重复以上步骤完成全部夯击遍数,最后用低能量满夯,将场地表层松土夯实,并测量夯后场地高程。

强夯法的顺序应该是先深后浅,即先加固深层土,再加固中层土,最后加固表层土。

(3)质量检验

根据强夯加固土体的触变恢复机理,强夯施工结束后应间隔一定时间方能对地基加固质量进行检验,以免所测结果偏小而影响对强夯加固效果的评估。对碎石土和砂土地基,其间隔时间可取1~2周;对低饱和度的粉土和黏性土地基,间隔时间可取3~4周。

质量检验方法有以下几种:

①室内试验。主要通过夯击前后土的物理力学性质指标的变化来判断其加固效果。其检测项目包括抗剪强度指标($c$、$\varphi$值)、压缩模量(或压缩系数)、孔隙比、重度和含水率等。

②十字板试验。

③动力触探试验(包括标准贯入试验)。

④静力触探试验。

⑤旁压仪试验。

⑥荷载试验。

⑦波速试验。

检测点位置可分别布置在夯坑内、夯坑外和夯击区边缘。其数量应根据场地复杂程度和建筑物的重要性确定。对简单场地上的一般建筑物,每个建筑物地基的检验点不应少于3处;对复杂场地或重要建筑物地基应增加检验点数。检验深度应不小于设计处理的深度。

此外,质量检验还包括检查强夯施工过程中的各项测试数据和施工记录,凡不符合设计要求时,应补夯或采取其他有效措施。

### 3. 砂桩、碎石桩(振冲桩)

砂桩和碎石桩又称粗颗粒土桩,是指用振动、冲击或水冲等方式在软弱地基中成孔后,再将碎石或砂挤压入桩孔中,形成大直径的碎(砂)石所构成的密实桩体。

1)砂桩

砂桩适用于松散砂土、人工填土、粉土或杂填土等地基,可以提高地基的强度,减少地基的压缩性,或提高地基的抗振能力,防止饱和软弱土地基液化。

目前,国内外砂桩常用的成桩方法有振动沉管法和锤击成桩法。振动沉管法是使用振动打桩机将桩管沉入土层中,并振动挤密砂填料。锤击成桩法是使用蒸汽或柴油打桩机将桩管引入土层中,并用内管夯击密实砂填料。实际上,这也就是碎石桩的沉管法。

(1)设计

①桩径。应根据土质和成桩设备等因素确定,可采用300~800mm,对于饱和黏性土宜采用较大的桩径。

②桩孔布置及间距。砂桩在平面上可布置成三角(梅花)形或正方形。桩间距应通过实验确定,一般为1.8~4.0倍桩径,不宜大于4.0倍桩径;但仅为加速地基下沉,桩间距为4.0~5.0倍桩径。有经验的地区,可按下式计算:

a. 松散砂土地基。

等边三角(梅花)形布置:

$$s = 0.95d(1 + e_0/e_0 - e_1)^{1/2} \tag{2-7}$$

正方形布置：

$$s = 0.95(1 + e_0/e_0 - e_1)^{1/2} \tag{2-8}$$

$$e_1 = e_{max} - D_{ri}(e_{max} - e_{min}) \tag{2-9}$$

式中： $s$——砂桩间距；

$d$——砂桩直径；

$e_0$——地基处理前砂土的孔隙比，由试验确定；

$e_1$——地基挤密后要求达到的砂土的孔隙比；

$e_{max}$、$e_{min}$——砂土的最大、最小孔隙比，可按规范选取；

$D_{ri}$——地基挤密后要求达到的砂土的相对密度，可取0.70～0.85。

b. 黏性土地基。

等边三角（梅花）形布置：

$$s = 1.08A_c^{1/2} \tag{2-10}$$

正方形布置：

$$s = A_c^{1/2} \tag{2-11}$$

式中：$A_c$——一根砂桩承担的处理面积，$A_c = A_p/m$；

$A_p$——一根砂桩的截面积；

$m$——面积置换率，$m = d^2/d_e^2$；

$d_e$——等效影响圆的直径。

等边三角（梅花）形布置：

$$d_e = 1.05s \tag{2-12}$$

正方形布置：

$$d_e = 1.13s \tag{2-13}$$

③加固深度。一般为7～8m，当松软土层不厚时，桩应穿过土层；土层厚度较大时，应根据地基的允许变性值确定桩长；对于液化砂层，桩应穿透。

④加固范围。加固范围应根据建筑物重要性和场地条件确定，通常砂桩挤密地基的宽度应超出基础宽度。对一般地基，每边放宽不应少于1～3排；防液化的砂桩，每边放宽不应少于处理深度的1/2，并不应小于5m；当可液化砂层上覆盖有厚度大于3m的非液化砂层时，每边放宽不应少于液化砂层厚度的1/2，并不应小于3m。

⑤填砂量。

$$S = A_p l d_s (1 + 0.01\omega)/(1 + e_1) \tag{2-14}$$

式中：$S$——填砂量；

$A_p$——一根砂桩的截面积；

$l$——桩长；

$d_s$——砂料的相对密度；

$\omega$——砂料的含水率，%；

$e_1$——地基挤密后要求达到的砂土的孔隙比。

⑥材料选择。砂桩的填料宜用级配较好的中粗砂，也可用砂砾砂。对于饱和软黏土，因为原地基较软弱，侧限不大，为了利于成桩，应选用级配好、强度高的砂砾混合料；填料中最大颗粒尺寸由桩管直径和桩尖的构造决定，以能顺利出料为宜，但最大不应超过50cm。

关于材料的含水率：在饱和土中施工时，砂的含水率宜采用饱和状态；在非饱和且能形成直立桩孔孔壁的土层中用捣实法施工时，含水率采用7% ~9%。

(2)施工

①顺序。施工时应注意打桩先后位置次序：为使砂桩进展顺利，挤密砂桩宜从路的一侧向另一侧施打或由中心向两边施打。就道路纵向而言，宜从道路一端向另一端施打，避免由两端向中间施打，以减少挤密砂桩施工的困难。

②施工机械。砂桩机械通常包括桩机架、桩管及桩尖、提升装置、挤密装置（振动锤或冲击锤）、上料设备及检测装置等。高能量的振动砂石桩机配有高压空气或水的喷射装置，同时还配有自动记录桩管贯入深度、提升量、压入量、管内砂石位置及变化以及电机电流变化等的检测装置。

③施工方法。挤密砂桩施工根据砂井成孔的机械和方式。振动沉管法一般可分为振动沉管法和锤击成桩法两种。

振动沉管法按其成桩工艺可以分为以下三种：

a. 一次拔管法施工工艺。首先，用振动沉桩机将安有活瓣式或脱离式管靴的导管，在规定的桩孔位置垂直就位。然后，将桩管沉入软土层中，并达到设计高程（略深一个桩靴的深度）。接着，用装砂漏斗或采用空压机将砂灌入导管。灌满之后，封闭管口，通入压缩空气或者加入水，缓慢提起导管直到地面，在拔管的同时边振动边输入压缩空气（或水）使活动瓣门开启（或脱离式桩靴离开导管），桩管中的砂通过压缩空气的力量或水的作用落入孔中，形成砂桩。

b. 逐次拔管法施工工艺。首先，将带有桩靴的导管在规定的位置垂直就位。然后，将桩管沉入软土到设计高程。之后，用料斗向导管内灌装砂子。灌满之后，在振动以及向导管输送压缩空气的条件下，边振动边将导管拔起一定高度，停止拔管继续振动若干秒，使落入孔中的砂密实。之后再拔起一定高度，又继续振动。如此反复进行，直到导管拔出地面。

c. 重复压拔管法施。首先，将桩管在设计位置垂直就位。其次，将桩管沉入层中达到设计高程。如果桩管下沉速度很慢，可以利用桩管下端喷嘴射水口加快下沉速度。然后，用装砂料斗向导管内灌砂。灌满之后，在振动的条件下，将导管拔起到规定高度，同时向桩管内送入压缩空气，使砂容易排出落入桩孔，桩管拔起后核定砂的排出情况。最后，用振动机将管按规定深度往已灌砂的孔中压下，使桩径扩大并振实。如此反复进行，直到导管拔出地面。对于桩管每次拔起和压下的高度，应根据砂桩直径要求通过试验确定。

这一成桩法，是使桩体分段成型。其优点是可以压实桩体的砂和扩大桩径，对软土施加了挤密作用。

锤击成桩法按其施工工艺，可分为单管法和双管法。

a. 单管法。

施工机械：单管法施工机械主要有蒸汽打桩机或柴油打桩机，下端带有活瓣钢制桩靴或预制钢筋混凝土锥形桩尖（留在土中）的桩管及装碎石料斗等。

施工工艺：单管法施工工艺如图2-15所示。施工步骤分别是：

第1步：桩靴闭合，桩管垂直就位。

第2步：将桩管沉入土层中，其深度宜大于设计高程10 ~20cm。

第3步：用料斗向桩管灌砂及水。当灌砂量较大时，可分成两次灌入。第一次灌入2/3，待桩管从土层中提升一半长度后，再灌剩余的1/3。若灌水不便，也可改用压缩空气，将通气管接于导管上，密封管口，使砂在压缩空气的作用下，落入孔中形成砂桩。

第4步:待砂全部落入孔中后,按规定的提升桩管速度从土层中提升出桩管。

b. 双管法。

施工机械:双管法施工机械主要有蒸汽打桩机或柴油打桩机、底端开口的外管(套管)和底端封口的内管(芯管)、履带式起重机及装碎石料斗等。

施工工艺:双管法施工工艺如图2-16所示。施工步骤分别是:

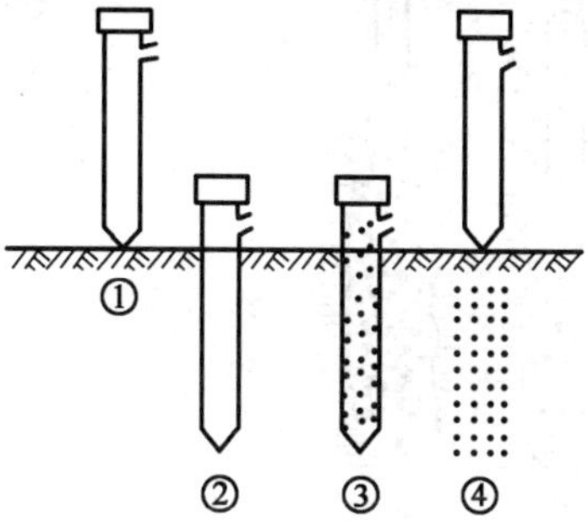


图2-15 单管法施工工艺

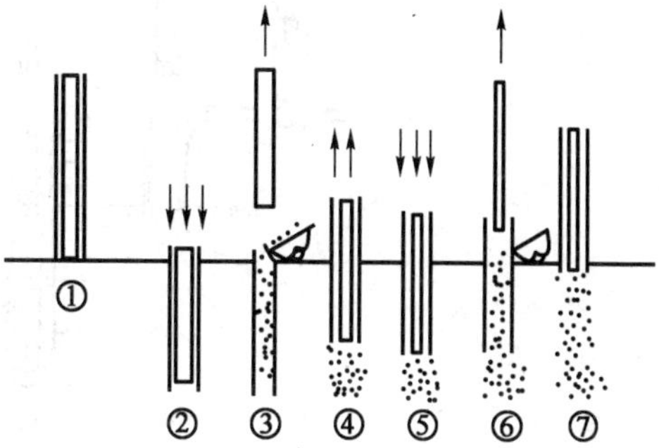


图2-16 双管法施工工艺

第①步:桩管垂直就位。

第②步:用冲击锤将锤击内管和外管下沉到土层中的设计深度。

第③步:提升内管,向外管中灌入砂或砂砾,提管的速度,一般为1.5~3.0m/min。

第④步:放下内管,提高外管,其高度小于所灌砂的高度。

第⑤步:用内管冲击所灌的砂,使其挤密。

第⑥步:检查其贯入度达到规定要求之后,再提起内管(芯管),向外管内灌砂。

第⑦步:重复进行以上第4步~第6步工序,直到桩管拔出地面。

2)碎石桩

碎石桩适用于挤密松散的砂土、粉土、素填土和杂填土地基。在复合地基的各类桩体中,碎石桩与砂桩同属散体材料桩,加固机理相似。随被加固土质不同,机理有所差别:对砂土、粉土和碎石土具有置换和挤密作用;对黏性土和填土,以置换作用为主,兼有不同程度的挤密和促进排水固结的作用。碎石桩在工程中主要应用于软弱地基加固,堤坝边坡加固,消除可液化砂土的液化性,消除湿陷性黄土的湿陷性等方面。

碎石桩按其制桩工艺分为振冲(湿法)碎石桩和干法碎石桩两大类。利用振动水冲法施工的碎石桩称为湿法碎石桩;干振碎石桩和锤击碎石桩统称为干法碎石桩。

(1)材料选择

碎石或卵石可选用自然级配,含泥量不宜超过10%,材料的最大粒径不宜大于80mm。对碎石常用的粒径为20~50mm,粒径太大不仅容易卡孔,而且能使振冲大外壳强烈磨损。

作为桩体材料,碎石比卵石好,碎石之间咬合力比卵石大,形成的碎石桩强度高;而卵石作填料下料容易。

(2)施工顺序

碎石桩的施工顺序一般采用"先中间后周边"或"由一边推向一边"的顺序进行。在软黏土地基中施工时,要考虑减少对地基土的扰动,宜用间隔跳打的方式。在既有建筑物邻近施工时,必须向远离建筑物的方向施工,或者用功率较小的振动器施工。

(3)施工方法

碎石桩根据其施工工艺一般可分为振冲碎石桩和干振碎石桩。

①振冲碎石桩施工。

施工机具:振冲法施工的主要机具有振冲器、起吊机械、水泵、泥浆泵、填料机械、电控系统等。

施工工艺:振冲碎石桩施工过程如图 2-17 所示。其施工步骤如下:

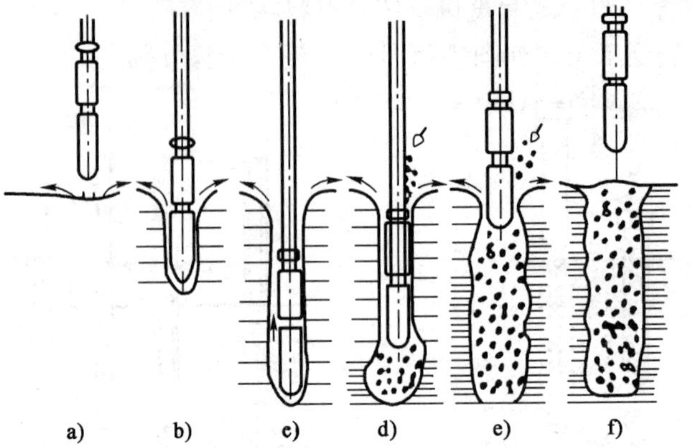


图 2-17 振冲碎石桩施工步骤示意图

a)就位;b)成孔;c)清孔;d)填料;e)振密加固;f)成桩

a. 就位。施工机具就位,振冲器对准桩位,开动水泵,待振冲器下端水口出水后,起动振冲器,检查水压、电压和振冲器的空载电流是否正常,如图 2-17a)所示。

b. 成孔。起动起吊机械,使振冲器以 1 ~2m/min 的速度下沉。成孔过程中应使振冲器保持铅直状态,并观察振冲器电流的变化,其电流的最大值不得超过电机的额定电流值。当下沉过程中电流值超过额定电流值时,必须减速或者停止下沉,或者向上提起振冲器,待电流下降后继续下沉。在成孔过程中要记录电流值、成孔速度和返水情况。当孔口不返水时,应加大水量。当振冲器达到设计处理深度以下 0.3 ~0.5m 时,开始往上起,直到孔口,如图 2-17b)所示。

c. 清孔。成孔后孔内泥浆比重较高,甚至有泥块,填料在孔内的下降速度将减慢,甚至造成淤塞,不利于制桩,因此成孔后要留一定时间(一般为 1 ~2min)进行清孔,如图 2-17c)所示。清孔时,将振冲器在孔底适当留振,将泥浆冲出孔口,再将振冲器提起,上下往返 1 ~2 次,使孔道通畅。

d. 填料。清孔后,将振冲器提出孔口,即可开始自下而上逐段填料。填料一般有三种方式。第一种是把振冲器提出孔口往孔内加料,然后再放入振冲器振密,每次往孔内倒入约 0.15 ~0.5m石料,分段填料分段振密,直到制桩结束;第二种是振冲器不提出孔口,只是往上提一些,使振冲器离开原来振密过的地方,然后往下倒料,再放下振冲器进行振密;第三种方式是连续加料,即振冲器只管振密,而填料是不断往孔内添加,只要在其深度上达到规定的振密标准后就往上提振冲器,再继续进行振密,如图 2-17d)所示。

e. 振密加固。利用振冲器将填入桩孔的石料不断挤入侧壁土层,同时使桩身填料密实。振密加固时应该记录时间、投料数量和振冲器潜水电机所反映的电流值。无论哪种填料方式都应保证振密自孔底开始,以每段 30 ~50cm 长度逐段自下而上直至孔口,如图 2-17e)所示。

f. 成桩。振密加固到孔口时桩体形成,先关闭振冲器,再关闭水泵,如图 2-17f)所示。

加固区的碎石桩全部施工完毕后,再进行表面清理。

②干振碎石桩施工。干振碎石桩适用于加固松散的非饱和黏性土(含水率小于 25%)、素填土、杂填土和二级以上非自重湿陷性黄土,加固深度 6m 左右;不适宜加固砂土和孔隙比小于 0.85 的饱和黏性土。

干振碎石桩是对振冲碎石桩的一种改进，它可克服施工过程中及其后一段时间内桩间土含水率增加、导致强度降低及施工过程中大量排泥浆、污染环境的缺点。

施工机具：干振碎石桩的主要设备是干法振动成孔器，如图2-18所示。

施工工艺：干振碎石桩施工工艺如图2-19所示，其施工步骤如下：

首先用振动成孔器成孔，将桩孔中的土挤入周围土体，提起振孔器，向孔内倒入约1m厚的碎石，再用振孔器进行捣实，要求达到密实电流并留振10～15s，然后提起振孔器。如此分段填料振实，直到形成碎石桩。

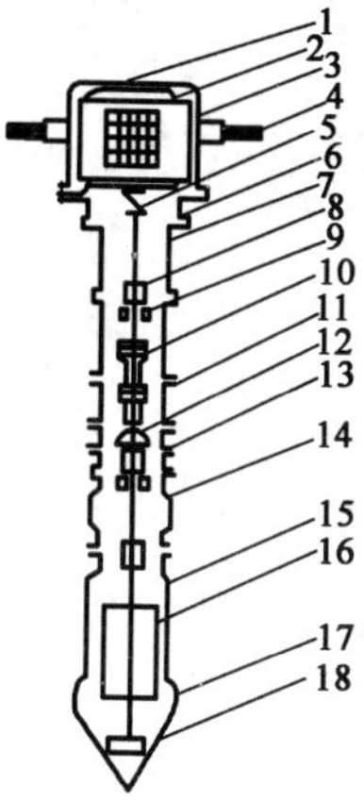


图2-18　干法振动成孔器示意图

1-吊点滑轮；2-电动机；3-电机罩；4-返扭臂；5-联轴器；6-电机座；7-套管；8-传动轴；9-滚柱轴承；10-滚珠轴承；11-滚珠轴承；12-万向节；13-减振器；14-配重体；15-振动壳；16-振子；17-分动头；18-止推

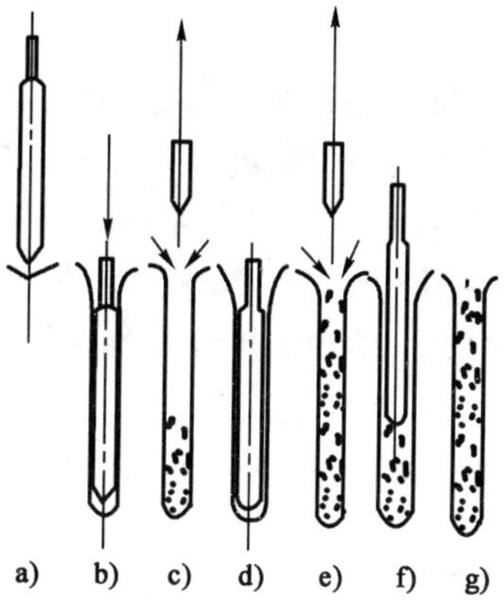


图2-19　干振碎石桩施工步骤示意图

a）振孔器就位；b）振动挤土成孔；c）上提振动器填料；d）振捣；e）再提振孔器，填料；f）再振捣；g）形成碎石桩

3）砂桩（碎石桩）质量检验方法

（1）检测项目

包括桩体深度、连续性及密实度。

（2）质量要求

①砂桩（碎石桩）必须采用一定级配的中、粗、砾砂，其净含泥量<3%。

②砂桩（碎石桩）1m深度以下必须处于中密状态（$N_{63.5} \geq 10$），1m深度以内应钎探密实。

③砂桩（碎石桩）处理的黏性土地基，其复合地基的承载力应满足设计要求。

（3）检测方法、频次

①抽样检验砂子含泥量和级配，同一产地、品种、规格且连续进场的砂料，每2 000$m^3$为一批。不足2 000$m^3$时，也按一批计。

②在砂桩（碎石桩）施工结束后，达到规定静置时间，进行标准贯入、静力触探或动力触探试验。当探头达到桩顶1m以下后，开始计数，按砂桩数量的2%抽样检验，且不少于2根。同时，对原状土、桩周土进行对比，重型动力触探需对桩体8～10m以上部位进行检测。

③进行复合地基载荷试验，沿线路纵向每100m抽样检验3处，不足100m也检验3处.

（4）检验龄期（饱和黏土中桩）

①静力触探。宜在成桩桩体2周后、桩周土大于4周后进行。

②重型动力触探。宜在成桩2周后进行。

③复合地基载荷试验：宜在成桩2周后进行。

4. CFG 桩

CFG 桩是水泥粉煤灰碎石桩(Cement Flyash Gravel Pile)的简称,由碎石、石屑、粉煤灰掺加适量水泥加水拌和,用振动沉管打桩机或其他成桩机具制成的一种具有一定黏结强度的桩。桩体主体材料——碎石、石屑为中等粒径骨料,可改善级配;粉煤灰作为细骨料,可以和低强度水泥作用。通过调整水泥掺量和配合比,桩体强度可在 C5 ~ C20 变化,一般为 C5 ~ C10。

CFG 桩由于桩身具有一定的黏结性,故可在全长范围内受力,能充分发挥桩周摩阻力和端承力,桩土应力比一般为 10 ~ 40,复合地基承载力的提高幅度较大,有沉降小、稳定快的特点。

CFG 桩可用于加固填土、饱和及非饱和黏性土、松散的砂土、粉土等。对塑性指数高的饱和软黏土的使用应慎重。

1)设计

(1)桩径

应根据土质和成桩设备等因素确定,可采用 350 ~ 400mm。

(2)桩孔布置及间距

根据土质、布桩形式和场地情况按表 2-3 选用。桩位布置图见图 2-20。

**桩距选用表**　　表 2-3

| 土质 / 桩距 / 布桩形式 | 挤密性好的土,如沙土、粉土、松散填土等 | 可挤密性土,如粉质黏土、非饱和黏土等 | 不可挤密性土,如饱和黏土、淤泥质土等 |
|---|---|---|---|
| 单、双排布桩的条基 | (3 ~ 5)*d* | (3.5 ~ 5)*d* | (4 ~ 5)*d* |
| 含 9 根以下的独立基础 | (3 ~ 6)*d* | (3.5 ~ 6)*d* | (4 ~ 6)*d* |
| 满堂布桩 | (4 ~ 6)*d* | (4 ~ 6)*d* | (4.5 ~ 7)*d* |

注:*d*——桩径,以成桩后桩的实际桩径为准。

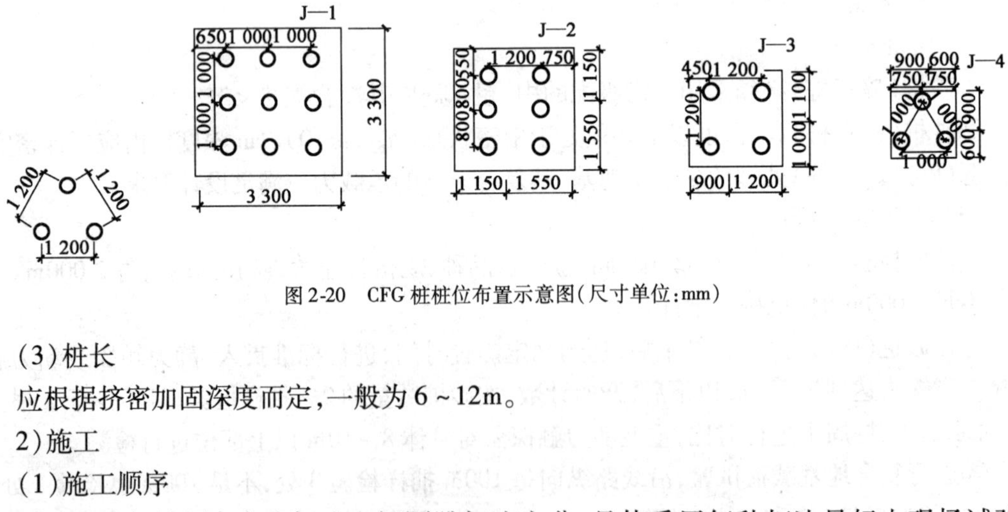


图 2-20　CFG 桩桩位布置示意图(尺寸单位:mm)

(3)桩长

应根据挤密加固深度而定,一般为 6 ~ 12m。

2)施工

(1)施工顺序

CFG 桩的打桩顺序有连打法和间隔跳打法之分,具体采用何种打法最好由现场试验来确定。

连打法易造成邻桩被挤碎或缩颈,在黏性土中易造成地面隆起;间隔不易发生上述现象,但土层较硬时,在已打桩中间补打新桩,可能造成已打桩被振裂或振断。

在软土中，桩距较大可采用间隔跳打法，但施工新桩与已打桩时间间隔不少于7d；在饱和的松散粉土中，如桩距较小，不宜采用隔桩跳打；全长布桩时，应遵循由“由一边向另一边”的原则。

(2)施工工艺

①沉管。

a. 桩机就位，桩管保持垂直，垂直度偏差不大于1%；

b. 若采用预制钢筋混凝土桩尖，需埋入地表以下300mm左右；

c. 开始沉管，为避免对邻桩的影响，沉管时间应尽量短；

d. 记录激振电流变化情况，一般可1m记录一次。

②投料。

沉管过程中可进行空中投料。沉管至设计高程后须尽快投料，直到管内混合料与钢管投料口对齐。若投料量不够，应在拔管过程中空中投料，以保证成桩桩顶高程满足设计要求。

③拔管。

a. 拔管前，应原位留振约10s后再振动拔管。

b. 控制拔管速度，一般以1.2~1.5m/min为宜。拔管过快易造成局部缩颈或断桩；拔管太慢，振动时间过长，会使桩顶浮浆增厚，易使混合料离析。对淤泥质土，拔管速度可适当放慢，拔管过程中也不宜反插留振。

c. 桩管拔出地面后，应用粒状材料或用黏土封顶。

d. 开槽及桩头处理。CFG桩施工完成后7d即可开槽，若基坑深度不大于1.5m，可采用人工开挖；当基坑深度大于1.5m时，可考虑人工和机械联合开挖，并通过试开挖确定预留人工开挖深度。一般人工开挖预留厚度不宜小于700mm，以避免对桩间土及桩产生不良影响。

e. 褥垫铺设。褥垫厚度由设计设定，虚铺厚度按式(2-15)控制：

$$h = \frac{\Delta H}{\lambda} \tag{2-15}$$

式中：$h$——褥垫层虚铺厚度；

$\Delta H$——褥垫层设计厚度；

$\lambda$——压实系数，一般取0.87~0.9。

褥垫层虚铺厚度比基础宽度大，其宽出的部分不宜小于褥垫层的厚度。

*5. 石灰桩*

石灰桩法是用生石灰在软土地基内形成桩柱，通过生石灰消解和水化物的生成，以降低土中含水率、提高地基强度、减小沉降量的软基处理方法。石灰桩法的优点是不需要上置荷载，能在较短时间内发挥作用。除单独使用生石灰外，也可采用石灰与砂井并用的石灰砂桩。

该法适用于含砂量低，没有滞水砂层的软土。

石灰桩法加固地基的原理是：利用打桩机成孔过程中沉管对土体的挤密作用和新鲜的生石灰成桩时对桩周土体的脱水挤密作用，使周围土体固结；同时由于一系列的物理—化学反应、桩身与桩间土硬壳层组成变形模量较大的桩体，以置换部分软土，同原地基土形成复合地基，从而提高了地基的承载力。生石灰在消解时，从软土中吸收体积比为1.08倍的水，体积膨胀为1.99倍体积比。不仅生石灰消解吸水，消解的石灰仍可吸收土中的孔隙水，直至达到平衡状态。同时，消石灰与黏土矿物反应生成水化物，可改善土的稠度。

石灰桩的直径一般为0.3~0.5m，最大深度可达30m左右，间距常用0.75~1.5m。

采用的打孔方法有两种：

①孔壁能自立时，用螺旋钻开孔，用漏斗直接灌生石灰；

②孔壁不能自立时，用冲击或振动的方法将套管下到要求的深度，边灌生石灰边提套管。

为减小提套管时产生的负压力、生石灰与套管间的摩擦及周围软土的压力，可根据桩径与桩长，压送400～1 000kPa的压缩空气。在石灰桩顶部要留空1m左右，用黏性土回填，以防止地表水灌入和桩在垂直方向上膨胀使地基隆起。

## 五、排水固结法处理技术

排水固结法处理软基是在路基施工前，对天然路基或已设置竖向排水体的路基上加载预压，使土体固结沉降基本完成或大部分完成，从而提高地基土强度，减少地基工后沉降的一种地基加固方法。

排水固结法由排水系统和加压系统两部分共同组成，如图2-21所示。

- 排水固结
  - 排水系统
    - 竖向排水体
      - 普通砂井
      - 袋装砂井
      - 塑料排水板
    - 水平排水体——砂垫层
  - 加压系统
    - 堆载法
    - 真空法
    - 降低地下水位法
    - 电渗法
    - 联合法

图2-21　排水固结系统

排水固结系统由竖向排水体和水平排水体构成，主要作用是改变地基的排水边界条件，缩短排水距离和增加孔隙水排出的途径。当软土层靠近地表且较薄或土的渗透性好且施工周期较长时，可在地面铺设一定厚度的砂垫层，不设竖向排水通道。土中的孔隙水在外荷载作用下排至砂垫层，从而产生固结。若软土层较厚时，为加快排水固结，应在地基中设置砂井等竖向排水体，与水平砂垫层一起构成排水系统。加压系统是指对地基施加的荷载布置。

排水系统与加压系统总是联合使用的。如果只设置排水系统，不施加固结压力，土中的孔隙水没有压差，不会发生渗透固结，强度不会提高；如果只施加固结压力，不设置排水体，孔隙水就很难排出来，地基土的固结沉降就需要较长的时间。因此，要保证排水固结法的加固效果，从施工角度考虑，应主要做好三个环节，即铺设水平垫层，设置竖向排水体和施加固结压力。

排水固结法一般适用于饱和软黏土、回填土、松散粉土、新近沉积土、有机质土及泥炭土地基。

### 1. 水平排水垫层施工

水平排水垫层的作用是使在预压过程中，从土体进入垫层的渗流水迅速地排出，使土层的固结作用能正常进行，防止土颗粒堵塞排水系统。因而垫层的质量将直接关系到加固效果和预压时间的长短。

(1)垫层材料

垫层材料应采用透水性好的砂料，其渗透系数一般不低于$10^{-3}$cm/s，同时能起到一定的反滤作用。通常采用级配良好的中粗砂，颗粒粒径以0.074～0.84mm为宜，含泥量不大于3%，一般不采用粉、细砂。也可采用连通砂井的砂沟来代替整片砂垫层，排水盲沟的材料一般采用粒径为3～5cm的碎石或砾石。

(2)垫层施工

水平排水砂垫层的施工与换填土法中的砂垫层施工方法相同，目前有4种施工方法：

①当地基表层有一定厚度的硬壳层，其承载力较好，能承载普通的运输机械时，一般采用

机械分堆摊铺法，即先堆成若干砂堆，然后用机械或人工摊平。

②当硬壳层承载力不足时，一般采用顺序推进摊铺法，即从一端向另一端摊铺。

③当软土地基表面很软，如新沉积或新吹填不久的超软地基，首先要改善地基表面的持力条件，使其能承载施工人员或轻型运输工具。处理措施一般为：地基表面铺荆笆；表层铺设塑料编织网或尼龙编织网，编织网上再铺砂垫层；表面铺设土工聚合物，土工聚合物上再铺排水垫层。

④尽管对超软地基表面采取了加强措施，但持力条件仍然很差，一般在不能承载轻型机械的情况下，通常要用人工或轻便机械顺序推进铺设。

不论采用何种施工方法，都应避免对软土表层的过大扰动，以免造成砂和淤泥混合，影响垫层的排水效果。

2. 竖向排水体施工

竖向排水体在工程中的应用有普通砂井、袋装砂井、塑料排水带三种。

1）普通砂井

（1）砂井布置

①砂井的直径和间距。砂井的直径和间距主要取决于软土的固结特性和预压期限的要求。理论和实践证明，缩小井距要比增大砂井直径效果好得多。工程上常用砂井直径为 20 ~ 30cm，视施工机具条件而定。直径过小，不便于施工，也难保证质量。水下砂井直径为 30 ~ 40cm，井径比为 8 ~ 10；袋装砂井直径一般为 7 ~ 10cm，井径比为 15 ~ 30。含泥量小于 2%，颗粒级配良好。

砂井的间距为两相邻砂井中心间的距离，这是影响固结速率最主要的因素之一。井距愈小，固结愈快；反之，固结愈慢。因此，当填土高、地基土的固结系数小和施工期短时，应采用较小的井距；反之，可采用较大的井距。井距一般为井径的 8 ~ 10 倍，常用的范围为 2 ~ 4m。砂井在平面上可布置成三角（梅花）形或正方形，以三角形排列较紧凑、有效，如图 2-22 所示。

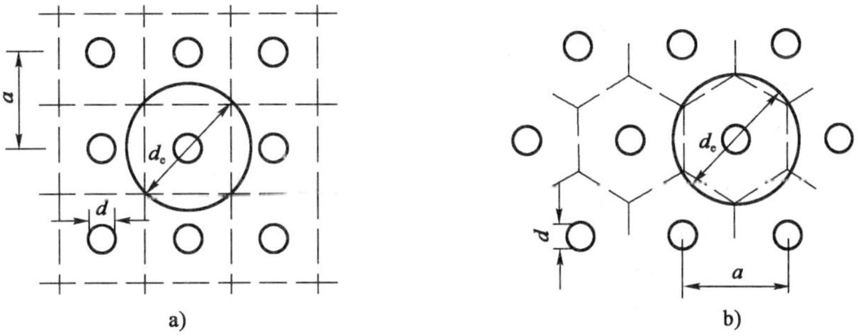


图 2-22 砂井平面布置图

砂井的等效排水范围：

正方形布置时 $$d_e = 1.128a \tag{2-16}$$

三角（梅花）形布置时 $$d_e = 1.050a \tag{2-17}$$

式中：$a$——相邻两砂井间的中心距离。

②砂井的深度。砂井的深度，视软土层的情况和路堤高度而定。当软土层较薄或底层为透水层时，砂井应贯穿整个软土层。当软土层的层厚很大时，不一定要打穿整受压层。一般可先选定某一砂井深度、砂井直径和间距，通过沉降和固结度计算，确定最佳组合尺寸。当用以

控制路堤的稳定性时,砂井的深度以超过最危险滑动面的深度为宜。

(2)砂垫层和砂沟布置

为了把砂井中的水排到路堤坡脚外,在路堤底部应铺设砂垫层。若缺乏砂砾时,也可采用砂沟式垫层,即横向每排砂井顶部设置砂沟一条,再在纵向以数条砂沟将其连接起来,如纵向砂沟采用中间密、两旁疏的形式布置,见图2-23。砂沟的宽度可为砂井直径的两倍,高度与砂井地基的固结度与砂井的布置、固结时间、地基的固结系数和排水条件等因素有关。

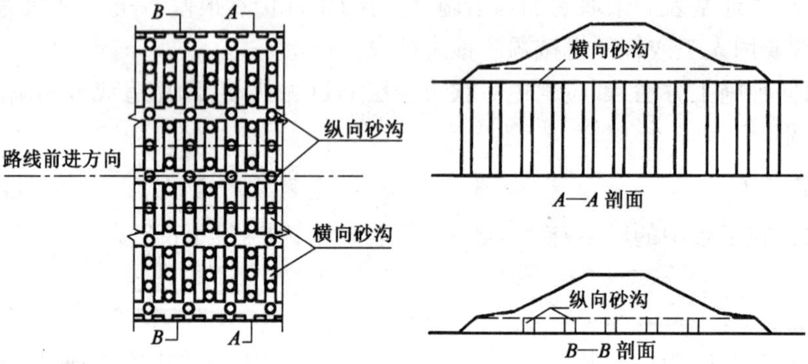


图2-23　砂沟布置图

(3)施工

普通砂井的施工砂料为中粗砂,施工应当满足以下要求:保持砂井连续和密实,并且不出现缩颈现象;尽量减小对周围土的扰动;砂井的长度、直径和间距应满足设计要求。

普通砂井施工一般先在地基中成孔,再在孔内灌砂形成砂井。施工时应尽量选用对周围土扰动小且施工效率高的方法。

普通砂井施工成孔的典型方法有套管法、射水法、螺旋钻成孔法和爆破法4种。

①套管法。将带有活瓣管尖或套有混凝土管靴的套管沉到预定深度,然后在管内灌砂,拔出套管形成砂井。根据施工工艺的不同,套管法又分为静压沉管法、锤击沉管法、锤击静压联合沉管法和振动沉管法。其中,振动沉管法是目前最为常用的方法。

②射水法。射水法是指利用高压水通过射水管形成高速水流的冲击和环刀的机械切削,使土体破坏,并形成一定直径和深度的砂井孔,清孔后再向孔内灌砂而成砂井。采用该法施工时,有两个环节需特别注意:一是控制好冲孔时水压力大小和冲水时间,这与土层性质有关,当分层土的性质不同而用相同水压时,会出现成孔直径不同的现象;二是孔内灌砂质量,如孔内泥浆未清洗干净,砂中含泥量增加,会使砂井渗透系数降低,这对土层的排水固结是不利的,并且如果泥浆排放疏导不好,也会对水平排水垫层带来不利影响。

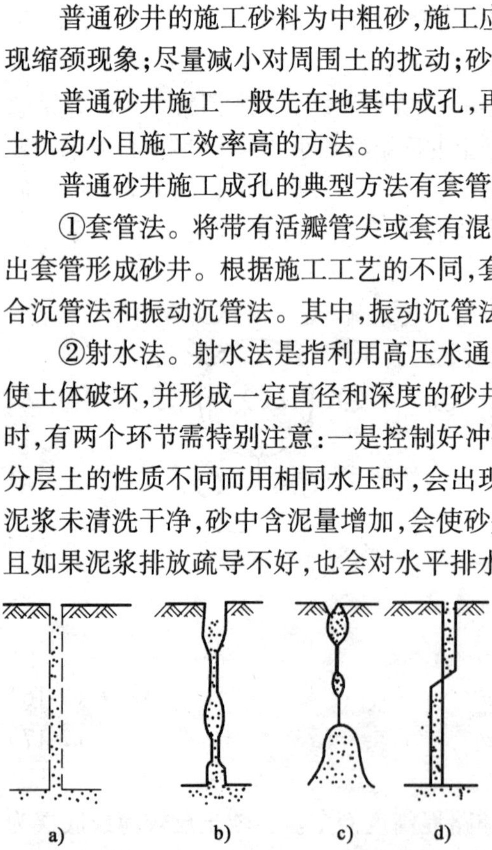


图2-24　普通砂井可能产生的质量事故

a)理想的砂井形状;b)缩颈;c)断腰;d)错位

射水成孔工艺对土质较好且均匀的黏性土地基是较适用的;但对土质很软的淤泥,因成孔和灌砂过程中容易缩孔,很难保证砂井的直径和连续性。对夹有粉砂薄层的软土地基,若压力控制不严,易在冲水成孔时出现串孔,对地基扰动较大。

射水法成井的设备比较简单,对土的扰动较小,但在泥浆排放、坍孔、缩颈、串孔、灌砂等方面都还存在一定的问题,如图2-24所示。

③螺旋钻成孔法。该法以动力螺旋钻钻孔，属于干钻法施工，提钻后孔内灌砂成形。此法适用于陆地工程，砂井长度在10m以内，土质较好，且不会出现缩颈和坍孔现象的软弱地基。该工艺所用设备简单，成孔比较规整，但灌砂质量较难掌握，对很软弱的地基也不太适用。

④爆破法。此法是先用直径73mm的螺纹钻钻成一个砂井所要求设计深度的孔，在孔中放置由引爆线和炸药组成的条形药包，爆破后将孔扩大，然后往孔内灌砂形成砂井。这种方法施工简单，不需要复杂的机具，适用于深度6～7m的浅砂井。

2）袋装砂井

袋装砂井是用具有一定伸缩性和抗拉强度很高的聚丙烯或聚乙烯编织袋配合套管填满砂子形成的砂井。它基本上解决了大直径砂井中所存在的问题，使砂井的设计和施工更加科学化，保证了砂井的连续性，施工设备实现了轻型化；比较适合在软弱地基上施工；用砂量大为减少；施工速度加快、工程造价降低，是一种比较理想的竖向排水体。

（1）设计

①袋装砂井直径是根据所承担的排水量和施工工艺要求确定，一般采用7～12cm的直径，井距为1～2m，相当于井径比为15～30。

②材料选择。

砂袋：砂袋材料必须选用抗拉强度高、抗腐蚀和紫外线能力强、透水和透气性能好、韧性和柔性好，并且在水中能起滤网作用和不外露砂料的材料制作。国内常用的砂袋材料有麻布袋和聚丙烯编织袋。其抗拉强度应能保证承受砂袋自重，装砂后砂袋的渗透系数应不小于砂的渗透系数。其中，聚丙烯编织袋便于制作，对人体无害，价格低廉，但其抗老化能力差。

砂：采用渗透性较高的中、粗砂。大于0.5mm砂的含量宜占总质量的50%以上，含泥量不能大于3%，渗透系数不应小于$5\times10^{-3}$cm/s。除此之外，砂应保持干燥，不宜潮湿，以免砂干燥后体积减少造成短井。

（2）施工

①施工机具。在国内，袋装砂井成孔的方法有锤击打入法、射水法、静力压入法、钻孔法和振动贯入法5种。各种方法的施工机具和工效见表2-4。

**各种袋装砂井成孔方法的施工机具和工效**　　表2-4

| 成孔方法 | 机具总重(kg) | 主要机械设备 | 平均成孔时间 | 平均工效 | 最高工效 |
|---|---|---|---|---|---|
| 锤击打入法 | 1 000 | 1t卷扬机一台<br>55kW电机一台<br>600kg锤一个 | 12min43s | 22min54s | 18min35s |
| 射水法 | 500 | 0.5t卷扬机一台<br>75TSW－7水泵一台 | 10min | 15min32s | 12min |
| 静力压入法 | 4 000 | 1t卷扬机一台<br>3t卷扬机一台 | 15min | 30min | |
| 钻孔法 | 1 000 | 100型钻机一台 | 1min | 75min | |
| 振动贯入法 | | KM2　12000A型振动打桩机一套 | 30s | 8min | 6min |

②施工步骤。

a.施工准备。此工序包括平整场地，机具、砂料和砂袋、成孔用的套管、桩尖等备料工作的完成，并对桩孔定位放样复核，以确保无误。

b. 沉入套管。将带有可开闭底盖的套管或带有预制桩尖的套管(内径略大于砂袋直径)按井孔定位沉入到要求的深度。

c. 沉放砂袋。扎好砂袋(袋长比井深长约 2m)下口后,在其下端放入 20cm 左右高的砂子作为压重,将袋子放入套管中沉入到要求的深度。如不能沉到要求的深度,会有一部分拖留在地面上,此时需作排泥处理,直至砂袋沉到预定深度。

d. 就地填砂入袋成井。将袋口固定在装砂用的砂口上,通过振动将砂填满袋中,然后卸下砂袋,拧紧套管上盖。接着把压缩空气边送进套管,边提升套管至地面。

e. 用预制砂袋沉放。预先在袋内装满砂料,扎好上口,成为预制砂袋。将砂袋运往现场,弯成圆形,成圆堆放。成孔后立即将砂袋放入孔内。

③袋装砂井施工时应注意事项。

a. 砂井定位要准确,垂直度要好;

b. 砂料含泥量一般要求小于 3%;

c. 袋中的砂宜用风干砂,不宜用潮湿砂,以免袋内砂干燥后,体积减小,造成袋内砂柱缩短与排水垫层不搭接等,影响其固结排水效果及作用的发挥;

d. 采用聚丙烯编织袋,施工时应避免太阳光长时间暴晒;

e. 在施工过程中,应避免砂袋被挂破漏砂;

f. 确保袋装砂井与排水垫层之间的连接。

3)塑料排水带

塑料排水带法是将带状塑料排水带用插带机将其插入软土中作为竖向排水体,然后在地基面上加载预压(或采用真空预压),土中孔隙水沿塑料带的通道溢出,从而使地基土得到加固的方法。

(1)设计

①换算直径。塑料板排水法的作用、适用范围和设计方法与砂井排水法相同。设计时,把塑料板换算成相当直径的砂井。设塑料板宽度为 $b$,厚度为 $\delta$,换算直径用式(2-18)计算:

$$D = 2a(b + \delta)/\pi \tag{2-18}$$

式中:$a$——换算系数,通过试验求得。

从现场资料得到,施工长度在 10m 左右,挠度在 10% 以下的排水板,$a$ 为 0.6 ~ 0.9;对标准型,即 $b = 100\text{mm}$,$\delta = 3 \sim 4\text{mm}$,取 $d = 0.75$。换算直径 $D = 50\text{mm}$,相当于直径为 50mm 的砂井。井径比可参照袋装砂井,采用 15 ~ 30。

②材料要求。选择塑料排水带时,应使其具有良好的透水性和强度,塑料带的纵向通水量不小于 $(15 \sim 40) \times 10^3 \text{mm}^3/\text{s}$。

芯带应具有足够的抗拉强度和垂直排水能力,其抗拉强度不应小于 130N/cm。当周围土体压力在 15m 深度范围内不大于 250kPa 或在大于 15m 范围内不大于 350kPa 的条件下,其排水能力应不低于 $30\text{cm}^3/\text{m}$。芯带应具有耐腐性和足够的柔性,以保证塑料板在地下的耐久性,并在土体固结变形时不会被折断或破裂。滤膜一般由无纺织物制成,应具有一定的隔离土颗粒和渗透功能,其最小自由透水表面积宜为 $1\,500\text{cm}^2/\text{m}$,渗透系数应不小于 $5 \times 10^{-3}\text{mm/s}$。滤膜的抗拉强度,干态时不小于 1.5 ~ 3.0N/mm,湿态时不小于 1.0 ~ 2.5N/mm(插入土中较短时用小值,较长时用大值)。整个排水带应反复对折 5 次不断裂则认为合格。

(2)施工

①施工机械。塑料排水带的施工机具主要是插板机,也可与袋装砂井打设机具共用,但应

将圆形套管换成矩形套管。对于振动打设工艺、锤击振力大小，可根据每次打设根数、导管断面大小、入土长度和地基均匀程度确定。

选择排水带施工机械，应根据工程实际情况，从机械的结构特点、工效、适用程度等方面来确定，其中包括对地基的压力、稳定性、打设能力、机动性及打设速度等。目前，用于塑料排水带的插板机种类很多，性能不一，从国内外有关资料来看，有专门厂家生产的，也有自行设计制造的，还有用挖掘机、起重机、打桩机改装而成的。

②施工工艺。塑料排水板施工前要对软基处进行预先处理，与袋装砂井处理方法一样，具体工艺如下：

平整场地、挖排水沟→铺下层砂垫层→稳压→放样→机具就位→塑料排水板穿靴→插入套管→拔出套管→割断排水板→检查并记录板位等情况→机具移位→铺设上层砂垫层。塑料排水板施工工艺流程见图2-25、图2-26。

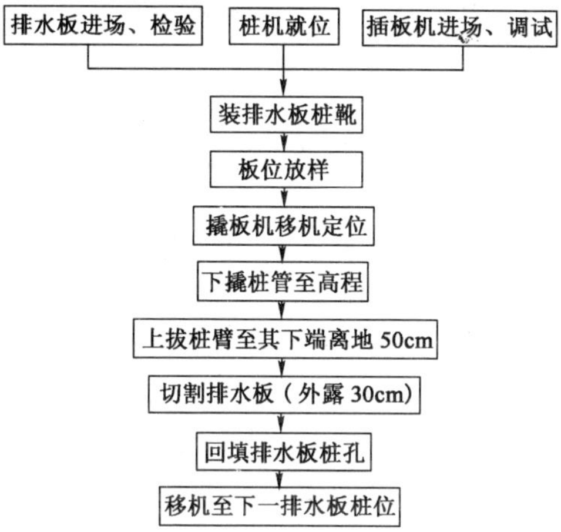


图2-25　塑料排水板施工工艺流程图

图2-26　塑料排水板施工现场

其中的关键工序控制如下：

a. 场地准备。塑料排水板施工前，要对场地进行清表、整平和初步碾压，做好土拱坡，铺设好砂垫层（砂垫层的质量要求同袋装砂井法）。为了保持工作面的整洁，根据地形要挖好排水沟，以利排水。

b. 放样。在加固区范围内，用经纬仪和钢尺按正三角形布置塑料排水板打设板位，并用竹签或排水板芯等插入砂垫层做标记。

放样时要根据设计情况准确定位，并在每个孔位都插好标记。所用的标记通常有石灰、油布、细条塑料板芯等，应做到明显且不易被损坏为宜。

c. 机具就位。插板机移动定位，安装排水板桩靴。施打作业时，插板机操作人员控制好插板机桩靴的落地定位，其误差应小于 ±50mm。

d. 穿靴。将塑料排水板端部穿过预制靴头固定架，对折带子长约10cm，固定连接。一般预制靴头可采用铁质或混凝土靴头。将靴头套在空心套管端部，固定塑料排水板，并使其在下沉过程中能阻止泥砂进入套管。

垂直下插套管至设计高程。施工操作人员根据安装在插板机上的吊垂针和刻度盘，控制桩管下插时的垂直度偏差不得大于1.5%。

e. 拔套管至套管下端高出砂垫层面50cm。

f. 切割排水板，控制排水板在砂垫层顶面以上的外露长度为20~30cm。

g. 移机进行下一根排水板施工。

h. 塑料排水板施工完成后，应先进行自检，待自检合格后再由监理工程师验收。

i. 塑料排水板验收合格后，及时清除套管附带上来的淤泥，用砂料回填打设时在排水板周围形成的孔洞，并将排水板埋置于砂垫层中。

③塑料排水板施工质量控制措施。塑料排水板施工质量控制措施主要有板材控制、板位控制、垂直度控制、深度控制、回带控制、板头污染处理、施工后场地处理、施工现场管理等。

a. 板材控制。严禁使用存在板体断裂或滤膜撕破等现象的排水板，且不允许接长使用。遇到一中间板体断裂或滤膜撕破的排水板，施工时应将损坏部分割除，再将剩余两端头连接进行施工。计算接头位置，当其进入导管时，将接头拔出割去，避免打入地基中。

b. 板位控制。首先根据中桩放出塑料排水板所要布置区域的大框架，放好纵向线，然后在施工时根据导管到履带的距离确定所要放桩的排数，并按设计间距沿横向线放出各桩位。以1.2m×l.2m桩为例，静压式一次可放四排，而振动式只可放一排，如果一次放桩过多，会被履带压乱，常会造成点位偏差。

c. 垂直度控制。打设垂直度主要依赖导管机架在打设过程中始终与水平面保持垂直来实现。试验中，通过在插板机导管机架两侧挂线锤来控制打设垂直度。吊线长大于2m，在吊锤线下端机架处固定标志牌，且标志牌上刻有垂直线及两侧允许偏差1.5%的控制线。现场打设前，若两个方向的吊锤线均控制在允许偏差线内即可进行插板作业。

d. 深度控制。深度控制方法有两种：对于静压式插板机，当导管底与砂面接触时，在链条上做一标记并在插板机架上用红漆或点焊做好相应的明显打设深度标记，当链条上的标记与机架上的标记重合时便是设计深度；对于振动式插板机或因打设深度过大致使现场施工员无法看清机架标记时，可等导管打设达到设计深度时，在导管露出砂面部分与机架上同一高度处做红漆标记，且其位置应在操作手视野内。在链条或导管上做好深度标志，既可方便现场施工员控制深度，又可方便操作手操作。

e. 回带控制。上拔插板套管时，施工人员应仔细观察排水板有无回带现象，若回带长度超过50cm，则在板位近旁补打一根。回带长度大于50cm的排水板根数不超过打设总根数的5%。

塑料排水板回带与排水板下端土质情况有很大关系。土质较弱时，回带容易出现。施工时，静压式插板机板头反向扭结，中间横插一根20cm插塑板（横向对折，简称“插鞘”，振动式插板机下端为一钢筋作插鞘）。一方面，塑料排水板未进入硬塑层容易产生回带。因软塑层难以将塑料排水板固定在预定深度，所以施工时无论是静压式或振动式必须深入硬塑层，方可避免回带。若塑料排水板打设至设计深度后但未进入硬塑层，则应继续打设至导管伸入困难或履带整体抬起。另一方面，若导管中存在淤泥，塑料排水板被卡在导管内，也会产生回带。因此，应经常清除导管中淤泥并灌水，以避免回带。

f. 板头污染处理。塑料排水板在施工过程中不可避免地存在板头污染的情况，尤其是振动式施工对板头污染较大。无论是板芯还是滤膜被污染，都会对下一步工作中的竖向排水产生较大的影响。目前的处理方法只有人工处理，将滤膜清洗，并将沟槽中的淤泥掏出。

g. 施工后场地处理。静压式插板机打设完后约留下直径15cm的孔洞。振动式施工形成的孔洞较大，直径有20~25cm。两者均会带出软塑层泥土，且聚集在孔周围，若不及时清除，机子移位时会将泥土混进砂垫层中，污染砂垫层，减弱横向排水通道的作用。施工完成后，应及时清除孔周围泥土，并用中砂回填孔洞使其密实。

h. 施工现场管理。插塑板机现场管理采用“一机一人”制管理，插板机工作全过程均应有现场旁站兼记录，技术员现场全过程巡视。旁站施工员主要监督工艺、参数及控制方法的落实情况，派专人做好施工原始记录，详细记载塑料排水板打设深度、板位误差、垂直度、外露长度、回带及补打、机械状态等情况，以备抽查。技术员的主要工作是：检查旁站人员是否在场，随时检查记录是否完善，并解决当场出现的技术及质量问题。

④施工过程中应注意以下问题：

a. 塑料板插入过程中，防止淤泥进入板芯，堵塞输水通道，影响排水效果。

b. 塑料板与桩尖连接要牢固，避免提管时脱开，将塑料板带出。

c. 导管与桩尖配合适当，避免错缝，防止淤泥进入，增大塑料板与导管壁的摩擦力，造成塑料板带出。

d. 严格控制间距和深度，凡塑料板带出 2m 的，应作废并重新补打。

e. 塑料板接长时，应采用滤水膜内平搭接的连接方法。为保证输水畅通并有足够的搭接强度，搭接长度不小于 20cm。

3. 预压荷载施工

预压荷载的施工一般分三类：利用建筑物自重加压；施加外部荷载（堆载预压施工）；减少地基土的孔隙水（真空预压和降低水位压重法）。

1）利用建筑物自重加压

利用路基填土本身的自重加压就是在未经预压的天然软土路基上直接填土压实。此法适用于以地基的稳定性为控制条件，能适应较大变形的建筑物，如路堤、土坎、贮矿场、油罐、水池等。

路堤荷载压重法是以路堤荷载增加作用于地基上的总应力，加速固结沉降，同时提高地基强度的软基处理方法。这种方法采用路堤自重加压，为使其达到排水固结的加固效果，常与垂直排水法并用。

为保证路堤在填筑过程中不致失稳，一般用慢速加载法。

根据压重目的不同，通常把超过最后设计荷载的压重，称为超载压重法；把预先加载使地基固结沉降，然后卸除荷载，再修构造物的压重法，称为预压法。

在压缩性大、透水性好的泥炭地基上，最适宜采用路堤荷载压重法。在压缩性大、透水性差的软土地基上，单独采用路堤荷载压重法，一般需要相当长的固结沉降时间，故对于施工期长的工程比较适用；而对于施工期短的工程，则应与垂直排水法并用，以加速固结沉降。

这一方法经济有效，但要注意加荷速率与地基土强度的适应性，工程上应严格控制加载速率，采用逐层填筑的方法以确保路基的稳定。在每级荷载作用下，待地基土强度提高后，才进行下一步填土压实，分阶段依次进行。

2）堆载预压

堆载预压法的设计原则，是必须保证软土地基在各级荷载下具有足够的稳定性。

堆载预压的材料一般以砂石料和砖等不污染环境的散体材料为主。大面积施工时通常采用自卸汽车与推土机联合作业，对超软土地基的堆载施工，第一级荷载宜用轻型机械或人工作业。其施工流程见图 2-27。

3）真空预压

真空压重法又叫真空预压法，这种方法是先在需要加固的软土地基内设置砂井或塑料排水板等竖向排水通道；在地面铺设排水砂层，其上覆盖不透气的密封膜与大气隔绝，通过埋设于砂垫层中的吸水管道，用真空装置进行抽气，因而在膜的内外产生一个气压差——$U_s$，这部分气压差即为作用于地基的预压荷载。它与堆载预压不同的是真空负压是一均匀等向应力，不会产生剪应力，因而不会造成地基的失稳破坏（图2-28）。

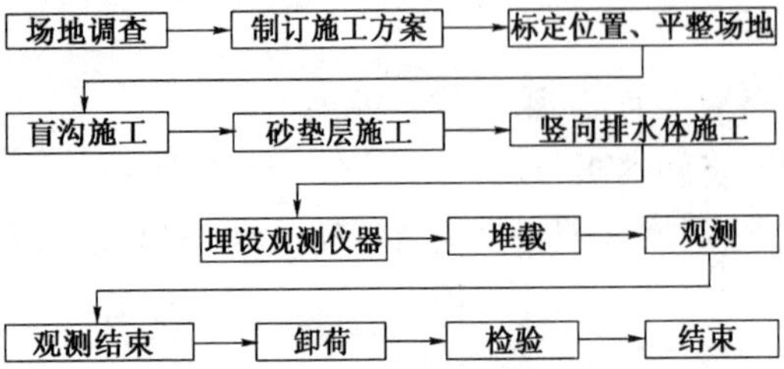


图2-27　堆载预压施工工艺流程图

图2-28　直排式真空预压法施工图

真空预压法效果与路堤荷载压重法、降低水位压重法相同，不会导致地基破坏。其缺点是使用范围有限，工程费用一般较大。

这种方法适用于一般软黏土地基。但当黏土层与具有充足水源补给的透水层相间，有大量地下水流入时，或地质条件比较复杂时，不宜采用。

（1）施工设备和材料

施工设备包括真空泵和一套膜内、外管路。要求真空设备具有效率高，能持续运转，质量小，结构简单，便于维修等特点。密封材料一般采用聚氯乙烯薄膜或线性聚乙烯等专用薄膜。

（2）施工工艺

施工工艺流程如图2-29所示。其施工顺序如下：

①设置排水通道。在软基表面铺设砂垫层和在土体中埋设袋装砂井或塑料排水板。

②铺设膜下管道。将真空滤管埋入软基表面的砂垫层中。

③铺设封闭薄膜。在加固区四周开挖深为0.8～0.9m的沟槽，铺上塑料薄膜，薄膜四周放入沟槽，将挖出的黏性土填回沟槽，封闭薄膜。

④连接膜上管道及抽真空装置。膜上管道的一端与串膜装置相连，另一端连接真空装置。主管与薄膜连接处必须处理好，保证密封，以保持气密性。

⑤打开真空泵正式抽气，施加真空荷载，测读真空度和沉降值，进行加载预压。

⑥沉降记录达到设计值，即可停止抽气，加载预压结束。

## 六、化学加固法（胶结硬化法）

化学加固法是指利用水泥浆液、黏土浆液或其他化学浆液，通过灌注压入、高压喷射和机械搅拌，使浆液与土颗粒胶结起来，以改善地基土的物理力学性质的地基处理方法。

化学加固法能否获得预期的效果，主要取决于两个方面的因素：一是根据地基土体的特征，选择适当类型的化学浆液；二是选用合适的施工工艺。根据目前化学加固法中常用的浆液类型可划分为：

①水泥浆液，即由高强度等级的硅酸盐水泥和速凝剂等组成的常用胶结浆液。

②以水玻璃($Na_2O \cdot nSiO_2$)为主的浆液。这类浆液有较多的配方形式,较常用的是将水玻璃浆液与氯化钙浆液配合使用。该类浆液价格较贵,较少用。

③以丙烯酰胺为主的浆液。这类浆液价格昂贵,难以广泛应用。

④以纸浆液为主的浆液,如重铬酸盐类,其加固效果较好,但有毒性,易污染地下水源,故使用上受到限制。

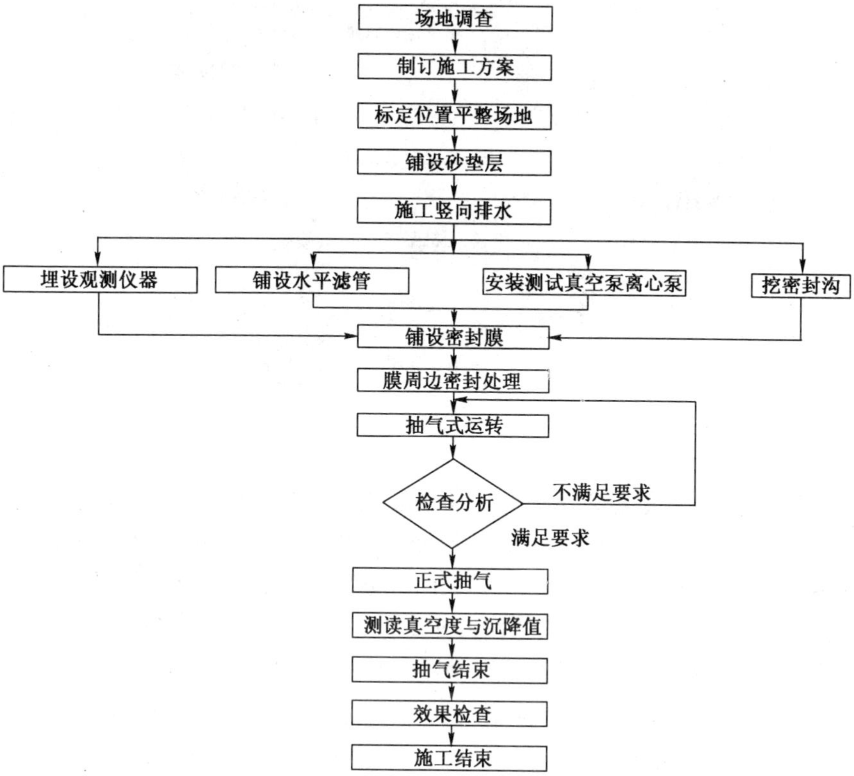


图 2-29 真空预压施工工艺流程图

因此,目前使用最广泛的是水泥浆液。

根据施工工艺,化学加固法可划分为灌浆法(注浆法)、高压喷射注浆法和水泥土搅拌法。灌浆法在我国水电、矿山、煤矿、公路等部门有广泛应用。后两者通过特制的搅拌机械,在地基深部将黏土颗粒和水泥强制拌和,硬结后达到加固地基的目的,近年来在公路工程中有较多应用。

### 1. 灌浆法

灌浆法是指利用液压、气压或电化学原理,通过注浆管把浆液均匀地注入地层中,浆液以填充、渗透和挤密等方式,赶走土颗粒间或岩石裂隙中的水分和空气后占据其位置,经一定时间后,浆液将原来松散的土粒或裂隙胶结成一个整体,形成一个结构新、强度高、防水性能好和化学稳定性良好的"结石体"。灌浆法按加固原理可分为渗透灌浆、挤密灌浆、劈裂灌浆和电动化学灌浆。

1)材料要求

(1)浆液材料分类

灌浆工程所用的浆液是由主剂(原材料)、溶剂(水或其他溶剂)及各种外加剂混合而成。

通常所提的灌浆材料是指浆液中所用的主剂。外加剂可根据在浆液中所起的作用，分为固化剂、催化剂、速凝剂、缓凝剂和悬浮剂等。

浆液材料分类的方法很多，通常可按图2-30进行分类。按工艺性质分类，浆液材料可分为单浆液和双浆液；按主剂性质，可分为无机系和有机系等。

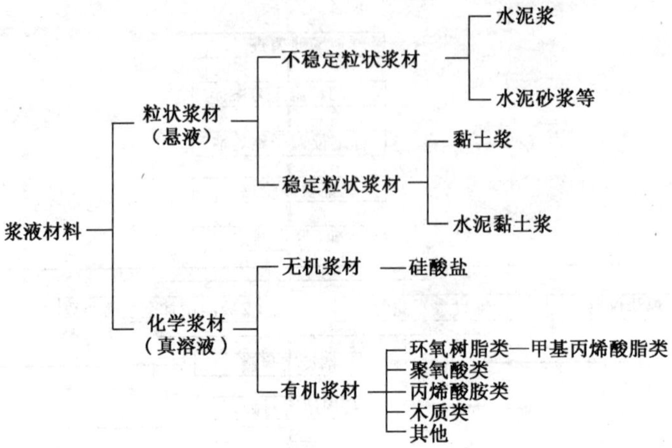


图2-30　灌浆法浆液材料分类

①水泥浆材。水泥浆材是以水泥为主加水配制而成的浆液，根据工程需要加入一定的附加剂（速凝剂、早强剂、悬溶剂等）改变浆液性能。水泥浆材所用水泥主要为硅酸盐水泥、矿渣水泥等，在地下水无侵蚀性条件下，一般都采用硅酸盐水泥，其来源丰富、价格低廉；浆液结石强度高、抗渗性能好；制浆工艺简单、操作方便。但是，水泥颗粒细度较粗，可灌性差，在渗入注浆时，难注入细料（小于0.25mm）粉砂层及岩层中细小的裂隙，而且析水性大，稳定性较差。

水泥浆材是一种悬浮液，能形成强度较高和渗透性较小的结石体，既适用于岩土加固，也适用于地下防渗，在细裂隙和微孔地层中虽然其可灌性不如化学浆材好，但若采用劈裂灌浆原理，则不少弱透水地层都可用水泥浆进行有效的加固，水泥浆材也因此成为国内外所常用的浆液。

水泥浆的水灰比，一般变化范围为0.6~2.0；常用的水灰比是1∶1。为了调节水泥浆的性能，有时可加入速凝剂或缓凝剂等附加剂。常用的速凝剂有水玻璃和氯化钙，其用量约为水泥质量的1%~2%，常用的缓凝剂有木质素磺酸钙和酒石酸，其用量均为水泥质量的0.2%~0.5%。

水泥浆材的主要问题是析水性大、稳定性差。水灰比越大，上述问题就越突出。此外，纯水泥浆的凝结时间较长，在地下水流速较大的条件下灌浆时浆液易受冲刷和稀释等。为了改善水泥浆液的性质以适应不同的灌浆目的和自然条件，常在水泥浆中掺入各种附加剂。

②粉煤灰水泥浆材。水泥粉煤灰浆主要材料由水泥、粉煤灰组成。粉煤灰掺入普通水泥中作为注浆材料使用，可节约水泥、降低成本和消化三废材料，具有较大的经济效益和社会效益。粉煤灰水泥浆材的突出优点还在于粉煤灰能使浆液中酸性氧化物（$Al_2O_3$和$SiO_2$）等含量增加，它们能与水泥水化析出的部分氢氧化钙发生二次反应而生成水化硅酸钙和水化铝酸钙等较稳定的低钙水化物，从而使浆液结合的抗溶蚀能力和防渗帷幕的耐久性提高。一般情况下，粉煤灰中的$SiO_2$、$Al_2O_3$、$Fe_2O_3$和CaO等含量应大于85%~95%，烧失量较低，不宜大于4%~8%；否则，将对注浆产生不良后果。

粉煤灰的用量最大可达50%（在配方中水泥与粉煤灰用量相同），粉煤灰在浆液中含量增大，其结石体的强度将大大降低。因此，灌浆前应根据具体条件进行仔细配方试验。

③硅粉水泥浆材。硅粉是冶金厂生产硅铁过程中的副产品，经冷凝而成的细球状颗粒。在水泥浆液中掺入硅粉及减水剂后，不仅使浆液的可灌性和稳定性改善，而且由于硅粉中的活性$SiO_2$能与水泥水化生成的$Ca(OH)_2$反应生成低钙硅的CSH凝胶。这种凝胶的强度高于粗大而多孔的晶体，从而使浆液结石的强度大大提高。

④黏土水泥浆。黏土是含水的铝硅酸盐，其矿物成分主要为高岭石、蒙脱石及伊利石。以蒙脱石为主的土称为膨润土。这种土，尤其是钠膨润土，对制备优质浆液最为有利。因此，膨润土是一种水化能力极强、膨胀性大和分散性很高的活性黏土，在国内外工程中被广泛采用。

黏土由于分散度高和亲水性好，因而沉淀析水性较小，在水泥悬液中加入黏土后，将使浆液的稳定性大大提高。

⑤聚氨酯浆材。聚氨酯是采用多异氰酸酯和聚醚树脂等作为主要原材料，再掺入各种外加剂配制而成的。浆液灌入地层后，遇水即反应生成聚氨酯泡沫体，起到加固地基和防渗堵漏等作用。

聚氨酯浆材可分为水溶性与非水溶性两类。前者能与水以各种比例混溶，并与水反应生成含水胶凝体；后者只能溶于有机溶剂。

目前在土木工程中用得比较广泛的是非水溶性聚氨酯。其中，又以“二步法”的制浆最好。它又称预聚法，是把主剂先合成为聚氨酯的低聚物（预聚体），然后再把预聚体和外加剂按需要配成浆液。

⑥硅酸盐类浆材。硅酸盐（水玻璃）灌浆是一种最为古老的灌浆工艺，是当前主要的化学浆材。它占目前使用的化学浆液的90%以上。由于其无毒、价廉和可灌性好等优点，欧美国家根据技术经济指标，将硅酸盐浆材列在其他所有化学浆材的首位。

⑦水泥水玻璃浆材。水泥浆中加入水玻璃有两个作用：其一是作为速凝剂使用，掺量较少，一般约占水泥质量的3%～5%；其二是作为主材料使用，掺量较多，要根据灌浆目的和要求而定。本文所述的是后一种情况。

结合各地的实践经验，水泥水玻璃浆材的适宜配方大体为：水泥浆的水灰质量比为0.8：(1～1.1)；水泥浆与水玻璃的体积比为1：0.6～1：0.8。水玻璃的模数值为2.4～2.8，浓度为(30～45)B′，这些配方的凝结时间为1～2min，抗压强度变化在9～24MPa。

⑧木质素浆材。木质素浆材是以纸浆废液为主剂，加入一定量的固化剂所组成的浆液。它属于“三废利用”，源广价廉，是一种很有发展前途的灌浆材料。木质素浆材目前包括铬木素浆材和硫木素浆材两种。这主要是因为现在仅有重铬酸钠和过硫酸铵两种固化剂能使纸浆废液固化。

铬木素浆材出现得较早，其固化剂是重铬酸钠，该浆液含6价铬离子，属于剧毒物质，有可能造成地下水污染。

⑨改性环氧树脂浆材。环氧树脂是一种高分子材料，它具有强度高、黏结力强、收缩性小、化学稳定性好、且能在常温下固化等优点。但它作为灌浆材料则存在一些问题，如浆液的黏度大、可灌性小、憎水性强以及潮湿裂缝黏结力差等。

(2)浆液材料选择要求

①浆液应是真溶液，而不是悬浊液。黏度低，流动性好，能进入细小裂隙。

②凝胶时间可从几秒至几小时范围内随意调节，并能准确地控制。

③稳定性好。在常温常压下，长期存放不改变性质，不发生任何化学反应。

④无毒无臭。对环境不污染，对人体无害，属非易爆物品。

⑤应对注浆设备、管路、混凝土的结构物、橡胶制品等无腐蚀性，且容易清洗。

⑥固化时无收缩现象，固化后与岩石、混凝土等有一定黏结性。

⑦结石体有一定抗压和抗拉强度，不龟裂，抗渗性能和防冲刷性能好。

⑧结石体耐老化性能好，能长期耐酸、碱、盐、生物细菌等腐蚀，且不受温度和湿度的影响。

⑨材料来源丰富，价格低廉。

⑩浆液配制方便，操作容易。

2）施工工艺

根据治理段软弱土层工程地质、水文地质条件和工程要求，通过试验或类比等方法确定注浆参数，选择注浆施工设备，组织施工力量，编制施工组织计划，进行压力注浆，使地基沉降变形量控制在容许的范围内。

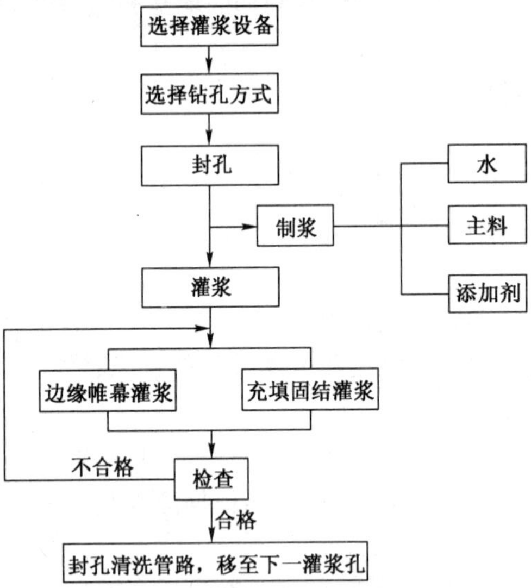


图 2-31　灌浆施工工艺流程

注浆施工工艺流程如图 2-31 所示。

（1）钻孔

注浆孔施工是注浆第一道工序，对于较浅的软土，可采用螺旋钻；较深，则采用回转式钻机。为防止冒浆，孔径宜小一些，一般为 75 ~ 110mm，垂直偏差小于 1%。

（2）制浆

根据材料试验确定配比、选择浆材，制浆时要注意以下几点：

①按程序加料，准确计量，掌握浆液性能，用多少浆制多少浆；

②浆液应进行充分搅拌，并坚持注浆前不断搅拌，防止再次沉淀，影响浆液质量。

（3）注浆

注浆是通过注浆设备、输浆管路，将浆液注入到目的层中。用于公路下卧软弱土层处理工程中的注浆方法有：

①自下而上式孔口封闭注浆法。这种工序一次成孔，孔口用三角楔止浆塞封口，分段自下而上注浆，注浆段高度为 1.5 ~ 2.0m。该方法对于黏性土层较多或地层下部具有少量中粗粒砂土层的软弱土层较为适用。

②自上而下式孔口封闭注浆法。这种方法一次只钻成一段注浆孔，孔口用三角楔止浆塞封口，分段自上而下注浆，注浆段高度为 1.5 ~ 2.0m。该方法对于地层中上部中粗粒砂土层较多的软弱土层较为适用。

（4）注意事项

在开始注浆前，应进行现场注浆试验，确定单孔注浆量，然后按照所采用的注浆工艺施工。先施工边缘帷幕孔，再施工加固孔，宜采用序次施工，即先注第 1 序次孔，再注第 2 序次孔，然后注第 3 序次孔。当注浆量达到设计要求时可终止注浆。边缘帷幕孔孔距应为一般注浆孔孔距的 1/2，以确保注浆工程的质量。

在边缘帷幕孔施工后，应根据治理段水文地质情况来确定是否施工排水孔。在地下水位较高地区，应在治理范围内用钻机钻成1～3个排水孔，其目的是将边缘帷幕孔所围范围内的地下水随注浆施工排出，能够更有效地保证注浆质量。当排水孔周围注浆孔施工时，排水孔内见到注浆浆液时，可将该排水孔用注浆浆液灌实，并封孔。

在注浆过程中，当地面隆起或地面有跑浆现象时，应停止注浆，分析其原因，对下一个注浆段宜减量注浆，并检查封孔装置、注浆设备等，如仍然有地面隆起或地面跑浆，应结束该孔注浆施工。

2. 高压喷射注浆法

高压喷射注浆法是用工程钻机钻至预定深度后，用高压泥浆泵等发生装置，通过安装在钻杆机端的特殊喷嘴，向周围土体喷射化学浆液（常用水泥浆液），同时钻杆以一定的速度徐徐提升，高压射流破坏了附近的土体结构，并强制与化学浆液混合，在地基中硬化成直径均匀的圆柱体。可根据工程需要调整提升速度，变化喷射压力或变换喷嘴的直径，从而改变流量，使固结体成为所需要的设计形状。固结体的形态和喷射流移动方向有关，一般分为旋转喷射（旋喷）、定向喷射（定喷）和摆动喷射（摆喷）三种，如图2-32所示。

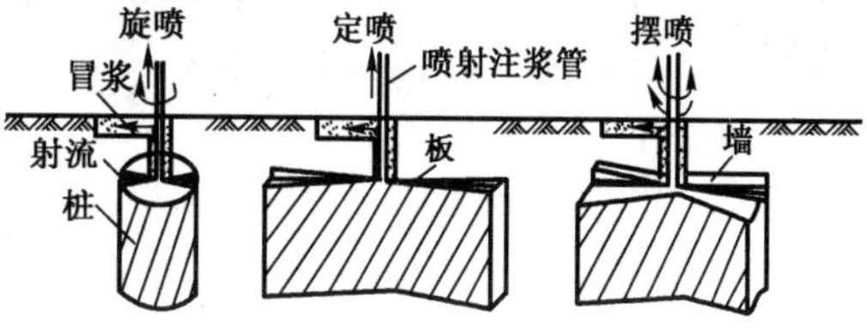

图2-32　高压喷射注浆的三种方式

旋喷法施工时，喷嘴一面喷射一面旋转并提升，固结体呈圆柱状。主要用于加固地基，提高地基的抗剪强度，改善土的变形性质；也可组成闭合的帷幕，用于截阻地下水流和治理流沙。旋喷法施工后，在地基中形成的圆柱体，称为旋喷桩。20世纪60年代后期，日本首创单管旋喷法，开始应用于黏土，当时桩径约30cm，引起世界各国的关注。单管喷射法虽加固质量好，施工速度快和成本低，但存在固结体小的问题。因而进一步创造了高压浆液喷射流与外部环绕的气流同轴喷射的二重管旋喷法，即JGP工法和GSP工法；继后又创造了压注水、气和浆三种介质的三重管旋喷注浆法，即CJP工法。现已研制成九重管喷射技术和超高压（400MPa）喷射大直径加固体技术。

定喷法施工时，喷嘴一面喷射一面提升，喷射的方向固定不变，固结体形如板状或壁状，通常用于基坑防渗，改善地基土的水流性质和稳定边坡等工程。

摆喷法施工时喷嘴一面喷射一面提升，喷射的方向呈较小角度来回摆动，固结体形如较厚的墙体。

定喷及摆喷两种方法通常用于基坑防溜、改善地基土的水流性质和稳定边坡等工程。

高压喷射注浆法适用于砂土、粉土、黏性土、淤泥、淤泥质土、黄土、湿陷性黄土和人工填土地基。它既可用于工程修建前加固地基，又可用于工程使用期中的基础托换。对于砾石直径过大，含量过大及纤维质的腐殖土，高压喷射法的施工质量则难以保证，有时甚至于达不到静压灌浆法的效果。当地下水流速过大时，喷射浆液无法在注浆管周围凝固。无充填物的岩溶地段，永冻土地基及对水泥有严重腐蚀的地基，均不适宜选择高压喷射注浆法。

1）浆材选择

高压喷射注浆是靠高压液流的冲击力破坏土层并与土体混合成新的固结体，因此，喷射注浆对浆液的材料种类、黏度与颗粒大小的要求不像静压注浆那样严格。根据喷射工艺要求，浆液应具备以下特性：浆液具有良好的可喷性；有足够的稳定性；浆液中气体应少；能调整浆液的胶凝时间；有良好的力学性能；无毒、无臭；结石率高。目前，我国基本上采用以水泥浆为主剂，掺入少量外加剂的喷射方法。

水灰比一般采用1：1~1.5：1就能保证浆液的喷射效果。冬季、春季施工，为了克服纯水泥初凝及终凝时间长、早期强度低、抗冻性差等缺陷，掺入外加剂的用量为：工业盐4%~5%，三乙醇胺2%~4%。

2）施工机械

高压喷射注浆施工的主要机具包括钻孔机械和喷射注浆设备，通常归纳为主要设备和辅助设备。

单管施工主要有钻机、高压泥浆泵、泥浆搅拌机及旋喷单管等；二重管施工的主要机具有钻机、高压泥浆泵、旋喷二重管及空气压缩机等；三重管的主要机具有钻机、高压水泵、泥浆泵、旋喷三重管及空气压缩机等。辅助设备有操纵控制系统、高压管路系统（包括高压软管、旋转活接头、钻机、喷嘴、压差活门、材料储存输送系统及其他）。

3）施工工艺

（1）工艺类型

当前，高压喷射注浆法的基本工艺类别有：单管法、二重管法、三重管法和多重管法等4种方法。

①单管法。单管旋喷注浆法是利用钻机把安装在注浆管（单管）底部侧面的特殊喷嘴，置入土层预定深度后，用高压泥浆泵等装置以20MPa左右的压力，把浆液从喷嘴中喷射出去冲击破坏土体，同时借助注浆管的旋转和提升运动，使浆液与从土体上崩落下来的土搅拌混合，经过一定时间凝固，在土中形成圆柱状的固结体，如图2-33所示。这种方法日本称为CCP工法。

②二重管法。使用双通道的二重注浆管钻进到土层的预定深度后，通过在管底部侧面的一个同轴双重喷嘴，同时喷射出高压浆液和空气两种介质的喷射流冲击破坏土体，即以高压泥浆泵等高压发生装置从内喷嘴中高速喷出20MPa左右压力的浆液，并用0.7MPa左右压力把压缩空气从外喷嘴中喷出。在高压浆液和外围环绕气流的共同作用下，破坏土体的能量显著增大，喷嘴一面喷射一面旋转和提升，最后在土中形成圆柱状固结体，固结体的直径明显增加（图2-34）。这种方法日本称为JSG工法。

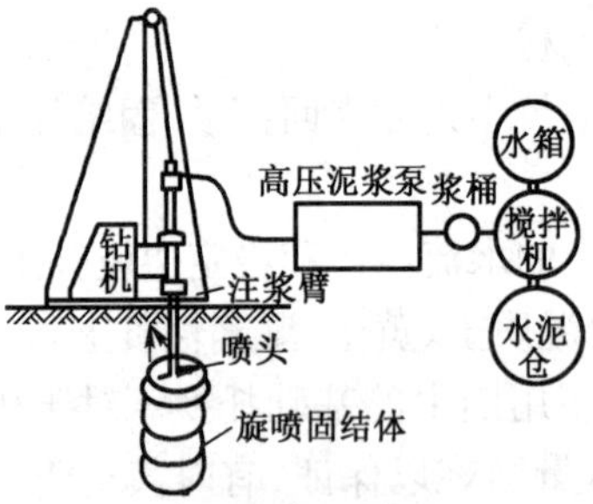


图2-33　单管旋喷注浆示意图

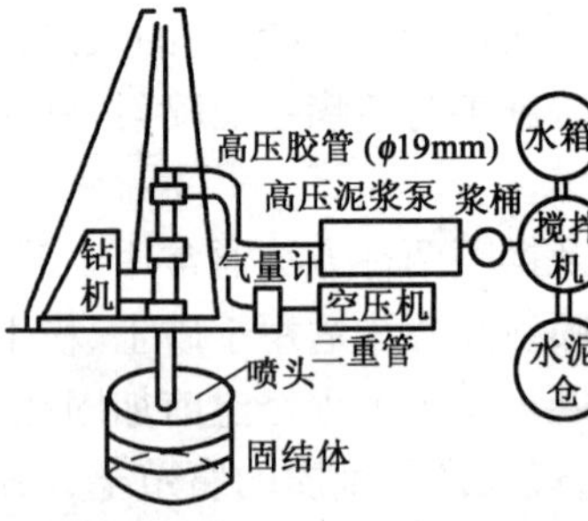


图2-34　二重管旋喷注浆示意图

③三重管法。使用分别输送水、气、浆三种介质的三重注浆管，在以高压泵等高压发生装置产生20MPa左右的高压水喷射流的周围，环绕一股0.7MPa左右的圆筒状气流，进行高压水喷射流和气流同轴喷射冲切土体，形成较大的孔隙，再另由泥浆泵注入压力为2~5MPa的浆液填充，喷嘴做旋转和提升运动，最后便在土中凝固为直径较大的圆柱状固结体（图2-35）。这种方法日本称CJP法。

④多重管法。这种方法首先需要在地面钻一个导孔，然后置入多重管，用逐渐向下运动的旋转超高压力水射流（压力约 40MPa），切削破坏四周的土体，经高压水冲击下来的土和石成为泥浆后，立即用真空泵从多重管中抽出。如此反复地冲和抽，在地层中形成一个较大的空间，装在喷嘴附近的超声波传感器及时测出空间的直径和形状，最后根据工程要求选用浆液、砂浆、砾石等材料进行填充。于是在地层中形成一个大直径的柱状固结体，在砂性土中最大直径可达 4m，见图 2-36。这种方法日本称为 SSS—MAN 工法。

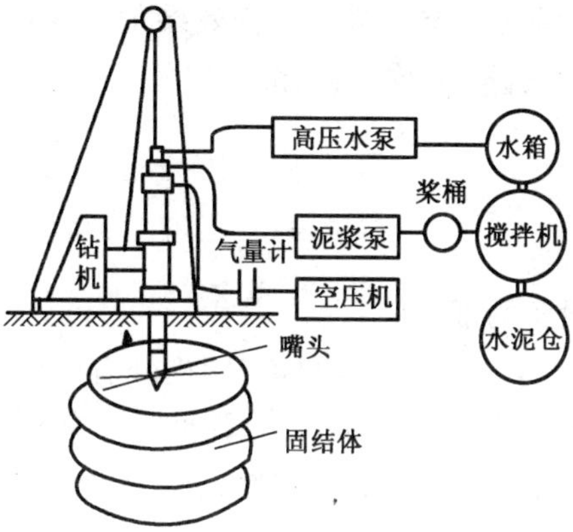

图 2-35　三重管旋喷注浆示意图

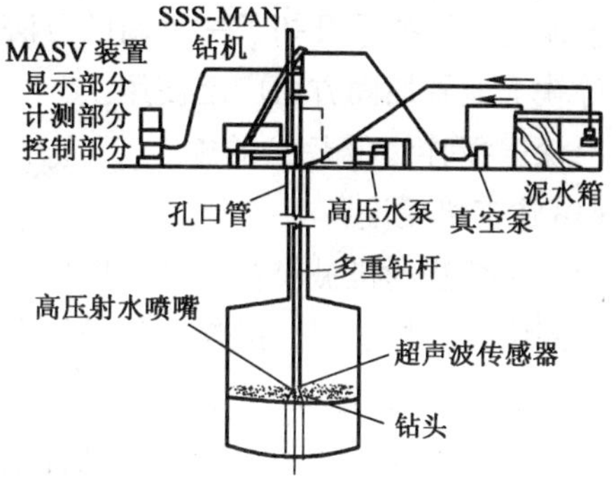

图 2-36　多重管旋喷注浆示意图

（2）施工工艺（以单管法为例）

①钻机就位。钻机安放在设计的孔位上并应保持垂直，施工时旋喷管的允许倾斜不得大于 1.5%。

②钻孔。单管旋喷法常使用 76 型旋转振动钻机，钻进深度可达 30m 以上，适用于标准贯入值小于 40 击的砂土和黏性土层。当遇到比较坚硬的地层时宜用地质钻机钻孔，钻孔的位置与设计位置的偏差不得大于 50mm。

③插管。插管是将喷管插入地层预定的深度。

④喷射作业。当喷管插入预定深度后，由下而上进行喷射作业。值班人员必须时刻注意检查浆液初凝时间、注浆流量、压力、旋转提升速度等参数是否符合设计要求，并随时做好记录，绘制作业过程曲线。当浆液初凝时间超过 20h，应及时停止使用该水泥浆液（正常水灰比 1∶1，初凝时间为 15h 左右）。

⑤冲洗。喷射施工完毕后，应把注浆管等机具设备冲洗干净，管内、机内不得残存水泥浆。通常把浆液换成水，在地面上喷射，以便把泥浆泵、注浆管和软管内的浆液全部排除。

⑥移动机具。将钻机等机具设备移到新孔位上。

3. 水泥土搅拌法

水泥土搅拌法是用于加固饱和黏性土地基的一种方法。它是利用水泥（或石灰）等材料作为固化剂，通过特制的搅拌机械，在地基深处就地将软土和固化剂（浆液或粉体）强制搅拌，由固化剂和软土间所产生的一系列物理和化学反应，使软土硬结成具有整体性、水稳定性和一定强度的水泥加固土，从而提高地基强度和增大变形模量。

根据施工方法的不同，水泥土搅拌法分为水泥浆搅拌法（国内俗称深层搅拌法，又称湿法）和粉体喷射搅拌法（又称干法）两种。前者是用水泥浆（有时添加减水剂如木质素等和速凝剂)和地基土搅拌,后者是用水泥粉或石灰粉和地基土搅拌。两种方法各有相应的适应性和利弊。从概念方面看,前者搅拌较均匀,易于复搅,但加固体硬化时间长,天然含水率过高时,桩间土多余的孔隙水需较长时间才能排除。对后者来说,虽搅拌均匀性欠佳,难于全程复搅,但水泥硬化时间短,且在一定程度上降低了桩间土的含水率,在一定范围内提高了桩间土的强度。

由于粉体喷射搅拌法采用粉体作为固化剂,不再向地基中注入附加水分,反而能充分吸收周围软土中的水分,因此加固后地基的初期强度高,对含水率高的软土加固效果尤为显著。它为软土地基加固技术开拓了一种新的方法,可在铁路、公路、市政工程、港口码头、工业与民用建筑等软土地基加固方面广泛使用。

1)深层搅拌法(湿法)的施工

(1)施工机械设备

深层搅拌法的机械设备包括深层搅拌机和配套设备两部分。

①深层搅拌机。深层搅拌机是进行深层搅拌施工的关键机械。目前,国内外有中心管喷浆方式和叶片喷浆方式。后者是使水泥浆从叶片上若干个小孔喷出,使水泥浆与土体混合较均匀。对于大直径叶片和连续搅拌是合适的。但因喷浆孔小,易被浆液堵塞,它只能使用纯水泥浆,而不能采用其他固化剂,且加工制造较复杂。中心管输浆方式中的水泥浆是从两根搅拌轴之间的另一根管子输出,这对于叶片直径在 $\phi1.0$m 以下时,并不影响搅拌均匀度,而且它还适用多种固化剂、纯水泥浆、水泥砂浆,甚至可掺入工业废料等粗粒固化剂。

a. 中心管输浆方式深层搅拌机组成部分。

动力部分:潜水电机、齿轮减速器。

搅拌部分:搅拌轴、搅拌头。

输浆部分:中心管、穿在中心管内部的输浆管。

b. 叶片喷浆方式深层搅拌机组成部分。

动力部分:电机、各连接齿轮减速器。

搅拌轴和输浆管:使水泥浆由中空轴经搅拌头叶片,沿旋转方向输入土中。

搅拌头:其上设置搅拌叶片、喷浆叶片;喷浆叶片上开有 3 个尺寸相同的喷浆口。

②配套机械。中心管喷浆方式搅拌机配套机械主要有:灰浆拌制机、集料斗、灰浆泵、电气控制柜。

叶片喷浆方式搅拌机配套机械主要有:灰浆拌制机、集料斗、灰浆泵、电磁流量计。

(2)施工工艺

深层搅拌法的施工工艺流程,如图 2-37 所示。

①定位。起重机(或塔架)悬吊搅拌机到达指定桩位并对中。当地面起伏不平时,应使起吊设备保持水平。

②预搅下沉。待搅拌机的冷却水循环正常后,启动搅拌机电机,放松起重机钢丝绳,使搅拌机沿导向架搅拌切土下沉,下沉的速度可由电机的电流监测表控制。工作电流不应大于 70A。如果下沉速度太慢,可从输浆系统补给清水以利钻进。

③制备水泥浆。待搅拌机下沉到一定深度时,即开始按设计确定的配合比拌制水泥浆,待压浆前将水泥浆倒入集料斗中。

④提升喷浆搅拌。搅拌机下沉到达设计深度后，开启灰浆泵将水泥浆压入地基中，边喷浆边旋转。同时，严格按照设计确定的提升速度提升搅拌机。

⑤重复上下搅拌。搅拌机提升至设计加固深度的顶面高程时，集料斗中的水泥浆应正好排空。为使软土和水泥浆搅拌均匀，可再次将搅拌机边旋转边深入土中，至设计加固深度后再将搅拌机提升出地面。

⑥清洗。向集料斗中注入适量清水，开启灰浆泵，清洗全部管路中残存的水泥浆，直至基本干净。

⑦移位。重复上述①～⑥步骤，再进行下一根桩的施工。

由于搅拌桩顶部与上部结构的基础或承台接触部分受力较大，因此通常还可对桩顶1.0～1.5m 范围内再增加一次输浆，以提高其强度。

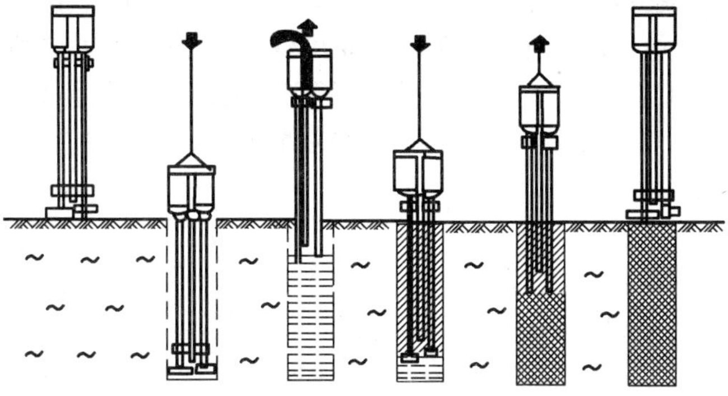


图 2-37　深层搅拌法施工工艺流程

a）定位；b）预搅下沉；c）喷浆搅拌上升；d）重复搅拌下沉；e）重复搅拌上升；f）完毕

2）粉体喷射搅拌法

粉体喷射搅拌法（简称粉喷法，又称干法）是利用压缩空气向软土输送和喷射干粉（生石灰粉、水泥干粉等），利用干粉与土拌和发生化学反应，从而改善土质，提高地基的强度，属于化学加固方法。加固后，可增加路基的稳定，减少路基的沉降。这种技术使得施工能在解决了干粉连续输送、压缩空气与干粉在土中分离以及土中空气排除等技术问题后得以进行。压缩空气将粉体加固料以雾状喷入地基深部，凭借钻头叶片的旋转，使粉体加固料与原位软土搅拌并得到充分混合，形成桩体或墙体，与路基下软土形成复合路基，从而使软土硬结。

水泥干粉与软土被搅拌后形成水泥加固土。它与混凝土的硬化机理有所不同。水泥加固土，水泥掺量很小（仅是被加固土的7%～15%），水泥的水解和水化反应完全是在具有一定的活性介质——软土内进行，硬化速度缓慢且作用复杂。水泥颗粒表面的矿物质能与软土中的水发生水解和水化反应，生成多种化合物，有的自身继续硬化，有的则与其周围具有一定活性的黏土颗粒发生反应。这些新生的化合物在水中和空气中越均匀，则水泥土的结构强度的离散性越小，总体强度越高。

粉体喷射搅拌法适合于加固各种成因的饱和软黏土。目前，该法在国内常用于加固淤泥、淤泥质土、粉土、杂填土等含水率较高的黏性土，广泛应用于公路路基、机场、铁路、水坝、港口和工业与民用建筑工程中。以干粉作为加固料，不需向地基注入附加水分，反而能充分吸收周围软土中水分，因而初期强度高。此外，可以事先合理选择加固料及配合比，针对不同的地质情况灵活设计桩径、桩长及桩距，从而大大减少地基沉降量。

(1)材料要求

粉体喷射搅拌法通常采用水泥、生石灰粉、粉煤灰等作为加固料,其质量规格应满足以下要求:

①生石灰。生石灰应是磨细的,最大粒径应小于2mm。石灰中应无杂质,氧化钙、氧化镁含量不小于85%。其中,氧化钙含量不应低于80%。

②水泥。水泥采用普通水泥或矿渣水泥,应是国家免检产品,严禁使用过期、受潮、结块、变质的劣质水泥。

③粉煤灰。粉煤灰化学成分中要求 $SiO_2$ 和 $Al_2O_3$ 的含量应大于70%,烧失量应小于10%。也可采用石膏粉作为添加剂,以利于强度的提高。

施工实际使用的固化剂和添加剂必须通过室内试验检验,符合设计要求后方能使用。

(2)机械设备

粉体喷射搅拌法的施工机械主要是钻机、粉体发送器、空气压缩机、搅拌钻头和计量装置等。

①钻机。钻机是粉体喷射搅拌法施工的主要机械。为便于运输,钻机及桅杆架可安装在载体(如汽车)上,也可用汽车单独运至工地后,移置于地面上进行操作。它必须满足:动力大,扭矩大,适合大直径钻头成柱。钻头直径一般为500mm,具有正向钻进、反转提升的功能,提升力大,并能实现匀速提升。

②粉体发送器。粉体发送器是定时设置发送粉体材料的设备。它是粉体喷射搅拌法加固软土地基施工机械中的关键设备。粉体发送器的工作原理如图2-38所示。

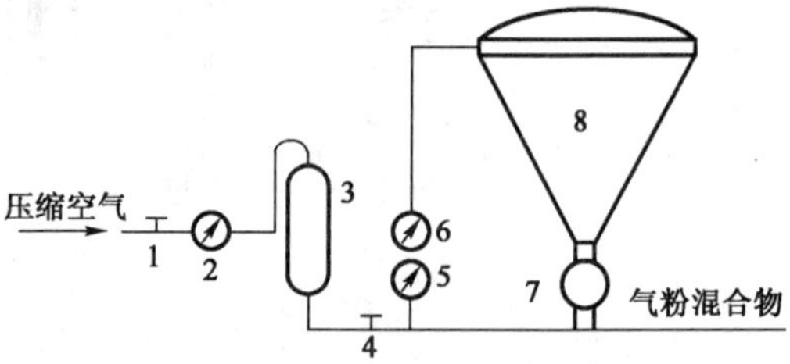

图2-38　粉体发送器的工作原理

1-节流阀;2-流量计;3-气水分离器;4-安全阀;5-管道压力表;6-灰罐压力表;7-发送器转鼓;8-灰罐

由空气压缩机输送来的压缩空气,通过节流阀调节风量的大小,进入"气水分离器",使压缩空气中的气水分离。然后,"干风"到达粉体发送器喉管,与"转鼓"定量输出的粉体材料混合,成为气粉混合体,进入钻机的"旋转龙头",通过空心钻杆喷入地下。

粉体的定量输出由控制转鼓的转速来实现。施工前必须按照加固工程的地质条件,通过室内试验,找出最佳粉体掺入量(如石灰粉的最佳掺入量,采用相当于干土量的4%~5%)。根据施工时钻机的提升速度、钻机的转速、搅拌钻头的类型,选用合理的粉体发送量。

③空气压缩机。粉体喷射法的粉体喷出,是以空气压缩机作为风源。空气压缩机的选型主要受加固工程的地质条件和加固深度所控制。

粉体喷射搅拌法与旋喷法(CCP工法)不同。粉体喷射搅拌法是以机械强制搅拌,气粉混合体只需克服喷灰口处土及地下水的阻力而喷入土中,通过搅拌叶片的机械搅拌作用,使灰、土混合,形成加固柱体;旋喷法则是依靠高压脉冲泵所喷射的高压水来破坏土层。因此,粉体喷射搅拌法所用空气压缩机的压力不需要很高。此外,空气压缩机的风量也不宜太大。

④搅拌钻头。粉体喷射搅拌法凭借搅拌钻头叶片的搅拌作用使灰粉与软土混合,因此搅拌钻头的形状直接影响灰土的搅拌效果。钻头的形式应保证于反向旋转提升时,对柱中土体有压密作用,而不是使灰、土向地面翻升而降低桩体质量。

⑤计量装置。计量装置是用于监测粉喷桩施工中粉体输入量的连续性及均匀性的装置,可及时掌握钻机在粉喷过程中喷入软土层的水泥数量,并逐段按层分析粉体的输入量。通过安装在粉体发送机上的调孔装置,使输入量能满足设计要求,并能自动记录打印。

(3)施工现场准备

施工机械设备进场前,必须做好下列施工场地准备工作:

①施工机械进出场的道路条件。对道路及桥梁的要求,一般应满足10t载货汽车及汽车吊机的行走要求。

②电力供应。一台粉喷桩施工机械其用电功率为50kW,在没有电源的地区,应配备75kW柴油发电机组。

③查明障碍物。地下有无大块石、树根、地下管线等,空中有无高压线。障碍物均应事先消除。

④料库及工具间。施工场地的料库及工具间应便于加固料的运输及工作方便,并有防火、防盗设施。

⑤施工场地。地面土质较差、承载力较低时,应铺设山皮土或碎石垫层,以满足施工机械场地的行走要求。

(4)施工工艺

粉体喷射搅拌法的施工工艺过程如图2-39所示。施工步骤分别是:

①场地清理。工作场地表层硬壳很薄时,需先铺砾石、干燥土垫层,厚50cm左右,以便机械在场区内顺利移动和施钻。不宜铺垫碎石材料,以免给施钻造成困难。如果场地填有石质材料或植有树木,需将石质材料、树木及其根部挖除。

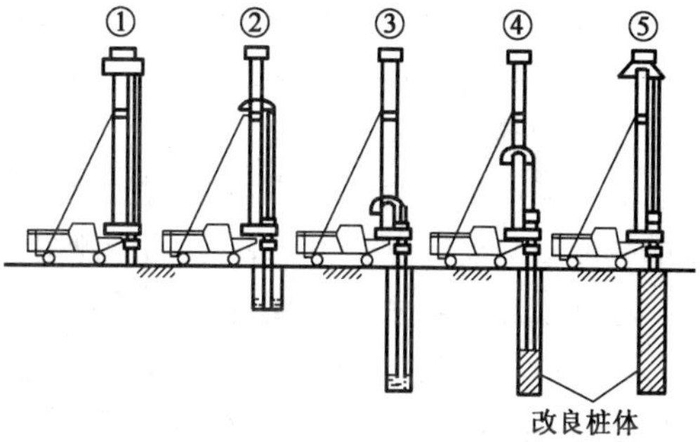

图2-39　粉体喷射搅拌法施工工艺

②放样定位。用经纬仪将桩位精确放样,标出每根桩的位置。

③钻机就位。根据确定的加固桩体的位置,移动钻机,准确对孔,水平对孔误差不得大于50mm,钻机主轴垂直度误差应不大于1%。

④钻孔。起动搅拌钻机,钻头边旋转边钻进。根据施工要求,以Ⅰ、Ⅱ、Ⅲ挡逐级加速的顺序,正转预搅下沉。钻至接近设计深度时,应用低速慢钻,钻机应原位钻动1~2min。为了不使堵塞喷射口,不喷射加固材料而是喷射压缩空气,钻进一定深度起动一次,将泥沙从喷射口吹出。钻进时喷射压缩空气,可使钻进顺利,负载扭矩小。钻孔深度由钻机上面的刻度盘指示(刻度盘上有指针表明钻孔深度),桩长误差不得超过±100mm,垂直偏差不超过1.5%。

⑤提升喷粉搅拌。当钻机达到设计高程后,即开启空压机连接水泥罐的阀门,边提升钻杆边喷水泥(水泥是通过空压机与钻杆顶部用橡皮胶管连接,靠空气压力,使水泥从钻杆内孔穿过,由麻花钻头中部小孔喷射),直至孔口。在确认加固料已喷至孔底时,按0.5m/min的速度反转提升。当提升到设计停灰高程后,应慢速原地搅拌1~2min。沿深度方向加固材料的混合量,则根据发送器输出的加固材料数量与搅拌叶片提升速度的关系确定。

⑥提升结束,桩体形成。当钻头提升至距离地面30~50cm时,发送器停止向孔内喷射粉料,成桩结束。由于装置的回路是封闭的,在回路内输送过程中,粉体不会向空中喷发与飞散。在搅拌钻头距地表30~50cm处停止喷粉,粉粒不会溢出地面。

⑦重复搅拌。为使水泥搅拌均匀,对其复钻是必要的,一般复钻深度为设计桩长的2/3。此时,停止喷粉,钻头边旋转边钻进至设计要求的复拌深度,再提升反向边旋转边提升。提升搅拌时,其速度控制在0.5~0.8m/min,使土体和粉体充分拌和,土块被充分粉碎,水泥粉均匀分布在地基中。

⑧钻具提升至地面后，钻机移位对孔，按上述步骤进行下一根桩的施工。

## 七、调整路基结构法

### 1. 反压护道法

反压护道法是指在路堤两侧填筑一定宽度和高度的护道，使路堤下的淤泥或泥炭向两侧隆起的趋势得到平衡，从而保证路堤的稳定性。

采用反压护道加固地基，不需特殊的机具设备和材料，施工简单，但占地多，用土量大，后期沉降大，养护工作量大，如图 2-40 所示。

反压护道法的适用范围：

①非耕作区和取土不困难的地区；

②路堤高度不大于 5/3 ~2 倍极限高度；

③主要用于处理软土，有时对泥沼也可以采用。

反压护道法的设计与施工应注意以下问题：

①反压护道一般采用单级形式，因为多级式护道增加稳定力矩较小，作用不大。

②反压护道高度一般为路基高度的 1/2 ~1/3。为保证护道本身的稳定，其高度不得超过天然地基所容许的极限高度。

③反压护道宽度一般采用圆弧稳定分析法，通过稳定性验算决定。在验算中，软土或泥沼地基的强度指标采用快剪法测定，或用无侧限抗压强度的 1/2，或用十字板现场剪力试验测得。

④两侧反压护道应与路堤同时填筑。

⑤当软土层或泥沼土层较薄，且其下卧硬层具有明显的横向坡度时，应采用两侧不同宽的反压护道，横坡下方的护道应较横坡上方的护道宽一些。

### 2. 路堤加筋法

通过带状拉筋与填土的摩擦力来平衡，减小作用于挡上墙的土压力，其适用范围是人工填土、砂土的路堤、挡墙、桥台、水坝等，如图 2-41 所示。

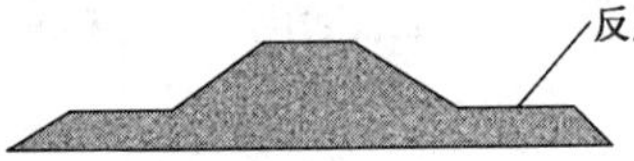


图 2-40　反压护道法

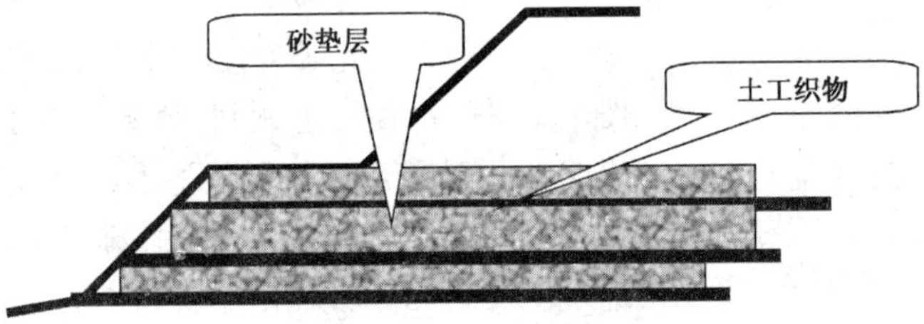


图 2-41　路堤加筋法

### 3. 侧向约束法

侧向约束法是在路堤两侧坡脚附近打入钢筋混凝土桩或者设置毛石齿墙等，可限制基底软土的挤动，从而保持基底的稳定。地基在施行侧向约束后，路堤的填筑速度可不加控制，较反压护道节省土方，少占耕地，但需耗费一定数量的钢筋、水泥、木材等，成本较高，如图 2-42 所示。

图 2-42　侧向约束法

# 单元二　黄土路基病害类型成因及防治措施

## 一、黄土路基病害成因及防治

黄土路基病害的主要表现形式为黄土陷穴（湿陷）。

黄土地区修筑的路基，在雨季时大面积汇集的雨水，沿着黄土的垂直节理和大孔隙向路基内部渗透、潜流，溶解了黄土中的易溶盐，破坏了黄土结构，土体不断崩解，水流带走黄土颗粒，形成暗穴，在水的浸泡和冲刷作用下，洞壁坍塌，逐渐扩大形成更大的暗穴或出露于地表的其他形态的陷穴。特别是在地形起伏多变、地表径流容易汇集的地方，而土质松散、垂直节理较多的新黄土中最易形成陷穴。典型的路基陷穴如图 2-43 所示。

图 2-43　黄土路基陷穴

1. 黄土陷穴的成因

黄土陷穴的产生是黄土的湿陷性及水的潜蚀淋溶作用的结果。黄土的湿陷性是产生陷穴的内在原因，水的潜蚀作用是产生陷穴的外部诱因。湿陷性黄土是一种质地松疏，具有大孔隙和裂隙的土，水较容易在黄土中渗流。当渗透水流的水力梯度较大时，水流将黄土中的黏土粒和粉土粒带走，从而扩大了黄土的裂隙或大孔管道。渗透的水流断面扩大后，渗透流速加快，更加提高了水流的侵蚀和搬运作用。这种由于渗透水流从黄土中携带走细颗粒的过程称为机械潜蚀。除此之外，水在渗透过程中将土中易溶盐溶解并带走，使黄土固结强度下降，这种作用称为化学溶蚀作用。

黄土的自身特点，为陷穴产生提供了本质条件：

①湿陷性黄土是一种土质疏松，主要成分为粉土颗粒组成的特殊土，其细微颗粒极易遭受潜蚀。

②黄土中易溶盐含量丰富，对强度起作用的结构状碳酸钙。在含 $CO_2$ 的水或酸性环境中，易受水溶蚀，破坏黄土的内部结构，使之变得松软，有利于地下水渗透，加速了渗流作用和机械潜蚀作用。

③大孔隙和裂隙发育，为水的渗透提供了便利通道，加速了机械潜蚀。

黄土地区特殊的水文气候条件，为陷穴的产生提供了有利的外部条件。黄土地区雨量很少，但较集中，全年暴雨多发生在 7、8、9 三个月，尤其是在暴雨后，大量地表水迅速积聚，且有一定的水压力，水透过黄土像通过一个小吸管被吸下去。陷穴一般中间大，进口和出口小，有直入的也有斜进的，随着水的下渗方向变化各异。水钻进大孔隙后，先就近下渗，挤压临近土体形成空洞，而后空洞不断扩大，待下层土颗粒逐渐密实，水向下渗的速度变慢。若水源继续有补给，则向横向渗流，待水力逐渐减弱，洞穴出口就变小。由于水开始下渗时冲击力大，直接下渗，向两边扩散小，因而进口也小。

微地形地貌特征，对陷穴产生也有一定影响。一般陷穴多发生在一边靠山一边临深沟的地段，有时也发生在半填半挖路堑与路堤衔接处、桥涵台背填土处或填土施工接岔处等。在地形起伏波折变化多的地方，特别是缓坡突然转为陡坡地段，也易形成陷穴。另外，由于黄土地区植被不发达，也为水的渗透提供了有利条件。

2. 黄土陷穴的防治

黄土陷穴的防治采取预防和处治相结合的原则，首先要查明陷穴的位置和导致其产生的水源，并作出定性和定量分析，根据具体情况分别对待。

陷穴的预防主要是加强地表和路基排水，改善地表性质，整平坡面，消除坑洼，减少水的积聚和渗透；加强植被保护和水土保持，加强路基外雨水的截排和路基的防渗防漏（如采用土工合成材料等）；开展巡查，对容易发生陷穴的地带定期检查。

黄土陷穴的处治主要是根据陷穴的大小分别采用灌浆、开挖回填等措施。陷穴较小的采用明挖，原土夯填；陷穴较大的灌泥浆，分两次进行，待第一次灌满泥浆干燥收缩后再进行第二次灌浆塞空。

## 二、路堤病害及其防治

路堤常见的病害主要有：路堤或基底沉陷、土桥病害、路堤局部坍塌与边坡滑动等。

1. 沉陷变形

路堤的沉陷变形有人为因素和地基因素。人为因素是指路堤本身填筑时碾压达不到设计的压实度要求，这是路堤沉陷变形的主要原因之一。研究表明，湿陷性黄土压实干密度达到 $16.5kN/m^3$ 可明显减少路堤本身的沉陷。地基因素是指由于堤重或行车荷载的作用引起的固结沉降，湿陷性黄土浸水后则引起湿陷变形。

为了减少路堤的沉陷变形，应根据黄土的工程性质以及路堤的高度采取相应措施。其中，利用土工合成材料加筋路堤或进行防渗处理，能够有效防止路堤的沉陷或湿陷变形。

2. 土桥病害

黄土桥是指跨越沟谷的高填路堤，坐落于嵝岘或冲沟之上。土桥改变了原来的水文、地质条件和地形地貌条件，加之车辆动荷载的作用，使得土桥与周围环境处于动态平衡之中，一旦某种因素失去平衡，将会产生土桥病害。水是引起土桥病害的根本原因，它对土桥的破坏作用主要表现如下：

（1）地面水对土桥坡面的冲刷

当土桥顶面两侧排水沟、边沟及坡面缺少必要的保护措施时，每当雨季，土桥坡面及顶面水只能沿坡面漫流，加之土桥填土高度大，本身汇水面积大，加剧了土桥坡面的冲刷。轻则坡面冲沟纵横；重则导致坡脚水土流失、崩塌，甚至路基失稳。

（2）地面水对土桥体的直向溶蚀和潜蚀

土桥主要修筑在嵝岘及冲沟上，往往位于路线的凹形竖曲线上，或者由于土桥沉降造成桥面低洼。下雨时，两岸斜坡和路面水从两端流向土桥桥面形成积水，这部分水主要通过向桥体下渗和蒸发而排除。在黄土的湿陷性作用下，水流溶解掉沉积在土颗粒表面的易溶盐和中溶盐以及胶结物，使水分子浸入土颗粒之间，破坏了土颗粒间的连接薄膜，使土的抗剪强度显著下降。当渗流速度较大时出现潜蚀，从而导致桥面翻浆、土桥不均匀沉降、裂缝扩大，甚至造成土桥滑塌等，如图 2-44 所示。

(3)洪水对土桥的破坏

黄土地区气候干燥，植被覆盖率差，降雨集中，暴雨时地面径流量大，水土流失严重。土桥位于崾岘和沟口处，沟内汇水面积较大，暴雨时土桥泄水涵洞不能及时将洪水排出，导致土桥上游临时性大量积水，浸泡土桥边坡，冲蚀掏挖原冲沟土层，造成湿陷成穴。特别是土桥填筑土与原状土的结合处常常会出现穿孔现象，并贯通整个土桥底部。由于洪水携带泥沙在表层沉积，暗穴进口不易发现，洪水多次侵蚀、冲刷，暗穴内部逐渐扩大，从而导致土桥局部或整体崩塌、冲毁，造成交通中断和经济损失。

图2-44　黄土土桥病害造成的路面塌陷

(4)地下水对桥基的水平溶蚀、潜蚀以及水对土体的冻融作用

不同黄土地区的土桥病害特征各异。土桥中涵洞病害率高是土桥最主要的病害。因此，排水系统对于土桥来说是十分重要的。在塬梁峁区，由于黄土的湿陷性强、干密度小，土桥的病害率高于河谷阶地区。

为了防治土桥病害，在土桥修建和养护中应尽可能建立和完善排水、防渗系统，种草植树，固化边坡。

3. 路堤坍塌与边坡滑动

产生路堤坍塌与边坡滑动的主要原因有：路堤填筑质量差，表现为压实度达不到设计标准；边坡设计不当，即确定的设计边坡形式和坡度与实际情况不符；路堤地基土软弱，当路堤高度大于临界值时，造成路堤整体滑动；边沟或边坡冲刷，边沟水冲刷掏空坡脚可造成路堤坍塌与边坡滑动。

当路线通过重丘区时，凹曲线半径较小，设计纵坡往往大于路面横坡，导致路面水向凹曲线底部汇集，有些泄水槽未起到应有的作用；加之重丘地区暴雨来得猛，路面积水来不及排出，漫过挡水坎，沿边坡漫流而下，积水浸入路堤中，引起边坡滑坍、坡面开裂，有的地方硬路肩已悬空，已危及路面，见图2-45。另外，路堤边坡急流槽基础压实不足、急流槽浆砌片石防护质量不好，局部勾缝脱落时，容易导致雨水下渗，黄土湿陷，槽底局部淘蚀，急流槽破坏，如图2-46所示。

图2-45　黄土路堤边坡病害

图2-46　急流槽周边出现多次湿陷开裂破坏

黄土路堤坍塌与边坡滑动的防治与边坡病害的防治相同。

## 三、边坡病害及其防治

### 1.边坡病害类型

公路路堑一般位于地面表层，开挖后暴露于大气中，受各种自然和人为因素影响，路堑边坡易发生破坏变形。

黄土地区公路边坡病害破坏形式可归结为两种基本类型，即坡面破坏（包括剥落和冲刷等）和坡体破坏（包括崩坍、坡脚坍塌、滑坡和流泥等）。

1）边坡坡面破坏

（1）剥落

坡面剥落是黄土边坡变形的一种普通现象，可发生在各种黄土层中。虽然这种边坡变形不是坡体整体变形，但对路堑边沟危害极大，会引起其他更严重的边坡变形或破坏，处理起来也十分困难。剥落按其形态一般有以下4类：

①鱼鳞状剥落。这种变形易发生在含易溶盐多（一般为1%～2%）的地区，即新第四系风积黄土和冲积洪积黄土中。

②片状剥落。主要发生在新第四系风积和近代坡积的均质黄土层中。这种土层的较陡峻边坡表面，常形成一层厚约3～4cm的硬壳。这层硬壳在自然营力作用下呈大块片状剥落。

③层状剥落。主要发生在洪积冲积黄土互层中，这类黄土多由黏土、砂黏土及砂等互层构成。由于各层的岩性、含水率以及含易溶盐情况不同，使得风化的快慢和强烈程度也不尽相同。一般黏粒含量高者，剥落快而严重；相比较而言，粉土粒和砂粒含量高者剥落较轻、较慢，因而形成层状或带状的剥落现象。

④混合状剥落。边坡坡面剥落有时会同时出现几种剥蚀类型。这是由于黄土表层的剥落，直接与黄土的岩性有关，因而在同一坡上可能同时出现有几种类型剥落现象的混合状剥落。

（2）坡面冲刷

坡面冲刷是常见的公路边坡变形，会引起大量的水土流失。坡面冲刷使坡面呈沟状或洞穴状，一般形成坡肩冲刷坍塌、坡面冲刷串沟、坡面冲刷跌水、坡脚冲刷掏空、坡面冲刷沟穴、岩石接触的冲刷沟穴等。黄土边坡坡面冲刷与土层、岩性、微地貌条件、水文条件等有密切的关系。

2）边坡坡体破坏

（1）崩坍

黄土边坡崩坍是土体沿节理面倒坍和下错的斜坡动力地质现象，是多种自然因素及人为因素综合作用的结果。主要影响因素有：地层岩性、地质构造、降水、气温变化、人为因素或地质运动等。

对黄土而言，土层节理发育，边坡陡峻，在风化和水的冲蚀、浸润作用下，坡脚严重冲刷，往往会使坡体崩坍。

（2）坡脚坍塌

坡脚坍塌易在湿陷性新黄土中发生。因其结构松散，坡脚松软受水浸湿或冲刷会发生坡脚局部坍塌，一般规模较小，但较普遍。坡脚坍塌是产生滑坡的前提，也有可能诱发规模更大的坍塌。

（3）滑坡

滑坡是土体沿着明显的滑动带或滑动面下滑，滑动面呈上陡下缓的圆弧状。其产生原因主要是由于黄土的强度下降引起的土体稳定性平衡破坏。大型滑坡常发生在松散结构或黄色湿陷性黄土层中,在新黄土中也会出现小型滑坡。滑坡多发生在老黄土和岩土间出现不整合倾斜接触面处,此处的黄土本身稳定性差,遇水作用或在其他条件(如地震、大爆破等)的作用下,极易产生土体滑移和崩坍。

(4)流泥

呈斜坡状的黄土如果土质松散,具有渗水性较小的下卧层时,土体在地下水或在地下水与地表水相互作用下浸润黄土土体,使土饱和形成塑性流动,称为流泥。流泥可能诱发其他病害,使边坡出现崩坍或滑坡等更为严重的破坏。

2. 影响边坡稳定的因素

边坡破坏的影响因素主要有内因和外因两方面。

1)内在因素

(1)黄土的成因

松散结构的新黄土和密实结构的黄土,具有不同的密实性和物质组成,稳定性也不一样。一般坡积的松散结构黄土最不稳定。

(2)黄土的结构和构造

黄土中存在不同节理且特性不同,组成结构的均匀程度、结构孔隙特征、夹层及构造的变动等都影响着边坡的稳定。

(3)下卧层

下卧层的岩性、产状、风化程度及其与黄土的接触关系等,也影响着边坡的稳定。

(4)物质成分

由于易溶盐含量的变迁,矿物组成不同,土体的变形状况也不一样,这些都会引起土体强度的变化,从而影响边坡的稳定。

(5)物理力学性质

与黄土边坡稳定性有关的物理力学指标有:黏粒和砂粒含量、干密度、液限等以及塑性指数、天然含水率、孔隙率和抗剪强度等物理力学指标。

2)外界因素

环境条件的改变是促使边坡变形发生发展的外界原因。

(1)地貌单元和微地貌特征

边坡在阶地上所处位置、坡顶的汇水条件及陷穴、暗洞、坑沟、低洼积水、冲沟的位置和分布状况等,对边坡的稳定有直接影响。

(2)水文条件

如地下水的出露,地表水对坡面、坡脚、截水沟和边沟的浸湿和冲刷等。渗入土体中的水将引起土体质量增加及强度的降低,渗入裂隙和节理中的水产生的静水压力,将促进冲沟、陷穴的发展,对边坡的稳定极为不利。

(3)风化与震动等自然外力

由于黄土节理发育,受大气雨水和地震及车辆行车引起的震动等,都有可能促使边坡变形,导致边坡失稳。

3)人为因素

设计、施工和养护不当,人为对边坡的破坏,都是引起边坡破坏的直接原因。

### 3. 边坡病害的防治

黄土地区极易发生边坡破坏变形，对公路建设危害极大。对于这些病害，应坚持预防为主。对于剥蚀破坏，一般可以采取工程措施来防护，而对滑塌破坏必须在边坡设计过程中对边坡滑塌稳定性作出正确预测，并采取相应的工程措施来控制。

目前，处治湿陷性黄土路基的方法很多，通常采用的有密实法、置换法、复合地基法等，再配合排水措施，形成一个体系。这些方法的特点是技术可靠、经济适用、施工简单、有较好的处理效果，便于掌握及推广应用。

1）密实法

密实法是对非饱和湿陷性黄土在动载冲击荷载作用下，使土体的孔隙减少，密实度提高，地基土的承载力增加，压缩性降低。目前，主要有强夯法和冲击压实法等。

（1）强夯法

强夯法处理湿陷性黄土是一种很好的方法，简单实用，易于施工，效果良好，适用于消除湿陷性土层厚度为3~6m。施工前，应按设计要求在现场选点进行试夯。当地质条件相同时，可在一处试夯。若有差异时，应按地段分别进行选点试夯。用试夯的办法确定单击夯击能、单位面积夯击能、夯击遍数及夯点间距，以此数据确定是否达到了设计要求的承载力、模量、有效加固影响深度。若达不到时，可调整夯锤质量、落距或夯点间距等，也可修改设计方案。

对于要夯实的湿陷性黄土，其含水率宜低于塑限含水率1%~3%。当其含水率低于10%时，宜加水至塑限含水率；当含水率大于塑限含水率3%时，应采取措施将含水率降低至塑限含水率。

（2）冲击压实法

冲击压实法采用冲击压实机处理湿陷性黄土地基。冲击压实机由牵引车拖动，靠凸轮瓣对土进行冲击压实，压实次数以20~40次为宜，其击实能可达2 000~3 000kJ，有效压实深度为2m。冲击压实机对土击实后，土的密度超出了常规压路机的压实效果，且使天然土在压实过程中完成了沉降要求，具有压实和击实两种功效，适用于处理浅层湿陷性黄土。

2）置换法

置换法是将基础地面下一定范围内的湿陷性黄土挖除，然后分层换填强度和模量相对较高的砂石、碎石、灰土、素土等，并夯实至要求的密度，形成一个较好的持力层，以达到提高承载力和减少变形的目的。置换法主要适用于浅层湿陷性黄土，一般厚度不大于3m，具体方法有灰土垫层、土垫层等。

灰土垫层是将基础地面下一定范围内的湿陷性黄土挖去，按一定体积配比将灰土拌和均匀，并控制灰土含水率在最佳含水率附近。分层回填夯实或压实，可以消除被置换部分土的湿陷性，同时也可防止地表水渗透到地下湿陷性黄土层中，造成地基过大的沉降。

土垫层是指采用黏性素土制作的垫层。在湿陷性黄土地区为消除浅层地基的湿陷性，施工时应使土的含水率接近于最佳含水率，土垫层要分层填筑，每层厚度应根据夯实机具有的能量决定，一般每层厚度为20~25cm，土料要求过筛，有机质含量不得超过5%。

3）复合地基法

复合地基法是在天然地基中设置一定比例的增强体（桩体），使桩土共同承担荷载，并具有密实法和置换法的效应，具体方法有高压旋喷法、粉喷桩法、灰土挤密桩等。

高压旋喷法注浆是利用钻机将带有喷嘴的灌浆管钻进至土层预定深度后，以20~40MPa

的压力把浆液或水从喷嘴中喷射出来，形成喷射流冲击破坏土层。当能量大、速度快、脉动状的射流动压力大于土层结构强度时，土颗粒便从土层中剥落下来，一部分细颗粒随浆液或水冒出地面，其余土颗粒在射流的冲击力、离心力和重力等作用下，与浆液搅拌混合，并按一定的浆土比例和质量大小有规律地重新排列。浆液凝固后，便在土层中形成一个固体，固体与土体共同承担荷载，形成复合地基，可达到提高地基的抗剪强度，改善土的变形性质，使土体在上部附加应力的作用下，不产生破坏或过大的变形。高压旋喷所采用的硬化剂一般为水泥浆，也是最便宜的注浆材料，其固结性能良好，质量较好，来源容易。用高压旋喷法处理湿陷性黄土，在选定注浆管类型及喷射参数和筑浆材料时，要根据工程目的而定，布孔间距及布孔方式也是如此，高压旋喷处理湿陷性黄土不仅能提高地基土的承载力，也能减少沉降量，施工方法简单快捷，也可处理深层湿陷性黄土。

4）预浸水法

利用自重湿陷性黄土地基的自重湿陷性，在结构物修筑之前，将地基充分浸水，使其在自重作用下发生湿陷，然后修建筑物。这样可以消除地表以下数米黄土的自重湿陷性，更深的土层需另外处理。但这种方法需水量大，处理时间长（约 3 ~ 6 个月），可能使附近地表发生开裂、下沉。

5）植被防护

目前，在黄土地区常用的边坡植被防护方法有直接植草防护、拱式砌石或 3m × 3m 浆砌片石结合植草防护、六角形预制块边坡防护及土工网植被防护等，这些方法各有其优缺点。

（1）直接植草防护

直接植草防护具有方法简单、施工方便、成本低廉的优点，但在黄土地区有着不宜植物生长的致命缺点。在宁夏黄土地区，草籽撒播后，容易受风吹雨淋等因素的影响而大量流失，导致坡面植草覆盖率很低。同时，坡面又没有任何加筋处理，雨季时，在暴雨和径流的冲蚀下最终导致坡面破坏（图 2-47）。因此，直接植草防护可靠度极低，不适宜于黄土边坡防护（图 2-48）。

图 2-47　未做防护的路堑边坡的典型病害

图 2-48　直接植草防护的路堤边坡典型病害

（2）拱式砌石或 3m × 3m 浆砌片石结合植草防护

该方法由于施工烦琐、速度慢、劳动强度大、造价高等缺点，不宜推广应用。

（3）六角形预制块防护是上述 3m × 3m 骨架防护的改进

由于六角形预制块中间空格面积较小，最大限度地减小了坡面防护对植草绿化的依赖性。换言之，即使坡面绿化效果不好，也不容易产生太严重的冲蚀现象，目前应用较多。

（4）土工网植被防护

为了满足护坡和绿化的要求，近年来多采用土工网（CE131）与植被结合的方法。土工网的厚度为5mm，开孔尺寸为27mm×27mm，其开孔率为70%，即30%的坡面被土工网覆盖，以免受雨水的直接冲击。该方法的优点是造价较低，施工方便，能满足一定的护坡绿化要求；缺点是由于其厚度只有5mm，所以在草皮未长成之前草籽易被风雨冲蚀，致使表面绿化效果参差不齐。同时，由于其网眼较大，导致草根的连接和啮合作用较小，这样就削弱了护坡的整体效果。因此可靠度较低，在暴雨的冲刷下容易产生冲沟。

上述4种方法的比较见表2-5。

**各种护坡方法的比较** 表2-5

| 边坡防护方法 | 优　点 | 缺　点 | 造　价 | 可 靠 度 | 适用条件 |
|---|---|---|---|---|---|
| 直接植草护坡 | 方法简单、施工方便 | 初期草籽易流失，植被覆盖率低，防护效果差 | 5元/$m^2$ | 最低 | 坡底很小，坡面较短 |
| 拱式砌石或3m×3m浆砌片石结合植被防护 | 耐久性和处观较好 | 由于冲刷形成冲沟而使结构架空 | 30元/$m^2$ | 较高 | 一般坡面 |
| 六角形预制块 | 耐久性和防护效果好 | 施工复杂，劳动强度大 | 50元/$m^2$ | 高 | 各种限制性坡面 |
| 土工网植草防护 | 施工方便，能满足一定防护要求 | 网高小、网限大，初期易被风雨冲蚀 | 15元/$m^2$ | 一般 | 普通坡面防护 |

由表2-5可以看出，虽然有多种边坡防护方式，但由于黄土具有不宜植物生长以及极易冲刷的特殊性，用于黄土地区的公路边坡防护，都不能取得有效的护坡效果。

6）土工格室换土稳定边坡结合三维网垫植草护坡

将土工织物置于土体表面或相邻土层之间，可以有效地阻止土颗粒通过，从而防止由于土颗粒的过量流失造成土体的破坏。同时，允许土中的水或气体穿过织物自由排出，以免由于孔隙水压力的升高而造成土体的失稳等不利后果。

土工网垫是由单层或多层塑料凹凸网和平面网经热熔后黏结成的一种稳定立体结构。面层外观凸凹不平，材质疏松柔韧，留有约90%的空间填充土壤及砂粒；底部平面网延伸率较低，强度较高，能防止土体滑坡，植物根系可穿过土壤深入地下0.5～2m深，使植被、网垫和土形成牢固的嵌锁。因此，土工网垫一方面具有防止水土流失的作用，同时又具有保持水流通畅的效果，能够起到护坡的作用。

土工格室是目前国内外较为流行的一种新型高强度土工合成材料。它是由强化的HDPE片经高强力焊接而形成的一种三维网状格室结构，具有伸缩自如、运输可缩叠、施工时可张开成网状的特点。展开后的格室壁形成一层层挡墙，可以缓解水流流速，避免坡面径流的形成。格室内可填充土壤，上面可以植草或灌木，具有理想的绿化效果。另外，土工格室因具有整体性和一定的柔性，大大弥补了片石骨架防护具有的松动、塌陷、架空等缺陷，并且具有施工快捷、造价低等优点。

黄土地区公路边坡形成的雨水径流，可能使边坡土体产生严重渗透和冲刷而导致破坏。利用土工格室可以通过换土改变边坡土的性质，保证坡面的整体稳定性；利用土工网垫的过滤、排水及防冲刷机理，结合生物防护，通过对地表水形成的径流的疏排、截阻、封闭等，可防止地表水的冲刷和渗入，起到护坡和美化环境的作用。如果将二者结合使用，不仅可以保护路基边坡表面免受雨水冲刷，减缓温差及温度变化的影响，还能防止坡面失稳，保证路基边坡的整体稳定性，并达到路基美化和协调自然环境的效果。

## 四、土工合成材料防治黄土路基病害试验

为了验证应用土工合成材料防治黄土地区路基病害的可行性与有效性，在室内试验和数值分析的基础上，选择银古高速公路辅道、中郝高速公路和银古高速公路中的部分路段，进行现场试验研究。

### 1. 土工合成材料防治黄土路堤稳定性破坏的应用技术

1）试验方案

以银古高速公路辅道K13+150～K13+210填方段（填高8.30m）为试验路段。该路段地质特征：表层为风积黄土（低液限黏土），分布深度0.20～8.00m，为非自重湿陷性黄土场地，总湿陷量$\Delta s$=4.90～24.70cm，湿陷等级为Ⅰ（轻微）级或Ⅱ（中等湿陷）级。其下为卵石，局部缺失，厚0.2～1.8m，下伏第三系泥岩。第三系泥岩为膨胀岩土，全风化呈土状，为一般的膨胀性软岩。

合成材料选择型号为SN～286型土工格栅，其性能指标为：弹性模量$E=6.2892\times10^{8}$Pa，单位面积质量为623g/m$^2$，密度$\rho$=210kg/m$^3$，纵向抗拉强度为8.9kN/m，横向抗拉强度为5.9kN/m，网孔尺寸为28mm×28mm。

根据黄土的物理力学性质及黄土路堤的应力与变形分析计算，确定防治路堤的沉陷和滑坍的加筋设计方案如下：

对于填方路段，边坡$i$=1:1.5，在路堤基底以上2m范围内，距路堤边坡外缘5～10cm，路堤的两端铺设宽为4.5m的土工格栅，层间距为50cm，可以起到固结边坡、增加边坡稳定性的作用。为增加路基的承载能力，隔层全断面铺设土工格栅，并在基底铺设50cm的三七灰土稳定层。为保证路堤压实度，路堤施工宽度加宽20～30cm。土工格栅横向铺设，搭接30～50cm。铺完之后，应尽快填土隐蔽，防止车压日晒。铺设方案如图2-49所示。

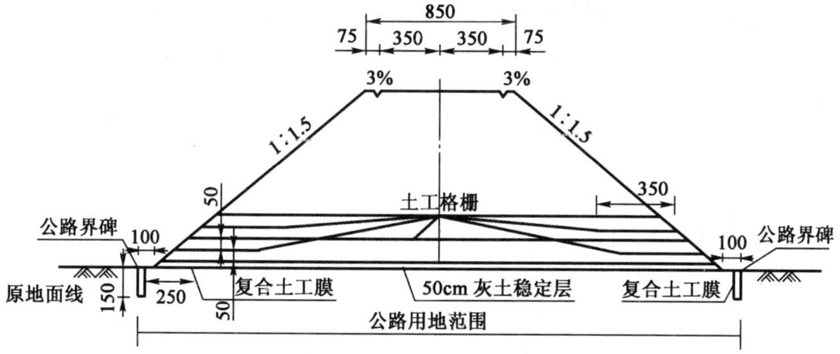


图2-49　加筋路堤方案设计图（尺寸单位：cm）

2）施工工艺

（1）土工格栅的铺设

①先用剪刀将土工格栅按设计尺寸裁剪好，整齐堆放。

②将碾压密实的填土表面整平，清除表面坚硬凸出物。

③土工格栅外缘距路堤边坡外缘要保持5～10cm，以防止刷坡后，土工格栅外露老化。

④测设路基边线桩位，挂上线绳，用白灰洒出土工格栅外侧线。

⑤将裁剪好的土工格栅逐一密贴摆放在填土面上，并将土工格栅强度高的方向垂直于线路轴线方向。

⑥将土工格栅拉紧展开，将相邻的各幅土工格栅用铁丝绑扎搭接起来，每隔10cm一个绑扎点，搭接长度不小于10cm。采用U形铁丝卡将土工格栅固定于土层表面，U形卡间相距50cm，梅花形布置。土工格栅铺设现场如图2-50所示。

(2)黄土路堤的填筑

①对黄土路堤的填筑，应先做试验段，确定碾压厚度、压实遍数和松铺系数等参数后，再全面展开施工。

②黄土路堤的填筑，主要是通过自卸汽车运土，推土机初平，平地机精平，压路机分层碾压来完成。

③自卸汽车卸土时，尽量不要碾压土工格栅，汽车后轮距土工格栅边缘0.2~0.4m，车内土方卸落时，正落于土工格栅的中心部位而后向周围散开，恰好埋住整个土工格栅。这样汽车既不会直接碾压到土工格栅上，造成破坏，同时，土工格栅也不会发生移动，从而确保位置准确。

图2-50　土工格栅铺设现场

④当两侧土工格栅铺完后，汽车在中间路面剩余的宽度内无法调头时，只能先单侧铺设土工格栅，待其上填土推平碾压后，汽车就可以在这一侧行走、调头，随后铺设另一侧土工格栅。

⑤为保证压实质量，路堤每侧加宽20~30cm，并对每层土边缘采取压路机沿路中心线成45°角的方向夯压。这样既可保证施工机械的安全，又可保证路堤边缘的压实度。

2. 土工合成材料防治低填浅挖段路基沉陷和陷穴的应用技术

降低路基的填土高度，不仅可以获得明显的经济效益，而且可以避免由于黄土而产生的一切不良效果，对于低等级公路，更具有现实意义。在路堤底部加铺复合土工膜布，不仅可以阻止地面水向路基底部的下渗，起到隔水防渗的作用，还可以保证原状土不被扰动，强度不会降低，并可减少沉降量。土工布的加筋抗拉作用，可使上部填土荷载对地基造成的附加应力传递深度减少，减少地基压缩层影响深度。如果结合三七灰土结构，既可增加地基的承载能力，又可防止地表水的下渗，从而有效地避免沉陷和陷穴的发生。

1)试验方案

试验路段为银古高速公路辅道K12+190~K12+290段，填土高度0.30m，为低填方路段。试验段地质特征：表层为湿陷等级为II级的风积黄土(低液限黏土)，分布深度为0.20~8.00m，为非自重湿陷性黄土场地。

土工合成材料选择长丝复合土工膜(二布一膜)，其物理力学性能指标见表2-6。

**长丝复合土工膜物理力学性能指标表**　　表2-6

| 检验项目 | 物理特性 | | | 力学特性 | | | | | 水力特性 | |
|---|---|---|---|---|---|---|---|---|---|---|
| | 实际质量 ($g/m^2$) | 质量变异系数 (%) | 厚度 2.0kPa (mm) | 抗拉 强度 纵 (N/cm) | 抗拉 强度 横 (N/cm) | 抗拉 伸长 纵 (%) | 抗拉 伸长 横 (%) | CBR顶破强度 (N) | 水力鼓破 (kPa) | 渗透系数 (cm/s) |
| 平均值 | 506 | 7.8 | 2.69 | 856 | 810 | 6.7 | 6.8 | 1 623 | 0.5 | $\leqslant 10^{-12}$ |

根据黄土的物理力学性质,防治低填浅挖路基沉陷和陷穴的加筋设计方案如图 2-51 所示。

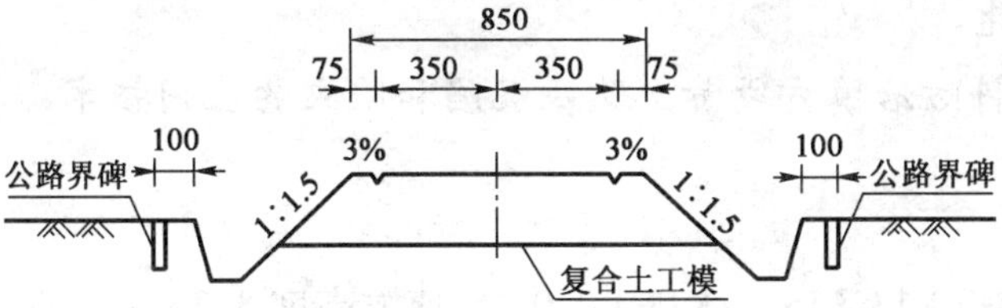


图 2-51　土工膜铺设方案(尺寸单位:cm)

2)施工工艺

(1)基底处理

当填方高度较小,边坡 $i=1:1.5$ 时,在进行基底处理前,先对基底进行夯实,提高地基的承载力。当机械可进入施工场地时,先用 20t 振动压路机进行振动压实两遍;当机械不能进入施工场地时,用人工进行夯实,石夯质量不小于 50kg,落距不小于 50cm;或用电动蛙式机夯打,达到规定的密实度后,即可铺设土工膜布。

(2)铺土工膜

在铺设土工膜之前,下层填料或垫层应平整、密实,对表面碎石、块石等坚硬凸出物进行严格清理,防止其对土工膜造成直接破坏,影响土工膜的性能,而起不到防渗的作用。若路基地下水位较高或有积水可能,应考虑横向排水层的设置。

铺设复合土工膜时,可采用机械或人工铺设。铺设前,先将一端用固定器固定,然后用机械或人力拉紧,拉力应适当。在坡面上铺设时,宜自下而上铺设并就地连接,土工膜应紧贴被保护层,但不宜拉得过紧。沿线路方向推卷展开土工膜时,不允许出现卷曲、扭结和褶皱现象,最后用固定器固定另一端。固定器一般采用固定钉和固定铁皮,在铺设土工膜时,要随推随盖上层填筑的黄土。图 2-52 所示为铺设现场。

图 2-52　土工膜铺设现场

为控制防渗效果,土工膜的横向搭接长度取 30cm。土工膜沿线路纵向两幅的搭接长度不小于 0.5m,并保证接头处不渗漏。

施工时,严格按照《公路土工合成材料应用技术规范》(JTJ/T 019—98)进行。

3)工后效果检验

该段路基于 2003 年 9 月初铺筑完毕,已经过半年多时间,并经历了秋雨的浸蚀和冻融变化,在春融最不利季节,对路况进行了强度测定,结果如表 2-7 所示。

**加铺不同宽度的土工膜对公路弯沉影响对比表**(单位:1/100mm)　　表 2-7

| 检测阶段 | 不铺设复合土工膜段(K12 +090 ~ K12 +190) | | | 铺设复合土工膜段(K12 +190 ~ K12 +290) | | |
|---|---|---|---|---|---|---|
| | 设计弯沉 | 平均弯沉 | 代表弯沉 | 设计弯沉 | 平均弯沉 | 代表弯沉 |
| 竣工检测 | 78 | 24.36 | 32.34 | 78 | 25.02 | 32.42 |
| 竣工后第一年不利季节 | 78 | 26.73 | 35.78 | 78 | 26.44 | 34.23 |

从路面弯沉测定结果看，路面整体强度未见异常，强度和稳定性能良好。但在雨水的浸蚀下，肯定会有不同变化。

3. 土工合成材料防治填方段黄土路基沉陷和陷穴的应用技术

1）试验方案

（1）方案一

银古高速公路辅道 K13 + 150 ~ K13 + 210 段，填方高度 8.3m。地质特征：表层为风积黄土（低液限黏土），分布深度 0.20 ~ 8.00m，为非自重湿陷性黄土场地，总湿陷量 $\Delta s$ = 4.90 ~ 24.70cm，湿陷等级为Ⅰ（轻微）级或Ⅱ（中等湿陷）级。其下为卵石，局部缺失，厚 0.2 ~ 1.8m，下伏第三系泥岩。第三系泥岩为膨胀岩土，全风化呈土状，为一般的膨胀性软岩。因此，在路基施工时，应避免大挖大填，并做好防水措施。

考虑路堤横向排水，虽设有涵洞，但在路堤两侧仍有聚水可能，为达到隔水防渗、增加地基承载力的目的，以灰土换填和防水土工膜相结合的方法进行处理。为阻止地表水下渗，从而增加地基承载力，对原基底进行夯实后，填筑 50cm 三七灰土，并在路基两侧修筑灰土隔水墙，在隔水墙内侧铺设防水土工膜，并深入基底 150cm。基底处理及土工膜铺设方案见图 2-53。

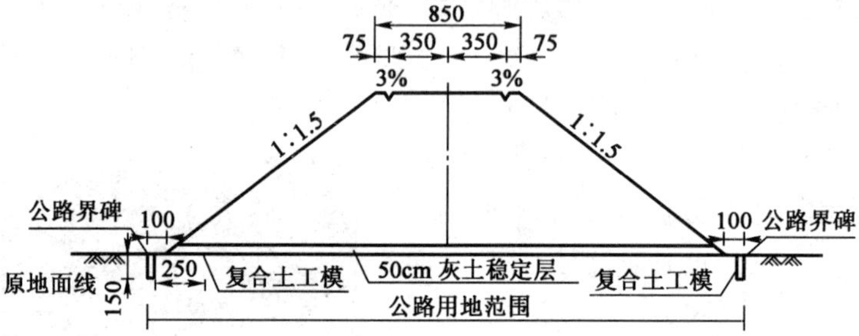


图 2-53　土工模防治路基沉陷和陷穴方案图（尺寸单位：cm）

（2）方案二

中郝高速公路兴仁段 K295 + 000 ~ K295 + 870 为填方路段，填方高度 3.5m。地质特征：0 ~ 5m 为较强烈湿陷性黄土，5 ~ 10m 属轻微湿陷性黄土，10m 以下为不湿陷黄土。0 ~ 10m 均为非自重湿陷性黄土。黄土呈灰黄色，局部夹细砂，强度较低。

该段地势低洼，在路基填筑完成后，由于突降暴雨，排水不畅，路基黄土受到积水的浸泡，导致黄土发生显著湿陷下沉，引起路基左侧沿纵向开裂，最宽处达 40cm。鉴于发生路基纵向开裂的路段地势低洼，在路基左侧（迎水面）和右侧分别布置宽 8m、4m 的护坡道，并在左侧护坡道下 50cm 处铺设防水土工膜，土工膜伸入地表以下 1.5m，如图 2-54 所示。该方案经专家论证已被采纳。

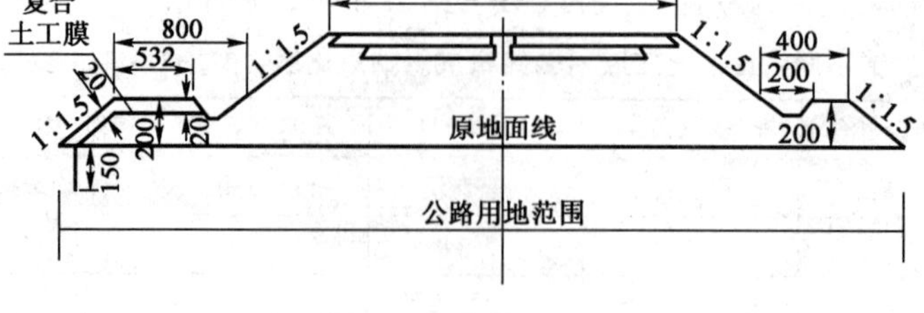


图 2-54　土工模防治路基沉陷和陷穴方案图（尺寸单位：cm）

2)施工工艺

(1)方案一

①在对基底进行处理前,先对基底进行夯实,提高地基的承载力。当机械可进入施工场地时,用20t振动压路机进行振动压实两遍;当机械不能进入施工场地时,用人工进行夯实,石夯质量不小于50kg,落距不小于50cm,或用电动蛙式机夯打3~4遍,压实度不低于93%。

②在对基底夯实后,即可进行三七灰土换填。当换填高度为100cm时,按压实厚度为25cm,分四层进行碾压,压实度不低于95%。

③在路基排水上游一侧,距路基坡角100cm的公路用地范围内,沿路线纵向设置50cm×150cm的三七灰土挡水墙。

④铺土工布。参照低填浅挖段土工膜的铺设方法,并严格按照《公路土工合成材料应用技术规范》(JTJ/T 019—98)进行。

(2)方案二

①在铺设土工膜之前,应整平坡面和护坡道。下层填料或垫层应平整、密实,对表面碎石、块石等坚硬凸出物进行严格清理,防止其对土工膜造成直接破坏,影响土工膜的性能,而起不到防渗的作用。

②铺设复合土工膜时,可采用机械或人工铺设。铺设前,先将一端用固定器固定,然后用机械或人力拉紧,拉力应适当。铺设时不允许出现卷曲、扭结和褶皱现象,最后用固定器固定另一端。固定器一般采用固定钉和固定铁皮。

③为保证防渗效果,土工膜的搭接长度取20~30cm。在坡面上铺设时,宜自下而上铺设并就地连接。土工膜应紧贴被保护层,但不宜拉得过紧。

④施工时,严格按照《公路土工合成材料应用技术规范》(JTJ/T 019—98)进行。

3)工后效果检验

在新建的银古高速公路辅道K13+150~K13+210段,为防止路基的湿陷沉降破坏,按方案一对路基进行了治理,效果明显,虽经过了2003年秋雨和2004年春融,未有异常发生,保持了理想的强度和稳定性。

中郝高速公路兴仁段,在2002年夏季,突降暴雨,路基迎水面聚水,由于路基强烈的湿陷沉降,导致路堤破坏。2003年按方案二对K295+000~K295+870路段重新填筑后,已经历了数场大雨的冲刷和浸泡,即使是在2004年春融最不利季节,也保持了良好的整体强度和稳定性。

4. 土工合成材料防治新旧黄土路基不均匀沉降的应用技术

银古高速公路黄河以东古窑子附近,有部分黄土路段,新路是在老路的基础上双侧加宽的。由于该地区为黄土路基,具有显著的湿陷特征,在新、老路基交接处易产生不均匀沉降,因此防止路基产生不均匀沉降是其主要研究内容。

1)试验方案

在填方路段水稳层下的新旧路基交接处,沿纵向各选择100m铺设土工格栅,即K24+500~K24+600和K24+600~K24+700分别布置宽度为2.0m和4.5m的土工格栅。土工格栅纵向搭接长度30cm,用以防止路基不均匀沉降。材料选型为TGDGll0高密度聚乙烯单向拉伸塑料土工格栅,其性能指标见表2-8。

铺设位置如图2-55所示。

土工格栅性能指标表　　　表 2-8

| 单位面积质量 ($g/m^2$) | 每延米拉伸屈服力 (kN/m) | 屈服伸长率 (%) | 2%伸长率时的拉伸力 (kN/m) | 5%伸长率时的拉伸力 (kN/m) |
|---|---|---|---|---|
| 1 075 | 117 | 10 | 38 | 69 |

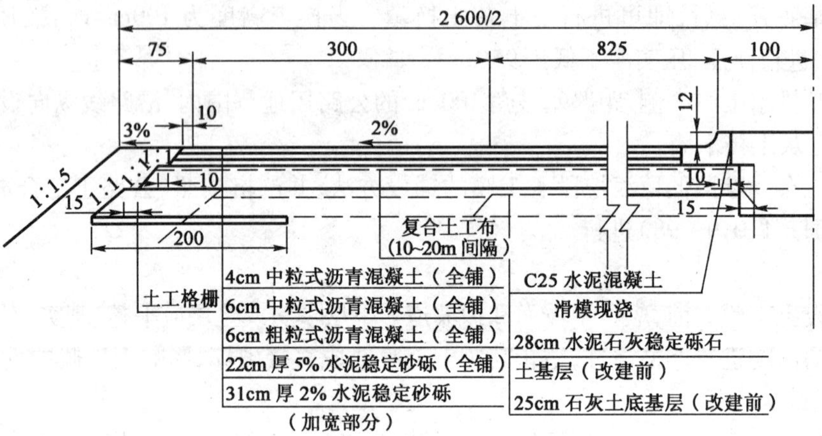


图 2-55　银古路试验方案(尺寸单位:cm)

2)施工工艺

(1)铺设的技术要求

①在铺设水稳砂砾之前,使新填路基高程与旧路基一致。

②将待铺土工格栅路基上的尖锐物清扫干净,无其他杂物后将路基面平整。

③土工格栅的一端要用木方固定在路基上,然后可用人工铺设土工格栅,也可用小型拖拉机拖动,保证纵向拉紧为宜,避免出现皱褶,防止纵向施力过大。纵向格栅之间要用铁丝绑扎搭接起来,每隔 10cm 一个绑扎点,接缝搭接不小于 30cm。

④铺设的土工格栅使新旧路基的接缝位于格栅的中央,尽量避免横向搭接,并将土工格栅强度高的方向垂直于线路轴线方向。采用 U 形铁丝卡将土工格栅固定于土层表面,U 形卡间相距 50cm,梅花形布置。

⑤在铺筑水稳砂砾时,应保证不因车辆的转弯或制动造成对铺好土工格栅的损害。如有损坏,应立即进行修补,保证其整体性。

(2)铺设步骤

①整平新旧路基并清理杂物;

②铺设并调整土工格栅的位置;

③搭接并固定土工格栅,并保证与路基的密贴;

④铺筑水稳砂砾,并保证土工格栅完整无损;

⑤进行碾压。

3)工后效果检验

两路段分别铺设 2.5m 和 4.5m 土工格栅后,各阶段弯沉检测结果如表 2-9 所示。

从弯沉检测结果看,铺 2.5m 与铺 4.5m 土工格栅没有明显区别,但是从对公路整体的影响看却不一样,在铺设较窄土工格栅的路段,路面出现了较为明显的纵向裂缝。

**加铺不同宽度的土工格栅对公路弯沉影响对比表** 表 2-9

| 检测阶段 | 铺 2.5m 土工格栅段(K24 +500 ~ K24 +600) | | | 铺 4.5m 土工格栅段(K24 +600 ~ K24 +700) | | | 备注 |
|---|---|---|---|---|---|---|---|
| | 设计弯沉 | 平均弯沉 | 代表弯沉 | 设计弯沉 | 平均弯沉 | 代表弯沉 | |
| 竣工检测 | 26.4 | 12.1 | 19.1 | 26.4 | 12.1 | 19.1 | |
| 竣工后第一年不利季节 | 26.4 | 7.64 | 12.13 | 26.4 | 6.12 | 11.60 | |

5. 试验观测及结果分析

为验证试验方案的有效性,对试验路段进行了现场观测,内容包括路基的竖向沉降、应力应变及侧向位移观测。

1)观测方案

(1)沉降观测

①观测点布置。按有、无土工格栅,共布置两个断面,包括 10 个沉降板监测点和 4 个坡角桩水平位移观测点,共计 14 个监测点。两断面沉降板准确位置见图 2-56。在监测时,与附近大地水准点和高级控制点联测,每点监测两个方向的位移,即沉降量和侧向变形。

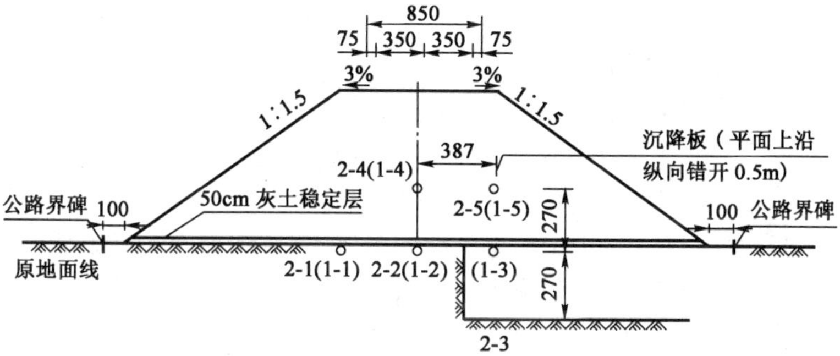


图 2-56 沉降板布置示意图(尺寸单位:cm)

②沉降板的安装。沉降板的安装如图 2-57 所示。沉降板的埋设在填土层压实后进行,当填土层压实后,在选定的位置开出一边长约 100cm × 100cm 的方形槽,深度至本层填土层底部以下(约 2cm)。然后在底部铺设厚约 2cm 的细砂层,捣实整平后,放入沉降板,并确保竖管垂直,

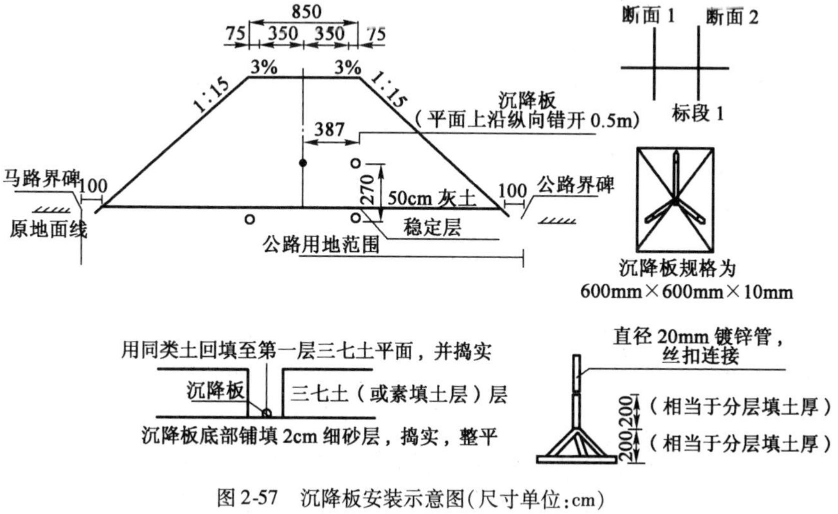


图 2-57 沉降板安装示意图(尺寸单位:cm)

做好标记。用10cm护壁套管护壁,进行妥善保护,并用管头保护盖盖好。用同类土回填至该层回填土顶面,并适当振捣固结、密实。以后每回填一层,沉降板均需挖开,用带有丝扣的短管加长一节,并保证加长后的管顶端低于回填土层顶面6~8cm。布置上一层沉降板时,要使上、下沉降板在沿公路纵向方向相互错开0.5m。

③观测内容与时间。测试内容为各点的沉降量,即竖向位移。对于路基的沉降观测,通常根据加载阶段和变形是否稳定来确定观测周期。以路基施工期间作为第一阶段,随着荷载逐渐加大,沉降速度加快,正常情况下每填筑1层或3d左右观测一次;第二阶段,即工后沉降期,每半月观测1次,从当年11月份开始,至第二年4月底春融结束,持续观测6个月,共12次;第三阶段为基本稳定期,每月观测1次,至基本稳定为止,见表2-10。上述观测周期并非一成不变,当有特殊要求或发现有异常情况时,应适当缩短观测周期,增加观测次数。

**观测周期表** 表2-10

| 仪器名称 | 路堤填筑期间 | 路堤填筑后6个月以前 | 路堤填筑后6个月以后 |
|---|---|---|---|
| 沉降仪 | 1次/1层 | 1次/半月 | 1次/1月 |
| 应力应变仪 | 1次/1层 | 1次/半月 | 1次/1月 |
| 侧向位移桩 | 1次/1层 | 1次/半月 | 1次/1月 |

④观测精度的确定。目前国内外对变形观测精度要求的统一看法是:变形观测的精度要求取决于观测目的。如果观测目的是为了使变形值不超过某一允许的数值而确保建筑物的安全,则其观测的中误差应小于允许变形值的1/20~1/10。允许变形值的大小遵循有关规范确定,在施工期间,对于高速公路的施工,一般路堤的沉降速率标准为10mm/d,桥头路堤的沉降速率标准为5mm/d。本书以10mm/d作为允许变形值,分析和确定所需要的工后观测精度。

⑤观测基准的选择。沉降观测的测量点分为水准基点、工作基点和沉降观测点。水准基点和工作基点构成沉降观测控制网,用于对沉降观测点的长期观测。沉降观测点沉降量的计算和比较与选择的基准有关,不同的基准对应完全不同的位移场。沉降观测可以选择固定基准、拟稳基准和自由重心基准。而仅当基准点稳定时,即采用固定基准时,变形体上测点的位移才是真实的位移。因此,从实用出发,公路施工期沉降观测基准应首选固定基准。而选择固定基准必须要求有固定不变的基准点,根据公路带状的特点以及控制网与沉降点观测的方便,在施工路段一侧选埋一组水准基点,将3~4个基准点选埋在变形区以外的基岩上或深埋在原状土上,也可以设置在稳固的建构筑物上。水准基点的高程系统宜与测区现有的高程系统一致。为了检查水准基点自身的稳定性,可将基点构成水准网,采用二等水准定期检测,对两期观测成果可按同一基准分别进行平差。

对于高速公路施工期的沉降观测,工作基点的稳定与否直接关系到计算工作量的大小。工作基点采用预制混凝土标石作为标志。根据观测断面的布设情况,埋设在公路一侧坚固的地基上,或设置在永久建筑物上。工作基点也需要定期复测检查并进行稳定性分析,当工作基点的变化对沉降点的观测影响甚微时,可以认为是稳定的。

⑥施工过程的动态控制。施工过程的动态控制主要分为路堤填筑过程中的动态控制和路堤预压期的动态控制。在路堤填筑过程中,沉降观测的主要目的是防止施工期内路基失稳,因此,应重点对路堤填筑过程中的最高沉降速率加以限制。参考国内已建工程的经验,路堤中线沉降点的沉降速率应小于10mm/d,重点部位(如桥头路堤)的沉降速率应小于5mm/d。当沉降速率大于上述规定时,应作认真细致的分析,必要时通知有关单位采取控制措施。

(2)应力应变观测

①压力盒测点布置。按有、无土工格栅共布置两个断面,如图 2-58 所示,合计 16 个监测点。每点监测两个方向的应力,即竖向应力和侧向应力,压力盒的受力面朝向路堤顶部或中部。同一点位上、下压力盒在公路纵向方向相互错开 0.5m,共计埋设了压力盒 32 个,监测记录仪一台。

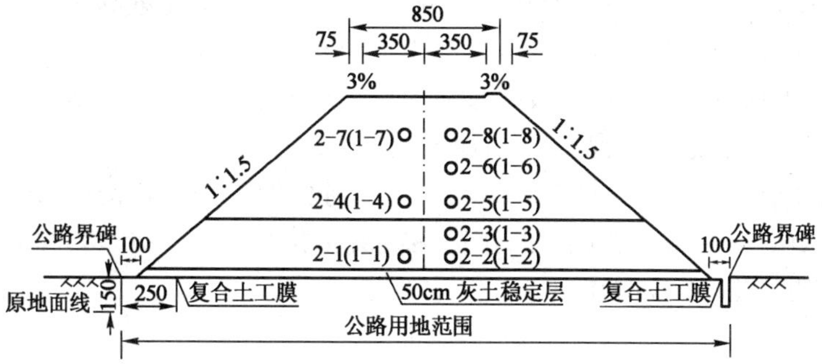


图 2-58 加铺(括号内)与未加铺土工格栅断面土压力测点布置图(尺寸单位:cm)

②压力传感器的选择。由于监测目的是为了解路堤中土压力的大小及其分布情况,因此选择钢弦式压力传感器(压力盒)。它具有性能稳定、安装测量简单、多点观测、温度等因素影响较小的优点。根据设计要求计算可知,上覆土的自重压力约为 200kPa,预计施工压力可达 300kPa,确定选择适用压力范围为 300 ~400kPa 的压力传感器。

③压力传感器的标定。压力传感器出厂标定:在出厂时已标定有压力系数 $K$ 值。

压力传感器现场标定:在压力盒埋设前要对压力盒进行检查,记录漂零值。在埋设后未受压力前再次进行检查,确定漂零值和修正系数。

④压力盒的安装。压力盒的埋设在填土层压实后进行,如图 2-59 所示。当填土层压实后,在选定的位置开出直径约 20cm 的两个圆形槽,深度至本层填土层底(对原状土要求进入原状土层 20cm)。然后在底部铺设厚约 5cm 的细砂层。捣实整平后,按规定的方向放入压力盒,并将电缆线沿层顶面刻一沟槽,将其引至路基外边,进行妥善保护,再用中细砂将沟槽回填至该层回填土顶面。最后在回填砂层顶面慢慢加入清水,并适当振捣,以使砂层固结、密实。

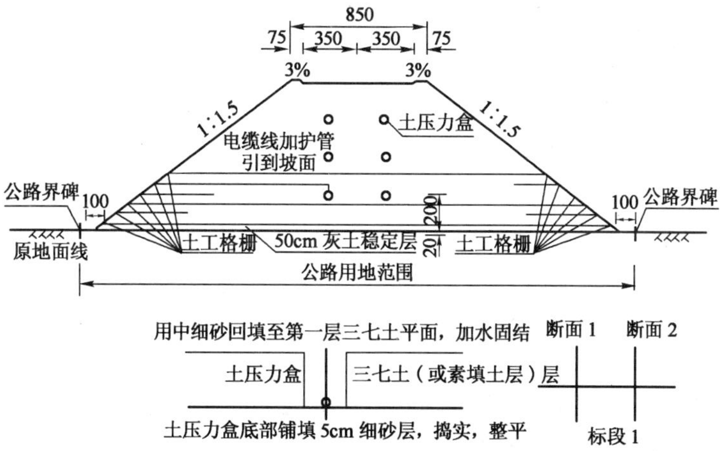


图 2-59 土压力盒安装示意图(尺寸单位:cm)

⑤观测内容与时间。观测内容为压力盒受压力作用后,钢弦的张力变化所引起的自振频率变化值,进而得到压力盒膜所受的压力。在压力盒埋设完毕后进行一次测试并记录。之后的观测频率与时间如表 2-10 所示。

(3)侧向位移观测

①观测方法的选择。侧向位移观测包括边桩位移和沿深度的侧向位移两部分内容。深度侧向位移通过测斜仪在预先埋设于地基中的测斜管内不同深度处量测而得,其变化规律对理论分析有重要意义,但作为施工控制手段目前尚无可行的经验。由于路基填土荷载使地基产生水平位移,而地表水平位移又以坡脚附近最为灵敏。为了保证工程的安全,只在坡脚处设置水平位移边桩,观测其在施工过程和工后的侧向位移变化情况。

②观测桩的埋设。为了对比铺与不铺土工合成材料的路基变化情况,只在铺与不铺土工合成材料的两个断面的两侧分别埋设两排横向混凝土位移桩,即 $Z1$、$Z2$ 和 $Z3$、$Z4$,以便对施工过程作进一步的观测,如图 2-60 所示。

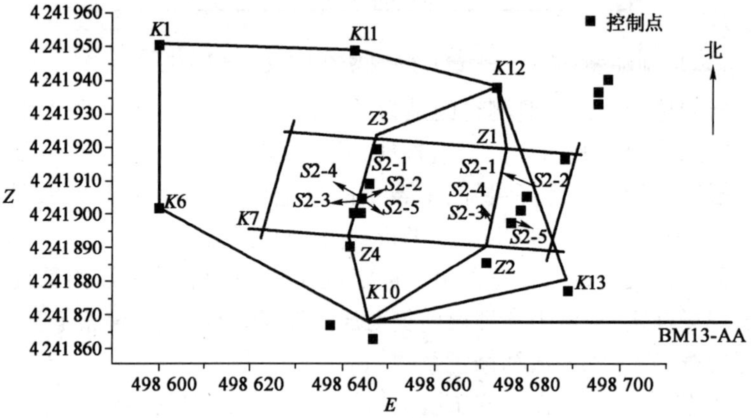


图 2-60　银古路试验段控制点平面位置图

③观测基准的选择。为了对侧向位移桩进行控制,在试验路段周围建立了三角控制网,并与位移桩 Z1、Z2 和 Z3、Z4 进行联测,定期观测其位置的变化情况。

④观测周期与精度。侧向位移的观测周期见表 2-12。位移桩的平面坐标计算应满足三等三角测量精度要求,并将其换算为路基横向位移。

2)观测结果分析

(1)沉降观测结果分析

沉降观测结果分析如图 2-61、图 2-62 所示。

由图 2-61 可知,在路中线处沉降量较小,路肩处沉降量较大。这说明在路基的填筑过程中,路基中的应力场是逐渐变化的(这一结论与后面的应力观测结果是吻合的)。当路堤高度较小时,应力基本均匀。随着填土高度的增加,路基中竖向应力集中作用点由路中心处逐渐向公路两侧移动,在路肩处或公路半幅的中间地带形成新的应力集中,产生较大的路基沉降。一旦应力超过该处的地基承载能力时,路基即产生破坏,即公路整体失稳,产生滑裂面,并沿滑裂面产生坍塌。此外,当路基中铺设土工网后,公路横断面方向所产生的沉降差明显减小,而在未铺土工网段,虽然填土厚度较小,但沉降差仍然较大。由此可见,在公路路基中铺设土工网后,可使路基中的应力重新分布,减小应力的局部集中,增加公路路基的整体稳定性。由图 2-62可知,在未加铺土工网路段,填土厚度和沉降量关系基本上呈正比,且同一层位沉降板沉降量差异较大。而在加铺土工网后，路基沉降曲线在铺设土工网相应位置出现了两个明显的平台，同一层位沉降板沉降量差异变小。这说明加铺土工网可以明显地减小路基的沉降量，使路基中的应力形成重新分布，竖向应力减小，并达到趋近于均匀分布状态。

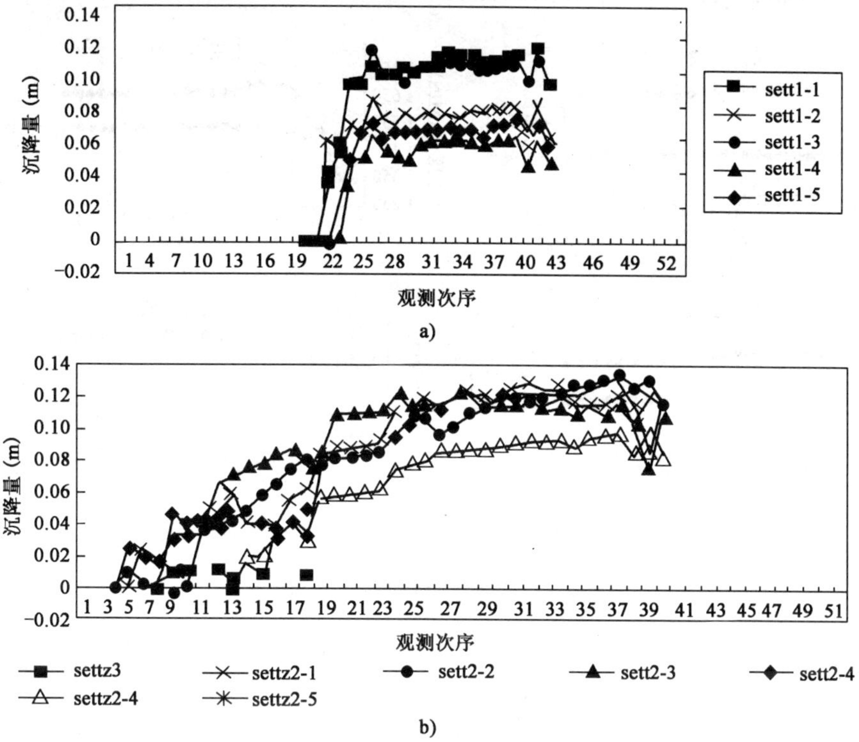


图 2-61　试验路段沉降量与观测次数关系图

a）未铺设土工网段路基沉降曲线；b）铺设土工网段路基沉降曲线

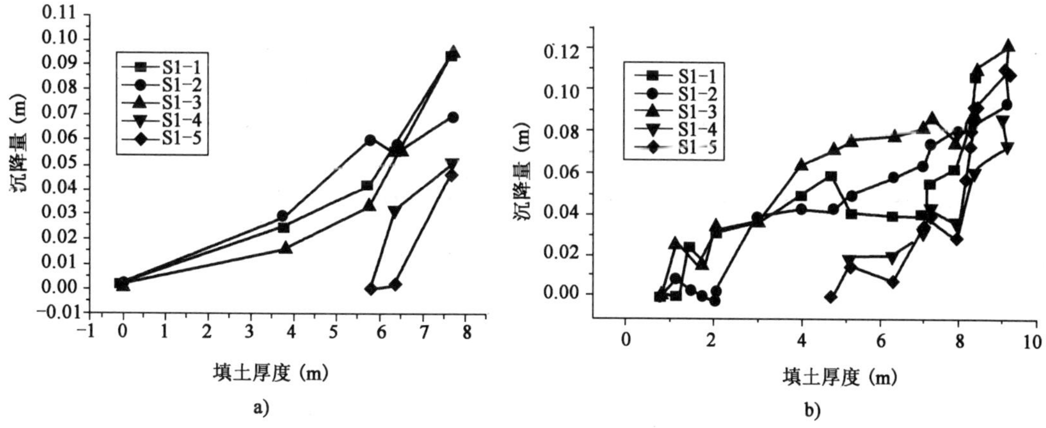


图 2-62　铺与未铺土工网沉降量与填土厚度的关系

a）未铺土工网段路基沉降曲线；b）铺设土工网段路基沉降曲线

（2）应力观测结果分析

未铺土工格栅的土压力曲线如图 2-63 所示，铺土工格栅的土压力曲线如图 2-64 所示。由上述土压力观测曲线可知，在公路路基中线处，土压力无论是竖向还是水平方向均小于路肩处,而在公路路堤中、上部,则路中线处土压力大于路肩处,这一结果与沉降观测结果相一致。由于路堤中铺设了土工网,路基中应力产生新的分布,即竖向应力减小,水平应力增加;而在路堤中上部,由于未铺设土工网,应力分布服从一般自重应力分布规律,没有产生变化,所以中间部位应力较大。表 2-11 为土压力对比表。

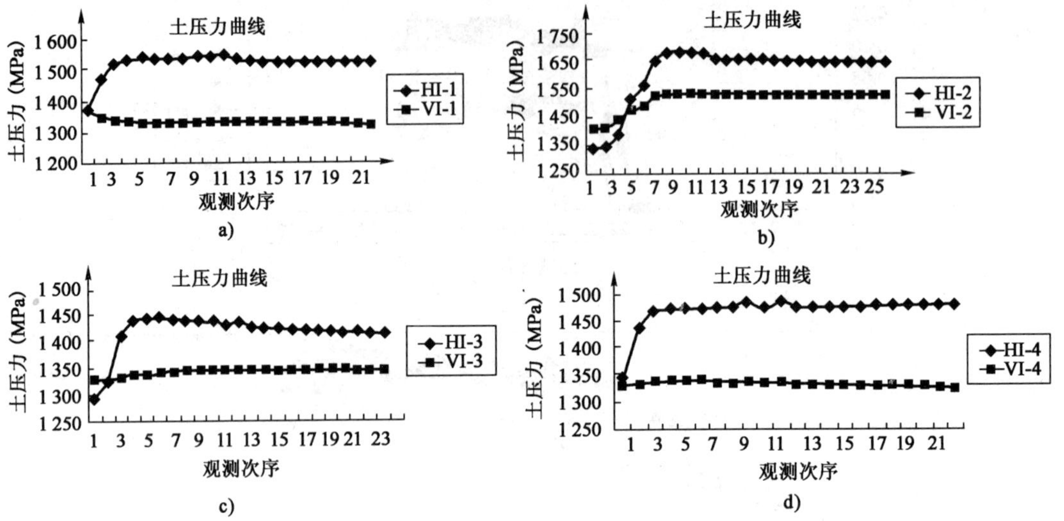


图 2-63 未铺土工格栅段土压力曲线图

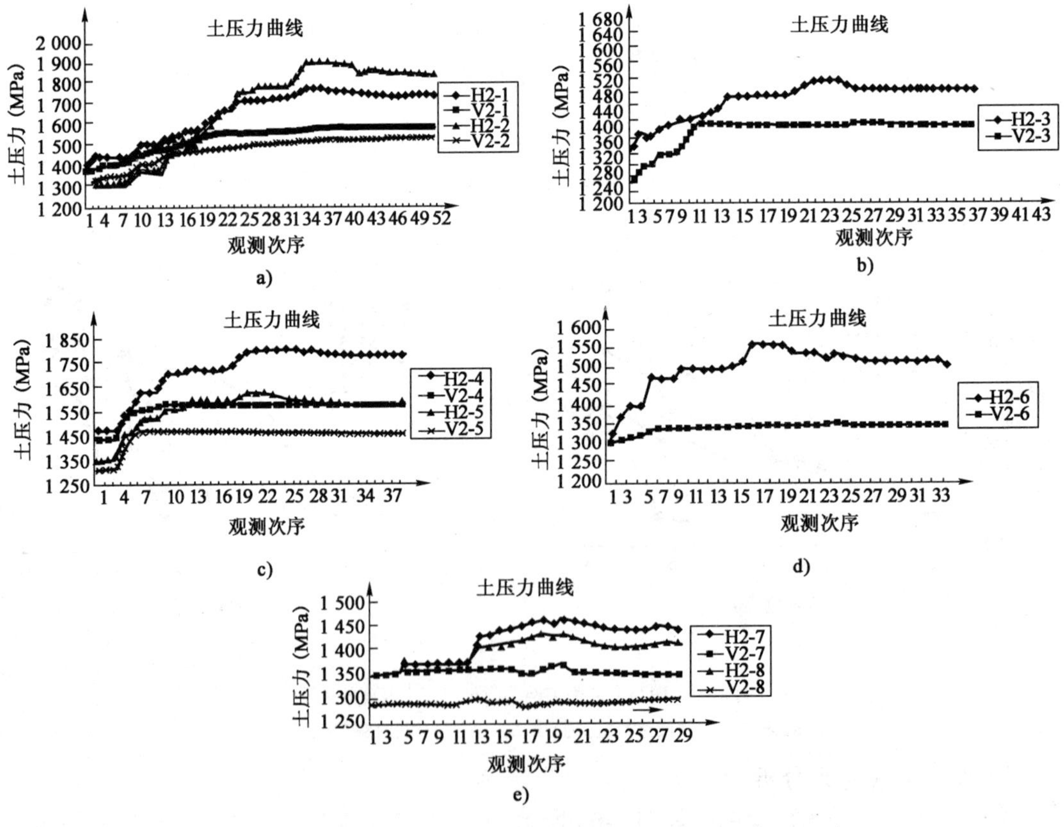


图 2-64 铺土工格栅段土压力曲线图

**铺设土工格栅前后沉降量稳定段土压力对比表**(单位:MPa)　　表 2-11

| 试 验 位 置 | 项目 | 垫层下 | 第一层 | 第二层 | 网上 | 网下 |
|---|---|---|---|---|---|---|
| 铺设土工网段 | 水平 | 1 900 | 1 610 | 1 720 | 1 530 | 1 440 |
| | 竖向 | 1 570 | 1 470 | 1 560 | 1 350 | 1 340 |
| | 压力差 | 330 | 140 | 160 | 180 | 100 |
| 未铺土工网段 | 水平 | 1 530 | 1 650 | 1 430 | 1 470 | |
| | 竖向 | 1 330 | 1 530 | 1 340 | 1 330 | |
| | 压力差 | 200 | 120 | 90 | 140 | |

注:表中压力值统一放大 250 倍。

由上表可知,铺设土工格栅后,路基中水平土压力明显增加,竖向土压力也明显减小。因此在路基中铺设土工格栅可以使路基中土压力进行重新分配,减小应力集中和不均匀沉降,提高路基的整体抗剪强度和稳定性。

由图 2-65 可见,在未加铺土工格栅的路段,填土高度和土压力关系基本上成正比,竖向和水平方向土压力差较小。而在加铺土工格栅后,土压力曲线在铺设土工格栅的相应位置出现了两个明显的平台,竖向和水平方向土应力差增大,即土压力状态进行了重新分布。同时,可以看出,未铺土工格栅时竖向土压力曲线与水平土压力曲线夹角约为 25°,基本上相当于土的内摩擦角值,而铺土工格栅后竖向土压力曲线与水平土压力曲线夹角明显增大到约 30°。这说明加土工格栅后的复合路基内摩擦角增加,即抗剪强度增加,有效地提高了路基的承载能力。

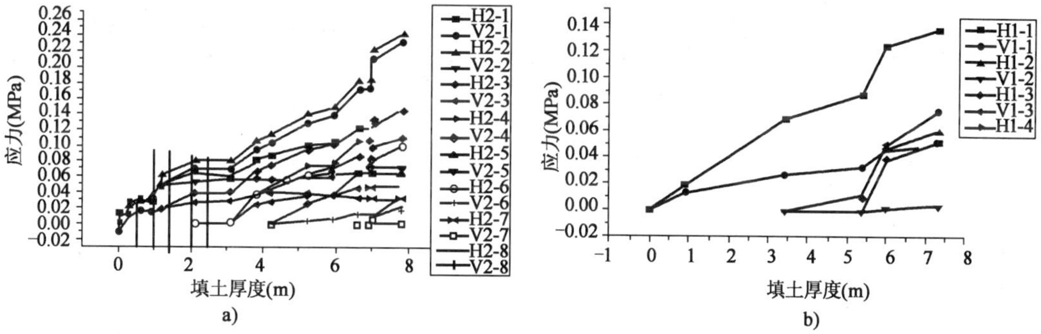


图 2-65　试验段路基填土高度与路基应力关系图

a)加铺土工格栅的路基填上高度与路基应力关系图;b)未加铺土工格栅的路基填土高度与路基应力关系图

由图 2-66 和图 2-67 可知,加铺土工格栅后,路堤中下部土压力进行了重新分布,同一观测点竖向应力明显减小,水平应力增加,土的自重应力和上覆荷载有效地传递给土工格栅,且应力分布均匀化,有效地增加了路堤边坡的稳定性,减小了路堤的沉降变形。同时,在路堤上部由于没有加铺土工格栅,则路堤中土压力曲线形状与未铺土工格栅时基本相同,没有大的改变,而下部铺设了土工格栅后,路基中各点的竖向自重应力值有明显的减小。

(3)横向位移观测结果分析

随着填土高度的增加,路基横向位移的变化如图 2-67 所示。

由图 2-68 可以看出,在路基填筑开始以后,随着荷载的增加,侧向位移也缓慢增加,但每天的位移值增加不大。对不加格网的路基,如图 2-68b)所示,随着荷载增加并接近地基极限荷载时,边桩位移迅速增大,地基有破坏可能;而加格网的路基,如图 2-68a)所示,横向位移变化比较平缓,加筋的分荷作用也较为明显。

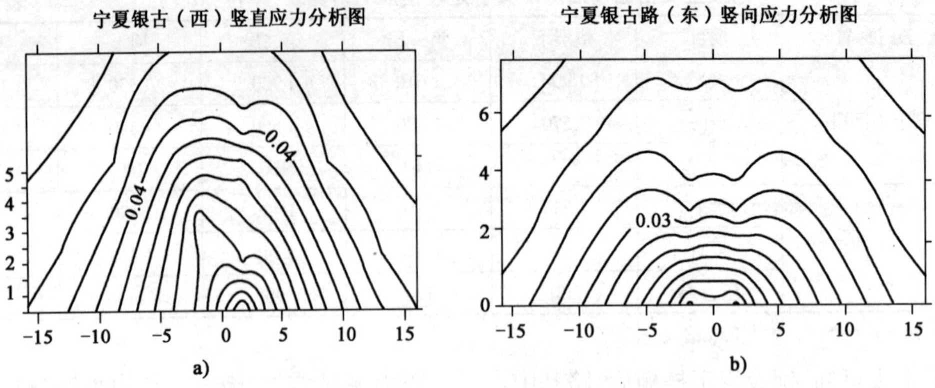


图 2-66　铺设与未铺土工格栅的路基竖向应力等值线图

a）铺设土工格栅；b）未铺土工格栅

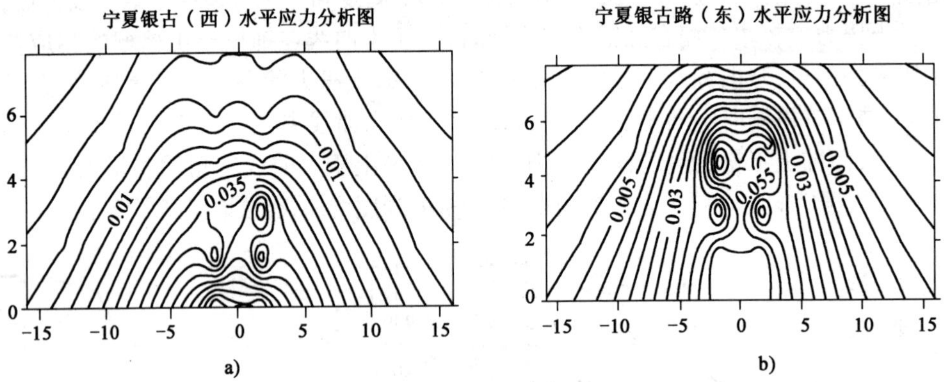


图 2-67　铺设与未铺土工格栅的路基水平应力等值线图

a）铺设土工格栅；b）未铺土工格栅

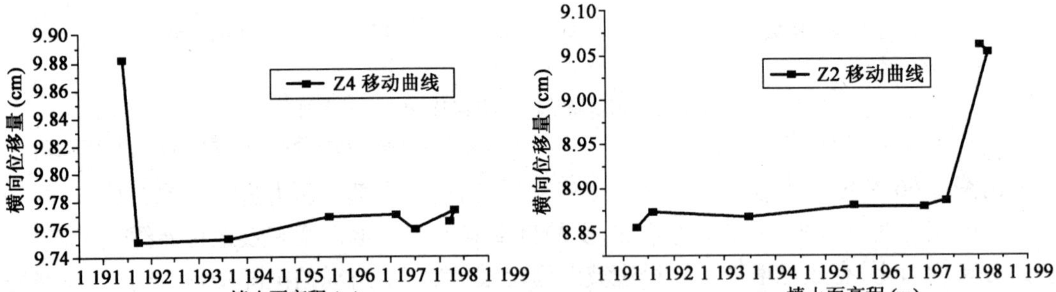


图 2-68　路基填土高度与横向位移量关系图

a）加铺格网路堤横向位移；b）未加铺格网路堤横向位移

## 单元三　膨胀土路基病害类型成因及防治措施

### 一、路堑变形破坏类型

1. 剥落

剥落是指路堑边坡表层受大气物理风化作用，使土块碎解成细粒状、鳞片状，在重力作用下沿坡面剥落的现象。剥落主要发生在旱季，干旱时间愈长，蒸发愈强烈，剥落愈严重。一般强膨胀土较弱膨胀土剥落更甚，阳坡比阴坡剥落要严重。剥落物堆积于边坡坡脚或边沟内常造成边沟堵塞。

2. 冲蚀

冲蚀是指坡面松散表土在大气降雨或地表径流的集中水流冲刷侵蚀作用下，沿坡面形成的沟状冲蚀现象。冲蚀主要发生在雨季，与水流作用的强度和时间成正比例关系。水流越集中，冲蚀越严重，常使坡面由纹沟发展成细沟，进而形成冲沟，遍布坡面。这一方面会造成边坡不断后退，另一方面由于冲沟深切将导致坡面土体局部破坏。

3. 泥流

泥流是由于坡面松散土粒与坡脚剥落堆积物在雨季被水流裹带搬运而形成的。一般在膨胀土长大坡面、风化剥落严重且地表径流集中时最易形成。泥流常造成边沟或涵洞堵塞，严重者可冲毁路基、淹埋路面。

4. 溜塌

溜塌是指边坡表层强风化层内的土体，吸水膨胀软化，处于过饱和状态，在重力与渗透压力作用下，沿坡面向下产生塑流状塌移的现象。溜塌是膨胀土边坡表层最普遍的一种病害形式，常发生在雨季，与降雨稍有滞后关系。可在边坡的任何部位发生，与边坡坡度无关，有的以单个溜塌出现，但长大边按正常可见到多个溜塌体相连形成带状溜塌裙。溜塌上方有弧形小坎，无明显裂缝与滑面，塌体移动距离较短且很快自行稳定于坡面，呈片状分布。溜塌厚度受强风化层控制，大多在1.0m以内，不超过1.5m。

5. 坍滑

坍滑是指边坡浅层膨胀土体，在湿胀干缩效应与风化作用影响下，由于裂隙切割以及水的作用，土体强度衰减，边坡丧失其稳定性，土体沿一定滑面整体滑移，并伴有局部坍落的现象。坍滑常发生在雨季，较之降雨稍有滞后，滑面清晰且有擦痕，滑体裂隙密布，多在坡脚或软弱夹层处滑出，破裂面上陡下缓，滑面含水富集明显高于滑体，呈横展式分布。坍滑若继续发展，常沿后缘牵引逐步形成滑坡。坍滑发展除与膨胀土类型、边坡陡度有关，还受土体结构严格控制。其破坏厚度一般在风化作用层内，多为1.0～3.0m。

6. 滑坡

滑坡是指边坡开挖土体临空，由于坡脚支撑或软弱夹层被切断，胀缩效应与风化作用使边坡土体结构破坏，强度衰减，在水的促滑作用下，使边坡土体丧失稳定平衡，沿一定滑面整体向下位移滑动。滑坡常在雨季发生，与降雨稍有滞后，具有弧形外貌，有明显的滑床与滑动面及擦痕。滑床后壁陡直，前缘比较平缓，主要受裂隙控制。滑坡多呈牵引式，具叠瓦状、浅层性和成群发生。滑面大多受软弱面制约，滑体裂缝密布，呈纵长式。有的滑坡从坡脚可一直牵引到边坡顶部，具有很大的破坏性。

## 二、路堤变形破坏类型

膨胀土路堤变形与破坏类型，按其变形破坏机理与位置，可划分为以下几类：

### 1. 沉陷

由于膨胀土初期结构强度较高，在施工时不易被粉碎，也不易被压实。在路堤填筑后，由于大气物理风化作用和温胀干缩效应，土块崩解，在上部路面、路基自重与汽车荷载作用下，路堤易产生不均匀下沉。如果在下沉中伴随有软化挤出时，则可产生很大的沉陷量。一般是路堤越高，沉陷量越大，沉陷变形越普遍，尤其以桥头填土的不均匀下沉更为严重。

不均匀下沉将导致路面的平整度下降，严重时可使路面变形破坏，甚至屡修屡坏。

### 2. 纵裂

路肩部位常因机械碾压不到，填土密实度达不到要求，后期沉降相对较大。同时，因路肩临空，对大气物理风化作用特别敏感，干湿交替频繁，肩部土体失水收缩远远大于堤身，故在路肩顺路线方向常产生纵向开裂，形成长数十米或上百米的张开裂缝。缝宽约 2 ~ 4cm，大多距路肩外缘 0.5 ~ 1.0m（图 2-69）。

图 2-69　膨胀土造成路基路面纵向开裂

### 3. 坍肩

路堤肩部土体压实不够，又处于两面临空部位，易受风化作用影响而导致强度衰减。当有雨水渗入时，特别是当有路肩纵向裂缝出现时，在汽车动荷载作用下，很容易发生路肩坍塌。塌壁高多在 1.0m 以内，严重者可大于 1.0m，常在雨季发生。

### 4. 溜塌

与路堑边坡表层溜塌相似。但路堤边坡溜塌大多与边坡表层压实不够有关。其特点是一般溜塌多发生在路堤边坡的坡腰或坡脚附近，有单个溜塌体，也有数个溜塌相连或叠置形成溜塌裙的。

### 5. 坍滑

膨胀土路堤填筑后，边坡表层与内部填土的初期强度基本一致，但是随着通车时间的延续，路堤经过几个干湿季节的反复收缩与膨胀作用后，表层填上风化加剧，裂隙发展，湿胀干缩效应显著，当有水渗入裂隙时，则膨胀土软化，强度降低，导致边坡坍滑发生。

### 6. 滑坡

路堤滑坡与填筑膨胀土的类别、性质、填筑质量以及基底条件等有关。若用灰白色强膨胀土填筑堤身，则形成人为的软弱面；填筑质量差，土块未按要求打碎；基底有水或淤泥未清除，处理不彻底；边坡表层破坏未及整治等，都有可能产生滑坡。因此，膨胀土路堤有从堤身滑动的，也有从基底滑动的（图 2-70）。

### 三、膨胀土滑坡

1. 膨胀土滑坡的一般特征

由于膨胀土属于黏性土范畴，所以，膨胀土滑坡首先具有与一般黏土滑坡相似的特征，即路堑开挖、边坡临空、土体膨胀。在一定的边坡土体结构与环境条件下，强度衰减发生渐进破坏，丧失其稳定平衡，在重力作用下沿一定软弱结构面产生滑动。

图 2-70　膨胀土滑坡

从形态上看，膨胀土滑坡具有一般黏土滑坡的弧形外貌和滑坡裂缝，有明显的光滑滑动面、滑床和滑体等。在低矮边坡中滑坡常成横展式，横向延伸大于滑坡轴线纵长；在高边坡中则滑坡多成纵长式，滑坡轴线长大于横向延伸。

从地貌上看，膨胀土滑坡大多发育在膨胀土地区的沟间垄岗侧或沟间丘陵缓坡地带，特别是岗洼负地形地带。

从滑动面特征看，膨胀土滑坡具有明显的滑带与擦痕，滑带土多呈软塑状。一般滑带厚度较薄，仅数厘米，有的甚至仅为数毫米，厚者也多在数十厘米内。

2. 滑坡的特性规律

（1）牵引性

根据滑坡产生的力学条件，膨胀土滑坡绝大多数属于牵引式滑坡。在道路开挖边坡上产生的滑坡表明，边坡变形多在边坡上部或坡顶开始出现，然后逐级牵引向上发展。因为边坡上部土体处于两面临空，吸水和失水变化较频繁，易产生风化和胀缩变形，强度衰减较快，因此，容易首先出现软弱面而产生滑动。一旦膨胀土强度衰减，边坡产生第一次滑动后，土体强度将继续衰减产生迅速破坏，发展形成第二次、第三次，甚至多次滑动，最后直至达到新的稳定平衡为止。各次滑动面相互贯通，形成多次牵引阶梯状叠瓦式形状。

牵引式滑坡发展的规律与边坡高度和边坡地形环境有密切关系。一般在地形平坦的阶地垄岗中部发育的滑坡，牵引范围受地形控制，纵向发展有限，大多在十余米至数十米，横向发展较宽，可达数十米至百余米，故多呈横展式滑坡。若在地形坡度较大的丘陵缓坡或山峦斜坡地带发育的滑坡，则牵引范围较大，近者达数十米至百余米，远者可达数百米，但横向宽度较窄，多在百米以内，也有更宽者，故呈纵长式滑坡。

（2）结构与构造性

从膨胀土滑坡产生的成因类型看，大多数滑坡都是沿土体的软弱结构面滑动的，因而具有一定的结构与构造性。

这些结构与构造包括：各种成因的裂隙、土层的层间接触、湿胀干缩循环带、风化带、软弱夹层、构造节理等。

膨胀土滑坡由于受结构面控制，许多滑动面实际上就是土体的结构面。因此，膨胀土滑坡的滑面形态主要取决于软弱结构面的形状和坡度。根据整治滑坡开挖观测，滑坡后缘主要受土中垂直裂隙控制，故滑坡后壁多呈直立陡坎。滑面中部与主滑段结构面基本吻合，由裂隙结构面产生的滑坡，滑床与水平裂隙倾角基本一致；由软弱夹层形成的滑坡，滑床与软弱夹层的层面相吻合;由风化带结构面产生的滑坡,滑床大多与风化带界面相重合等。其总规律是:滑床较平直,坡度多为3°~15°。从滑床后缘陡壁到中部平直滑床之间,只有很短一段过渡圆弧,滑床前缘若遇有阻碍则稍有上翘,若无阻碍则一直沿平直滑床滑出。因此,膨胀土滑坡的滑面形状,既不同于一般黏土滑坡的圆弧形滑面,又与直线形滑面不完全相同,而是介于圆弧形与直线形之间的一种近似圆弧自由平滑形滑面。

(3)浅层性

从滑体厚度分析,膨胀土滑坡大多具有浅层性质,这与膨胀土的土质特性和结构面有密切关系。

多数地区膨胀土裂隙深度在1~3m,风化作用深度也大多在1~3m。这表明三者深度基本一致,说明膨胀土滑坡受界面影响具有明显的结构与构造性。

(4)多次滑动性

膨胀土滑坡之所以具有多次滑动特征,主要是由膨胀土的胀缩特性与强度特性所决定的。膨胀土在自然气候作用下,产生往复胀缩循环,抗剪强度随时间衰减。当边坡土体产生第一次滑动后,新暴露于大气的土体或滑动土体,因滑面积水下渗或大气风化营力作用,又继续产生风化和胀缩变形,结果使强度继续衰减,新的不稳定因素积累,又产生边坡土体第二次滑动。如此反复循环,边坡土体产生多次滑动,直至新的稳定平衡为止。

(5)成群分布规律

膨胀土滑坡具有成群产生、成群分布的特点。而这些膨胀土滑坡成群分布出现,并不是偶然巧合,而是膨胀土滑坡又一特性规律的表现。调查表明,膨胀土滑坡的集中成群分布,主要是膨胀土空间分布规律的表现。滑坡主要发育在强膨胀土分布地区或有软弱夹层的复杂边坡,以及地形地貌、气候和水文地质条件复杂地区。

(6)时间规律

时间规律主要是指膨胀土滑坡的发生,一般具有明显的季节性和间歇性规律。由于膨胀土特性规律的一个重要方面是土体吸水产生膨胀,强度迅速衰减,所以膨胀土滑坡大多在雨季活动最频繁,发展最快。其次是春融季节时,也有一定发展。现场调查表明,在长期干旱后的第一个雨季,是滑坡集中产生、成群出现的重要时刻。到了旱季,边坡则相对稳定,滑坡暂时停止。但是,如果不采取有效措施,经过季节性干湿循环之后,来年雨季老的滑坡不仅可能复活,产生再次滑动,而新的滑坡也将不断产生。直至10年、20年或更长时间,膨胀上边坡滑动都有可能。

3. 滑坡稳定性分析

(1)地层成因分析

由于膨胀土的成因类型不同,组成土的物质成分、结构与构造均有较大差异,其工程性质也必然不同,产生滑坡的几率及发育程度也不一样。一般情况是,湖相或河湖相建造形成的膨胀土,滑坡较为发育。由泥灰岩、黏土岩风化物形成的残积膨胀土,滑坡也比较发育。

(2)土体结构分析

若边坡土体裂隙和节理的产状倾向线路中心,且倾角小于边坡陡度时,容易产生滑坡。如果土中的裂隙因边坡卸荷与风化而张开,缓倾角的水平裂隙贯通成长大裂隙,并充有裂隙水时,产生滑坡的可能性更大。当边坡出现软弱夹层临空时,无论在坡顶、坡腰或在坡脚,产生滑坡的几率更大,而且常形成灾害性滑坡,严重时将危及行车安全。

(3)土性分析

强膨胀土因亲水性强,胀缩性大,抗剪强度衰减快,最易形成边坡滑动,且滑坡规模较大,危害最严重。中等膨胀土次之，弱膨胀土若无滑坡发育的地形与水文地质条件，一般产生滑坡的几率较小。

(4)水文地质条件分析

水对膨胀土滑坡的形成起促滑作用。膨胀土滑坡产生滑动之前或滑动之后，一般在边坡地表常有泉水溢出，有时虽然水量很小，足以使滑带膨胀土达到充分软化而产生滑动。

(5)微地貌条件分析

容易产生膨胀土滑坡的微地貌条件，主要是位于汇水面积长大的岗洼负地形边坡，一般滑坡发育较普遍。岗脊正地形边坡，由于排水畅通，产生滑坡的可能性较小。

(6)变形形迹分析

膨胀土滑坡从发育到发生与发展，反映了边坡土体变形从量变到质变的过程。当边坡出现膨胀，地表或边坡顶产生裂缝，坡脚被掏空，坡面溜坍，坡面或坡脚有泥水流出等迹象，都预示边坡有产生进一步变形滑动的可能。

(7)力学计算分析

对滑坡稳定性评价的力学计算分析，必须注意两个基本问题。一个是滑动面的形状和位置，另一个是滑带土的抗剪强度参数。尤其是超固结膨胀土体，在渐进性破坏滑动中，滑动面上各部位的抗剪强度是不相等的，一般是介于土的峰值强度与残余强度之间，因此进行分段取值计算是较为合理的。

4. 膨胀土滑坡预防

(1)膨胀土滑坡的防治原则

①防水。水不仅是滑坡的直接诱发因素，而且是胀缩循环的直接因素，在膨胀土滑坡中具有双重危害作用。因此，防治膨胀土滑坡必须本着“治坡先治水，防滑先防水”的原则，防止地表水和大气降水渗入边坡土体，并及时疏导地下水。

②防风化。膨胀土的抗风化能力很低，尤其是地表浅层土体在大气风化营力作用下，容易形成风化软弱层，常是产生滑坡的危险结构面。

③防反复胀缩循环。膨胀土反复吸水失水产生胀缩循环效应，常在地表浅层形成胀缩变动带，使土体结构破坏、强度降低，导致滑坡的产生。

④防强度衰减。土体抗剪强度衰减是造成边坡渐进破坏、产生滑坡的直接原因。

(2)膨胀土滑坡预防

预防膨胀土的滑坡的产生，必须立足于“先发治坡”的原则，从勘察选线与选址开始，通过设计、施工和养护维护等各个阶段，层层设防，最终实现。

①勘察阶段。详细查明线路位置和建筑场地的工程地质条件，对勘察区内膨胀土边坡的整体稳定性作出正确的分析判断。如果预测有发生大型滑坡的严重危害或有可能出现滑坡群时，应详细做好工程地质选线和选址(场)工作，采取坚决绕避方案。

②设计阶段。充分应用工程地质资料，结合已有工程或滑坡的稳定性情况进行设计，尽量减少滑坡发生的可能性。一是正确选择设计方案，作出深挖长路堑与隧道的比较、高填长路堤与桥的比较；二是选择适合于膨胀土特性的合理边坡形式、陡度、高度；三是选择有效的工程措施等。

边坡应按工程地质条件和稳定性分类分级，原则上均应采取必要的防护措施。那种单纯指望放缓边坡坡率即能稳定边坡的想法，对膨胀土地区路基设计是十分有害的。

③施工阶段。在膨胀土地区，由于施工方法不当引起的滑坡屡见不鲜。因此，施工中必须

充分掌握膨胀土所具有的卸荷膨胀、风化膨胀和遇水膨胀等重要工程地质特性与规律，选择适合于膨胀土特性的正确施工方法与季节。

膨胀土地区的一般工点应尽量做到在旱季施工，并集中力量一气呵成。其施工顺序应严格遵循先排水，后主体；快速开挖，及时支挡；自上而下，分层逐级施工的原则。

对于支挡建筑物，施工时应从两端开始，跳槽开挖基坑，采取边挖边砌基础边修建的方法，及时恢复力的平衡状态，增强坡脚支撑。

④养护维修。由于膨胀土滑坡的发生，大多有一个从量变到质变的发育过程。边坡一旦出现变形，排水沟产生破坏等，如不及时治理与维修，则有进一步使变形扩大的可能。因此，应经常注意边坡与防护工程设施的工作状态，发现问题及时采取措施进行养护维修。

⑤观测预报。对于危害性大的滑坡，应建立观测系统，监视滑坡的活动，进行紧急预报，以防止突然灾害的发生。滑坡预报包括空间预报和时间预报两个方面。空间预报可根据膨胀土滑坡分布的空间规律、土体结构和边坡变形形迹等，判断滑坡发生的地点和规模等。但滑坡发生的时间预报则较困难。目前，在一般滑坡时间预报中，主要是根据位移速度的观测进行预报。廖世文等通过对膨胀土边坡变形破坏前后的含水率实测研究，发现当膨胀土体含水率超过一定值后，强度衰减发生突变，即产生滑坡。因此，含水率突变可以作为膨胀土滑坡的预报特征。

## 四、膨胀土边坡的综合治理技术

针对膨胀土边坡具有“逢堑必滑、无堤不塌”的极端特殊性与严重性，防治膨胀土滑坡必须贯彻“先发治坡、以防为主”的总原则。实践证明，相对稳定的坡率还必须与其他工程项目相结合，只有相辅相成，共同作用，才能维持好一个稳定的边坡。必须针对边坡的特性（膨胀土的胀缩性、裂隙发育情况、软弱结构层面、坡高坡长，坡率等），环境的影响（大气降雨量与蒸发量、地下水下地表径流方式等），结合边坡各部位可能产生的应力种类和大小，采取相应的处理、预防措施，进行综合治理。

膨胀土路堑边坡防护与加固措施，可以分为表水防护、坡面防护和支挡防护三类。工程中大多是三种结合使用。

### 1. 表水防护

设置各种排水沟，建立地表排水网系，截排坡面水流，使表水不致渗入土体和冲蚀坡面。

水是膨胀土边坡的天敌，常有无水不滑之说。因此，治滑必须先治水。这是保证边坡稳定的重要工程措施。

排水包括地表排水与地下水两个方面。地表排水以防渗和拦截滑体以外地表水、及时旁引为原则；地下排水以尽快汇集、及时疏导引出为原则。

由于膨胀土的水文地质特征，决定膨胀土中的地下水多为浅层裂隙水性质，且具有极不均一性，在膨胀土滑坡整治中，一般采用综合排水的措施，可以收到好的效果。

归纳膨胀土滑坡整治中采用的各种设施，有包括防渗和截水的天沟、吊沟、侧沟、排水沟；有疏导相结合的支撑渗沟、渗水井、渗水暗沟，挡墙后盲沟和排水隧洞等。

1）地表排水网

加强地表排水措施，建立地表网系，对于整治膨胀土滑坡具有特殊重要意义。以往成功的经验是：天沟、侧沟、排水沟紧密相连，三沟汇水齐归涵。同时，要求所有排水系统，一律浆砌，并随时检查维修，防止积水或淤塞，保证排水畅通。

水是膨胀土产生胀缩变形与风化的直接重要因素，也是坡面冲蚀的直接外营力。因此，表水防护的目的是要截排坡面水流，使表水不致渗入土体和冲蚀坡面，可以分级设置各种排水沟，建立地表排水网系。

(1)天沟

天沟是坡面排水网系的第一道防线，必须有效可靠。天沟道数和天沟深度，应视上游坡面汇水面积大小和边坡堑顶上方是否有地表水，如水田、水塘和水渠渗漏等而定。当坡面汇水面积大，有上方水体渗漏时，可设置两道天沟分别拦截渗漏水流，再距堑顶外30～40m设置第二道天沟，拦截剩余坡面水流或渗漏水流。所有天沟一律采取浆砌等防渗漏和防冲刷措施。

(2)边坡平台排水沟

台阶形边坡应在每一级边坡平台内侧设置纵向排水沟，以截排上部坡面与平台水流。排水沟应设在坡脚外侧，在排水沟与坡脚之间必须设置一定宽度的水沟平台，以防坡脚冲蚀和浸水膨胀变形，边坡平台与纵向排水沟均应采取混凝土防护或浆砌片石加固等防渗漏与冲刷措施。

(3)侧沟

凡是膨胀土路堑均应一律设置侧沟，以排除坡面和基床水流。由于膨胀土路堑边坡变形与基床变形的特殊性，要求侧沟设置必须适应膨胀土路基要求。一是侧沟位置应设置在坡脚外侧，在侧沟与坡脚间设侧沟平台一道，以保护和稳定坡脚，同时防止侧沟淤积。二是侧沟尺寸大小应视坡面泥流量大小、基床翻浆冒泥病害严重程度等具体确定。一般应比普通土质路基侧沟断面要加大加深，尤其是在基床翻浆冒泥严重的地段，侧沟更应有足够深度，以排除和疏干基床水。

(4)急流槽

膨胀土路堑边坡常因堑顶微地貌形态与地形坡度以及长大坡面水流较大等原因，必须设置吊沟。同时，加强坡面横向排水，并使开沟、平台排水沟、侧沟和吊沟形成沟沟相连，一起汇入涵洞的地表水网系。吊沟也应采用防渗漏与防冲刷加固措施。

2)支撑渗沟

支撑渗沟整治膨胀土滑坡，用于疏导滑坡体内地下水，效果显著，是一种使用较普遍的排水措施。支撑渗沟可疏导地下水，同时又对边坡土体起到支撑作用，以增加其稳定性，一般常同抗滑挡墙联合使用。

支撑渗沟的平面布置和深度应视滑体内地下水系的分布、埋藏条件等，结合地形合理布置。一般将渗沟按主沟和支沟布置成地下水排水网系，将滑体内的地下水由支沟引入主沟后，排出滑坡体外。

3)渗水井、渗水暗沟和卸水隧洞

一般施工和养护维修都较困难，在整治膨胀土滑坡中，只用于少数几处地下水量大、埋藏较深的滑坡。

### 2. 坡面防护加固

膨胀土边坡因开挖而产生的施工效应特别明显，挖方使原来处于稳定的膨胀土裸露在边坡表面或大大降低了上覆压力。由于膨胀土边坡比其他土质边坡更易风化、易胀缩变形，由此引起的边坡变形危害就更加普遍而严重。因此，对膨胀土坡面的防护加固显得特别重要，坡面防护的类型很多，主要应根据边坡膨胀土类别及风化程度等特性合理选择。

1）骨架护坡

骨架边坡主要用于防止坡面表土风化，同时加强风化层土体的支撑稳固作用，实际上这是一种将长大坡面分割为由若干骨架支撑的小块土坡，进行分而治之的有效措施。常用的有：

①方格骨架护坡。方格大小有2m×2m、2.5m×2.5m、3m×3m三种，可根据边坡具体情况选用。虽然受力条件与支撑作用不如拱形骨架，但施工较方便。

②拱形骨架护坡。拱形骨架对边坡坡面强风化土体的支撑稳固作用，较之方格骨架具有明显的优点，但施工较方格骨架困难。

③人字形骨架护坡等。

用浆砌片石或预制块做成格式或拱式形状的护坡，已得到大量的应用。它具有得体的几何形状，与它相比，满铺式则显得单调。骨架的作用于支撑和分割坡面，能够消除坡面较大范围内的相互渐变牵引的影响。骨架的宽度及其间距可视坡体土性好坏调整，常用的骨架宽度为0.5m，间距2m或3m。骨架嵌镶入坡体表面的深度是确保其防护能力的关键，一般不应小于0.5m，即应嵌固在表层松土或强风化层以下较坚实的土层上。埋置较浅的骨架，其隆起变形，往往从坡中开始，逐渐牵引而上，导致整个骨架的破坏。

从理论上来说，埋置在大气急骤影响深度以内的骨架体都存在着变形破坏的可能，要求所有的骨架都埋置在这个深度范围内是不现实、也是不可能的，但应每隔15～20m设置主骨架一道，并适当增加其埋深（1.0～1.2m左右），这样做对坡顶土体扰动较小。

主骨架和其他骨架关系就如同脊骨与肋骨的关系一样。主骨架起着支承、嵌锁的作用，也可用支承渗沟、支承排水沟代替。

拱（格）式护坡的优点是比满铺式省材料。因为不是全封闭，格内或拱内坡面土体水分可以调节，从而避免较大的膨胀应力产生。但应该注意的是，由于边坡土体表面仍处于可以蠕动的状态，埋置过浅的骨架（无论拱式格式）将随移动土体一起运动，位移量过大时，会导致整个结构的破坏。构筑在较陡面上的骨架（一般小于1:1.5），特别是拱式骨架，朝坡下一侧的土体仍会向下滑移而将骨架露出，失去一侧土体支衬骨架，应力状况将发生变化，时间一长也易发生破坏。

经过大量调查，拱形骨架护坡对坡面风化土体的支撑稳固作用较之方格形骨架护坡更好。甚至可以看到，有的拱形骨架下面表土局部塌空，拱对上部坡面的支撑仍然良好。但是拱形骨架施工要比方格骨架更困难，所以，在实际工程中大多仍采用方格形骨架护坡，骨架护坡一般采用片石浆砌。若风化层太深（大于1.0m），骨架嵌入困难，且风化界面效应加剧，常常造成边坡浅层滑坡，以致方格骨架遭到破坏，则不宜采用骨架护坡。此时，应当考虑设置支挡建筑物。单纯采用骨架护坡防护，骨架内坡面冲蚀现象较普遍，格内细小纹沟密布。因此，现场大多采用骨架护坡与骨架内护面防护相结合的措施，效果显著。

2）片石护坡

主要用于整治边坡膨胀土体已产生局部溜塌等变形，片石护坡可分为干砌片石护坡和浆砌片石护坡两类。

（1）干砌片石护坡

主要用于边坡产生局部溜塌变形后，可及时清除溜塌体，用片石嵌补，以迅速恢复原有坡面的完整。同时，对受溜塌牵动影响的局部土体，可以起到一定支护作用。对于调整坡面表土胀缩作用、承受变形，均有一定效果。

（2）浆砌片石护坡

大多用于边坡土体产生局部塌滑后的整治。由于浆砌片石护坡整体强度较高，自重较大，对于边坡土体可起到反压和部分支挡作用。同时，可以及时封闭坡面，防止土体继续风化。因此，采用浆砌片石护坡可增加边坡稳定性，在路堑与路堤边坡加固中均有使用。

满铺式浆砌片石护坡是一种刚性结构，主要靠其自重或片石与砂浆的黏结力阻止坡面的膨胀变形。它的防冲刷性强，能抵御较大能量的集中水流的侵蚀冲刷，施工简单。其缺点是由于雨水的浸入（总有薄弱部位可进入），往往聚集在边坡的表层，来不及蒸发，造成坡面土层软化膨胀，易形成较大的膨胀力，致使护坡变形开裂直到损坏。因此，不建议采用封闭式的满铺浆砌片石护坡。

在满铺式浆砌片护坡施工中，有成功和失败的例子，失败的原因主要由以下几条：

①坡率过陡。自重引起的下滑力过大。雨后坡面与浆砌片石摩阻力变小，当自重引起的下滑力大于和坡面土体的摩阻力时，片石整体和局部向下滑移变形。满铺式浆砌片石护坡其填、挖方坡率，均不宜陡于1:1.5～1:1.75。

②厚度偏薄。仍然采用过去护坡常用的20～25cm厚度，在膨胀土边坡是不行的，最薄的厚度应在35cm以上，分两层施工。没有一定的自重，难以抵制膨胀力的影响。

③中、强类膨胀土边坡要慎用。据宜黄公路13标实验段抗滑桩观测实验数据分析，中等以上膨胀土的水平膨胀力可达50kPa。因此，靠满铺式浆砌片石来阻止其变形，显然无济于事。

④施工质量低劣。未按规定要求设置伸缩缝、反滤层及泄水孔，施工前坡面松软未予夯实，砂浆强度等级低，砌筑不饱满，有的厚度不足。

尽管这种防护方式存在某些弊病，在使用范围上有一定限制，但它仍不失为一种常用的较好的防护手段，在抑制和减缓边坡变形方面有一定的作用，特别在弱膨胀土边坡上，有较好的防护作用，损坏的几率较小。在已遭到变形破坏的坡面上，用它补缺、嵌塞、支衬也有一定的效果。

3）植被护坡

常见植被护坡方法有种草、撒草籽、铺草皮和种树等（图2-71）。植被防护的意义如下：

图2-71　植被护坡

①可以通过植被蓄储和蒸发水分调节坡中土的湿度，减少和降低干湿循环作用效应，增加坡面防冲刷、防变形能力；

②造价低；

③植物是天然的过滤器，可以净化空气；

④恢复因修建道路而破坏了原地表植被，既绿化美化了路表，又使生态平衡免遭破坏；

⑤有利于水土保持。

植被防护作用主要是通过以下几个方面的作用实现的：

（1）缓和雨滴的冲击

植物的茎叶及枯枝落叶层能拦截雨滴，使其直接打击坡面的机会大大减少，降低了对面的冲击力，起到了消能作用，从而使击溅侵蚀微弱。

（2）对雨水的截留，减少坡面径流量

据满开言、林卓英（1989年）的研究，覆盖度为95%的无芒麦草的最大吸水量为1.4kg/mL左右。据牡丹水土保持试验站的测定，枯枝落叶层具有很高的透水性和水容量，1kg的落叶层可吸收 2 ~ 3kg 的水。王元熙、满开言(1991 年)的研究指出,当降雨强度为 0.81mm/min,降雨历时 30min 时,对于覆盖度为 60% 和 100% 的边坡,降雨径流量分别比裸地少 68% 和 89%,而侵蚀产生的泥砂量则分别减少 95% 和 98% 左右。

(3)降低水流的速度

由于植株、枯叶层的分流、阻挡,形不成集中水流,加上雨水的下渗,使坡面的水流减少,流速降低。

(4)根系、匍匐茎等束缚土壤颗粒

植物根系纵横交错、相互缠绕,在土壤表面形成网络状结构,将其周围的土粒缚紧,使得坡面成为一个整体。

(5)植被的生长能改变膨胀土的不良性质

膨胀土表面生长植被后,能够保证土壤温度、湿度的相对稳定,避免水分的大幅度变化,从而大大减少膨胀土干缩湿胀的发生,增强路堤、路堑的稳定性。

禾本科植物,如高羊茅、狗牙根等,须根发达,由于植物根系对土壤的渗透,将土壤颗粒分隔、束缚,在土壤中明显地起到了加筋作用,根系在土中盘根错节与土一起组成厚约数十厘米的防护垫层,能有效地改变膨胀土干缩湿胀的性质。

植物枯枝落叶腐烂后给土壤表层增加大量腐殖质,从而改变膨胀土的化学组成,有利于团粒结构的形成,改善膨胀土的物理结构。

4)土质边坡轻型防护——水泥土护坡

水泥土是用无机土按比例掺入硅酸盐水泥和水,均匀搅拌,捶实成形,经过适当养护,硬化而成的一种新型建筑材料。

它的机理是:无机颗粒与土粒间发生化学反应,产生新的化合物。其凝结与硬化有以下三种成因:

①水泥的水解和水化反应;

②离子交换和团粒作用;

③硬凝反应。

水泥土的凝结是大量硅酸盐水泥与水化合生成的硅酸钙、硅铝酸钙水化物,以纤维状微粒构成的凝胶而结合,与混凝土的凝结机理相似。

工程实践证明,水泥土的变形和强度、耐久性、抗干湿循环、抗渗性、抗冲耐磨性等都达到工程要求。

3. 支挡结构

支挡结构是为了防止边坡的坍塌失稳,确保边坡稳定的构筑物。其主要应用于两方面:对于开挖的强膨胀土或中等膨胀土的边坡采取预防支挡措施,以便防止滑坡的发生;对于已发生滑动的边坡进行治理支挡措施,使工程运行正常。关于支挡结构物类型的选择,要根据边坡计算滑动推力和滑动面或软弱结构的位置而定。或者说,按照地形地貌、土层结构与性质、边坡高度、滑体的大小与厚度以及受力条件和危害程度而采取相应的形式进行治理措施。

1)挡土墙

挡土墙的设计是否符合膨胀土边坡客观的情况,关系到边坡治理费用和安全问题。因此,对挡土墙形式、土压力盒算及作用,滑动破坏形状等方面的试验研究具有十分重要的意义。

挡土墙分为坡脚墙、坡腰墙和坡顶墙。

(1)坡脚墙

用在路堑和路堤坡脚，起到稳定坡脚土体的作用。其中，路堑坡脚墙宜与边沟同时构筑，浑然一体，可以起到增加基底摩阻和侧向支衬作用（图2-72）。

图2-72　挡墙－坡脚墙

基础埋深一般为地面以下1.5m（大气急骤影响深度以下），或根据坡面发现的滑移结构面情况，予以确定。墙高不宜超过3m，墙后宜留平台，平台宽1.5～2m，以改善墙后土体的受力状况。墙体宽度应视墙后填土（土体）的状况及其膨胀土体的膨胀力和主动土压力叠加后，计算或类比而定。由于考虑水平膨胀力后，合力的作用点大都上移到挡墙的中上部，因此，在确保挡墙抗滑、抗倾覆能力的同时，应保证挡墙中上部墙体的抗剪强度，即中上部挡墙截面尺寸要比一般挡墙要大，下部的坡率要小，或采取等截面。一般情况下，挡墙顶面宽度不宜小于1m。墙后应填砂砾，砂砾厚度大于50cm，目的在于调整、缓冲墙后膨胀力及其引起的应变量。墙身不同高度处应设置泄水孔，以排除墙后土体的多余水分。挡墙因施工不善，不能正常排水，引起墙后土体过湿，软化坡脚，造成挡墙滑移破坏的例子很多，因此应对其引起足够的重视。

路堑坡脚墙一般可用M7.5浆砌片石或C10素砾石混凝土构筑。M7.5浆砌片石多用在开挖的坡体没有因滑塌和滑坡，而引起上部坡体有明显的变形，且坡体基本稳定的情况下。而C10素砾石混凝土挡墙常用在坡体在施工过程中曾发生过滑移，存在伤痕的情况之下。其原因在于已经产生明显变形的边坡体增加了进一步恶化的可能条件，如裂隙张开，土体松散，水分极易进入。产生过滑塌或牵引式滑坡，上部或中下部土体，多少发生过程度不一的变形的边坡，采用浆砌片石挡墙，很容易再次遭受破坏。松动的坡体具有更大的膨胀势能，在此种情况下修建挡墙，必须先对松散的坡体进行处理，清除膨胀性能较强的土，回填好土或用石灰（石灰剂量6%～8%）对其进行改良，逐层压实。对开裂的坡体，应回填非膨胀土夯塞紧密，防止地表水下渗，挡墙则用强度较高的混凝土，其模具可起到临时的支衬作用。由于强度上升得快，作用也发挥得较快，质量有保证。

填方的坡脚墙，在路堤较高（超过6m）或坡脚容易被水浸蚀、软化的地带设置，可起到收缩坡脚、防止因坡脚软化造成坡体变形的作用。通常与防滑渗沟、防滑坡面主骨架配合，可起到各种类型的护坡（拱形、格式护坡）的下部支衬作用。墙身一般高1～2m，不宜太高，基础开挖应在旱季进行。土质松软、承载力不够的地基，应先予处理，埋深通常要大于1m，视墙后填土性质而定。挡墙设计要考虑膨胀力的作用、膨胀力的量值，可采用土体在最佳含水率、最大干密度下测出的膨胀力大小。设置了坡脚挡墙的边坡应视具体高度和土质状态设置一定宽度的平台（无论填挖方），以起到加大坡体的侧限压力、改善挡墙体的受力状况、减少坡面水力冲刷、堆积碎落物的作用。

（2）坡腰墙

对于坡面过长（堤高、堑深大于8m）或坡体在开挖、填筑过程中，坡面土层产生过滑移或有滑移可能的坡体，常在坡面的中部增设一级或多级挡土墙，也称坡腰墙。其作用在于压缩坡长、减缓坡率，分而治之。宜黄路的实践证明，多级挡土墙对加强坡体稳定，减少变形效果较好，特别是对于那些已经产生过滑动、坡体表面松散的坡面稳定的作用特别显著。

坡腰墙基础，原则上应埋入大气急骤影响深度以下。当坡面松散、土层较厚或有滑移面时，则应埋置于散土或滑移面以下至少50cm。外墙直立，内墙坡率为1∶0.25～1∶0.3，墙身高1.2～1.5m，顶面宽不宜小于1m，墙后应留1～2m的平台，松散土体应掺石灰后分层夯实，做好泄水孔和反滤层，以利于排水。同时，两级挡墙的间隔不宜太近，以防上级挡墙在下级挡墙的破裂面内。

(3)坡肩墙

挖方路基称为坡顶墙，填方路基则称为路肩墙。填方路堤因边部压实度不够，往往引起纵裂缝的产生，水分的进入导致肩部土体湿软，抗剪强度降低，引起坍肩现象。路肩墙常作为补救措施之一。

在挖方坡顶修筑坡顶墙其目的不仅在于治，更在于防。挖方边坡变形量大的，危害也较大。顶部因路堑开挖，土体超固结应力的释放和反弹，侧向应力的减弱或消失，导致顶部土体松弛，变形加剧，多形成张拉裂隙，浸水后自重增加，土体膨胀导致滑坍或滑坡。设置了坡顶挡墙之后，增加了土体的侧向约束，避免或减轻纵裂的发生或发展，阻止了坡顶大的变形破坏的产生。

坡顶墙应在坡顶处未发生大的裂缝或滑动面未形成之前及时修建，只有这样才能发挥其抑制变形的作用，若已有裂缝产生(特别是倾向坡内的水平和斜交裂缝)，则需将基础置于裂缝下约1m。坡体完好地段，墙身与基础厚度为1.5～2.0m即可。地面表层一般胀缩性能较弱，因此，墙身断面可适当放窄，按正常土压力盒算。若土质膨胀性能较强，则需考虑膨胀力的影响。

2)加筋挡土墙

加筋挡土墙由填料、加筋、面板、土钉墙部分组成。

3)“土钉”加固土坡

“土钉”是一种加固原位土体的方法，用以形成挡土墙结构物和边坡加固。

“土钉”是用有规则排列的金属杆体使土在原位得到加固，它由面板(或挂网砂浆)、金属杆件、砂浆和土体所组成，共同形成一个“挡土墙”。工程施工是自上而下地、分层地、边开挖边加固，等到开挖一旦完成，加固也立即结束，故土体中膨胀还来不及发挥或不能充分发挥，“土钉”就对土体进行锁固，使整个堑坡的稳定性得到保障。但该法只适用于干坡，且要注意坡内排水，对经常浸水或地下水位较高、经常有水流渗出的膨胀土坡不宜使用。

4)抗滑桩

若路堑边坡已经产生滑动，采用多级抗滑挡墙无法阻止，或因施工困难，如挖基很深，边挖边塌，并能造成更大的滑动趋势者，应酌情考虑改用抗滑桩。

用抗滑桩来阻抗边坡土体下滑和治理滑坡，具有破坏滑体少、施工方便、工期短、省工省料等优点，是治理深层滑坡的有效方法。抗滑桩一般采用钢筋混凝土钻孔桩或人工挖孔桩，断面直径500～1 000mm，桩的间距一般为桩直径的3～5倍，桩深入滑动面以下深度为桩长的1/2。抗滑桩一般布置2～3排，为梅花形布置，以免滑体从桩间滑出。在重要边坡，抗滑桩间可以横向连接构成一个护坡的空间结构。这种抗滑桩系统稳固性较好，例如南水北调中线陶岔渠首发生13处滑坡，主要是采用混凝土抗滑桩的方法治理。其采用杭滑桩直径1 000mm，呈梅花形布置两排，桩的纵横间距为5m，桩深入滑坡面以下4～6m，深度一般为9～11m。

5)锚杆、钢筋网、喷射混凝土护坡

对于强膨胀土边坡，可采用锚杆、钢筋网、喷射混凝土护坡。

4. 膨胀土边坡植被建植技术

植被防护包括播草籽、植草皮、植生带和种树等几项内容。实践证明,植被防护不仅仅是绿化美观的问题,更重要的是可以通过植被,储蓄和蒸发水分,调节坡中土的湿度,减少和降低干湿循环作用效应,增加坡面的防冲刷、防变形能力。通过对膨胀土边坡上植被的观察,也可以判定其边坡是否达到了稳定或初步稳定。植被防护是整个综合治理中的一个环节。

1)植被种类的选择

宜黄路曾对结缕草、小黑麦、狗牙根、野年草、高羊茅、鸭茅、草地早熟禾、假俭草、多年生黑麦草和多花黑麦草、地被植物类小冠花和白三叶等12种植物的生长特性及在当地的适应性试验。结果表明,狗牙根、假俭草、结缕草、高羊茅、多年生黑麦草、多花黑麦草、鸭茅、白三叶能够适应当地的气候条件和膨胀土的土壤条件。襄荆高速公路沿线气候条件与江宜段类似,其试验结果可作为参考。以上植物可作为襄荆公路边坡植被防护的候选植物材料。

从发芽、出苗、生长速度等来看,多年生黑麦草、多花黑麦草发芽快、出苗齐,可作为先锋草种;白三叶、高羊茅、鸭茅等发芽较早,出苗、生长也快,比较一致,可以作为植被保护的重要材料,采用有性繁殖,即播种法建植;狗牙根虽然发芽时间长,出苗较慢,但生长较快,能够很快地建立草皮,因此,既可用营养繁殖(移植),也可用有性繁殖;结缕草发芽、出苗时间长,生长很慢,不易采用播种法建植,最好采用满铺法种植;假俭草生长慢,最好采用满铺法建植。狗芽根、高羊茅、多年生黑麦草的混播,形成草皮的时间短,效果好,适应性强,绿期长,能起到很好的坡面防护效果。

湖北夏季炎热高温,狗牙根生长旺盛,并持续到10月份,因此,夏天和秋天草皮以狗牙根为主。到10月底,气温下降后,高羊茅和多年生黑麦草又恢复生长,当11月份狗牙根枯黄时,高羊茅、多年生黑麦草即已返青,生长茁壮,因此,晚秋和春天草皮以高羊茅和多年生黑麦草为主。到4、5月份,狗芽根也渐渐返青。在夏天,狗牙根茁壮生长,而高羊茅、多年生黑麦草则进入休眠状态。越夏,狗牙根、高羊茅、多年生黑麦草、白三叶等混播能够充分发挥各自的特性,弥补单一植被的不足,从而大大增加植被的适应能力。这主要体现在以下方面:

①生长快的与生长慢的相结合。多年生黑麦草属于先锋草种,出苗快,出苗齐,能够弥补狗牙根等出苗时间长、早期生长慢的缺点,在短时间内形成草皮,迅速起到植被防护的作用。狗牙根等的生长逐渐取代多年生黑麦草,形成持久的草皮。

②匍匐型与丛生型相结合。狗牙根、白三叶为匍匐型草种,扩张性好,能够在坡面形成纵横交错的植物网络;高羊茅和多年生黑麦草等则为丛生型,密度大,根系深,能够在土壤麦层形成盘根错节的垫层。

③暖季型与冷季型相结合。狗牙根属于暖季型草种,耐高温;高羊茅、多年生黑麦草、白三叶等属于冷季型草种,耐寒性强,返青早,枯黄晚,绿期长。

④禾本科与豆科相结合。白三叶为豆科植物,有根瘤菌,能够固氮,耐贫瘠土壤;高羊茅、狗牙根等属禾本科,须根发达,固结土壤能力强。

2)植被生长基盘的改良

(1)翻耕和施肥

对膨胀土进行翻耕,能够有效地改善膨胀土的物理结构,增加孔隙度。

(2)在边坡表面覆盖种植土

膨胀土土质差,不管是挖方还是填方,植物生长都很困难,短时间内难以形成自然植被。边坡施工时表面覆盖一层种植土,杂草就很容易生长起来。这是因为种植土不仅肥力条件好,而且土壤中混有大量的杂草种子，只要天气条件合适，就能生长繁殖。相反，膨胀土挖方或填方不仅肥力差，而且都是生土，基本不含植物种子。因此，要形成自然植被往往需要较长的时间。

3)种植工艺

(1)铺草皮(营养繁殖)

①满铺草皮。满铺草皮的优点是：能够迅速建立草皮，只要一扎根，草皮的建植就算完成，覆盖率立即能达到100%，从而迅速起到坡面防护的作用。

满铺草皮的缺点是：需要挖取大量的天然草皮，这样会对自然环境造成一定的破坏，可能导致被挖山岗坡地的水土流失。

②条铺草皮。条铺草皮是先在坡面上挖沟，挖成平行的水平沟或菱形沟，沟宽约10cm，深3～5cm，然后将从当地挖取的草皮块一块接一块地平铺在沟内、压实。

条铺草皮能很好地建立植被。由于条带间存在一定的距离，草皮全部覆盖坡面的时间较长，对于生长比较缓慢的草种(如假俭草)，尤其如此。

(2)条播法

条播法是先在边坡开挖平行的水平沟，沟宽20cm，沟间距为30cm，将沟内土壤疏松数厘米，在种植沟内撒复合肥，每平方米施颗粒肥10～20g(含氮10%，磷8%，钾7%)。然后撒播草籽，并覆盖一层薄土。草籽可采用混合草种，如狗牙根、高羊茅、多年生黑麦草和白三叶。

播种后覆盖稻草或喷一层胶膜。胶膜是用喷雾器将防侵蚀剂聚醋酸乙烯酯(俗称白胶)喷洒在土壤表面形成的，使用浓度为1∶30。

条播种子后覆盖稻草，出苗时间短，第4天开始见苗，出苗一致性。两周后，每条植沟都已出苗，非常整齐；条播草籽及条播草籽后喷白胶的地段都是第6天见苗，但前者稍差些，苗基本上出齐，但不太均匀，两周后，有个别种植沟出苗仍很少，而后者出苗则比较均匀。这是因为稻草和胶膜都能很好地保墒，增加地温，从而有利于出苗。

(3)草坪植生带法

草坪植生带是我国近年来才开始应用的一种种植草皮的新技术。草坪植生带是一种草皮建植的中间产品，它将草籽固定在两层无纺布(或纸)之间，采用工厂化生产，使用时只要将其像铺地毯一样铺在平整好的坪床面上，表面撒一层薄土即可。

经过多次现场试验表明，用草坪植生带在膨胀土边坡建植草皮是完全可行的，出苗均匀，效果十分理想。

膨胀土路堤以草坪植生带法建植草皮质量好，其原因是：

①草坪植生带采用工厂化生产，种子分布较均匀；

②载体无纺布(或纸)的固定作用，既能防止草籽脱落、移动，又能防止出苗过程中被雨水冲走；

③无纺布(或纸)腐烂后可作为肥料，能够被植物所利用。

以草坪植生带建立草皮出苗快，出苗均匀，成坪时间短，护坡效果好。其原因主要为：草坪植生带与草皮相比还具有可以保存、便于运输等优点，能够根据工程的进展需要进行大面积的植被建植。

综上所述，采用混播草种的草坪植生带能够成功地在膨胀土路堤建立植被，这种新技术具有出苗齐、成坪快、护坡效果好等许多优点。铺草皮和条播种子都能在膨胀土路堑建立有效的植被。满铺草皮能够迅速建立草皮，见效快，效果好；缺点是对自然草皮的需求量太大，可能对当地自然环境造成破坏。条播种子出苗快，植物生长好，沿水平方向生长的条带状植被能够避免水流的形成，从而保护坡面；缺点是植被完全覆盖需要一定的时间。条播草籽后覆盖稻草能大大提高出苗的一致性。

4）植被防护的时机

（1）工期安排

从防护的角度来说，植被种植宜早不宜迟，植被越早覆盖坡面，就能越早起到防护效果，因此，植被防护的施工期最好安排在坡面形成后，即一期工程（土方工程）完成后，马上采取工程防护措施并种植植被。对于膨胀土路堑来说，及时开挖、及时防护尤其重要。只有这样才能避免膨胀土的水分变化大起大落，从而减少危害。然而，植被容易受其他施工影响，路面施工的废渣可能破坏已建立的植被。

尽管存在着交叉施工的影响问题，本着工程质量第一的原则，植被防护的施工最好还是在土方工程完成后立即进行，虽然这样部分植物可能被破坏，需要返工，但对于路基的稳定是有利的。同时，要加强协调，尽量减少其他工程对植被的破坏。

（2）种植季节

就植被而言，最适宜的种植时间是在温度和水分条件最好的、最适于生长的季节之前。此时播种可使幼苗在不利的环境条件到来之前能很好长成。应根据植物特点，选择种植季节。

5. 植被与膨胀土边坡综合防护

1）膨胀土边坡不宜采取单一的防护措施

由于膨胀土干缩湿胀的特殊性，单一地采用刚性防护措施（如浆砌片石护坡），在雨水的作用下，坡面上的保护层会发生鼓肚、开裂、变形、外挤等现象。

植被防护是膨胀土边坡防护的重要措施之一，植被生长能够保持土壤温度和水分的相对稳定，减少膨胀土干缩湿胀现象的发生。植被还能缓和雨滴的冲击，减少径流量和流速，根系等能够束缚土壤颗粒，使土壤不易流失。植被的生长能够促进微生物的活动，改变膨胀土的不良性质。植物的生长使得边坡表面土壤成为一个整体，是一种柔性结构，能承受膨胀土干缩湿胀引起的较小位移。

但是，植被防护的作用也有其局限性，由于植物根系一般较浅，只能防止坡面冲蚀和表面溜塌，在边坡本身不稳定或存在集中水流的情况下，仍可能发生塌滑和水毁现象。因此，植被防护必须在边坡稳定的基础上使用，且与工程防护相结合。对于膨胀土边坡防护，需要采取综合治理措施。

对于路堤来说，强膨胀土最好不作为填土材料，膨胀土路基的填土施工应按规范逐层压实，严格控制含水率。对于膨胀土路堤边坡，除了植草防护，还应辅以护肩与支撑。在路堤较高或土质较差的地段，还应设置支撑骨架，土路肩予以封闭。这样既可防止雨水浸入基层，又可防止路肩被冲蚀或边坡的滑塌。

2）植被防护与工程防护相结合，防护效果好

①坡比是膨胀土边坡稳定的重要因素。坡比对于膨胀土边坡的稳定是很重要的，若坡比太大，如1∶1，仅仅采用骨架护坡等措施，仍然是不稳定的，同时采用植草的措施，防护效果会大大增加；而当坡比较小，如1∶2时，即使不进行植被防护，边坡也基本稳定。

②在拱形骨架内植草护坡效果好。在拱形骨架内植草，拱形骨架起到支撑和加固作用，可避免大面积的表面滑塌；植被则有效地固结表土，能够防止冲刷、局部塌陷和土块崩落等。因此，两者结合应用能很好地保护边坡。

③膨胀土用少量石灰土改性后可进行植被防护。膨胀土用少量石灰处理后，虽然碱性增加，仍可种植植被。这样，不仅可改变膨胀土的不良性质，增加稳定性，而且能防止冲刷，进一步提高防护效果。

④膨胀土边坡防护应在稳定的基础上进行。

图 2-73 矮挡墙与网格骨架植草护坡综合治理

综上所述，如果坡比合理，采取工程防护（矮挡墙、封闭式平台、骨架护坡、表层土壤添加石灰等）措施，加上植被防护（在拱内建立草皮），刚柔相济（工程措施为刚性结构，植被为柔性结构），能够有效地防护膨胀土路堑边坡（图 2-73）。坪植生带的载体无纺布具有一定的抗拉强度，在边坡上能起到土工布的作用。无纺布吸水后就紧贴在坡面上，能在植物出苗前有效地避免坡面冲刷。植物出苗后，根系的生长将其腐烂部分紧紧地固定在土壤表面，根系与无纺布的互相交接缠绕，使表层土壤连成一个整体，形成网络状结构，从而有效地保护边坡。

## 五、膨胀土地基设计与施工

膨胀土地基的工程建设，应根据当地气候条件、地基胀缩等级、场地工程地质和水文地质条件，结合当地建筑施工经验，因地制宜采取综合措施，一般可从以下几方面考虑：

### 1. 设计措施

选择场地时应避开地质条件不良地段，如浅层滑坡、地裂发育、地下水位活动剧烈等地段。尽量布置在地形条件比较简单、地质较均匀、胀缩性较弱的场地。坡地建筑应避开大开挖，依山就势布置。同时，应利用和保护天然排水系统，并设置必要的排拱、借流和导流等排水措施，加强隔水、排水，防止局部浸水和渗漏现象。

桥梁墩台及其他结构应加强整体刚度，尽量采用对地基变形不敏感的结构形式，选用适宜的基础形式，加大基础埋深，加大基础底面压力。当以基础埋深为主要防止措施时，基底埋置应超过大气影响深度或通过变形验算确定。

也可采用地基处理方式减小或消除地基胀缩对建筑物的危害，常用方法有换土垫层、土性改良、深基础等。换土应采用非膨胀性黏土、砂石或灰土等材料，厚度应通过变形计算确定，宽度应大于基底宽度。土性改良可通过在膨胀土中掺入一定量的石灰来提高土的强度，也可采用压力灌浆将石灰浆液灌入膨胀土的裂缝中起加固作用。具体见地基处理有关章节。

### 2. 施工措施

施工过程中应尽量减少地基中含水率的变化。基坑开挖应快速作业，避免基坑基岩土体受到暴晒或浸泡。雨季施工应有良好的防水措施。基坑开挖接近设计高程时，宜预留 150 ~ 300mm 厚土层，在进行下一工序时挖除。挖除后的其他工序应快速施工，完毕后应及时将基坑回填夯实。

## 六、膨胀土地基路堑设计与施工

### 1. 路堑设计

膨胀土路堑设计主要包括边坡形式、边坡坡度等内容。由于影响膨胀土路堑边坡变形的因素较多,膨胀土工程性质特殊而复杂,对路基工程的潜在破坏性十分严重。因此,在进行路堑边坡设计以前,应充分进行外业工程地质与环境地质调查及既有建筑物调查,搜集当地气候资料,并在此基础上通过技术经济比较,确定合理的路堑边坡形式和边坡坡度。

1)路堑边坡形式

路堑边坡形式的设计,首先应考虑适应于膨胀土的特殊工程性质,有利于路堑边坡的稳定及养护。一般常用的边坡形式主要有直线式、折线式、平台式三种类型。

(1)直线式

如图2-74a)所示,一般在土质均匀、膨胀性较弱,且边坡高度在10m以下的路堑采用沟外侧设平台,以防边沟水浸湿软化坡脚,同时避免剥落或溜塌的土堵塞边沟。

(2)折线式

如图2-74b)所示,在土质较均匀或下部为砾卵石土,上部为膨胀土时采用。缺点是在变坡处附近易受水流冲蚀,同时,临空面增加使土体更易风化。

(3)平台式

如图2-74c)所示,适用于边坡高度大于10m的任何类型膨胀土路基。平台的级数应视路堑边坡总的高度而定。平台的宽度应能保证上一级边坡的起坡线在一级边坡最危险破裂面以外0.5m,一般不得小于2.0m。各级平台的位置,在均质土层的单一边坡,可按其高度适当划分;在多种类型膨胀土组成的复合边坡,应按土体结构面设置。

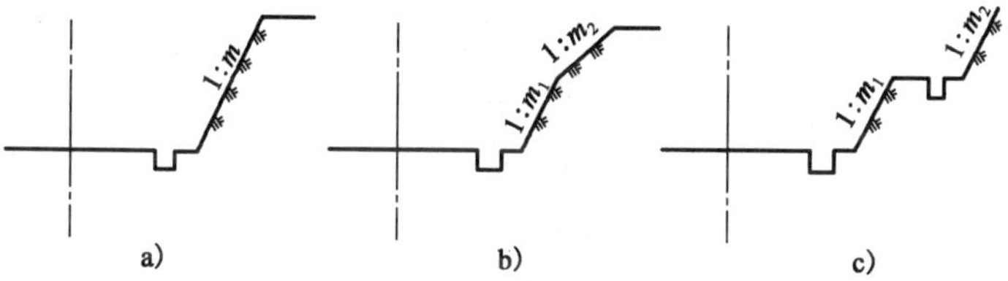


图2-74 路堑边坡形式

a)直线式;b)折线式;c)平台式

2)路堑边坡坡度

膨胀土路堑边坡应尽可能减小挖深,挖方边坡坡形和坡率应符合《公路路基设计规范》(JTG D30—2004)的有关规定,按膨胀土类别、边坡高度确定边坡坡度,见表2-12。

**膨胀土路堑边坡设计参考值** 表2-12

| 膨胀土类型 | 边坡高度(m) | 边坡坡度 | 边沟平台宽度(m) |
|---|---|---|---|
| 弱膨胀土 | <6<br>6~10<br>>10 | 1:1.5<br>1:1.5~1:2.0<br>1:1.75~1:2.0 | 1.0 |
| 中等膨胀土 | <6<br>6~10<br>>10 | 1:1.5~1:1.75<br>1:1.75~1:2.0<br>1:1.75~1:2.5 | 2.0 |
| 强膨胀土 | <6<br>6~10<br>>10 | 1:1.75<br>1:1.75~1:2.5<br>1:2.0~1:2.5 | 2.0 |

高速公路、一级公路除满足上述规定外,还应结合膨胀土斜坡破坏类型、路堑边坡形式及

水文地质条件，考虑膨胀土变动强度和强度衰减的特性，对深路堑边坡应进行稳定性验算。层状构造膨胀土，如层面与坡面斜交，且交角小于45°时，应验算层面稳定性。验算稳定时，应取土体沿滑动饱和状态时的抗剪强度值，稳定系数取1.2。

2. 膨胀土路堑施工

膨胀土地区挖方地段，由于路堑开挖，其上部或侧向荷载卸除以后，土体内部应力逐渐释放，孔隙水压力相应变小，再加上边坡开挖以后，增大了土体与大气的接触面，地表水很容易渗入，再被蒸发，形成反复胀缩作用，使土体强度衰退，从而造成边坡溜塌或滑坡等变形。即使在施工期间及运营初期不发生变形破坏，经过几个雨季的反复作用，其土体强度大幅下降，仍会产生变形破坏。因此，膨胀土路堑边坡的处理不是简单的坡比设计或常规的稳定性验算就能解决问题，在处理时需充分了解膨胀土的特性、工程地质条件、大气风化作用层深度及土体的结构性能，才能得出满意的处理方案。

1）一般原则

路堑施工应尽量选在旱季进行，并遵循先排水后主体、集中力量、连续快速开挖、及时防护、自上而下、分层逐级施工的原则，见图2-75。

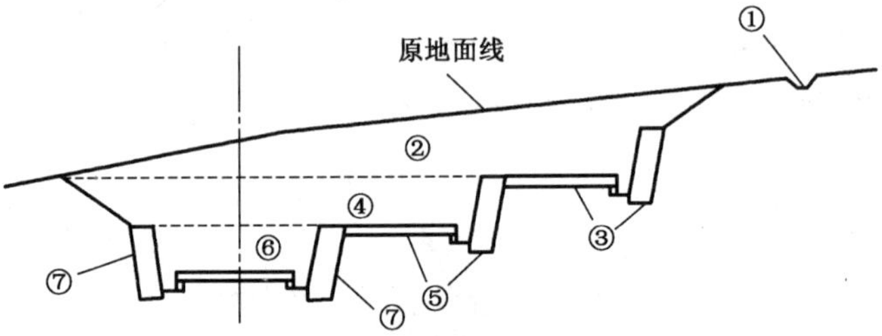


①～⑦为施工顺序

图2-75 路堑施工顺序示意图

为了预防雨水冲蚀边坡，在路堑正式开挖前，应先开挖截水沟、天沟或吊沟，以截流路堑坡顶的表面径流，使坡顶汇积的雨水排离两边，并与涵管连通。同时，对所有排水沟渠均应进行铺砌。

2）膨胀土地区路堑开挖方法

①挖方边坡不要一次挖到设计线，沿山坡预留30～50cm一层。待路堑挖完时，再削去边坡预留部分，并立即浆砌护坡封闭。

②膨胀土地区的路堑、高速公路、一级公路的路床应超挖30～50cm，并立即用粒料或非膨胀土分层回填或用改性膨胀土回填，按规定压实。

③膨胀土边坡宜采用台阶形，这样把高边坡降低为矮边坡的组合形式，不仅减轻了高边坡土体对坡脚的压力，而且减弱了地面水对坡面的冲蚀。同时，平台对坡脚有一定支撑作用。

④沿线弃土堆应设置在路堑顶部10m以外，弃土堆可堆成梯形横断面，边坡不应陡于1∶1.5。

3）边坡坡度的选择

由于膨胀土工程性质极为复杂，环境条件影响很大，所以很难确定边坡坡度和破坏位置。膨胀土边坡坡度并不均是越缓越好。坡越缓，水分越容易渗入边坡，越不利于防水防风化，而且坡越缓，边坡开挖与防护的工程量越大。因此，对于弱膨胀土挖方边坡，按设计坡比或以1∶1.5的坡比修整即可。对于中—强膨胀土边坡坡度，以工程地质比拟法为主，以1∶2的自然坡度为主，坡度的变化范围为1∶1.5～1∶2.5，视土质状况及坡体地质结构具体而定。如为中—强膨胀土软弱结构薄层，坡度可稍陡；如坡体整体为强膨胀土，则坡度应缓。若一个边坡需几种不同的坡比，则可设计为折线形边坡。

4）零填及路堑路床的处理与压实

膨胀土地区的零填及路堑路床挖到设计高程后，对于高速公路、一级公路的路基应超挖1～1.2m，随即用粒料、非膨胀土或改性土回填，并按规定压实。

5）防渗排水设施

①所有排水设施均应精心设计，以使危害路基稳定的地面水、地下水能顺畅排走，防止积水浸泡路基、地下水侵入路基为目的。

②边沟应比一般地区适当加宽、加深。路堑的边沟深度不得小于80cm，外侧应设平台，以保护坡脚免遭水浸，并且防止边坡剥落物堵塞边沟。

③堑顶设截水沟，以防水流冲蚀坡面和渗入坡体。

④台阶式高边坡，应在每一级平台内侧设截水沟，以截排上部坡面水，并宜在截水沟与坡脚之间设一定宽度的平台，以利坡脚稳定。

6）路堑边坡防护与加固

膨胀土素有“逢堑必滑，无堤不塌”的说法，防治膨胀土滑坡必须坚持“先发制坡，以防为主”及“治坡先治水，防滑先防水”的原则。膨胀土路堑边坡防护与加固，一是为了预防可能产生的边坡变形破坏；二是对已产生变形破坏的边坡进行治理。因此，边坡防护与加固措施的选择，应根据影响膨胀土边坡稳定性的工程地质与环境地质条件、地区气候条件以及边坡变形破坏类型，通过技术经济比较，合理选择。

（1）边坡防护原则

针对膨胀土的工程特性，结合路堑边坡稳定的必要条件，提出以下防护原则：

①为保持边坡土体天然含水状态的相对稳定，应防止地面水与地下水渗入路堑边坡。同时，防止土中水分被蒸发，以免边坡土体产生湿胀干缩变形。

②为保持边坡土体结构的相对完整性，应防止土体的风化作用，尽可能减小大气风化营力（降雨、蒸发与蒸腾、日照、地温与气温等）对土体的影响。

③为保持边坡土体足够的抗剪强度，应防止土体强度衰减。

④边坡土体若分布有强膨胀土夹层或遇土层中风化界面清晰完整时，常在界面或层面产生边坡滑动，应适当加固以防滑动产生。

⑤防护工程应能适应边坡膨胀土体可能产生的胀缩变形与膨胀力，而不遭受破坏。因此，以柔性结构为宜，切不可盲目采用刚性结构。

（2）边坡防护加固措施

膨胀土路堑边坡防护与加固的措施，在铁路沿线使用比较普通。公路及其他建筑物的膨胀土边坡工程中，目前通常使用的防护与加固措施，主要有以下几种：

（1）表水防护

设置各种排水沟，建立地表排水网系，截排坡面水流，使地表水不致渗入土体和冲蚀坡面。

（2）坡面防护加固

由于膨胀土风化、胀缩变形而引起的边坡变形危害，比其他任何土质边坡都表现得更加普通而严重。因此，对膨胀土坡面的防护加固显得特别重要。目前，常用的主要措施如下：

①铺植草皮。适用于边坡高度不高的土质边坡，草皮对边坡的隔热保湿、保温、防止土体

的干缩湿胀有一定作用。但是,草皮固着深度有限,在暴雨季节易被冲刷,因此,宜设置一些支撑土体的浆砌片石骨架,效果会更好。

②三合土抹面。适用于任何坡度的边坡坡面防护,可以防止降雨和表水对坡面的冲蚀,同时也可防止地表水渗入土体引起膨胀变形。但是,三合土或四合土对温度的调节作用差,在热梯度变化下同样可以引起坡面表土的湿度变化,同时,边坡全部封闭后,对土中水分排出不利,均有可能产生局部的胀缩变形,使用时应予考虑。

③混凝土预制块封闭。适用性与防护作用基本同三合土与四合土,但混凝土块自身有一定质量,对于坡面表土膨胀可以起到一定的抑制作用,且施工也较方便。

④骨架防护。广泛用于各类膨胀土中任何坡度的边坡,其作用主要是对强风化层土体起支撑稳固作用,实际上是将长大坡面分割为若干由骨架支撑的小块土坡,常用的有:

a. 方格骨架护坡。方格大小有 2m × 2m、2.5m × 2.5m、3m × 3m 三种,可根据边坡具体情况选用,虽然受力条件与支撑作用不如拱形骨架,但施工较方便。

b. 拱形骨架护坡。拱形骨架对边坡坡面强风化土体的支撑稳固作用,较之方格骨架具有明显的优点,但施工较方格骨架困难。

⑤挡土墙及抗滑桩。用于膨胀土路堑边坡,挡土墙埋深在 1.5m 以下,墙背设较厚反滤层,墙顶宽可取高一半,应用较广泛。

⑥片石护坡。用于边坡土体产生局部塌滑后的整治加固,也适用于新线路堑预防边坡破坏发生。片石有单层和双层之分,利用其自重可对边坡土体起到反压和抑制膨胀的双重作用,同时,对已受破坏牵动的土体,片石嵌护后有一定支护作用。通常使用的片石护坡有以下两种:

a. 干砌片石护坡。对于调整坡面表土胀缩变形,可以承受一定变形。但是自重有限,一旦坡面局部破坏,将引起相邻片石护坡连续破坏,故在长大坡面应慎用。

b. 浆砌片石护坡。整体强度高,自重较大,对于防止边坡土体继续风化,抑制膨胀效果较佳,但不能承受土体不均匀胀缩变形,应视具体条件选用。

⑦"土钉"加固土坡。

## 七、膨胀土路堤设计与施工

### 1. 路堤设计

1)膨胀土路堤边坡形式

(1)直线式

一坡到顶的直线形边坡,适用于用弱膨胀土填筑的低路堤。

(2)折线式

填土较高或用不同土质分层填筑的路堤,可采用折线形边坡,一般为上陡下缓。但边坡太高则难以保证稳定。

2)坡度

膨胀土路堤病害与路堑病害相似,但由于填筑膨胀土的胀缩特性与原状土有所不同,路堤病害比路堑病害危害性更大。因此,路堤坡度设计必须综合考虑填筑膨胀土的类型、性质和填筑条件、工程措施以及地区气候特点等因素,采用中等膨胀土及弱膨胀土填筑路堤。边坡坡度按表 2-13 确定。

**路堤边坡坡度** 表2-13

| 边坡高度(m) | 边坡坡度 | 平台宽度(m) | 边坡高度(m) | 边坡坡度 | 平台宽度(m) |
|---|---|---|---|---|---|
| <6<br>6~10 | 1:1.5~1:1.75<br>1:1.5~1:1.20 | 1.0<br>1.0 | >10 | 1:1.75~1:2.0 | 2.0 |

3)路基高度

膨胀土填筑后,受大气物理风化作用于湿胀干缩效应,土块逐渐崩解,土的强度逐渐衰减,在行车荷载作用下,产生压缩下沉。膨胀土高路堤后期下沉量大,易形成下沉外挤,从而产生很大的沉陷量。因此,膨胀土路堤不宜过高,一般宜控制在3m以内。如超过3m,则须考虑沉降稳定问题;如超过6m,还须考虑预留沉降量和路基加宽。

当填土高度小于lm,基底为强膨胀土或中等膨胀土时,宜挖除地表30~60cm的膨胀土,将路床换填非膨胀土或将土翻松,掺石灰处理,并随即压实。

4)填料要求

根据《公路路基设计规范》(JTG D30—2004)要求,高速公路及其他等级公路路基填料最小强度要求见表2-14。

**路基填料最小强度要求** 表2-14

| 路基部位 | 路面底面以下深度(cm) | 填料最小强度(CBR,%) | |
|---|---|---|---|
| | | 高速公路、一级公路 | 其他等级公路 |
| 上路床 | 0~30 | 8 | 6 |
| 下路床 | 30~80 | 5 | 4 |
| 上路堤 | 80~150 | 4 | 3 |
| 下路堤 | 150以下 | 3 | 2 |

膨胀土一般情况下不适合作路堤填筑材料。但是,当公路所经膨胀土地区,路线长,膨胀土分布范围广,找不到非膨胀土填料时,除强膨胀土外,中、弱膨胀土也可用于路堤填料,但必须采取相应的治理措施,增加其稳定性。

①在有多层膨胀土分布的地区,应选择膨胀性最弱的土层用作填料。蒙脱石含量高的白色、灰绿色膨胀土由于土的亲水性特强,极易风化,强度衰减很快,不能用作填料。

②在有砾石层出露或膨胀土中有结核层分布的地区,应尽可能选用砾石料或结核料填筑路基。

③地表经过风化、流水淋滤和搬运或已被耕种的表层土,一般膨胀性较弱,可用作路堤填料。但只用于路基下层,而不用于路床(路面下80~100cm范围)。

④高速公路及一、二级公路采用中等膨胀土作为路床填料,经改性处理之后方可作为填料。限于条件,必须直接使用中、弱膨胀土填筑路堤时,路堤填成后,应立即做浆砌护坡封闭边坡;当填至路床底面时,应停止填筑,改用非膨胀土或用改性处理的膨胀土填至路床顶面设计高程并压实。如当年不铺筑路面,作为封层的填筑厚度,不宜小于30cm,并做成不小于2%的横坡。

可用接近最佳含水率的中等膨胀土填筑路堤,但两边边坡部分与路堤顶面要用非膨胀土或经改性处理的膨胀土作为包心填方,外包层一般厚1.2~1.5m。

⑤对于三、四级公路可直接用中等膨胀土作路基填料。当铺筑高级路面、次高级路面时,作为上路床填料应进行改性处理。若不得已全用膨胀土填筑时,可将膨胀性强的土填在最下面,膨胀性弱的土填在上面,同一种土填在同一层上,且厚度要均匀,以免引起不均匀变形。

⑥膨胀土改性处理。膨胀土掺灰改性处理,石灰的剂量一般控制在6% ~10%(质量比),掺灰的最佳剂量应根据公路不同等级对路基不同部位压实度及填料最小强度的要求通过反复试验确定。经改性处理后,其胀缩总率不超过0.7,自由膨胀率以不大于40%为宜。

2. 膨胀土路堤施工

1)膨胀土路堤的施工安排

①膨胀土路基施工应避免在雨季施工,同时加强现场排水,以保证地基和填筑的土方工程不被水浸泡。

②膨胀土路基开挖后,各道工序必须紧密衔接,连续作业,分段完成。路基填筑后,其边坡防护等不能间隔时间过久以免边坡长期暴露或越冬再做路面,做好膨胀土路基的防水、保湿、防风化工作。

③膨胀土路堤施工前,应就地按规定做试验路段。

2)路堤基底处理要点

①应将路堤范围内的树根、灌木全部挖除,把坑穴填平夯实,排除积水,挖除淤泥,切断或降低地下水,清除草皮,清除深度一般不小于30cm,彻底清理后,对基底进行压实。

②高速公路及一、二级公路对填高不足1m的路堤,须挖去地表40~100cm的膨胀土,换填非膨胀土或改性处理的膨胀土,并按规定压实。

③原基底为过湿土时,应挖去湿软土层,换填砂砾土、砾石土、石渣或将土翻开,掺入石灰或NCS固化材料处理。其最佳掺入剂量,仍按上述要求处理。

④地面横坡为1∶5~1∶2.5时,原地面应挖成台阶,台阶宽度不小于1m,当地面横坡陡于1∶2.5时,为防止路堤沿基底滑动,可先将基底分段挖成不陡于1∶2.5的缓坡,再在缓坡上挖宽1~2m的台阶。

⑤高速公路和一级公路陡坡地段的半填半挖路基,必须在山坡上从填方坡脚起向上挖成向内倾斜的台阶,台阶宽度不小于1m。其中,挖方一侧,在行车范围之内的宽度不足一个行车道宽度时,则应挖够一个行车道宽度,其上路床深度之内的原地面土应予挖除、换填,并按路床填方的要求施工。

3)路堤填筑与压实要点

①路堤、零填、路堤基底均应进行压实,压实标准按《公路路基施工技术规范》(JTG F10—2006)处理。

②最佳含水率与最大干密度标准值的修正。经改性处理后的膨胀土测定的最佳含水率与最大干密度的标准值应进行修正,即实施填筑的含水率大于最佳含水率的标准1% ~2%,实施填筑最大干密度低于最大干密度的标准值0.05~0.15$g/cm^3$,并且要严格控制路基压实度,每一压实层检验合格后,方可填筑上一层。

③路堤填筑要求连续施工,每一段施工段(长度视实际情况酌定)中间施工不暂停。对于已发生的暂停施工,恢复施工时,应采用刮除松层、晾晒、复压等措施,经压实检验合格,再填上层土。如果施工间隔时间较长,不采取防范措施,任其风吹日晒,土基水分蒸发,将产生干缩现象,易产生裂缝,影响路堤密实度和整体强度。

④路堤与路堑分界处即填挖交界处,两者土内的含水率不一定相同,原有的密实程度也不相同,压实时应达到压实均匀、紧密,避免发生不均匀沉陷,因此,填挖交界处2m范围内的挖方地基表面应挖台阶翻松,并检查其含水率是否与填土接近,采用适当的压路机具,压实到规

定的密实度。

⑤施工机械与压实工艺。一般以重型履带式铲运机或推土机，清除表层膨胀土，推土机可带松土器，进行翻松、晾晒，平地机整平。采用三轮静力式压路机（18～21t）先进行碾压基底，达到规定压实度。为了使土块中水分易于蒸发，减少土块本身的膨胀率，提高压实效率，土块应打碎至粒径5mm以下，压实土层松铺厚度不大于30cm。自由膨胀率越大的土应采用越重的压实机具。因此，分层建筑填平后，配合振动压路机分层碾压，并逐层检查压实度。压实工作由低一级压实标准转变到高一级压实标准（由90区进入93区或进入95区）时，压实机械的质量与碾压遍数，应根据试验路段提供的数据作相应调整。

⑥压实度不足路段的补强。部分路基由于涨缩循环的影响，或者间隔一段时间再行填筑，而又未能进行复压处理，造成密实度不足的夹层，可用夯击板进行夯实，或用履带式吊车将质量为1～3t的钢板或钢筋混凝土块，吊高1～3m进行击实，使其达到规定的压实度。

4）路堤排水与边坡防护

（1）路堤排水

路堤排水对于膨胀土地区的路基路面的稳定具有特殊的重要意义，可使地面径流形成良好的排水网系，防止地面径流冲蚀路基，消除膨胀土湿胀干缩的有害影响。对所有的排水工程都要采取浆砌加固。

（2）路堤边坡防护

膨胀土路堤边坡的防护，经改性处理或用非膨胀土外包封闭的可按一般路基防护处理。路堤的边坡防护通常采用植被防护和砌石防护。

# 单元四　冻土路基病害类型成因及防治措施

## 一、冻土区路基病害类型

在冻土区筑路必须考虑的工程地质问题有融沉、冻胀和不良冻土现象等。

1. 冻胀

冻胀是指使用冻胀性土的路段，在冬季负气温作用下，当有水分供给时，水分不断向上聚集，在路基上部形成冰夹层、冰透镜体，导致路面不均匀隆起，使柔性路面开裂、刚性路面错缝或断板的现象(图 2-76)。

一般情况下，在低温冻土区，活动层厚度一般较小，且存在双向冻结，冻结速度较快，故冻胀相对较轻；而在高温冻土区，活动层厚度一般较大，冻结速度也较低，如存在粉质土和足够的水分，则冻胀严重。

1)冻胀形成机理

图 2-76　路基冻胀现象

当路基表面的土开始冻结时，土孔隙内的自由水在0℃时首先冻结，形成冰晶体。当温度继续下降时，与冰晶体接触的薄膜水受冰的结晶力作用，迁移到冰晶体上面冻结，使得与冰晶体接触的土粒上的水膜变薄，破坏了原来的吸附平衡状态。由于土粒的分子引力有剩余，就要从下面水膜较厚的土粒吸引水分子。同时，当水膜变薄时，薄膜水内的离子浓度增加，产生了渗透压力差。在土粒分子引力与渗透压力差的共同作用下，薄膜水就从水膜较厚处向水膜较薄处迁移，并逐层向下传递。在温度为 0～5℃的条件下，当未冻区有充分的水源供给时，水分发生连续向冻结线的迁移，使路基上部大量聚冰。

当冻结线在某一深度停留时间较长，水分有较多的迁移时间，且水源供给充分时，可能在该深度处形成明显的聚冰层；当冻结速度较快，每一深度处水分迁移的时间短，聚冰少且均匀分布，可能不形成明显的聚冰层。

路基内显著聚冰的层位，一般也是产生不均匀冻胀的层位，通常主要出现在路基上部的某一深度范围内。超过该深度时，由于上覆土层冻结所形成的阻力将使水分迁移大大减弱，不均匀冻胀实际上停止发展。该深度称为临界冻结深度 $z_c$。各种土的临界冻结深度值见表 2-15。

**临界冻结深度值**　　表 2-15

| 土　类 | 细　砂 | 砂 性 土 | 粉 性 土 | 重 亚 黏 土 | 轻 黏 土 |
|---|---|---|---|---|---|
| 临界冻结深度(cm) | 80～90 | 80～90 | 90～120 | 100～140 | 120～160 |

若当地实际冻结深度 $z_0$ 大于临界冻结深度 $z_c$ 时，则显著聚冰的层位一般只出现在临界冻结深度范围内；若当地实际冻结深度 $z_0$ 小于临界冻结深度 $z_c$ 时，则聚冰层位只限于实际冻结深度范围内。

2)冻胀的评价指标

(1)总冻胀

在横断面方向，路面全宽内的平均冻胀值称为总冻胀。在寒冷地区内地下水位高的地段，使用强冻胀性土的路基，冻胀可达15～20cm。

(2)不均匀冻胀

当路基土不均匀或压实不均匀或供水不均匀时，都可能导致冬季聚冰的不均匀，从而形成不均匀冻胀。不均匀冻胀可用指标$f_{uc}$表示

$$f_{uc} = \frac{\Delta h}{B} \tag{2-19}$$

式中：$B$——路面宽度，m；

$\Delta h$——在横断面内路面的不均匀变形，cm，$\Delta h = h_2 - (h_1 + h_3)/2$；

$h_2$——路面中心或冻胀最大处的冻胀值，cm；

$h_1$、$h_3$——路面两边缘处的冻胀值，cm。

不均匀冻胀是总冻胀的一部分，但可使柔性路面不均匀隆起或开裂，使刚性路面发生错缝或断板。

(3)冻胀系数(或冻胀率)

2. 翻浆的形成及类型

冻土区冻结成的冰，在春季气温升高的条件下融化，使土基含水过多，强度急剧降低，在行车作用下路面发生弹簧、裂缝、鼓包、冒泥等现象，称为翻浆(图2-77)。

1)翻浆的形成机理

由于降水或灌溉的影响，在秋季，地面水下渗，地下水位升高，使路基水分增多。到冬季，随着气温下降，路基上层的土开始冻结，而路基下部的土温仍较高，在温度梯度作用下，在土体内的水分由温度较高处向温度较低处移动，使路基上层水分增多，并冻结成冰，使路面冻裂或隆起，发生冻胀。春季时，随着气温升高，路基土开始融化。这时路面下的土体又比路肩土融化得快，使路基下形成凹形残留冻核(图2-78)，凹曲线冻土核为一不透水层，使其上部已融化土中的水分不能排除，从而造成翻浆病害。

图2-77　路基翻浆现象

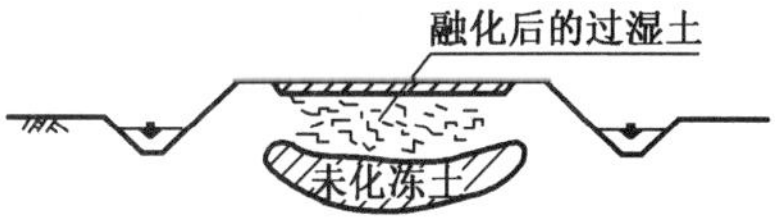


图2-78　路基融化时未融化冻土形成隔水层

随着以后天气渐暖，蒸发量增大，冻层化透，路基上层水分下渗，土变干，土基强度又逐渐恢复。这就是翻浆的机理和发展的全过程。

2)翻浆的类型

根据引起翻浆水源的不同，翻浆可分为以下几种类型：

(1)地下水类

受地下水的影响，土基经常潮湿，导致翻浆。地下水包括上层滞水、潜水、层间水、裂隙水、泉水、管道漏水等。潜水多见于平原区，层间水、裂隙水，泉水多见于山区。

在地势低洼、积水难以排出、地下水位埋深又浅的地区，路基填土高度不大时，冻结期由于

地下水补给使土体含水率增大，春季引起道路翻浆（图 2-79）；在丘陵区或山区的挖方和半填半挖地段，由于开挖使路基顶面接近地下水位（图 2-80），或者路堑边坡切断含水层（图 2-81）且排水不畅时春季产生翻浆；在半山腰的填方路堤，有时压住含水层或泉眼，使水分渗入路基（图 2-82），冬季引起路基冻胀，春季化冻时产生翻浆，一般称为两肋翻浆；城市道路有时因地下管道漏水，路基含有水率增加，将导致道路翻浆。

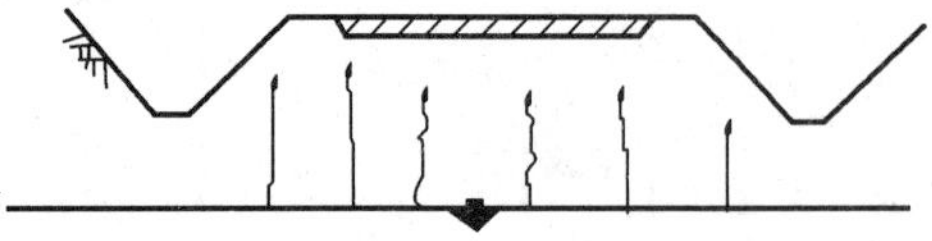

图 2-79　低路堤下的高地下水位

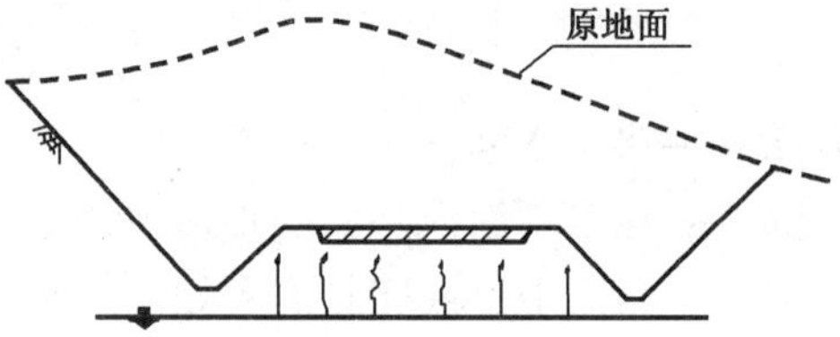


图 2-80　高地下水位的挖方路基

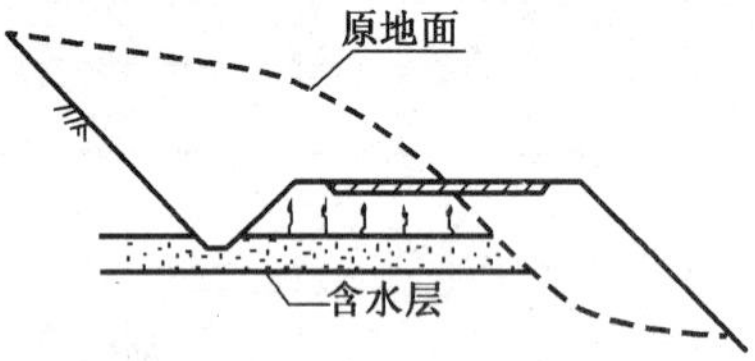


图 2-81　半挖半填路基切断含水层

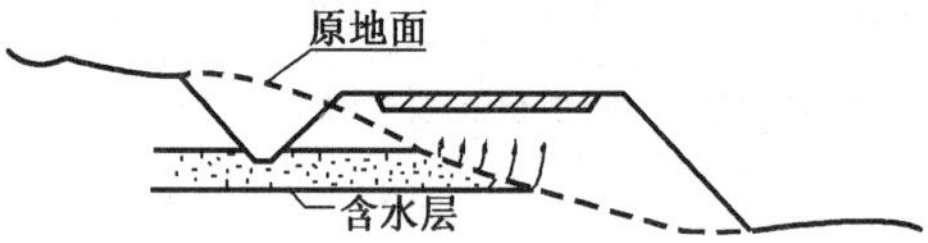


图 2-82　填方压住含水层露头

（2）地面水类

地面水的影响，使土基潮湿，导致翻浆。地面水主要是指季节性积水，也包括路基、路面排水不良而造成的路旁积水和路面渗水。

由于降雨、灌溉等使路基两旁积水，而又不能及时排出（图 2-83），渗水使路基含水率增加，又由于冻结过程中的水分迁移作用，使路面下土层含水率增加，春季融化时产生翻浆；由于养护不良、路基边沟堵塞、路面出现车辙、局部洼坑、两侧路肩高于路面等情况使路面或边沟长期积水，渗入路基后使土体含水率增大，春季将引起局部翻浆。

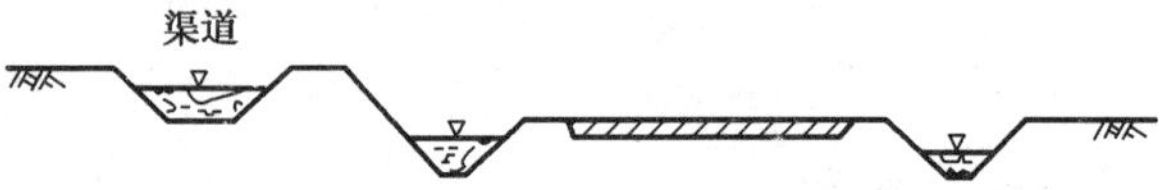


图 2-83　地表水浸泡路基

（3）土体水类

因施工遇雨或用过湿的土填筑路堤，造成土基原始含水率过大，在负温度作用下使上部含水率显著增加，导致翻浆。

土体水类翻浆主要是由于施工中遇雨，路基填土含水率大或填筑大块冻土造成，这种翻浆往往发生在桥头或高填方路基处。

（4）气态水类

在冬季强烈的温差作用下，土中水主要以气态形式向上运动，聚积于土基顶部和路面结构层内，导致翻浆。

气态水类翻浆多发生在黑色路面下，黑色路面下的水汽由于蒸发受到阻碍，而在其下面集聚（图 2-84）。由于黑色路面导温性强，温差变化大，冬季聚流严重，春季则易引起翻浆。

（5）混合水类

受地下水、地面水、土体水或气态水等两种以上水类综合作用产生的翻浆。此类翻浆需要根据水源主次定名,如地下水、地面水类等。

3. 融沉

融沉,也称融化下层,是指土中过剩冰融化所产生的水排出以及土体的融化固结引起的局部地面的向下运动,是自然(如气候转暖)或人为因素(如砍伐与焚烧树木、房屋采暖)改变了地面的温度状况,引起季节融化深度加大,使地下冰或多年冻土层发生局部融化所致。在多年冻土上限附近的细粒土和有一定量细粒土充填的粗粒土中往往存在厚层地下冰,由于其埋藏浅,所以很容易受各种人为活动的影响而融化。由厚层地下冰融化而产生的融沉是引起多年冻土区路基变形和破坏的主要原因(图2-85)。

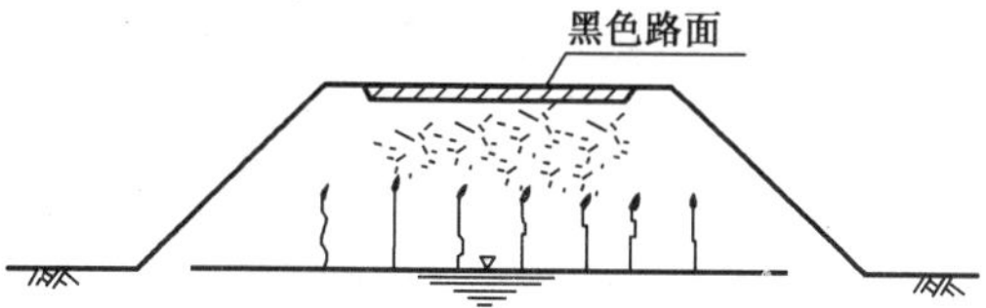


图2-84 黑色路面产生的气态翻浆

图2-85 路基融沉现象

路堤修筑后改变了表面的水热交换条件,并引起基底土层压缩等一系列变化。这些变化在一定条件下使上限(多年冻土上限,为多年冻土层的顶面,也是地表以下位置最深的冻融土层的界面)下降。而路堤本身的存在则增加了热阻,是有利于上限上升的因素。当路堤很低时,热阻小,使上限上升的因素弱于使上限下降的因素,因而上限下降。随着路堤高度的增加,使上限上升因素的作用也随之增强。当这一因素的作用增加至等于或大于使上限下降因素的作用时,就会导致路堤下上限不变或上升。由此,在一定条件下就存在这样一个路堤高度,当实际路堤高度大于这一路基高度时,上限将上升;而小于这一高度时,上限将下降。这一高度称为使原上限不变的最小路堤高度。当采用保护冻土原则在冻土区筑路时,必须保证使实际路堤高度大于这一最小路堤高度。但路堤高度并非越高就越有利于保护冻土。在高温冻土区,当夏季施工的路堤其高度超过一定值时,会在堤身内形成融土核(采暖建筑物下,多年冻结地基土的一部分发生融化,形如盆状,故称融化盘),造成地下冰的融化,而使路堤下沉。

路堤建成后改变了地表和地下水的径流条件。当排水措施不当时会产生路堤过水和堤侧积水现象。其结果往往是地下冰融化,路基下沉甚至发生突陷。

多年冻土区的公路设计和施工通常采用保护冻土原则,尽量避免挖方和零断面。采用沥青路面时,由于黑面的吸热和封水作用,其下的人为上限值较大。因此,在冻土区修筑沥青路面时必须对采用保护冻土原则的可能性和经济合理性进行论证。

4. 融冻泥流和滑塌

融冻泥流和滑塌多发生在有厚层地下冰分布的斜坡上。它可以由工程施工、挖方取土等人为活动引起,也可以由自然因素(如河流侵蚀坡脚、气温升高)引起。由融冻泥流和滑塌形成的稀泥物质向下流动,可能掩埋道路,壅塞桥涵,加速路基的软化湿陷。当线路通过越岭地段时,要特别注意这些问题(图2-86)。

5. 冰锥、冻胀丘

冰锥俗称涎流冰，是指水多次溢出地表冻结而所形成的地面冰体，分布于多年冻土和季节冻土区。其形成条件为：具有不冻的水源、水的通道、水的驱动力和严寒的气候条件。按其水源分为河冰锥、湖冰锥和采冰锥。绝大部分冰锥是季节性的。工程建筑时，若建筑物拦截了地下水的通道，又未处理好排泄通道时，也会在建筑物附近形成冰锥，从而危害建筑物。由土的差异冻胀作用所形成的丘状地形，总称冻胀丘（图2-87）。冰锥和冻胀丘是多年冻土区道路工程中最经常遇到的不良冻土现象。在青藏公路沿线就分布有大小冰锥和冻胀丘100多处。值得注意的是，由于筑路而产生的水文地质条件的变化（堤身和基底土的压密、上限上升、挖方拦截地下水通道等）往往在线路附近诱发新的冰锥和冻胀丘。冻胀丘形成时产生巨大的隆胀力，使道路变形；冰锥在冬季可能覆盖路面，中断交通，而在夏季造成道路翻浆和路基沉陷，需要认真对待。因此，在选线、选址时均应注意水文地质调查，尽量绕避已有的冰锥、冻胀丘，以及线路修筑后可能产生新的冰锥和冻胀丘的地段。

图2-86　路基热融滑坡现象

图2-87　冻胀丘现象

6. 热融湖塘和沼泽化湿地

热融湖塘在青藏公路沿线分布较广，在楚玛尔河高平原上尤为集中。一般热融湖塘下仍有多年冻土存在。公路通过热融湖塘时要注意路基冻胀和沉陷的不均匀及边坡陷裂等问题，同时湖塘积水也容易引起路基湿软，加剧冻胀和沉陷（图2-88）。

图2-88　热融湖塘现象

沼泽化湿地地段一般厚层地下冰发育，线路通过时应注意上部草炭和泥炭层的压缩问题，在这类地段筑路时要特别注意保护植被，做好排水和保证足够的路堤高度，必要时可加设保温护道。

7. 其他不良工程地质现象

从环境保护的角度看，多年冻土，特别是高含冰量冻土对地表的扰动十分敏感。地表的一些不大的改变，如雪盖和植被的变化都会引起多年冻土重大的不可逆的变化，从而产生严重的后果。低温和短的生长季节也造成了冻土区植被一旦被破坏后恢复缓慢的特点。因此，在冻土区筑路要特别注意保护环境。从工程的角度看，保护好环境对保护冻土，确保路基的稳定性也是十分必要的。例如，路基下保存植被，不仅有利于保护冻土，而且这些植被能起到毛细隔断层的作用，使路基上中部冻结层上水形成的水分积聚有所减小。因此，在高含冰量冻土地段，不仅在路基下面，而且从路中心起算的两侧30～100m内必须保存植被。那种就近取土、取草皮，甚至用推土机直接在路堤两侧推土的做法是不可取的。

## 二、影响公路冻胀与翻浆的因素

公路冻胀与翻浆是多种因素综合作用的结果。土质、水、温度与路面是影响冻胀的4个主要因素，此外，还受行车荷载因素的影响。在上述各因素中，土质、温度和水是形成冻胀与翻浆的三个基本条件。

### 1. 土质

不同土质具有不同的冻胀性。粉性土具有最强的冻胀性，最容易形成翻浆。这种土的毛细水上升较高且快，在负温度作用下水分易于迁移，如水源供给充足可形成特别严重的冻胀，在春融时承载能力急剧下降易于形成翻浆。黏性土的毛细水上升虽高，但速度慢，只在水源供给充足且冻结速度缓慢的情况下，才能形成比较严重的冻胀和翻浆。粉性土和黏性土含有较多腐殖质和易溶盐时，则更易形成冻胀和翻浆。粗粒土在一般情况下不易引起冻胀和翻浆，因其毛细水上升高度小、聚冰少，且在饱水情况下也能保持一定的强度；但当粗粒土中粉黏粒含量超过一定量以后，冻胀性明显增加，也能形成冻胀和翻浆。

### 2. 水

冻胀与翻浆的过程，实质上就是水在路基中迁移、相变的过程。路基附近的地表积水及浅的地下水能提供充足的水源，是形成冻胀与翻浆的重要条件。秋雨及灌溉会使路基土的含水率增加，使地下水位升高，从而促进冻胀与翻浆的形成。

### 3. 温度

没有一定的冻结深度或冰冻指数（冬季各月每日负气温的总和），就难以形成冻胀和翻浆。而在同样冻结深度或冰冻指数的条件下，冻结速度和负气温作用的特点对冻胀和翻浆的形成具有很大影响。例如，在初冻时气温较高或冷暖交替变化，温度在0～5℃停留时间较长，冻结线长时间停留在土基上部，就会使大量水分聚流到距路面很近的地方，形成严重的冻胀和翻浆。反之，冬季一开始就很冷，冻结线下降很快，水分来不及向上迁移，土基上部聚冰少，冻胀和翻浆就较轻或不出现。此外，春融期间的气温变化及化冻速度对翻浆也有影响。如春季开始化冻时，天气骤暖，土基急剧融化，则会加重翻浆。如春融期间冷暖交替，并伴有雨、雪，也会使翻浆加重。

### 4. 路面

冻胀与翻浆都是通过路面变形破坏而表现出来的，因此，冻胀和翻浆与路面（类型和厚度）密切相关。在比较潮湿的土基上铺筑沥青路面后，由于沥青路面透气性较差，路基中的水分不能通畅地从表面蒸发，可能导致聚冰增加、冻胀量增大，以致出现翻浆。路面厚度对冻胀与翻浆也有影响，路面厚度大时可减轻冻胀，可减轻或避免翻浆。

### 5. 行车荷载

公路翻浆是通过行车荷载的作用，最后形成和暴露出来的。虽然路基有聚冰、冻胀，春融时含水过多，但无行车荷载作用，是不可能产生翻浆的。因此，当其他条件相同时，在翻浆季节，交通量愈大，车辆愈重，则翻浆也会愈多、愈严重。

## 三、防治冻胀与翻浆的技术措施

### 1. 防治冻胀和翻浆的基本原则

①冻胀翻浆地区的路基设计，要贯彻以防为主，防治结合的原则。路线应尽量设置在干燥

地段,当路线必须通过水文及水文地质条件不良地段时,就要采取措施,预防翻浆。

②防治冻胀翻浆应根据地区特点、翻浆类型和程度,按照因地制宜、就地取材和路基路面综合设计的原则,提出合理防治方案。

③冻胀翻浆地区路基设计,在一般情况下,应注意对地下水及地面水的处理,并注意满足路基最小填土高度的要求。

④对于高级和次高级路面,除按强度进行结构层设计外,还需允许冻胀的要求进行复核。

2. 防治冻胀与翻浆的措施

(1)做好路基排水

良好的路基排水可防止地面水或地下水侵入路基,保持土基干燥,减少冻结过程中水分聚流的来源。

路基范围内的地面水、地下水都应通过顺畅的途径迅速引离路基,以防水分停滞浸湿路基。为此,应重视排水沟渠的设计,注意沟渠排水纵坡和出水口的设计。在一个路段内重视排水系统的设计,使排水沟渠与桥涵组成一个完整的通畅的排水系统(图 2-89)。

为降低路基附近的地下水位,可采用有管渗沟;为拦截并排除流向路基的地下水,可采用截水渗沟,同时考虑冰冻深度的影响(图 2-90)。

图 2-89　坡面排水沟与涵洞

图 2-90　坡顶挖方段设置截水沟

(2)提高路基填土高度

提高路基填土高度,可增大路基边缘至地下水或地面水水位间的距离,从而减小冻结过程中水分向路基上部迁移的数量,使冻胀减弱,使翻浆的程度和可能性变小(图 2-91)。

路线通过农田地区,为了少占农田,应与路面设计综合考虑,以确定合理的填土高度。在潮湿的重冻区内粉性土地段,不能单靠提高路基填土高度来保证路基路面的稳定性,要与其他措施,如砂垫层、石灰土基层等配合使用。

提高路基填土高度是一种简便易行、效果显著且比较经济的常用措施。同时,也是保证路基路面强度和稳定性,减薄路面,降低造价的重要途径。

(3)设置隔离层

隔离层是设在路基中一定深度处,用于防止水分进入路基上部,从而保持土基干燥,起防治冻胀与翻浆作用的防水结构。设隔离层措施的适用条件如下:

①隔离层对新旧路线翻浆均可采用,特别适用于新线;

②不透水隔离层适用于不透水路面的路基中,在透水路面下只能设透水隔离层;

③在盐渍土地区的翻浆路段,隔离层深度应同时考虑防止盐胀和次生盐渍化等要求。

隔离层按使用材料可分为透水性隔离层和不透水性隔离层两类。

透水性隔离层用碎石、砾石或粗砂等做成,其厚度一般为 10~20cm;为了防止淤塞,应在隔离层上面和下面设置防淤层，隔离层底部应高出地面水 20cm 以上，并向路基两侧做成 3% 的横坡（图 2-92）。

图 2-91　冻土区提高路基填土高度

图 2-92　路基设置碎石、砾石隔离层

不透水性隔离层分不封闭式（隔断毛细水）和封闭式（隔断毛细水和横向渗水）两种。在地面排水困难或地下水位高的路段，宜采用封闭式隔离层。封闭式隔离层可做成垂直封闭式及外斜封闭式。根据隔离层铺筑宽度，不封闭式隔离层又可分为贯通式（当路基宽度较窄时，隔离层横穿全路基）和不贯通式。

不透水性隔离层所用材料有：

①8% ~10% 的沥青土或 6% ~8% 的沥青砂，厚度 2.5 ~3.0cm；

②沥青或柏油，直接喷洒，厚度 2 ~5mm；

③油毡纸、不透水土工布、塑料薄膜（在重盐渍土地区不宜使用）等不透水材料（图 2-93）。

隔离层的深度（隔离层距路肩顶面的垂直距离）一般为（3 ~3.5）$D$（$D$ 为标准轴载的轮迹直径）。在交通量大、路面等级高、冻胀与翻浆严重的情况下，宜采用较大数值。

（4）换土

当采用水稳性好、冰冻稳定性好、强度高的粗颗粒土换填路基上部时，可以提高土基的强度和稳定性。换土措施的适用条件如下：

①因路基高程限制，不允许提高路基，且附近有粗粒土可用时；

②原有路基土质不良，需铺设高级路面时。

换土层厚度一般可根据地区情况、公路等级、行车要求以及换填材料等因素确定。根据一些地区的经验，在路基上部 60 ~80cm 厚的范围换填粗粒土，路基可以基本稳定（图 2-94）。换土厚度也可以根据强度要求，按路面结构层厚度的计算方法计算确定。

图 2-93　在碎石、砾石加土工布不透水隔离层

图 2-94　挖除软基，换填砾石

（5）加强路槽排水

在冻胀与翻浆严重地段，应注意做好路槽排水。通常采用设砂垫层和横向盲沟等措施进

行路槽排水。

①铺设砂垫层。砂垫层在融期可起蓄水、排水作用，能隔断毛细水上升防止融期路基泥浆上挤污染路面结构层；在冬季可对路基冻胀起缓冲作用，从而减轻路面冻胀。在盛产砂石地区，可以采用铺设砂垫层排水，防止冻胀和翻浆。

根据砂垫层的作用，从蓄水和耐污染方面考虑，砂垫层的经验厚度为：中湿路段 15 ~ 20cm；潮湿路段 20 ~ 30cm。

砂垫层材料可选用砂砾、粗砂或中砂。要求砂中不含杂质、泥土。

砂垫层路段两端，要用不透水的黏性土封闭，以防止翻浆的蔓延。砂垫层要洒适量水，用履带式拖拉机碾压。

在透水性很差的黏性土路基，一般不宜使用蓄水的砂垫层。

②加设横向盲沟。道路纵坡大于 3% 的坡腰翻浆路段，当中级路面基层采用透水性材料时，为了及时排出透水层内的纵向水流和春融期土基化冻时的多余水分，可在路槽下设置横向盲沟。横向盲沟可设成人字形，纵向间距为 10m 左右，深度 20 ~ 40cm，宽 40cm 左右，填以砂砾等透水性良好的材料，出口按一般盲沟处理（图 2-95）。

（6）加强路面结构

在冻胀与翻浆地段，为减小冻胀和翻浆对路面结构及承载力的影响，应使用整体性好的石灰土、煤渣石灰土、水泥稳定砂砾等半刚性结构层，以加强路面结构。但是用这些半刚性材料作基层时，应防止反射裂缝，结合当地的应用经验，注意路面结构组合设计、材料的选择和配合比设计（图 2-96）。

图 2-95　设置路槽排水——纵向碎石盲沟

图 2-96　冻土区加强路面结构

（7）加设防冻层

在中、重季节冻结区和多年冻土区的高级、次高级路面，在有可能冻胀的路段，为防止不均匀冻胀，路面总厚度不应小于表 2-16 的规定。如按强度计算的路面厚度小于表 2-16 规定时，应用冰冻稳定性良好的材料加设防冻层补足。

**路面防冻最小总厚度**（单位：cm）　　表 2-16

| 冻结深度（cm） | 土基干湿类型 | 粉性土 | 砂性土黏性土 | 冻结深度（cm） | 土基干湿类型 | 粉性土 | 砂性土黏性土 |
|---|---|---|---|---|---|---|---|
| 50 ~ 100 | 中湿 | 30 ~ 50 | 30 ~ 40 | 150 ~ 200 | 中湿 | 60 ~ 70 | 50 ~ 60 |
| | 潮湿 | 40 ~ 60 | 35 ~ 50 | | 潮湿 | 70 ~ 80 | 60 ~ 70 |
| 100 ~ 150 | 中湿 | 50 ~ 60 | 40 ~ 50 | >200 | 中湿 | 70 ~ 80 | 60 ~ 70 |
| | 潮湿 | 60 ~ 70 | 50 ~ 60 | | 潮湿 | 80 ~ 110 | 70 ~ 90 |

防冻层材料应选用冰冻稳定性良好的砂砾、粗砂、矿渣、煤渣等粒料，也可采用水泥或石灰煤渣稳定粗粒土、石灰粉煤灰稳定粗粒土等。采用砂砾和粗砂时，小于 0.074mm 的颗粒含量不应大于 5%；采用煤渣时，小于 2mm 的颗粒含量不宜大于 20%（图 2-97）。

(8)铺设隔温层

在重冻区，有条件时也可采用铺设高效隔温层的方法，减小土基冻结深度或使土基不冻结，以防治冻胀，从而防治翻浆。隔温层采用导温性能差的材料，铺在土基内、土基顶面或路面结构层内。

图 2-97　防冻层顶面铺设土工布

在林区的临时道路上，隔温层多采用压实的泥炭、树皮、木屑等当地材料，铺在土基内或土基顶面。在公路上，可采用泡沫塑料、苯乙烯海绵塑料混凝土、含有多孔填充料的轻混凝土等高效隔温材料。煤渣隔温层铺设于压实的土基顶面，为防煤渣受湿隔温性能降低，可设在砂垫层上；硬化泡沫塑料隔温层铺设于压实的土基顶面；轻混凝土隔温层铺设于面层下的路面结构层内。

在土基顶面铺设硬化泡沫塑料隔温层时，为防其受潮，应先摊铺聚乙烯薄膜，然后安放硬化泡沫塑料板或浇注泡沫树脂，最后再用薄膜覆盖并加铺 5cm 砂层，方可在其上铺筑路面结构层。采用泡沫聚合树脂时，要待泡沫硬化 2h 后再覆盖薄膜。

轻混凝土的强度较硬化泡沫塑料要大几十倍，故轻混凝土隔温层应靠近面层铺设。在苯乙烯海绵塑料混凝土隔温层上可直接铺筑热沥青混凝土混合料，使轻混凝土表面层苯乙烯海绵塑料微粒溶化，提高层间黏结力。

隔温层的厚度，视需要减少的冻结深度通过计算确定。

## 四、翻浆防治措施的选择

在选择翻浆防治的各种方法时，应根据当地的气候、土壤地质和地下水条件，因地制宜地采用合理的防治措施。表 2-17 可供选择防治翻浆措施时参考。

**各种防治翻浆措施选择**　　表 2-17

| 编号 | 措施种类 | 适用的翻浆类型 | 翻浆等级 | 适用地区或条件 | 使用说明 |
|---|---|---|---|---|---|
| 1 | 路基排水 | ①②⑤ | 轻、中、重 | 平原区、丘陵区、山区 | 适用于一切新、旧道路 |
| 2 | 提高路基 | ①②⑤ | 轻、中、重 | 平原、洼地、盆地 | 新、旧路均可使用，必要时也可与 3、4、5、6、7、9 任何一类组合应用 |
| 3 | 砾(砂)垫层 | ①②③⑤ | 中、重 | 产砂、砾地区 | 新、旧路均可使用，主要做垫层，可与 2、4 类组合应用 |
| 4 | 石灰土结构面 | ①②③④⑤ | 轻、中、重 | 缺少砂、石地区 | 新、旧路均可使用，做基层或垫层，可与 3、5 类措施组合应用 |
| 5 | 煤渣石灰土结构层 | ①②③④⑤ | 中、重 | 缺少砂、石地区，煤渣供应有保证时 | 新、旧路均可使用，做基层或垫层，可与 4 类措施组合应用 |
| 6 | 透水性隔离层 | ①②⑤ | 中、重 | 产砂、砾地区 | 适用于新路 |

续上表

| 编号 | 措施种类 | 适用的翻浆类型 | 翻浆等级 | 适用地区或条件 | 使 用 说 明 |
|---|---|---|---|---|---|
| 7 | 不透水隔离区 | ①②④⑤ | 中、重 | 沥青、油毡纸、塑料薄膜、不透水土工布供应有保证 | 适用于新路 |
| 8 | 盲沟 | ①⑤ | 轻、中、重 | 坡腰或横向地下水出露地段，地下水位高的地段 | 新、旧路均可使用 |
| 9 | 换土 | ①②③⑤ | 中、重 | 产砂砾或水稳定性好的材料地区 | 适用于新、旧路 |

注：①-地下水类；②-地面水类；③-土体水类；④-气态水类；⑤-混合水类。

## 五、多年冻土地区路基设计、施工及控制

### 1. 冻土地区的路基设计

多年冻土地区路基设计应遵守保护冻土的原则，尽量避免"零填"、浅挖，并根据不同的冻土条件，分别采用"保护冻土、控制融化速率、预融、综合治理"等设计、施工措施。其中，冻土条件是指年平均地温，多年冻土地区路基设计原则见表2-18。

多年冻土地区路基设计原则　　表2-18

| 地 区 编 号 | 地 区 名 称 | 年平均地温 $T_{cp}$(℃) | 路基设计原则 |
|---|---|---|---|
| I | 低温稳定冻土区 | $T_{cp} < -2.0$ | 保护冻土 |
| II | 低温基本稳定冻土区 | $-1.0 > T_{cp} \geq -2.0$ | |
| III | 高温不稳定冻土区 | $-0.5 > T_{cp} \geq -1.0$ | 控制融化 |
| IV | 高温极不稳定冻土区 | $T_{cp} \geq -0.5$ | 破坏冻土 |

在上述原则中，对于某些年平均地温 $T_{cp} < -1.0$℃或 $T_{cp} < -0.5$℃的区段，经过热学分析，确定在施工或运营期间难以保持或没有必要保持土的完全冻结状态，或无法保持地基土的冻结状态，应按控制融化原则设计。

土体产生冻胀应具备3个基本条件：冻胀敏感性土（粉土、黏土和砂土较敏感），水分供给或初始水分，适当的冻结条件和时间。若能消除或削弱上述3个基本条件中的一个，原则上即可消除或削弱土体的冻胀。因此，防治路基工程冻胀可采用换填法、物理化学法、保温法等对冻土进行处理。

路基工程热融防治总的原则是采取合理的断面形式和处理措施。在断面形式中路堤填筑高度是一项重要指标，它应大于路堤的下临界高度（保持路基基底多年冻土处于冻结状态的最小填筑高度）。

### 2. 多年冻土地段路基施工及控制

1）冻土路基施工注意事项

①针对不同的冻土条件，确定相应的施工季节和施工工艺。施工季节应尽量避开降雨集中、热融作用最活跃的7、8月份，宜安排在夏末或秋初，并做好防护，防止地表水流入或渗入基底和边坡，路基地面防护范围应符合设计要求。

②对于按保护冻土原则设计的路基，应尽量减少对多年冻土的扰动和破坏，以利于热平衡状态的恢复。同时，尽量减少大气降水的浸润、渗入及冻结层以上水的危害。

③路堑开挖。在冻土地区应尽量减少路堑长度，宜尽快开挖成形，不能断断续续施工，并

及时做好其附属工程。在施工中少刷或不刷边坡。跨年作业有利于路堑稳定,最好在秋末开挖成形,来年暖季回填。

④路基排水。排水沟设置应与路基坡脚有一定距离,尽量减少排水沟对路基基底冻土的热作用,尽量加快地表水在排水沟的过水速度,减少排水沟积水时间。在路基施工过程中,要注意临时排水设施的修建。

⑤环境保护。路基工程中的取土、弃土、填方、挖方等必然要对多年冻土地区植被、地表水、层上水造成一定影响。为此,要严禁推土机大面积推土填筑路基、任意开辟施工便道、随意就近弃土、随意铲除草皮等做法,优化路基工程设计,做好施工组织设计,合理安排各道工序的衔接,对冻土环境进行实时监测。

2)遵循的原则

首先,在有可能出现多年冻土的地段要详细地调查冻土的类型、分布情况、地面水和地下水的水位及流向、冻土的上限下限,并采样检验土质的含水率,将多年冻土加以正确分类。同时,施工中遵循以下原则:

①冻土温度低、稳定,宜采取保护多年冻土的原则;冻土温度高,不稳定,融沉又不大时,可考虑采取破坏多年冻土的原则(融化原则)。

②在厚层地下冰地段,一般应采取保护多年冻土的原则;在少冰冻土和多冰冻土地段,一般可采取破坏多年冻土的原则(融化原则)。

③在富冰冻地段,含水率较大或公路等级较高时,宜采取保护多年冻土原则;当含水率较小或公路等级较低时,也可采用破坏多年冻土原则(融化原则)施工。

所谓破坏多年冻土是指施工中(尤其是挖方路堑)可以将多年冻土的一部分挖出,回填含水率适中的材料,施工中允许多年冻土少量融化,但回填应及时。而保护原则是指将原路面表面有机物杂质清除后,不破坏季节冻融层或少破坏季节冻融层,且一定不得破坏季节冻融层下的多年冻土,而直接用适当的材料回填路基,从而避免多年冻土被暴露,减少外界环境对多年冻土融化的影响。

3)路堤施工

(1)基地处理

如果厚填方基底为含冰过多的细粒土,且地下冰层不厚,可挖除并用渗水性土回填压实,再填路基。这种方法可用于面积不大、冻土层厚度不深的岛状冻土区,回填材料以砂砾和风化砂为宜。当基底为排水困难的低洼沼泽地段时,基底部应设置毛细水隔离层,低液限黏土最好,其厚度宜在扣除路堤沉降后高出原地面水面0.5m以上。当隔离层铺设完毕之后,在其上铺反滤层(如砂砾、中砂)。若低洼沼泽地段生长有塔头草,可利用为保温层。另外,多年冻土的施工最好提前进行,并预加沉降,使得在路面结构修筑之前路基沉降趋于稳定。

(2)回填材料

选用保温隔水性均好的细粒土,不准采用冻土块或草皮层及沼泽底含草根的湿土填筑路基。

(3)碾压

碾压时要控制含水率,不能超过最佳含水率两个百分点。成型后路床强度应符合设计要求,用不小于20t的压路机或等效碾压机械碾压2~4遍,确保表面无轮迹和弹软现象。

(4)排水

保持路基及周围冻土处于冻结状态,排水沟、边沟距坡角应足够远,含冰量大的冻土段,两侧不得出现积水。少冰地段,为防止破坏热流平衡,排水沟与坡角距离应大于2m;对于沼泽段应大于8m;饱冰冻土及含土冰层段则不宜修排水沟和截水沟,宜在距坡角6m外修挡水堰,将两侧汇水挡在路基范围以外,减小因水流带来的热融影响。

(5)侧向保护

对于填高不大的多年冻土宜设置具有保湿功能的护坡道和护脚,沿线两侧20m内的厚地面植被应加以保护。

4)路堑施工

路堑施工的原则与路堤大致相同,但要注意以下几点:

①对于地下水位较高、出现渗水情况的地段,要注意施工中及时设置防渗结构,减小渗水的出现,路堑坡顶避免设置截水沟或排水沟,宜修筑挡土堰,距坡脚距离不小于6m。

②土质边坡加固铺砌厚度应满足保温层要求。如用草皮铺砌应水平叠砌,错缝嵌紧,缝隙用黏土或草皮填塞严密,连成整体,草皮要及时铺填。

③饱水冻土、含冰层等含水率很大的多年冻土路堑段,为防止开挖后基底冻胀翻浆,可根据设计要求换填足够厚度的渗水性土,如中砂、砂砾等。

5)冻土路基施工控制

(1)路基填料

检测填料的物理性质和指标,主要是确定冻土的土质、温度和总含水率、土颗粒密度、天然重度、未冻水含量等指标,以确定冻土的工程分类和有关性质。

(2)路基压实

应采用快捷、简单、高效的检测手段和方法,以便于机械化快速施工的要求,检测仪器还应适应低温环境。压实系数 $K$ 作为路基压实控制的一个参数,在施工现场常与强度指标相矛盾,如当填料的含水率较高时,尽管通过增加碾压遍数可得到较大的压实系数,但承载板试验指标却很小。轻型动力触探作为一种原位测试手段,不仅可以确定基床土表层的承载力,而且还能确定某一深度处土的强度,具有反映指标合理、数据直观可靠、易于操作掌握、检测速度快等优点。建议冻土路基的压实标准以地基系数K30或轻型动力触探N10控制为主,填土压实度 $K$ 和相对密度作为辅助控制标准。

压实过程中,还应注意控制填料的未冻水含量和总含水量,填料中的未冻水—冰处于动平衡状态,当冻土中未冻水含量减少,则冻土的强度增加,压缩性降低,变形量减少。因此应尽量使路基填料的含水率接近最佳含水率。

## 单元五　高填方路堤病害成因及防治措施

高路堤工程完工后，随着时间的延长与汽车荷载重复的作用，常出现路堤的整体下沉与局部下沉。特别是桥涵结构物台背回填与路基填方交接处、填方与挖方交接处，路基下沉尤为突出。

### 一、高填路堤沉降原因

高填路堤下沉主要有堤身下沉与地基下陷两种类型，沉降主要表现为均匀沉降和不均匀沉降。均匀沉降一般发生在路基所处环境条件基本一致（如路线通过地形、水文地质变化不大且路基施工采用的填料、机械设备、施工单位的管理水平和质量控制水平等方面无显著变化）的路段。均匀沉降的沉降量过小，一般不会造成路面破坏，也不影响行车安全和观感效果；但过量的沉降将会导致路面、构造物台背等处出现台阶，引起跳车，使路面过早损坏。公路纵面线形不连续，既影响视觉效果，又影响行车安全。不均匀沉降一般发生在地形、水文地质、路基填料发生显著变化和填挖结合部处。路基的不均匀沉降，必然导致路面断裂、不平整以及构造物两侧路面错台，严重影响公路的质量和行车效果。因此，有效降低路基沉降，消除路基沉降危害已成为公路建设者急需解决的问题。高填路堤下沉原因如下：

1. 工程地质变化

公路是一条带状构造物，一条公路少则几十公里，多则上百公里，公路沿线的地质不尽相同；加之地基土和路基填料的工程性质不同，所表现出的强度、压缩沉降量亦不同。当路线通过不良地质，特别是在泥沼地段、流沙、垃圾以及其他劣质土地段填筑路堤，若填筑前未经换土或很好压实，则填筑完成后，原地面土壤易产生压缩下沉或挤压变形。

2. 地形变化

路基填方随地形变化，其填方高度也发生显著变化。当路线穿越冲沟、台地时，路基填方变化在零至几十米范围内，沟谷中心往往填土高度最大，向两端逐渐降低至零。不同的路基填方高度所发生的沉降亦不同，特别是在填挖交界处填筑土和原地面土具有不同密实度和不同的沉降量，在荷载作用下出现不均匀沉降，使路基纵向呈马鞍形。在路线通过地形横坡较大的路段，出现半填半挖断面，填筑土和原地面土密度不同，受施工作业面的限制导致填筑土和原地面土结合不良而使路基两侧发生不均匀沉降，表现为一侧高一侧低。

3. 水文与气候

地表水、地下水的影响是导致路基沉降的重要原因之一。黄土、粉土、湿陷性土等在干燥情况下土体结构性强，承载力大，路基稳定不变形；在受到水浸泡后，土体结构性迅速破坏，承载力大大降低，导致路基变形破坏。如新疆地区属干旱荒漠区，年降水量少，一般为几十毫米，但到6、7、8月份的降雨高峰，易出现洪水冲蚀浸泡路基。农田灌溉、春季融雪也常造成局部路基受水浸泡，导致路基沉降。

4. 结构物差异

路桥过渡段和台背沉降是高填方路堤沉降的重要表现形式之一。由于桥涵结构物台背回填受到施工作业面的影响，该段路基压实往往不如整段路基压实好，工后沉降大。此外，在台背处，台背一侧为刚性体，路基一侧为柔性体，结构差异性大，导致不均匀沉降，发生跳车。

在以上诸因素的影响下，高填方路堤将发生不同程度的沉降，轻则路面纵向线形不连续，视觉不良，行车不平稳；重则路面开裂、松散，形成坑槽，导致路面破坏，严重影响正常行车。因此，必须认真面对高填方路堤沉降变形问题，在勘察设计、施工、养护管理方面采取有效措施防止沉降，确保路基填料、地基土强度符合设计要求。

5. 设计与施工原因

公路受到自然环境多样性影响，同时也受到路基本身自重荷载和车辆荷载的作用。能否保证高填方路堤长期稳定，关键取决于设计和施工。

1）设计方面原因

①由于路线几何线形指标采用得较高，通过不良地质路段的情况也增多。不良地质地段土基强度低、承载力低，设计处理不当，土基易产生压缩沉降或挤压移位，导致高填方路堤沉降变形。

②路线穿越宽浅游荡性的河床时，路基与桥梁衔接处填土较高，路基填筑与桥梁修建所涉材料弹性模量相差较大，如过渡段结构设计不合理将导致不均匀沉降，引起桥头跳车。

③通道、涵洞铺砌未考虑防水设计，易导致地表水渗透浸泡路基，使路基承载力下降而发生沉降变形。

④高填方路段纵、横向排水设计考虑不周，易造成路基两侧长期积水而降低地基承载力，使路基沉降。

⑤高边坡路堤坡脚防护与加固不妥。如抗滑桩设计的起止点不合理，往往造成起止点处因抗滑力不足引起路基下滑而使路基沉降开裂。

⑥路基排水系统设计不完善，在路基范围内排水不良会引起路基填土含水率大、土质松软、强度降低、边坡坍塌、堤身沉陷或滑动以及产生冻害等。

2）施工方面原因

①路基施工前未认真做好临时排水设施建设与永久性排水系统的有机结合（图2-98），使得路基排水系统不畅通，长期积水浸泡路基致使地基和路基土承载力降低，导致沉降发生（图2-99）。

图2-98　路基施工前未建立临时排水系统

图2-99　路基排水系统不畅通

②原地面处理不彻底，如未清除草根、树根、淤泥等不良土壤，地基压实度不足等因素，在静、动荷载的作用下，使路基沉降变形。

③不良地质路段未予以处理或处理不当而导致路基沉降变形。

④填筑顺序不当。在高填方路堤施工中，填层超厚或未严格按分层填筑分层碾压工艺施工，路基压实度不足而导致路基沉降变形；未全断面范围均匀分层填筑，而是先填半幅，后填另半幅而发生不均匀沉降。

⑤高填方路堤在分层填筑时，没有按照相关规范或设计要求的厚度进行铺筑，随意加厚铺筑厚度。压实机具按规定的碾压遍数压实时，压实度达不到规范规定的要求，当填筑到路基设计高程时，必然产生累计的沉降变形，在重复荷载与填料自重作用下产生下沉。

⑥路基填方在填挖交界处未按规范要求挖台阶，或因原地面土和填料密度、承载能力不同，如填挖交接处软土、腐殖土等未清除干净或填筑方式不对及压实不足，而出现接合部衔接不良，导致路基不均匀沉降。

⑦施工组织安排不当，先施工低路堤，后施工高填方路堤。往往高填方路堤施工完成后就立即铺筑路面，路基没有足够的时间固结，而使路面使用不久就破坏。

⑧桥涵结构物台背回填和路桥过渡段（一般距台背 10 ~ 20m 范围）填筑时，台背回填由于大型机械作业不便，小型机具压实不足或填层超厚；而路桥过渡段因路、桥先成形，过渡段后填筑，两者均易造成压实度不足而沉降。

⑨路基填料原因。高填方路堤施工时采用的填料如果混进了种植土、腐殖土或泥沼土等劣质土或土中含有未经打碎的大块土或冻土块等，由于劣质土抗水性差、强度低，路堤将出现塑性变形或沉陷破坏。在冰冻或季节性冻土地区，由于劣质土或冻土块的存在，路堤极易出现冻融翻浆现象。在填石路堤中若石料规格不一、性质不匀或就地爆破堆积，乱石中空隙很大，在一定期限内（例如经过一个雨季）可能产生局部的明显下沉（图 2-100）。

图 2-100　填方路段填层超厚、填料粒径超标

**二、高填方路堤沉降预防措施**

从高填方路堤沉降原因不难看出，高填方路堤产生沉降的因素主要来自于设计和施工两方面。因此，在设计时只要道路勘测者认真进行勘察设计，详细调查拟建公路沿线地形、地貌，查明其工程地质和水文地质情况，采取有针对性的工程设计方案；施工中严格按照施工规范和设计要求，合理组织施工；公路养护中加强养护，及时排除险情，确保道路正常使用，对于防止高填方路堤沉降，必将起到积极作用。

1. 设计方面应采取的合理措施

①路线选线中，在坚持路线总体走向通过主要控制点的原则下，因地形、地质环境布设路线，尽量避让不良地质地段，不需要追求高指标的线形，努力做到线形指标搭配合理，即可取得良好的视觉效果。

②加强工程地质勘察。严格按照工程地质勘察规程开展工作，详细调查和探明拟建公路沿线工程地质和水文地质情况，对工程地质和水文地质情况有怀疑地段增加探坑数量。在设计外业验收中，将工程地质勘察作为重要的检查内容之一。

③对原地面明确提出压实度和地基承载力要求。其目的在于防止路基填方在自重和车辆荷

载作用下，因地基承载力不足而产生沉降；对地基承载力低的路段应采取有效的工程处理措施。

④路线通过较陡的横坡及沟谷地段时，应按要求设置纵横向台阶，使填筑路基和原地面形成良好的结合，同时宜放缓边坡。

⑤尽量避免高填方路堤和陡坡路堤设计。否则，应按照路基设计规范要求进行设计，并提出工后沉降量要求。

⑥做好路基排水系统综合设计，使地表、地下水顺利排出路基以外或将地表水阻隔在路基以外，不能在路基范围内积水。涵洞、通道底铺砌设计中要考虑防水，避免积水浸泡基底而沉降变形。

⑦高填方路堤路桥过渡段要采取特殊设计，避免直接由柔性到刚性的路基设计结构，可以考虑采取半刚性的路基过渡。

⑧对软土、盐渍土等不良地质路段，要采取特殊设计，提高路基的承载能力和水稳性。同时，要由试验计算路基的压缩沉降量，设计中要考虑超填厚度，使竣工后的沉降能维持路基设计高程。

2. 施工方面应采取的有效措施

①做好路基施工的准备工作。开工前施工单位、监理单位的工程技术人员要认真审阅设计文件，详细了解公路沿线地形地貌、工程地质、水文地质、路基填料、各段的填方数量和特殊路基分布等情况，并逐一核实设计文件提供的资料，做到心中有数，发现与设计文件提供的资料有误应及时上报业主，妥善处理。同时，要与设计单位做好技术交底工作。

②施工组织设计是保证工程质量的前提。路基施工也不例外，施工单位必须重视高填方路堤的施工组织设计，合理安排各施工段的先后顺序，明确构造物和路基的衔接关系，尤其是对高填方段应优先安排施工，给高填方路堤留有足够的时间施工和沉降，从而有效防止高填方路堤工后产生过大的沉降。在施工中，以施工组织设计为依据，结合施工现场的实际情况，合理调配人员、设备，保证高填方路堤施工质量。

③重视原地面处理。路基填筑前必须彻底清除地表植被、树根、垃圾和种植土，加大原地面的压实力度。地表植被、树根、垃圾、不良土质暴露于自然环境下，相对比较松软，不易压实，有的土壤易产生病害，如盐渍土、膨胀土等，因此必须予以清除。土是三相体，土粒骨架的空隙被水分和空气所占据。土在压实过程中，因土粒受到瞬时荷载或振动力的作用，使土粒重新调整位置，重新组合，彼此挤密，空隙缩小，土的单位质量提高，形成密实整体，从而导致强度增加，稳定性提高。土基压实后，土的塑性变形、渗透系数、毛细水作用及隔温性能等均有明显改善，因此，施工中应加大地表的压实密度。

目前的设计理论强调活载影响的作用，越接近路面，活载的影响越大，因此，要求有较高的压实度。然而在高填方路段，活载影响土基的应力随着深度的增加而减小，而恒载对土基的影响将随路基的高度而增加。一些设计文件要求地基的压实度达到85% ~90%，这已不能满足高填方路堤对地基土承载力的要求。地基土的压实一般与土壤类别、土中含水率、压实机具密切相关。对于细粒土、黏土等土质，土中含水率大小对土质的密实程度比较敏感，在压实过程中要求含水率接近于最佳含水率；对于砾石土等，压实含水率不起关键作用。在地基压实中，由于没有进行分层碾压，光轮压路机作用深度比较浅，压应力提供不足，一般采用大吨位振动压路机效果较好。

④填筑路基前抓做好路基临时排水工作，做到临时排水系统与永久性排水系统有机结合。施工过程中通过路基两侧纵横向排水系统及时疏散路基范围的积水，避免路基受水浸泡。当

地基土和路基填料为如粉土、黄土、湿陷性土、黏土等细粒土时，在干燥状态下其结构性比较强，有较高的承载能力，一旦受水浸泡后其结构性将很快破坏，强度也将很快降低，从而失去应有的承载能力，导致地基、路基沉降。因此，做好路基排水是保证路基稳定的前提条件。工程监理和施工质量检查人员，应认真监督检查。

⑤严格选取路基填料，并控制好填料质量。对高填方路堤路段施工在填料料场选择时，除按规范要求的液限、塑性指数、含水率和CBR等指标外，还应根据填料的性质（如水稳性承载能力）综合选择水稳性好、干密度大、承载能力高的砾石类土填筑路基。在路基填筑前必须将料场盖山土清除干净，防止树根、杂草、种植土等混填于路基之中。施工中严格控制填料含水率，严禁过湿的土填于路基之上；同时，要求不同土质分层填筑，剔除填料中超大颗粒，以保证各点密实度均匀一致。

⑥严格控制路堤填筑工艺。在高路堤填筑全面铺开前，各施工单位必须根据不同填料、各种施工机械组合铺筑试验路段，以获得最佳机械组合方式、填层厚度、碾压遍数和填料的施工含水率范围。路堤填筑方式应采用水平分层填筑，即按照横断面全宽分层逐层向上填筑；当原地面纵坡大于12%的地段，宜采用纵向分层填筑施工，填筑至路基上部时，仍应采用水平分层法填筑。每层应保证层面平整，便于各点压实均匀一致。在路堤施工过程中要严格控制填层厚度，根据不同的填料和场地要选择不同的压实机具。一般情况下，轻型光轮压路机（6～8t）适用于各种填料的预压整平；重型光轮压路机（12～15t）适用于细粒土、砂类土和砾石土；重型轮胎压路机（30t以上）各种填料均适用，尤其是细粒土；羊足碾最适用于细粒土，但需要光轮压路机配合对被翻松表层进行补压；振动压路机具有滚压和振动的双重作用，用于砂类土、砾石土和巨砾土，其效果远远优于其他压实机具。在高填方路段，压实质量要求高，选用重型轮胎压路机和振动压路机效果比较好。

⑦抓好路基特殊部位的施工质量控制。如桥涵结构物台背回填、路桥过渡段填方以及填挖结合部，这些地方地形条件特殊，填方施工难度大。台背、路桥过渡段往往是路基和桥台完成后而剩余的缺口，因此，有必要将该段作为路基施工的管理点，抽调组成专门的回填队伍。台背处大型设备不易工作而采用小型夯实机具时，填筑的分层厚度若太厚就很难压实，一般宜控制在15cm左右，同时应加大抽检频率保证压实。对于填挖结合部，应彻底清除结合部的松散软弱土质，做好换土、排水和填前碾压工作，按设计要求从上到下挖出台阶，清除松方后逐层碾压，确保填挖结合部的整体施工质量。

⑧做好压实度的检测工作。在压实过程中，施工单位自检人员应按规定的频率检查路基各层的压实度，目前对于"按200m抽检4处"的规定，施工单位感觉工作量偏大，部分人员凭经验减少压实度的抽检频率，甚至于伪造试验资料应对检查。面对检测工作量大的问题，可以考虑采用传统的环刀法、灌砂法与快速检测核子密度湿度仪法相结合，对薄弱地点，如路基边缘、台背处采用传统方法检测，路基中可考虑采用核子密度湿度仪检测，从而可提高检测速度。

3. 加强养护技术

为保证路基有完好的使用功能，路基养护工作必不可少。由于设计和施工过程中或多或少存在着一些不足，道路通过长期使用也会表现出不同程度的破损。通过及时养护修补缺损，保证道路正常使用是养护工作的中心。在养护工作中应做好以下工作：

①加强对防水、排水构造物的养护工作，确保路基范围内纵横向排水设施畅通无阻；发现水毁地段应及时加固修补，避免路基遭遇水的浸泡；对地下水位高的地段，要挖排水沟降低地下水位。

②对沉降量大形成跳车的路段,应分析原因采取注浆加固等有效措施稳定路基,及时修补破损路面保证车辆安全行驶。

③对风蚀、水蚀的路基边坡,要及时修补加固,确保路基安全。

④在有条件的情况下做好坡面植被防护,稳定路基边坡。

## 三、高填方路堤病害整治技术

高填路堤由于施工和工程完工后在自然环境影响和汽车重复荷载作用下,出现一些路基病害,引起路基的整体下沉、局部沉陷、边坡坍塌,影响了公路的正常使用。因此,为了更好地发挥公路的正常作用,对高填路堤出现的严重病害,必须采取行之有效的处理办法,使路基处于良好的工作状态,在此介绍几种常见的处治措施,以供处理路基病害时参考。

### 1. 换土复填法

因填筑土质不符合要求,路基出现下沉但面积不大且深度较浅,采用换土复填方法,简便快捷。此法是将原路基出现病害部分的土挖去,更换符合规范要求的土。一般采用级配较好的砂砾土,塑性指数满足规范要求的亚黏土为宜。回填时,挖补面积要扩大,且逐层挖成台阶状,由下往上,逐层填筑,碾压密实,压实度要求高出原路基压实度1~2个百分点。这种方法是只要掌握好路基的填筑方法即可,没有复杂的技术要求(图2-101、图2-102)。

图2-101　开挖换填

图2-102　填方路段压实度检测

### 2. 固化剂法

处理高填路堤的下沉时,如果更换路基填料受到限制,且填筑料数量不大时,可在原填料中掺入固化剂处理路基病害。这种方法在我国部分省市已有应用的先例。实践证明,效果较好。固化剂作为一种特殊的建筑材料,其不同的物理性质和化学组成成分决定了不同的类别、特点和固化方法。路用材料固化剂从形态上看,可分为固态和液态两大类;从化学构成上看,可分为主固化剂和助固化剂两大部分。其中,固体粉状固化剂中主固化剂以石灰、石膏、水泥为主,助固化剂采用高聚物如聚丙烯酚氨、聚丙烯酸或含有活性基的有机化合物;液态固化剂中主固化剂多采用水玻璃,助固化剂则采用各种无机盐如碳酸镁、碳酸钙等。前者与土混合分层碾压密实即可,适合于表层或浅层土的固化;后者在使用时,采用特殊工艺将浆液注入土中使土固结,适合于深层土的固结。

目前,固化剂的种类很多,在道路工程中使用时,可根据路用土的种类与固化剂的成分、类型选用。各种固化剂的性能与使用方法可参照有关资料。

### 3. 粉喷桩法

处理10m以内路基下沉病害时，采用粉喷桩加固技术是较为理想的一种方法。粉喷桩处理软基土是通过专门的机械将粉体固化剂喷出后在地基深处就地与软土强制搅拌，利用固化剂和软土之间新发生的一系列物理、化学反应，在原地基中形成强度与刚度较大的桩体，同时也使桩周土体性质得到改善，桩体与桩间土体形成复合地基共同承担外荷载（图2-103）。

使用粉喷桩加固路基应认真调查路基病害的情况，认真做好粉喷桩施工的设计（桩径、桩距、固化剂掺入量、桩身强度等），施工中要严格掌握固化剂掺入量、粉喷桩龄期、土样含水率、混合料搅拌的均匀性。着重抓好施工中的以下两个环节：

①严格按粉喷桩施工规范施工，严格掌握钻机的就位、钻进、停钻、提升、停喷、重复的工艺流程。

②做好粉喷桩的质量控制。粉喷桩处理软基属隐蔽工程，通常是昼夜连续施工，必须做好粉喷桩的质量控制，其内容包括桩距、桩位检查，逐桩控制喷粉量、桩长等。

### 4. 灌浆法

灌浆法是利用液压、气压或电化学原理，通过注浆管将浆液均匀地注入地层中，浆液以充填、渗透和挤密等方式占据土粒间或岩石裂缝中的空间，经人工控制一定时间后，浆液将原来松散的土粒或裂隙胶结成一个整体，形成一个结构新、强度大、防水性能高和化学稳定性良好的“结合体”。灌浆法已广泛应用于我国煤炭、水电、冶金、建筑、交通和铁道等部门，并取得了良好的效果（图2-104）。

图2-103　粉喷桩施工

图2-104　灌浆法施工

高填路堤是山区高速公路的一大特点，而填料多取自于路基附近的挖方段，常以碎石土为主。由于受多种因素的影响，高填方路堤路基边缘的压实度往往难以达到标准要求，随时间的增长势必影响路基的稳定性，进而影响行车安全。用灌浆法使水泥浆液在适当压力下充分填充于路基孔隙，形成新的结石体，对于提高路基的强度可起到良好的作用。

由于浆液的扩散能力与灌浆压力的大小密切相关，对不同填料及形态的路基采用多大压力灌浆，主要取决于路基的密实度、强度和初始应力、钻孔深度、灌浆位置及灌浆顺序等因素。而这些因素又难以准确预知，故必须通过现场试验来确定。水泥浆液在不同地质条件和不同灌浆压力条件下，在地下流动的形式不同。当灌浆压力较低时，路基填料渗透性较好，水泥浆在中等浓度的情况下以渗流的方式渗入路基土的孔隙，这时认为路基原结构未受扰动和破坏，灌浆量及浆液扩散半径常用线性渗流理论求解。当压力逐渐加大，其他条件不变时，浆液的流动由线性转变为紊流。在紊流条件下的灌浆量与浆液扩散半径常用紊流理论求解。上述两种情况总称为渗流注浆法，适用于碎石土、砂卵土夯填的路基。对于黏性土夯填的路基由于其渗透性很小，通过渗入灌浆法难以奏效。当灌浆压力提高到一定程度时，会发现单位时间注浆量明显上升，实际上黏性土路基已在注浆孔周围发生径向劈裂，浆液沿裂隙流入土体，并将土体切割成不规则的块体，在块体之间形成互相穿插的脉状水泥结合，黏性土又受到充填浆液时的压缩，形成一种复合型岩土，从而提高了路基的强度和刚度。这种方式称为劈开式或胀裂式灌浆。

用渗入式灌注碎石路基，灌注压力可由小到大，压力控制在0.5～1.5MPa即可。黏性土类路基适宜采用劈裂法，常用注浆压力范围为1.0～4.0MPa。

公路灌浆法施工程序为：布孔→成孔→注浆三个阶段。

(1)布孔原则与方法

根据路基的强度要求，结合固结灌浆的特点、路基形态等因素考虑，遵循既要充分发挥灌浆孔的效率，又能保证浆液留在路基有效范围以内的原则。布孔时应视路基实际情况而定。若全幅灌浆，应采用等距离梅花方格网布孔，中间孔浅，边缘孔较深，孔间距以2.0m为宜。

(2)成孔钻机选型

成孔必须是干法钻进，钻进时不允许加水。因此，应尽量选用小型潜孔钻成孔。其优点是进尺快、易搬动、操作简单，钻进成本低。尤其对碎石类路基，其效果更为显著，宜广泛推广。

(3)下注浆花管

首先选取适当的注浆管，注浆花管应根据钻机钻孔的孔径与孔深而定，应根据简单易行的方法选用。一般来说，注浆结束后注浆花管很难拔出，如果强行拔出则会破坏路基。因此，注浆结束后将注浆花管作为非预应力锚杆留在路基内，可起到管架的作用，对于提高路基强度有很大好处，尤其是对高填路堤边坡稳定效果更佳。

注浆管底部预留20～30cm空隙，确保浆液的灌注流畅。钻孔口要密封，一般用木塞填充膨胀水泥的方法，以保证浆液不从钻孔口溢出。

(4)灌浆施工的方法

灌浆施工主要包括灌浆压力、浆液浓度、灌浆顺序等内容。如何选择和控制灌浆压力和浆液浓度等因素，是灌浆施工中首先要解决的问题。灌浆压力是保证灌浆质量的重要因素之一。如果压力过小，浆液射流达不到预计范围内，扩散半径小，易形成空白区；如果压力过大，则会破坏路基原结构，抬升路面或冲垮边坡，还会使浆液沿路基薄弱部位冲出路基，达不到灌浆的目的。因此，在大范围灌注前应先做试验，根据注浆段的路基类型，结合单孔注浆量选择适宜的注浆压力。浆液浓度通常以水灰比(质量比)1:1较为合适。在密实度较好的黏土路基中，可适当增大水量，使稀浆更易充分进入黏土路基中。

灌浆顺序是指灌浆孔的受注顺序。一般以三次灌注为宜，事前应根据灌浆孔平面图设计好灌浆顺序。第1、2灌次孔以单孔注浆量为控制标准，第3灌次为加压灌注。灌浆结束应以设计的终孔压力和平均单孔注浆量为双重控制标准。

单孔灌注量＝排距×孔距×孔深×路基孔隙率。路基孔隙率依路基压实度确定。

## 四、高填方路堤设计

当路线跨越深沟或穿过地面障碍物以及修筑高架桥引道时，局部路段有可能采用高填路堤方案。高路堤填筑工程数量大，占地面积也大，对地基的承载力要求高，堤身应有足够的整体强度和边坡稳定性，路基的排水、防护措施必须齐备，而且要求特别注意线形及其与环境的协调一致。

1. 高填路堤的设计特点

一般路基是套用典型横断面进行设计，无需加以稳定性论证和验算，对于高填路堤，则要对其边坡进行稳定性验算，以确定合理的断面形式。其次，高填路堤过去大多预留沉降量，使路基沉降后仍能符合设计高度，而高等级公路具有较严格的技术标准，不可能由于预留沉降量使路基在短时间趋于稳定，也不能因预留沉降量而在路基沉实后再调整路面高度。因此，在路基填筑过程中应严格控制填筑质量，达到《规范》要求的密实度标准，从而减小完工后的沉降值，满足《设计规范》的要求，从而达到高填路堤稳定的目的。

2. 高填路堤设计的基本要点

(1)填料选择

填方路基宜选用级配较好的粗粒土作为填料。砾(角砾)类土、砂类土应优先选作路床填料，土质较差的细粒土可填于路堤底部。用不同填料填筑路基时，应分层填筑，每一水平层均应采用同类填料。泥炭、淤泥、冻土、强膨胀土及易溶盐超过允许值的土等劣质土，不得直接用于填筑路基。

冰冻地区上路床及浸水部分的路堤不应直接采用粉质土填筑。强风化岩石及浸水后容易崩解的岩石不宜作为浸水部分路堤填料。细粒土作为填料，当土的含水率超过最佳含水率两个百分点以上时，应采取晾晒或掺入石灰、固化材料等技术措施进行处理。路基填料最小强度和最大粒径应符合表2-19的要求。

**路基填料最小强度和最大粒径要求**(JTJ 013—95)　　表2-19

| 项目分类 | | 路面底面以下深度(cm) | 填料最小强度(CBR)(%) | | 填料最大粒径(cm) |
|---|---|---|---|---|---|
| | | | 高速、一级公路 | 其他等级公路 | |
| 填方路基 | 上路床 | 0～30 | 8 | 6 | 10 |
| | 下路床 | 30～80 | 5 | 4 | 10 |
| | 上路堤 | 80～150 | 4 | 3 | 15 |
| | 下路堤 | 150以下 | 3 | 2 | 15 |
| 零填及路堑路床 | | 0～30 | 8 | 6 | 10 |

注:1. 当路床填料CBR值达不到表列要求时，可采取掺石灰或其他稳定材料处理。
2. 其他公路铺筑高级路面时，应采用高速公路、一级公路的规定值。
3. 粗粒土(填石)填料的最大粒径，不应超过压实层厚度的2/3。

(2)压实与压实度

填方路基应分层铺筑，均匀压实。路基压实度符合表2-20的规定。

填石路基的压实要求，应符合《公路路基施工技术规范》(JTJ 033—95)的规定或通过试验确定。

天然稠度小于1.1、液限大于40、塑性指数大于18的黏质土，用作高速公路、一级公路和二级公路上路床的填料时，应采用各种措施使其压实度达到表2-20的规定；上述土用于下路床及上、下路堤的填料时，应当进行处治或采用重型压实标准确有困难时，可采用轻型压实标准，其压实度不应低于表2-21的规定。

(3)路床的要求

路床土质应均匀、密实、强度高。上路床压实度若达不到表2-20或表2-21的要求时，必须采取晾晒、掺石灰等技术措施。路床顶面横坡应与路拱坡度一致。

**路基压实度**(重型)(JTJ 013—95)　　表2-20

| 填挖类型 | | 路面底面以下深度(cm) | 压实度(%) | |
|---|---|---|---|---|
| | | | 高速、一级公路 | 其他等级公路 |
| 填方路基 | 上路床 | 0~30 | ≥95 | ≥93 |
| | 下路床 | 30~80 | ≥95 | ≥93 |
| | 上路堤 | 80~150 | ≥93 | ≥90 |
| | 下路堤 | 150以下 | ≥90 | ≥90 |
| 零填及路堑路床 | | 0~30 | ≥95 | ≥93 |

注：1. 表列数值是按《公路土工试验规程》重型击实试验法求得的最大干密度的压实度。
2. 当其他等级公路修建高级路面时，其压实度应采用高速公路、一级公路的规定值。
3. 特殊干旱或特殊潮湿地区，压实度标准可根据试验路资料确定或较表列数值降低2~3个百分点。

**路基压实度**(轻型)**表**(JTJ 013—95)　　表2-21

| 填挖类型 | | 路面底面以下深度(cm) | 压实度(%) | |
|---|---|---|---|---|
| | | | 高速、一级公路 | 其他等级公路 |
| 填方路基 | 上路床 | 0~30 | — | ≥95 |
| | 下路床 | 30~80 | ≥98 | ≥95 |
| | 上路堤 | 80~150 | ≥95 | ≥90 |
| | 下路堤 | 150以下 | ≥90 | ≥90 |
| 零填及路堑路床 | | 0~30 | — | ≥95 |

注：表列数值是按《公路土工试验规程》轻型击实试验法求得的最大干密度的压实度。

填方路基的基底，应视不同情况分别予以处理。

①基底土密实、地面横坡缓于1∶5时，路堤可直接填筑在天然地面上，地表有树根草皮或腐殖土应予清除。

②路堤基底范围内由于地表水或地下水影响路基稳定时，应采取拦截、引排等措施，或在路堤底部填筑不易风化的片石、块石或砂、砾等透水性材料。

③路堤基底为耕地或土质松散时，应在填筑前进行压实，高速公路、一级公路和二级公路路堤基底的压实度(重型)不应小于85%；路基填土高度小于路床厚度(80cm)时，基底的压实度不宜小于路床的压实度标准；基底松散土层厚度大于30cm时，应翻挖再回填分层压实。目前，也有一些建设单位结合当地高等级公路建设的经验，将零填及路堑路床下挖80~100cm，再回填至设计高程，取得了较好效果。

④水稻田、湖塘等地段的路基，应视具体情况采取排水、清淤、晾晒、换填、掺灰及其他的土加固措施进行处理。当为软土地基时，应按特殊路基处理。

路基土的掺灰剂量，可根据当地情况试验确定。一般黏质土采用石灰或石灰、粉煤灰处理，粗粒土可采用325号水泥处理。

路基填方边坡坡度应根据填料种类、边坡高度和基底工程地质条件等确定。

(4)高填路堤边坡

路堤基底良好时，边坡坡度可按表2-22确定。

填方路基的基底，应视不同情况分别予以处理。

路堤边坡坡度表(JTJ 013—95)　　表2-22

| 填料种类 | 边坡高度 | | | 边坡坡度 | | |
|---|---|---|---|---|---|---|
| | 全部高度 | 上部高度 | 下部高度 | 全部高度 | 上部高度 | 下部高度 |
| 粘质土、粉质土、砂质土 | 20 | 8 | 12 | — | 1:1.5 | 1:1.5 |
| 砂、砾 | 12 | — | — | 1:1.5 | — | — |
| 漂(块)石土、乱石土、砾(角砾)类土、碎石土 | 20 | 12 | 8 | — | 1:1.5 | 1:1.75 |
| 不易风化的石块 | 20 | 8 | 12 | — | 1:1.3 | 1:1.5 |

注:采用台阶式边坡时,下部边坡可采用与上部边坡一致的坡度。

对边坡高度超过表2-22所列全部高度的路堤,宜进行路基稳定性验算。对于渗水性土,可采用直线滑动面法进行验算;对于黏质土可采用圆弧滑动面法进行验算。验算时,稳定系数不得小于1.25。

填方边坡高时,可在边坡中部每隔8~10cm设边坡平台一道,平台宽度为1~3cm,用浆砌片石或水泥混凝土预制块防护。边坡平台设排水沟时,应符合《设计规范》4.2.5.3款的规定。当不设排水沟时,平台应设坡度为2%~5%向外侧倾斜的缓坡。填石路基上的边坡平台不设排水沟。

受水浸淹的路基填方边坡坡度,在设计水位以下部分视填料情况可采用1:1.75~1:2.0,在常水位以下部分可采用1:2~1:3。如用渗水性好的土填筑或设边坡防护时,可采用较陡的边坡。

填石路基应采用不易风化的开山石料填筑,边坡坡度可采用1:1,边坡坡面应选用大于25cm的石块进行台阶式码砌,码砌厚度为1~2m。填石路堤的高度不宜超过20m。

易风化岩石及软质岩石用作填料时,应按土质路堤边坡设计。

## 五、高填方路堤施工

### 1.施工前的准备工作

路基施工的主要内容,大致可归纳为施工前的准备工作和基本工作两大部分。土质路基的基本工作是路堑挖掘成型、土的移运、路堤填筑压实,以及与路基直接有关的各项附属工程。其工程量大、施工期长,且所需人力物力资源较大,因而必须集中精力,认真对待。但要保证正常施工,施工前的准备工作极为重要。它是组织施工的第一步,无准备的施工或准备不充分的施工,均会使路基施工的基本工作难以顺利进行。

施工的准备工作,内容较多,大致可归纳为组织准备、技术准备和物质准备三个方面。

(1)组织准备

主要是建立和健全施工队伍和管理机构,明确施工任务,制定必要的规章制度,确立施工所应达到的目标等。组织准备是做好一切准备工作的前提。

(2)技术准备

路基开工前,施工单位应在全面熟悉设计文件和设计交底的基础上进行施工现场的勘查、核对,在必要时修改设计文件,发现问题应及时根据有关程序提出修改意见,并报请变更设计,编制施工组织计划,恢复路线,施工放样与清除施工场地,搞好临时工程的各项工作等。

现场勘查与核对设计文件,目的是熟悉和掌握施工对象特点、要求和内容,显然这是整个施工的重要步骤，舍此则其他一切工作就失去目标，难以下手。

施工组织计划是具有全局性的大事，其中包括选择施工方案、确定施工方法、布置施工现场（施工总平面布置），编制施工进度计划，拟订关键工程的技术措施等。它是整个工程施工的指导性文件，也是其他各项工作的依据。在当前强调加强施工管理，实现现代化科学管理的时期，如何抓好施工组织计划这一环节，更具有现实意义。

临时工程包括施工现场的供电、给水，修建便道、便桥，架设临时通信设施，设置施工用房（生活和生产所必需）等，这些均为展开基本工作的必备条件。

路基恢复定线、清除路基用地范围内一切障碍物等是施工前的技术准备工作，也是基本工作的一个组成部分，宜协调进行。

路基开工前应做好施工测量工作，其内容包括导线、中线、水准点复测，横断面检查与补测，增设水准点等。施工人员还应对路基工程范围内的地质、水文情况详细调查，通过取样、试验确定其性质和范围，并了解附近现有建筑物对特殊土的处理方法，以资借鉴。

（3）物资准备

包括各种材料与机具设备的购置、采集、加工、调运与储存以及生活与生产后勤供应等。为使供应工作能适应基本工作的需要，物质准备工作必须制订具体计划。其中，有的计划内容，如劳动力调配、机具配置及主要材料供应计划，必须服从于保证上述施工组织计划顺利实施，而且也常被列为施工组织计划的一个组成部分。

土质路基施工，仅是整个道路工程中的一个工程项目。以上所述的准备工作，主要对整个工程的施工而言，对于某一单项工程，如土质路基、石质路基、路基排水或防护加固或路基工程以外的桥涵与路面等，准备工作的具体内容与要求虽有差别，但基本项目不可缺少。

2. 施工

高填路堤在施工中必须首先满足《施工规范》中关于路基填筑施工的一般规定。

（1）土方路堤填筑

土方路堤（包括石质土）按填土顺序主要可分为分层平铺和竖向填筑两种方案。分层平铺是基本方案，如分层平铺可满足填平与压实的要求，则分层平铺效果好且质量有保证，条件满足时为优先采用的方案。竖向填筑是在特定条件下，局部路堤采用的方案。某些条件下，采用分层平铺与竖向填筑相结合的混合填筑法。

分层平铺有利于压实，可以保证性质差异的土按规定层次填筑。图 2-105 所示为不同用土进行填筑的组合方案。其中，正确的方案要点是：不同用土水平分层，以保证强度均匀；透水性差的用土，如黏性土等一般宜填于下层，表面筑成双向横坡，有利于排除积水，防止水害；同一层次有不同用土时，搭接处做成斜面，以保证在该层厚度范围内，强度比较均匀，防止产生明显变形。不正确的方案主要是：未水平分层，有反坡积水，夹有冻土块，大土块或粗大石块以及有陡坡斜面等，其主要问题还在于强度不均与排水不利。此外，还应注意用土应不含有害杂质（草木、有机物等）及未经处治的劣质土（细粉土、强膨胀土、盐渍土与腐殖土等）。

竖向填筑是指沿路中心线方向逐步向前深填，如图 2-106 所示。路线跨越深谷或池塘时，地面高差大，填土面积小，难以水平分层卸土，可采用竖向填筑。竖向填筑的质量在于填土的密实程度，为此宜采取必要的技术措施，如选用振动或锤式夯实机械进行压实，选用粒径较均匀的砂石填料；路堤全宽一次成型；暂不修建较高级路面，容许短期内自然沉降；杜绝垂直无搭接填筑，每填筑一层都应有台阶作搭接处理。此外，尽量采用混合填筑方案，上层水平分层，必要时可考虑采用地基加固的技术措施如注入、强夯等，以保证填土具有足够的密实度。

土方路堤应分层填筑、分层压实。路堤填土宽度每侧应宽于填层设计宽度，压实宽度不得小于设计宽度，最后削坡。填筑宜采用水平分层填筑法施工，即按照横断面全宽以水平层逐层向上填筑。如原地面不平，应由最低处分层填起，每填一层，经压实达到规定要求后再填上一层。原地面纵坡大于12%的地段，可采用纵向分层法施工，沿纵坡分层，逐层填压密实。

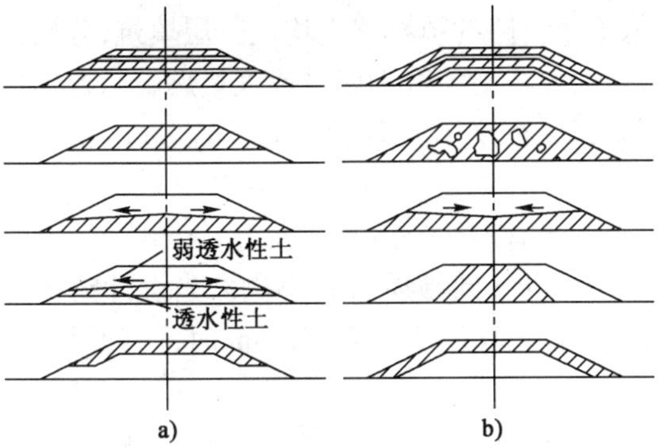


图2-105　土路堤填筑方案示意图

a）正确的；b）不正确的

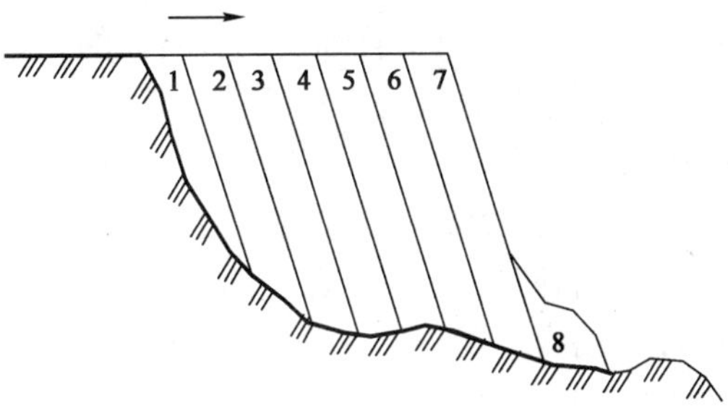


图2-106　竖向填筑方案示意图

采用机械压实时，分层的最大松铺厚度，高速公路、一级公路不宜超过30cm；其他公路，按土质类别、压实机具功能、碾压遍数等，经试验确定，但最大松铺厚度不宜超过50cm。填筑至路床顶面最后一层的最小压实厚度不应小于8cm。

不同土质混合填筑路堤时，应符合以下规定：

①以透水性较小的土填筑于路堤下层时，其顶面应做成4%的双向横坡，以保证来自上层透水性填土的水分及时排出。如用于填筑上层时，除干旱地区外，不应覆盖在由透水性较好的土所填筑的路堤边坡上。

②不同性质的土应分别填筑，不得混填。每种填料层累计总厚不宜小于50cm。

③凡不因潮湿或冻融影响而变更其体积的优良土应填在上层，强度较小的土则填在下层。

河滩路堤填土，应连同护道在内，一并分层填筑。可能受水浸淹部分的填料，应选用水稳定性好的土料。河槽加宽、加深工程应在修筑路堤前完成。调治构造物应提前修建。

机械作业时，应根据工地地形、路基横断面形状和土方调配图等，合理地规定机械运行路线，土方集中工点，应有全面、详细的机械运行作业图据以施工。

土方路堤施工的质量标准，见表2-23。

**土方路基允许偏差**（JTG F10—2006）　　表2-23

| 项次 | 检查项目 | 允许偏差 | | | |
|---|---|---|---|---|---|
| | | 高速公路、一级公路 | | 其他公路 | |
| 1 | 路基压实度（%） | 符合《施工规范》规定 | | | |
| 2 | 弯沉（0.01mm） | 不大于设计计算值 | | | |
| 3 | 纵断高程（mm） | 10 | -20 | 10 | -30 |
| 4 | 中线偏位（mm） | 50 | | 100 | |
| 5 | 宽度（mm） | 不小于设计值 | | | |
| 6 | 平整度（mm） | 20 | | 30 | |
| 7 | 横坡（%） | ±0.5 | | ±0.5 | |
| 8 | 边坡 | 不陡于设计值 | | | |

(2)填石路堤

填石路堤的基底处理同填土路堤。

①填石路堤的石料强度不应小于15MPa(用于护坡的不应小于20MPa)。填石路堤石料最大粒径不宜超过层厚的2/3。填石路堤的压实度检验按《施工规范》规定执行。

②高速公路、一级公路和铺设高级路面的其他等级公路的填石路堤均应分层填筑,分层压实。二级及二级以下且铺设低级路面的公路在陡峻山坡段施工特别困难或大量爆破以挖作填时,可采用倾填方式将石料填筑于路堤下部,但倾填路堤在路床底面下不小于1.0m范围内仍应分层填筑压实。

③高速公路及一级公路分层松铺厚度不宜大于0.5m;其他公路不宜大于1.0m。

④填石路堤倾填前,路堤边坡坡脚应用粒径大于30cm的硬质石料码砌。当设计无规定时,填石路堤高度小于或等于6m时,其码砌厚度不应小于1m;当高度大于6m时,码砌厚度不应小于2m。

⑤逐层填筑时,应安排好石料运输路线,专人指挥,按水平分层,先低后高、先两侧后中央卸料,并用大型推土机摊平。个别不平处应配合人工用细石块、石屑找平。

⑥当石块级配较差、粒径较大、填层较厚、石块间的空隙较大时,可于每层表面的空隙里扫入石渣、石屑、中、粗砂,再以压力水将砂冲入下部,反复数次,使空隙填满。

⑦人工铺填粒径25cm以上石料时,应先铺填大块萡料,大面向下,小面向上,摆平放稳,再用小石块找平,石屑塞缝,最后压实。人工铺填块径为25cm以下的石料时,可直接分层摊铺,分层碾压。

⑧填石路堤的填料如其岩性相差较大,则应将不同岩性的填料分层或分段填筑。如路堑或隧道基岩为不同岩种互层,允许使用挖出的混合石料填筑路堤,但石料强度、粒径应符合5.4.2条的规定。

⑨用强风化石料或软质岩石填筑路堤时,应按土质路堤施工规定先检验其CBR值是否符合要求。CBR值不符合要求时不得使用,符合使用要求时应按土质筑堤的技术要求施工。

⑩高速公路及一级公路填石路堤路床顶面以下50cm范围内应填筑符合路床要求的土并分层压实,填料最大粒径不得大于10cm。其他公路填石路堤路床顶面以下30cm范围内宜填筑符合路床要求的土并压实,填料最大粒径不应大于15cm。

(3)土石路堤

土石路堤的基底处理同填土路堤。

①天然土石混合材料中所含石料强度大于20MPa时,石块的最大粒度不得超过压实层厚的2/3,超过的应清除;当所含石料为软质岩(强度小于15MPa)时,石料最大粒径不得超过压实层厚,超过的应打碎。

②土石路堤不得采用倾填方法,均应分层填筑,分层压实。每层铺填厚度应根据压实机械类型和规格确定,不宜超过40cm。

③压实后渗水性差异较大的土石混合填料应分层或分段填筑,不宜纵向分幅填筑。如确纵向分幅填筑,应将压实后渗水良好的土石混合料填筑于路堤两侧。

④当土石混合填料来自不同路段,其岩性或土石混合比相差较大时,应分层或分段填筑。如不能分层或分段填筑,应将含硬质石块的混合料铺于填筑层的下面,且石块不得过分集中或重叠,上面再铺含软质石料混合料,然后整平碾压。

⑤土石混合填料中,当石料含量超过70%时,应先筑填大块石料,且大面向下,放置平稳,

再铺小块石料、石渣或石屑嵌缝找平，然后碾压；当石料含量小于70%时，土石可混合铺填，但应避免硬质石块（特别是尺寸大的硬质石块）集中。

⑥高速公路及一级公路土石路堤的路床顶面以下30～50cm范围内应填筑符合路床要求的土，并分层压实，填料最大粒径不大于10cm。其他公路填筑砂类土厚度应为30cm，最大粒径不大于15cm。

（4）其他应注意的问题

①水稻田或长年积水地带，用细粒土填筑路堤高度在6m以上。其他地带填土或填石路堤高度在20m以上，则按高填方路堤施工的有关要求进行施工。

②按《施工规范》规定进行原地面清理后，如地基强度不符合设计要求，则应按《施工规范》的有关规定进行处理或加固。

③高填路堤应严格按设计边坡填筑，不得缺填。

④高填路堤每层填筑厚度，根据所采用填料的不同，分别按前述土方路堤、填石路堤与土石路堤填筑施工的具体规定执行。

⑤如果填料来源不同，其性质差异较大时，应分层填筑，不应分段或纵向分幅填筑。

⑥高填路堤受水浸淹部分，应要用水稳性高及渗水性好的填料，其边坡比不宜小于1:2。

⑦半挖半填的一侧高填方基底为斜坡时，应按规定挖好横向台阶，并应在填方路堤完成后，对设计边坡外的松散弃土进行清理。

3. 压实

未经压实的路基，在自然因素和行车荷载的作用下，必然要产生较大的变形与破坏。为使路基具有足够的强度与稳定性，必须予以压实。因此，路基的压实是路基施工中极其重要的环节，也是提高路基强度与稳定性的根本措施。通过压实，可大大增加土基强度，使土基的塑性变形明显减少，土的透水性降低，毛细水上升高度下降，隔温性能加强。对于填石路堤，压实可增强路堤的稳定性，减少路堤的不均匀沉降。

通过细粒土击实试验分析，影响土的密实度的主要因素有含水率、土的颗粒组及击实功。在现场施工碾压细粒土路基时，影响土质路基压实效果的主要因素有土的含水率、碾压层厚度、压实机械的类型与功能、碾压遍数和地基的强度。

1）压实标准

压实施工应首先确定压实度。正确选定压实度，关系到土基受力状态，路基路面设计要求及施工条件，必须兼顾需要与可能，讲求经济与实效。

路床范围内的土层承受着强烈的行车荷载反复作用，路基下层，主要承受本身重力。因此，对路床范围的压实度要求较高。

路堤、路堑和路堤基底均应压实。土质路堤（含土石路堤）的压实度应不低于表2-24所列标准。

填石路堤（包括分层填筑岩块及倾填爆破石块）的紧密程度在规定范围内，以通过12t以上振动压路机进行压实试验。当压实层顶面稳定，不再下沉（无轮迹）时，可判为密实状态。

2）压实机械的选择

路基工程应采用机械压实。压实机械的选择应根据工程规模、场地大小、填料种类、压实度要求、气候条件、压实机械效率等因素综合考虑确定。各种土质适宜的碾压机械如表2-25所示。

土质路堤压实度标准(JTG F10—2006)　　表 2-24

| 填挖类型 | | 路面底面以下深度(cm) | 压实度(%) | |
|---|---|---|---|---|
| | | | 高速、一级公路 | 其他等级公路 |
| 路堤 | 上路床 | 0 ~ 30 | ≥95 | ≥93 |
| | 下路床 | 30 ~ 80 | ≥95 | ≥93 |
| | 上路堤 | 80 ~ 150 | ≥93 | ≥90 |
| | 下路堤 | 150 以下 | ≥90 | ≥90 |
| 零填及路堑路床 | | 0 ~ 30 | ≥95 | ≥93 |

注:1. 表列压实度以部颁《公路土工试验规程》(JTG E40—2007)重型击实试验为准。
2. 对于铺筑中级或低级路面的三、四级公路路基,允许采用轻型击实试验法求得的路基压实标准。
3. 其他等级公路修建高级路面时,其压实标准,应采用高速公路、一级公路的规定值。
4. 特殊干旱地区的压实度标准可降低 2% ~ 3%。
5. 多雨潮湿地区的黏性大,其压实度标准按 9.7 节规定执行。
6. 用灌砂法、灌水(水袋)法检查压实度时,取土样的底面位置为每一压层底部;用环刀法试验时,环刀中部处于压实层厚的 1/2 深度;用核子仪试验时,应根据其类型,按说明书要求办理。

各种土质适宜的碾压机械(JTG F10—2006)　　表 2-25

| 机械名称 \ 土的类别 | 细粒土 | 砂类土 | 砾类土 | 巨粒土 | 备　注 |
|---|---|---|---|---|---|
| 6 ~ 8t 两轮光轮压路机 | A | A | A | A | 用于预压整平 |
| 12 ~ 18t 两轮光轮压路机 | A | A | A | B | 最常使用 |
| 25 ~ 50t 轮胎压路机 | A | A | A | A | 最常使用 |
| 羊足碾 | A | A | A | C | 粉、黏土质砂可用 |
| 振动压路机 | B | C 或 B | C | A | 最常使用 |
| 凸块式振动压路机 | A | A | A | A | 最宜用含水量较高的细黏土 |
| 手扶式振动压路机 | B | A | A | C | 用于狭窄地点 |
| 振动平板夯 | B | A | A | B 或 C | 用于狭窄地点,机械质量为 800kg 的可用于巨粒土 |
| 手扶振动夯 | A | A | A | B | 用于狭窄地点 |
| 夯锤(板) | A | A | A | A | 夯击影响深度最大 |
| 推土机、铲运机 | A | A | A | A | 仅用于摊平土层和预压 |

注:1. 表中符号:A 代表适用;B 代表无适当的机械时可用;C 代表不适用。
2. 土的类别按《公路土工试验规程》的规定划分。
3. 对特殊土和黄土(CLY)、膨胀土(CHE)、盐渍土等的压实机械选择可按细粒土考虑。
4. 自行式压路机宜用于一般路堤路堑基底的换填等的压实,宜采用直线式进退运行。
5. 羊足碾(包括凸块式碾、条式碾)应有光轮压路机配合使用。

3)压实施工

(1)路堤压实

细粒土、砂类土和砾石土不论采用何种压实机械,均应在该种土的最佳含水率 ±2% 以内压实。当土的实际含水率不位于上述范围内时,应均匀加水或将土摊开、晾干,使其达到上述要求后方可进行压实。运输上路的土在摊平后,其含水率若接近于压实最佳含水率时,应迅速压实。

需要加的水宜在取土的前一天浇洒在取土坑内的表面,使其均匀渗透入土中,也可将土运至路堤上后，用水车均匀、适量地浇洒在土中，并用拌和设备拌和均匀。

各种压实机具碾压不同土类的适宜厚度和所需压实遍数与填土的实际含水率及所要求的压实度大小有关，应根据要求的压实度按照所作试验路段的试验结果确定。

用铲运机、推土机和自卸汽车推运土料填筑路堤时，应平整每层填土，且自中线向两边设置2% ~4%的横向坡度，及时碾压，雨季施工时更应注意。

①压路机碾压前应对填土层的松铺厚度、平整度和含水率进行检查，符合要求后方可进行碾压。

②压实应根据现场压实试验提供的松铺厚度和控制压实遍数进行。若控制压实遍数超过10遍，应考虑减少填土层厚。经压实度检验合格后方可转入下道工序。不合格处应进行补压后再做检验，一直达到合格为止。

③高速公路和一级公路路基填土压实宜采用振动压路机或35 ~50t轮胎压路机进行。采用振动压路机碾压时，第一遍应不振动静压，然后先慢后快，由弱振至强振。

④各种压路机的碾压行驶速度开始时宜用慢速，最大速度不宜超过4km/h；碾压时直线段由两边向中间，小半径曲线段由内侧向外侧，纵向进退式进行；横向接头振动压路机一般重叠0.4 ~0.5m。对三轮压压路机一般重叠后轮宽的1/2，前后相邻两区段（碾压区段之前的平整预压区段与其后的检验区段）宜纵向重叠1.0 ~1.5m。应达到无漏压、无死角，确保碾压均匀。

使用夯锤压实时，普遍各夯位宜紧靠，如有间隙，则不得大于15cm，次遍夯位应压在普遍夯位的缝隙上，如此连续夯实直至达到规定的压实度。

(2)填石路堤压实

填石路堤在压实之前，应用大型推土机摊铺平整，个别不平处，应用人工配合以细石屑找平。

填石路堤均应压实并宜选用工作质量在12t以上的重型振动压路机、工作质量在2.5t以上的夯锤或25t以上的轮胎压路机压（夯）实。当缺乏上述压实机具时，可采用重型静载光轮压路机压实，同时减少每层填筑厚度和减小石料粒径，其适宜的压实厚度应根据试验确定，但不得大于50cm。采用重型振动压路机或夯锤压实填石路堤时，可加厚至1.0m。

填石路堤压实时的操作要求，应先压两侧（靠路肩部分）后压中间，压实路线对于轮碾应纵向互相平行，反复碾压。对夯锤应成弧形，当夯实密实程度达到要求后，再向后移动一夯锤位置。行与行之间应重叠40 ~50cm，前后相邻区段应重叠100 ~150cm。其余注意事项同填土路基。

填石路堤压实到所要求的紧密程度所需的碾压或夯压的遍数应经过试验确定。

采用重锤夯实时，可按重锤下落时不下沉而发生弹跳现象，并行压实度检验。

填石路堤使用各种压实机具压实时的注意事项与压实填土路堤相同。

填石路堤顶面至路床顶面下30 ~50cm（高速公路及一级公路为50cm，其他公路30cm）范围内应填筑符合路床要求的土，并应按有关规定予以压实。

(3)土石路堤压实

土石路堤的压实方法与技术要求应根据混合料中巨粒土的含量多少，分别按照填土路基或土石路基的有关规定办理。

土石路堤的压实度可采用灌砂法或水袋法检测。其标准干密度应根据每一种填料的不同含石量的最大干密度作出标准干密度曲线，然后根据试坑挖取试样的含石量，从标准干密度曲线上查出对应的标准干密度。

当采用灌砂法或水袋法检验有困难时,可按填石路堤的规定进行检验。

如几种填料混合填筑,则应从试坑挖取的试样中计算各种填料的比例,利用混合填料中几种填料的标准干密度曲线查得对应的标准干密度,用加权平均的计算方法,计算所挖试坑的标准干密度。

土石路堤的压实度标准,可采用灌砂法或水袋法检验,并应符合规定。当按填石路基的规定方法检验时,应按该规定判定压实度是否合格。

(4)高填路堤的压实

高填路堤的基底应按照《施工规范》的规定进行场地清理,并应按照设计要求的基底承压强度进行压实,设计无要求时,基底的压实度不宜不小于90%。当地基松软仅依靠对原土压实不能满足设计要求的承压强度时,应进行地基改善加固处理,以达到设计要求。

高填路堤的基底处于陡峻山坡上或谷底时,应按照有关规定进行挖台阶处理,并严格分层填筑分层压实。当场地狭窄时,压实工作宜采用小型的手扶式振动压路机或振动夯进行。当场地较宽广时宜采用自行式质量为12t以上的振动压路机碾压。

高填路堤分层压实松铺厚度与一般公路填方相同,应根据填筑材料类别和压实机具性能按照路堤压实中的有关规定确定。

高填路堤的压实度必须满足表2-24的规定,压实度检验方法应根据填料类别,按照填土、填石、土石混填路基的有关的规定办理。

## 单元六　路基横向不均匀沉降病害类型成因及防治措施

由于车载、地下水及自重等作用,路基横向不均匀沉降引起的公路工程病害已成为公路工程质量通病之一。高等级公路改扩建工程中,新老路基衔接不良可能会导致新加宽路基失稳、路面损坏、路面整体性能下降等病害。

### 一、路基横向不均匀沉降原因分析

路基横向不均匀沉降的发生是多方面因素综合作用的结果。其中,内因在于地基及路基本身;外因是车载、地下水及自重等作用。

1. 地基对路基横向不均匀沉降的影响

(1)路堤地基处理不当

①伐树除根及表土处理不彻底或路基基底的压实度不够,致使路堤形成后,一旦杂质腐烂变质,地基将会发生松软和不均匀沉降。

②地面横坡大于1∶5的路段,路堤填筑前地基未按规定要求挖成台阶,填料与地基结合不良,在荷载作用下填料极易失稳而沿坡面发生滑移,从而产生横向不均匀沉降。

(2)特殊地基地段

①软土地基对路基横向不均匀沉降的影响。当路基修筑在软土地段时,软土层本身力学性能差,在附加应力作用下,会发生固结沉降、次固结沉降和侧向塑性挤出,导致明显的沉降变形。有些河谷、水塘地段虽进行了清淤处理,但是处理不彻底或回填材料控制得不好,从而形成人为的相对软土层,造成路基的不均匀沉降。在高填方填筑后,地基出现不均匀沉降,甚至路面开裂。在一些地表水和地下水自然排泄困难的地方,地基土中的软土层在固结过程中的较大沉降变形,也是产生过大沉降和沉降差的重要原因。有些路段所处地基不属于软土地基,但处于低洼、河谷处,长期受水冲蚀,天然含水率较高,在设计时未发现或未作特殊处理,在施工时也未作等载或超载预压,也会产生不均匀沉降。

②岩溶地基对路基横向不均匀沉降的影响。在碳酸盐岩地区,路基下有时分布有岩溶洼地或漏斗。其中的沉积物松软在行车动载的作用下,沉积物压实、侧向流动和下陷,造成路基沉陷。比较有代表性的工程实例是在昆明至瑞丽公路。该公路通过处为灰岩地区的凹状地形区,自1991年开始,路面每年下沉约1.5m,1993年7~9月,每月垫高路面0.5m,侧向变形作用不明显。其原因主要是路基以下为岩溶洼地,洼地内风化残积物疏松软弱,该处在地貌上易于地下水的汇集。在交通荷载作用下,残积物压密和侧向流动,使路基近于垂直下沉。一般说来,土层的天然含水率越高,天然孔隙比越大,则压缩系数越大,承载力越低,从而路基的沉降量和沉降差越大;抗剪强度和承载力越低,则侧向塑性挤出甚至局部坍滑的可能性越大。因此,地基中存在岩溶,容易导致路基的横向不均匀沉降。

2. 路基本身引起的路基横向不均匀沉降

(1)路堤填料不均匀

在公路施工过程中,对填料、级配很难得到有效的控制。若填料中混入种植土、腐殖土或泥沼等劣质土,或土中含有未经打碎的大块土或冻土等,或在填石路堤中石料规格不一,性质不匀,乱石中空隙很大,在一定期限(如雨季)可能产生局部明显横向下沉。另外,填料常常是路堑的挖方、隧道掘进产生的废方。这些填料性质差异大、级配也相差很远。在施工过程中,如果分层碾压厚度过大,小颗粒填料和软弱物质很难得到有效压实,在荷载的长期作用下,回填料会产生不协调沉降变形。

(2)路基填土压实不足

由于压实度不足往往导致填方路基的横向不均匀沉降变形,路基两侧出现纵向裂缝。路基土体压实度不足的主要原因有以下几点:

①路基施工受实际条件的限制时,如天气太干燥,局部路堤填料含水率低,土块粉碎不足,致使路基压实度不均匀;暗埋式构造物因其长度限制使路基边缘不能超宽碾压,致使路基边缘压实度不够;某些加减速道与行车道没有同步施工,当拼接处理得不好时,其拼接处也产生压实度不足的情况。

②在填方路堤施工中,当路堤施工到一定高度以后,路堤边缘土体往往存在压实度不足的问题。对于较高的填方路基,通常都要作相应的处治。填方土体压实度不足,其结果是土体前期固结压力小于自重应力和各种附加应力之和,在自重作用下就会发生沉降变形。这些附加应力主要来自以下几个方面:车载,尤其是超载情况;含水率变化造成土体重度的改变;地下水位升降而导致浮力作用改变;土体饱和度改变,引起负孔隙水压力改变。这些附加应力引起土体中有效应力改变,从而导致土体发生压缩变形。土体压实度不足还会导致填土路基的侧向完全受限,仅有竖向变形。实际路基土中存在有侧向变形,这种侧向变形会引起沉降。

③由于填方土体的最佳含水率控制不力,压实效果达不到要求。

④考虑到施工安全和进度,使得压实或压实作用时间不足,路基压实不充分,致使路基压实度达不到要求。

⑤其他原因,如路基填料的含水率、压实时的松铺厚度、碾压机具选择不当等,都易造成路基压实不足,使路基土的密实度达不到要求。这样土体仍会发生积水,造成水分积聚和侵蚀路基,使路基土软化或因冻胀而产生不均匀沉降。

(3)半填半挖部位产生的不均匀沉降

由于填方的沉降系数与挖方的沉降系数不同,在行车荷载的作用下,随着时间的推移,填方与挖方的沉降差值越来越大,易在交界处出现土基不均匀沉降,路基产生纵向裂纹。

### 3. 水文气候引起的路基横向不均匀沉降

(1)气候对路基横向不均匀沉降的影响

气候也是引起路基的横向不均匀沉降的一个重要因素。降雨量过大、洪水、冰冻、积雪或温差过大,都可能使高路堤产生横向不均匀下沉。

(2)地下水对路基横向不均匀沉降的影响

在地下水的交替作用下,路基土体内含水率反复变化,土体重度在一定范围内波动,更为重要的是,由毛细管张力引起负孔隙水压力可以达到相当的数值,再加上水的软化、润滑效应,有可能使路基产生横向沉降变形。路基或地基中地下水的动态性对路基不均匀沉降有很大影响。路堤及其地基中的地下水主要补给来源有三种类型,即地下水侧向补给、降雨补给和地表水侧向补给,其动态变化及侵蚀作用影响到土体中的有效应力分布、土体的结构特征和土体强度,从而导致路基的横向不均匀沉降。

### 4. 施工方面的原因

填筑顺序不当,未在全宽范围内分层填筑,填筑厚度不符合规定,填料质量不符合要求,填料水稳性差，不同性质的填料混填，因不同土类的可压缩性和抗水性差异，形成不均匀沉降。路基填料含水率控制不严，又无大型整平和碾压设备，使压实达不到要求。施工过程中，未注意排水，遇雨天时，路基积水严重，无法自行排水，有的积水浸入路基内部，形成水囊；晴天施工时，未排除积水、控制含水率就继续填筑，以致造成隐患。

## 二、路基横向不均匀沉降防治措施

### 1. 设计方面

(1) 做好地质勘探调查

对路线经过的地形、地貌、水文地质条件进行详细勘察，对特殊路基段应提供详细的设计资料。对于地表不良路段，设计可考虑换土或掺石灰、水泥及铺设土工合成材料等措施。

(2) 确保路基最小填筑高度

路基最小填筑高度必须保证不因地面水、地下水、毛细水及冻胀作用的影响而降低其稳定性。按照路基设计规范要求，根据土基干湿类型及毛细水位高度确保路基最小填筑高度。当路基填筑高度受限制而不能达到规范规定时，则应采取相应的处治措施，如换填砂砾、石渣等透水性材料，设置隔离层或修筑地下渗透沟等，以避免地面积水和地下水浸入路基，影响路基工作区内的土基强度与稳定性。土质挖方路基，需换填不少于 60cm 砂砾；石质挖方路基，需设置 30cm 砂砾垫层，横向排水不畅路段要加设盲沟。

(3) 明确路基填料质量标准要求

在各级公路工程施工图设计中，必须明确不同填高内路基填料的 CBR 值（最小强度）及最大粒径要求。种植土、腐殖土、淤泥冻土及强膨胀土等劣质土，严禁直接用于填筑路基。砾（角砾）类土应优先选作路床填料，土质较差的细粒土可填于路堤底部。

(4) 完善路基综合排水设计

县级以上公路工程设计中，必须遵循因地制宜、整体规划、综合考虑的原则，进行路基纵、横向排水设计，避免造成两侧长期积水浸泡路基，使路基承载力下降而发生沉降变形。在居民区路段必须设置排水边沟，平坡路段边沟需设有纵坡，确保排水通畅。高填方路段采用集中排水措施，并与警示桩、防撞墙统筹考虑，要求在每 20 ~ 40m 及主要变坡点处设置简易或永久性泄水槽。挖方段应根据上边坡的汇水面积设计截水沟，并考虑边坡土质和边坡，设置挡土墙防止坍方，路基较低路段可以加设砂砾层及渗水盲沟，并加大、加深边沟等排水措施。

(5) 确保路基边坡稳定性

高填、深挖路基的边坡应根据填料种类、边坡高度和工程地质条件等确定，且高填路堤必须进行路基稳定性验算。填方边坡过高时，可考虑在边坡中部加置边坡平台。

(6) 积极采用路基综合防护形式

积极推行植物防护与硬防护相结合的综合防护形式，在比较稳定的土质边坡采用种草、铺设草皮、植树等植物防护措施。岩体风化严重、节理发育、软质岩石、松散碎（砾）石土的挖方边坡以及受水流侵蚀、植物不易生长的填方边坡可采用护面墙、砌石等工程防护措施，沿河路基、受冰侵害和冲刷路段采用挡土墙、砌石护坡、石笼抛石等直接防护措施。

(7) 设计方法方面

强夯法是目前发展起来的处治路基不均匀沉降的有效措施。强夯法处治是利用大能量直接作用在被处治范围上，通过整体提高被处治体的密实度来减少不均匀沉降变形。其作用效果明显，施工速度快。20 世纪 90 年代末，重庆交通科研设计院曾采用强夯技术成功地处治了重庆渝长高速公路路基沉降问题。但是这种方法对结构物的动力冲击较大，限制了其在桥头、涵洞等部位的应用。而且强夯的设计计算方法、质量检测评价方法等还有待进一步研究。

压力灌浆法是利用机器施加高压，把能固化的浆液压入土体空隙，浆液凝固后把压力区范围内的土体固结，使用松散的土颗粒形成整体，达到控制沉降、减少不均匀沉降的目的。特别是针对公路路基下软土基的处治，可以直接改善土体结构，固结土体，控制沉降。但是这种方法在实践中的可行性及其压浆工艺、材料、适合范围等都还需进一步研究。

应用土工合成材料（土工格栅、塑料网格等）进行加筋或制成柔性褥垫层，从而调节和控制不均匀沉降。国内利用土工合成材料处治不均匀沉降也做过尝试和试验，如重庆交通科研设计院在20世纪90年代，采用土工合成材料处理广西南梧公路沉降及重庆渝长高速公路不均匀沉降问题均获得较好的效果。值得注意的是，国际上普遍认为土工合成材料是处理不均匀沉降的有效措施，而且土工合成材料除了对地基有加筋作用外，还有滤层、排水、隔离、防护、防渗等作用。因此，采用土合成材料处治是处理路基不均匀沉降的一种值得推广的有效措施。但对其设置方法、作用效果、设计计算方法等问题尚需进行深入研究与试验。

2. 施工方面

（1）做好施工组织设计

合理安排施工段的先后顺序，明确构造物和路基的衔接关系，以施工组织设计为依据，结合施工现场的实际情况，合理调配人员、设备，是保证路基施工质量的重要环节。

（2）做好施工前的准备工作

开工前要认真审阅设计文件，详细了解各段的填、挖情况，地质情况，填、挖土质和调配情况。对重要地段要作重点勘察，进一步核对设计资料。发现设计文件中有误，应及时上报业主，妥善处理。

（3）认真清除地表土

不良土质、地表植被、树根、垃圾、不良土质（盐渍土，膨胀土等）必须予以清除，然后换填透水性材料，尤其是低填方路段应注意满足路基工作区的要求。有必要时要设置砂砾隔层，路基深度、宽度、长度都必须到位，不留丝毫隐患。填筑路堤前，首先应进行原地面处理。当路堤填筑高度小于1m时，应将路基范围内的树根、杂物全部挖除。若基底的表层土是腐殖土，则需用挖掘机或人工将其表层土清除换填，厚度视具体情况而定。如发现草炭层、鼠洞、裂缝时，应用符合条件的土回填，并按规定进行压实。路堤通过耕地时，路堤填筑施工前预先清除表土30cm。由于在表土剥离后基底的含水率高，为了保证基底压实度达到设计要求，应及时进行翻松、晾晒和含水率检测，在最佳含水率时进行碾压，达到要求的压实标准。

（4）严格控制填土含水率

施工时含水率以高于最佳含水率的1%～2%压实为宜，避免出现小于最佳含水率的压实情况。含水率偏小时，土粒间的润滑作用不足，即压力不足以克服土粒间的摩擦力，土中的空气不能排除，土粒间无法靠拢，因而难以达到最大密实度；如果含水率偏大，又会产生由于水分过多，土粒被水膜包围而分散得过远，不能达到最大密实度。填筑路基前，疏通路基两侧纵横向排水系统，避免路基受水浸泡。特别是地基土为黄土、黏土等细粒土，在干燥状态下（最佳含水率）结构比较强，有较强承载能力，一旦受水浸泡，易形成翻浆或路基沉降。因此，做好路基施工前排水畅通尤为重要，工程监理和施工质量自检人员应认真监督。

（5）严格选取路基填料用土

路基填料确定前，需进行土质分析，做CBR值、标准击实等试验。对于种植土、腐殖土、淤泥、强膨胀土等劣质土的CBR值、最大粒径不能满足规范要求的材料，不能用于路基填筑。

(6)做好监测工作

路基填筑前，要根据设计进行施工放样，建立半永久性的临时水准点和坐标点，并做好相应的记录。路基坡脚放样一定要准确，确保路基宽度满足设计要求。路基坡角范围内，要求清除杂草、树根、淤泥等，并进行整形碾压，压实度须达到规范要求。旧路加宽、半填半挖段应做好宽度不小于6m的向内倾斜的台阶。

(7)处理好特殊地段施工

填石路基与鸡爪形地段路基施工，可利用重型夯实设备进行强夯处理，或将土工格栅(土工布)水平分层布置在填石路堤内，以防止或减缓细料在填料空隙中的流动。

(8)做好路基填筑碾压工作

路基施工必须分层填筑、分层碾压，一般路段压实厚度不得大于30cm。不同性质的土不能混填，同一种土填筑厚度不能小于50cm(两层)。路基填筑须全幅填筑，一次到位，严禁帮宽。碾压过程中，要控制好含水率。压实度达到规范要求后，方可进行后续施工。压实度检测每层2 000$m^2$(不足2 000$m^2$按2 000$m^2$计)不少于4点。根据不同填土类型和压实厚度，选择好压实设备。对于砂砾土，振动压路机具有滚压和振动双重作用，效果较好。

(9)做好路基施工中的排水工作

路基施工中，首先按照设计要求，做好排水工程以及施工场地附近的临时排水设施，以保持路基能经常处于干燥、坚固和稳定状态。路基顶面做成2%～4%横坡，以利于表面水及时排出。为了保持路基能经常处于干燥、坚固和稳定状态，必须将影响路基稳定的地面水予以拦截，并排除到路基范围之外，防止浸沉、聚积和下渗。同时，对于影响路基稳定的地下水，应予以截断、疏干、降低水位，并引导到路基范围以外，使全线的沟渠、管道、桥涵构成完整的排水体系。

①一般路段排水。路基排水沟渠(包括边沟、截水沟、排水沟)要注意防潜、防冲。当沟渠纵坡达到或超过3%时，即需采取加固及防止渗漏措施；边沟过长时，应考虑减小纵坡的容许值或做好出口设计，将水引离路基；边沟过于平缓，会引起边沟淤塞，一般纵坡不小于0.5%，受限制时不小于0.3%。

②特殊路段排水。在深路堑、高路堤、滑坡、陷穴等地段，应注意结合水土保持进行综合治理，如用挖鱼鳞坑、水平沟、种草、植树等方法对被面径流进行调治与防护；在冲沟头植树，防止冲沟被侵蚀，危害路基；在沟谷布设路线，在沟谷中筑坝淤地，并保护路基坡脚不受水的冲刷破坏；还可做护坡埂、涝地、水窖等。

(10)对半填半挖部位产生的不均匀沉降的控制

将结合处挖方段下挖150cm，并依次做台阶，台阶宽1m，高为一个土方填筑层厚。每个台阶与填方整体填筑混压，150cm层面按94%控制压实度，150cm以上按96%控制压实度。具体控制方案如图2-107所示。

(11)做好施工后的养护工作

路基土石方施工时或完工后，应及时进行路基防护工程施工和养生。各类防护与加固应在稳定的基础或坡体上施工。防护工程的砂浆、混凝土，应采用机械拌和，随拌随用，并注意做好养生。

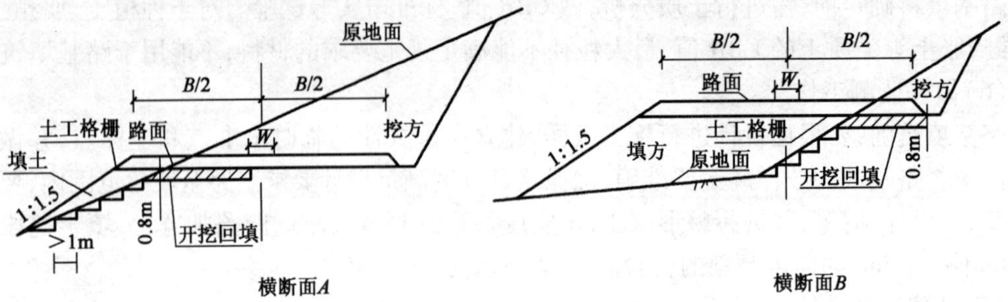


图 2-107　半填半挖路面过渡示意图

## 三、加宽路基病害机理分析

高等级公路改扩建工程路基加宽出现的各种病害,其产生的原因与地质勘察、设计施工等有关。按照病害的类型,可以从稳定性和变形两个方面分析其产生机理。

1. 稳定性不足

稳定性不足是指加宽路基自身稳定性不能满足稳定要求,或者新老路基结合部结合强度不足。主要表现为如下方面:

(1)地基坡面过陡

在山区加宽工程中,地形条件复杂,经常需要在陡坡地基上进行加宽路基的填筑(图 2-108)。为了保证加宽路堤的稳定性,加宽常采用重力式挡墙或者轻型挡墙的支挡结构。当原地基边坡存在潜在破裂面或滑移面时,加宽路基将沿此破裂面或滑移面产生滑移,从而导致整体失稳。地基土的抗剪强度会因雨水浸入湿化,在干湿循环、冻融循环等外界因素的影响下降低。进行支挡结构设计时,获取的道路沿线地质资料不够完整,因此挡墙设计一般以经验为主,对挡墙缺乏必要的稳定性验算,实际施工时基础埋深随意性强,影响支挡结构的稳定性。

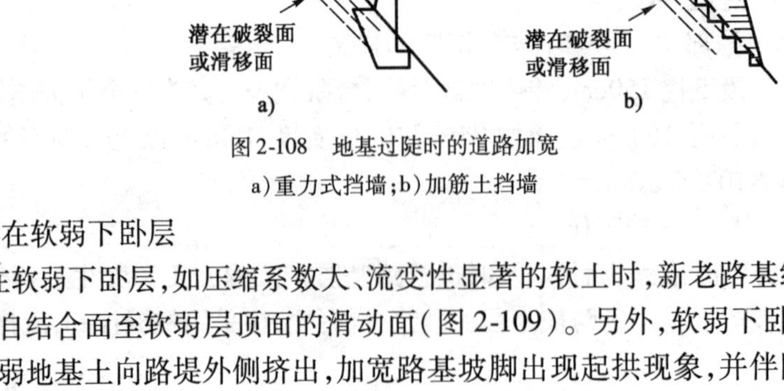


图 2-108　地基过陡时的道路加宽

a)重力式挡墙;b)加筋土挡墙

(2)地基存在软弱下卧层

当地基存在软弱下卧层,如压缩系数大、流变性显著的软土时,新老路基结合部结合强度不足,从而产生自结合面至软弱层顶面的滑动面(图 2-109)。另外,软弱下卧层具有流变性,侧向变形大,软弱地基土向路堤外侧挤出,加宽路基坡脚出现起拱现象,并伴随塑性区域的开展,最终导致边坡失稳。

(3)新老路基结合部强度不足

新老路基结合部强度不足主要体现在以下几个方面(图2-110):

①新老路基结合部施工工艺较复杂,施工难度较大,往往在此产生人为的质量因素,如密实度达不到标准、开挖台阶没有达到设计要求、老路基边坡没有处理完全等。因此,各种施工原因造成了结合部的强度不足。

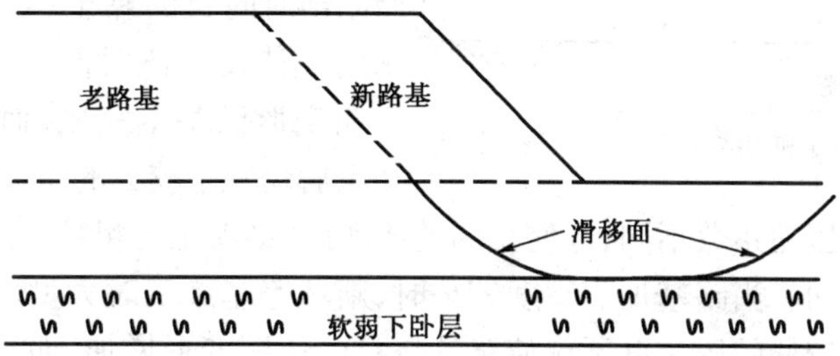


图2-109　地基存在软弱下卧层时的道路加宽

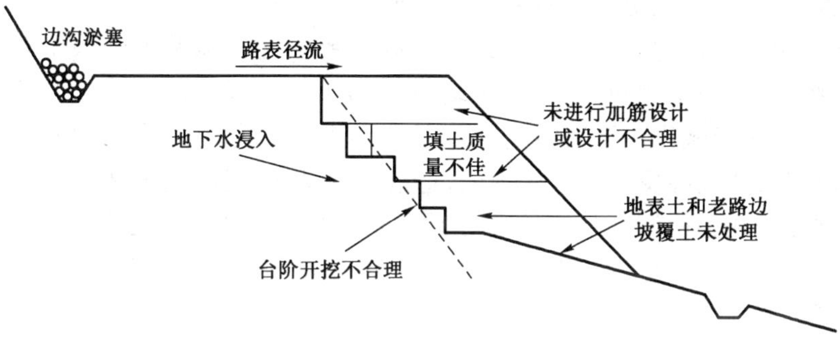


图2-110　新老路基结合部强度不足示意图

②在新老路基结合部没有设置土工合成材料(如土工格栅、土工格室等),或土工合成材料和填土之间的摩擦力较小,或土工合成材料埋人新老路基的长度不够,致使其未能充分发挥加筋性能。

③加宽路基填料较差,抗风化性能、抗淘蚀性能不足。施工过程中,路基填料多半就近选取,对材料粒径、级配及材料本身的物理力学性质等方面控制不严,填料中含有有机植物根茎及腐蚀性耕植土的现象较为普遍。山区路基填土多为土石混合料,对路表水和地下水有一定渗透能力,填料中细颗粒材料通常占很大比重,渗水时易发生淘蚀。

④排水设施不完善,设施布置不合理,导致地表水下渗,形成滞水、积水和渗水。路基土受水浸泡而湿软,强度急剧下降。另外,山区暴雨可能造成坡体发生很小的坍塌,淤塞道路内侧边沟,养护不及时可导致路基上侧雨水漫过路面,雨水可能从路面渗入路基。若路面已经开裂,雨水自裂缝进入路基,加剧裂缝扩张,并导致路基强度下降。

因此,当地基地形和地质条件不佳时,加宽路基容易出现与一般新建路基相同的稳定性问题,这些均可以通过详尽的地质勘察、认真设计和严格施工来避免。而加宽路基稳定性的特殊影响因素表现在新老路基之间的结合强度,它与老路边坡及原路表的处理、台阶的开挖、加筋的设计和施工、排水设施设计和养护的完善、填土的质量等均有关系。

2. 变形不协调

新老路基变形不协调以不均匀沉降为主,是地基和路堤的固结沉降与压缩变形的空间差

异在路基顶面的反映。按照变形形成的原因来分类,新老路基变形不协调主要由以下三个方面组成:

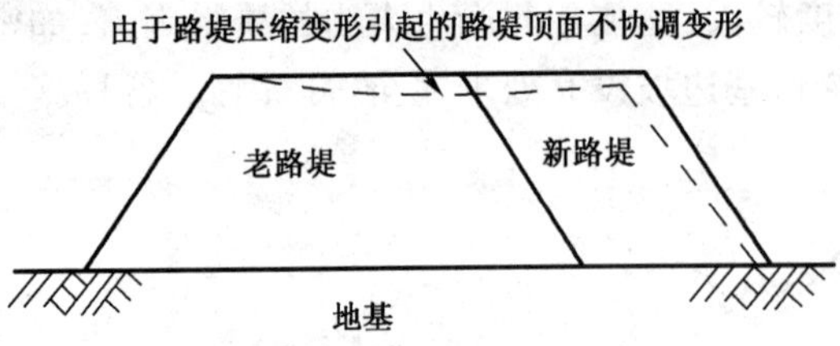


图 2-111　新老路堤自身压缩和固结变形引起的变形不协调

①新老路基的自身压缩变形。产生主要原因是填土的压实度不足、填石路堤咬合状态不好而发生滑移,或者路堤采用压缩性大而固结时间长的黏土(图 2-111)。由于老路基已经使用一段时间,在堤身荷载作用下的压缩变形已基本完成,而新路基在加宽施工结束后仍发生较大的压缩变形。

由于不同填料的压缩系数不同,即使相同的压实度,细粒土与粗粒土路堤在自身荷载作用下的压密沉降也不相同。当路基加宽宽度较小时,新填路基施工时大型压实机具很难发挥作用,压实难度较大,而较低的压实度不仅使路基自身的压缩变形增加,而且使行车荷载作用下的路基塑性累积变形大大增加。因此,通常在地质条件良好、路基自身压缩变形占主导地位时,新老路基的变形不协调将导致加宽部分路面的损坏。

②新路基作用下地基的固结沉降。这种沉降主要发生在地基下卧层土质条件较差的路段。土体压缩性大、固结时间长,在施工结束后仍然发生很大的沉降。而老路基作用下的地基在老路堤自重荷载作用下固结变形已完成或基本完成,在新路堤自重荷载作用下地表发生不协调变形,并最终反映到路堤顶面,造成路面结构的损坏(图 2-112)。当地质条件差,地基的固结变形在不协调变形中占主导地位时,老路基远离加宽路基部分产生的沉降较小,靠近加宽路基部分产生的沉降较大,从而在老路基顶面产生不协调变形,导致老路路面的损坏、开裂。

③新老路基结合部结合强度不足,造成新路基沿结合面的滑移。这种情况不仅产生变形不协调,甚至可能发生错台及整体失稳(图 2-113)。这种变形不协调将导致新老路基结合部附近的路面损坏、开裂(沥青混凝土路面出现纵向裂缝,半刚性基层或水泥混凝土路面出现断裂)。

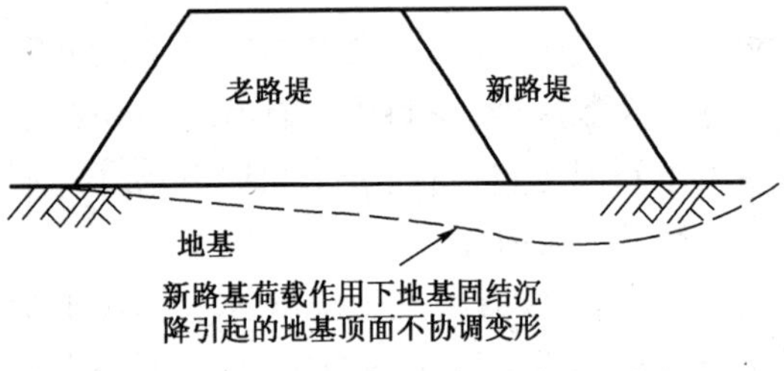


图 2-112　由于地基固结变形引起的不协调变形

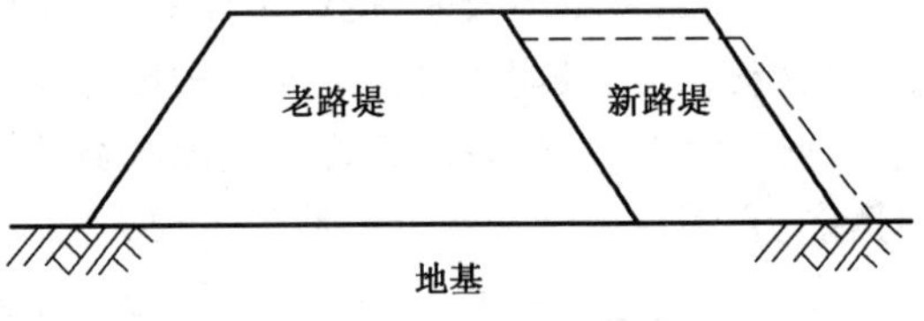


图 2-113　由于结合部滑移变形引起的不协调变形

因此,在不同工程特点和地基地质条件下,加宽工程出现的新老路基不协调变形产生的主要组成机理是不同的,在路面结构上反映的损坏部位也是不同的。设计和施工时要有针对性地采取处理措施。

实际上,高等级公路路基加宽常见病害产生的主要原因有:新老路基间的差异沉降、新老路基之间的不良结合、路基路面整体抗变形能力、路基稳定性以及水文、地质条件等。病害的发生往往不是由单个因素决定的,而是多种因素共同作用的结果,而新老路基间的变形不协调和新老路基的不良结合是导致相关病害产生的主要原因。

## 四、高等级公路改扩建新老路基变形不协调控制技术

基于新老路基的修筑历史、施工工艺和填筑材料的不同，在其顶面不可避免地会产生变形不协调，从而导致加宽路基或路面出现相应的病害。为保证加宽路基和路面能够顺利投入运行，必须采取相关措施来减小或控制变形不协调，或者提高路面结构对变形不协调的适应能力。

### 1. 变形不协调控制技术分类

按照对新老路基变形不协调处治措施的部位来划分，其控制技术划分为三类，即路基内部处治、外部处治和综合处治（表 2-26）。新老路基结合面处理和加筋路基的主要作用是增强新老路基结合部的结合强度，防止因结合部强度不足而发生滑移；填料及压实控制的主要作用是提高加宽路基的整体刚度，并减小由于加宽路基自身压缩变形而引起的变形不协调；轻质路堤、支挡结构和地基处理分别从减小路基自重和增强地基抗变形能力的角度来减小地基的固结变形引起的变形不协调；综合处治则是整体控制变形不协调。

**变形不协调控制技术分类** 表 2-26

| | | | |
|---|---|---|---|
| 路基内部处治 | 新老路基结合面处理 | 综合处治 | 设置分隔带 |
| | 填料及压实控制 | | 完善排水系统 |
| | 加筋路基 | | 过渡性路面 |
| | 轻质路堤 | | 内、外部综合处治 |
| 外部处治 | 地基处理 | | |
| | 支挡结构 | | |

新老路基结合部的结合强度是涉及加宽路基稳定的问题，是高等级公路改扩建路基加宽工程都必须解决的问题。地基地质条件良好的路堤加宽，在加宽荷载作用下，地基固结变形很小，新加宽路基的自身压缩变形决定着新老路基变形不协调程度，因此加宽路基填料及压实度的控制成为关键；对于地基地质条件不好的路堤加宽，变形不协调主要是由于在加宽路基荷载作用下的地基固结变形所引起的，故应选用合理的地基处理方法或选用轻质路堤技术。因此，高等级公路改扩建路基加宽应根据具体的工程地质特点，选择经济有效的变形不协调的控制技术措施。

### 2. 增强新老路基结合部强度的工程技术措施

（1）新老路基结合面处理工程技术

路基加宽工程中，新填路基填筑前应对老路与新路交界的边坡坡面和部分地基表面进行预处理，一般处理方法如下：

①清除原地面上的植被、树根以及表层富含有机质的腐殖土（图 2-114）。如果直接在其上进行新路基填筑，这些有机质植被、树根日后腐烂消解，一则会在交界面处形成空隙而产生附加沉降，二则会污染周围填料（软化土体强度），导致周围形成一个潜在的危险滑裂面，从而发生路堤失稳。

②老路与新路交界的边坡坡面 0.3m 厚度范围内以及外侧路肩 0.5m 范围内应挖除换填。因为该处往往由于长期暴露在大气中，受到干湿循环、水流冲刷、大气侵蚀等气候影响，再加上该处老路施工时压实质量不佳，外侧又没有侧限效应，路基压实度会明显低于其他部位。如果不处理，则会在该交界面产生薄弱界面，路基整体抗变形能力下降，新老路基不协调变形增加，

导致新老路基结合不良。

③老路与新路交界的坡面上应挖设台阶(图 2-115),台阶设成向内倾斜 3% 左右的坡度。为保证新老路基良好结合,通常将老路边坡坡度处理为 1∶1 ~1∶1.5,每级台阶宽度宜不小于 1.0m,高度为 0.6 ~1.0m。

(2)路基加筋处理工程技术

为提高新老路基之间的结合强度,在公路改扩建加宽工程中广泛地采用路基加筋技术(图 2-116)。目前应用较多的加筋材料为土工格栅,其加筋机理包括三个方面:土工格栅的表面与土产生的摩擦作用;土工格栅肋条和结点产生被动抗阻作用;由于网孔的存在,网格上层的填料与下层的填料可以相互作用,对土产生锁定作用。因此,在新老路基结合部铺设土工格栅可增强土体的抗剪强度和抗弯刚度,约束路基的侧向位移。同时,土工格栅与土颗粒之间的作用产生应力效应。在上部荷载作用下,土工格栅的张力产生的拉力承担了部分土体的竖直应力和水平应力,并将荷载应力较均匀地扩散到较大的范围内,减小了应力的过分集中而造成新填路基的土体坍滑变形,增强了新老土体的整体性,降低了新填路基地基的不均匀沉降。若控制土工格栅的设计应变(延伸率)在 10% 以下,土工格栅几乎不产生蠕变。

图 2-114　路基施工—清表

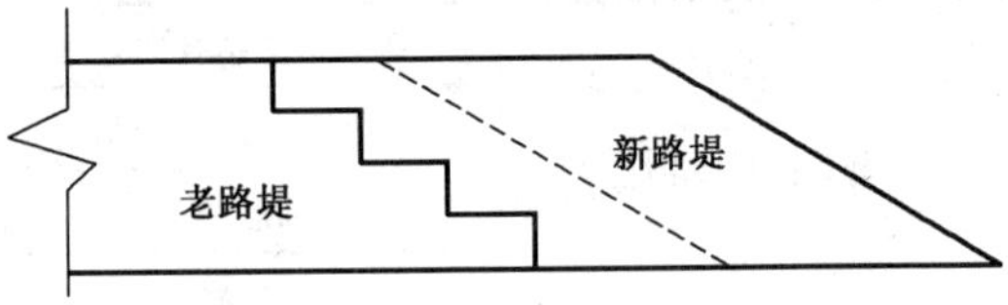


图 2-115　新老路基衔接处开挖台阶

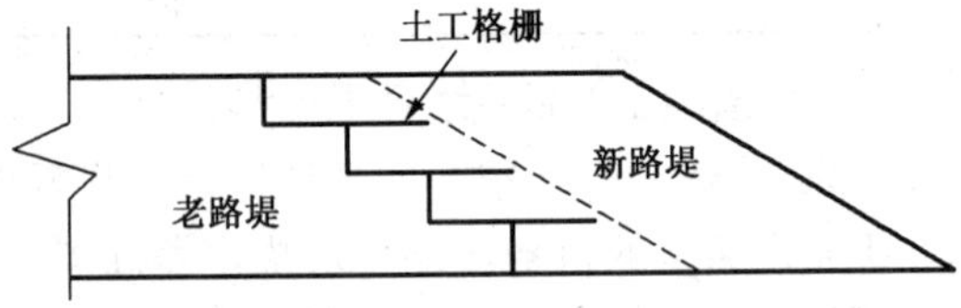


图 2-116　某高等级公路加宽改建路堤加筋设计图

另外,在软土地区铺设土工格栅可以发挥其抗拉性能。在土体侧向位移较大的情况下,通过与加筋填料的摩阻力来限制土体的侧向变形和路堤边坡外的隆起,对减小变形不协调起着重要的作用。因此,路基加筋也是一种减小地基固结变形的有效措施。

## 五、高等级公路改扩建路基加宽施工重点与难点

高等级公路在改扩建施工过程中,既要确保既有公路畅通,又要确保施工安全、质量及工期,施工难度非常大。高等级公路改扩建路基加宽施工重点与难点主要体现在如下方面:

### 1. 选择与确定合理有效的施工方案

路基加宽工程是一个特殊的工程,是开挖老路基边坡,同时又要在作业面狭窄的空间进行施工,施工材料、机具设备、人员进出都不是很方便,设备搬运困难,大型设备无法顺利开展工作,设备利用率很低,左右两幅还要设置两条便道。因此,必须选择与确定合理有效的施工方案,使工、料、机达到合理匹配,满足质量和工期要求的目的。

### 2. 选择与确定合理有效的软土地基处理方法

当路线通过软土地基时,为了确保新老路基的工后沉降和不均匀沉降满足要求,保证路面

不发生纵向裂缝,如何针对不同的软土地基情况(软基厚度、硬壳层厚度、地下水位,加宽路基高度,选择合理有效的软土地基方法非常关键。因此,软基处理是工程重点,在地基处理过程中应尽量减少对老路路基的扰动。

3. 新老路基有效衔接技术

新老路基的有效衔接是确保整个加宽工程质量的关键。在与老路基的有效衔接施工中,应将老路堤边坡一定范围内路基质量低劣的土体挖除,并将边坡开挖成一定高度和宽度的台阶,同时在台阶顶面铺设一层土工格栅。在施工中,若发现老路基有渗水现象或其他不良状况时,还应采取增设盲沟等措施及时进行处理,但应尽量减少对老路基的扰动,确保新老路基拼接质量。

## 单元七　路基纵向不均匀沉降病害类型成因及防治措施

路基纵向不均匀沉降主要表现为桥头跳车和纵向填挖交界处不均匀沉降，致使路、桥过渡段出现不同程度的台阶，且路面平整性受损，严重影响了公路的使用功能。

### 一、桥头跳车产生的原因

桥头跳车的产生和形成是多方面的，包括地基地面条件、填料、施工材料以及设计、施工等诸多方面原因，主要原因如下：

①地基强度不同。桥头跳车产生的基本原因是桥台与路基间的材料弹性模量不一致而引起的沉降差超过某个限值时所致。因为桥台基础一般都作了加固处理，如采用桩基础等，其沉降量很小，而路基填土所固有的压缩徐变性能需待通车后一段较长时间才能趋于稳定，二者在结构刚度上产生了很大的差异。

②设计方面的原因。设计人员若对碾压方式方法考虑不周、填料要求不严格、台背排水考虑欠佳、路堤填土处理不当等，必然产生较大沉降。

③施工方面的原因。台后填料不当、压实不足等致使填料压实度满足不了设计和规范要求，产生较大的工后沉降。

④地基浸水软化。软土、黄土地基浸水造成路基沉降。

⑤桥台伸缩缝的破损，形成台阶。

### 二、桥头跳车综合防治技术研究

消除或缓解桥头跳车的关键是减少不均匀沉降量、延长沉降特征长度、减缓不均匀沉降梯度，从而起到匀顺纵坡的目的。根据桥头跳车现有防治技术，从地基处治技术、台背路堤处治技术以及过渡段路面处治技术等方面研究综合防治措施，以期可以较好解决桥头跳车现象。

#### 1.地基处治技术

地基处治的目的是改善地基性能，提高承载力和抵抗自然灾害的能力，增强地基稳定性，减少或消除路桥过渡段的不均匀沉降，缩小桥台与路堤的沉降差。

从机理方面看，对软基进行处治就是要迅速消散软弱土层中的超静水压力，提高土颗粒间的有效应力，完成土体的二次固结过程。

针对不良地基的预防措施，目前国内已有换土法、超载预压法、排水固结法、高压喷射注浆法、振动碎石桩法、深层搅拌桩、挤密砂桩等处治方法，但针对已有病害的地基处治缺乏比较系统的研究。很多预防措施在施工中没有严格按要求实施。例如抛填块石挤淤法，如果碾压不密实、软土换填的厚度不够，经过多年使用之后由于块石的重新排列、软土的固结沉降，路基仍会出现各种病害。

目前，国内主要采用的桥台类型可归纳为重力式(U形台)和轻型(桩柱式和肋板式台)。前者多用于承载力较大的地基如基岩；后者多用于不良地基如软黏土、杂填土、冲填土、饱和粉细砂(包括部分轻亚黏土)、湿陷性黄土、膨胀土、多年冻土等。在已修建的高速公路中，常见的地基破坏模式有：地基的不均匀下沉、地基的均匀过量沉降及地基承载力不足引起的剪切破坏等。由于高速公路一旦投入运营后,交通量较大,为了不影响或尽量少影响公路的正常营运,在病害处置方法的选择上就有一定的局限性,对于上部填土较厚的不良地基,就不大可能采用一般的处治措施,如换填、排水固结、强夯等。而且在方法的选择上不但应达到治理地基沉降和破坏的目的,还应考虑到尽量减小对路堤及上部结构的扰动,不影响交通,经济且方便施工。

在对台背地基进行处治时,要考虑路堤的纵向与横向两方面的变形协调问题。在详细了解桥头地基的地质情况前提下,选用处治措施时要注意以下两点:

①纵向上保证桥台沉降与路堤地基沉降的平衡过渡;

②横向上维持路堤中央变形和坡脚路肩处变形的协调稳定。

在工程应用中,应综合考虑土质、经济、安全等实际情况,选择合适的处治方法,以有效地减少地基的沉降。

2. 路堤处治技术

路堤是承受并传递上部结构及汽车荷载的载体。路堤的沉降和变形直接关系到公路的正常运营,一旦发生破坏后维修比较困难。而且在施工中受构造物的影响,大型的压实机械由于工作面较小,难以展开压实工作;即使有足够的工作面,由于压实过程中大吨位机械振动力太大,出于对桥台的安全考虑,一般也不允许在桥台背部位使用大型的压实机械进行压实。因此,台背部位回填土的压实质量难以保证;再加上该部位路堤施工又晚于其他正常路段路堤施工时间,相比之下没有足够的时间完成固结沉降,因而在自重的作用下,路堤的压缩沉降一般也就比较大。这是引起路桥过渡段不均匀沉降的主要原因之一。据调查,多数台背路堤在回填过程中都经过处理,但路基病害仍然普遍存在,只是破坏程度不同而已。

路桥过渡段处病害处治的目的就是使路基与桥台间实现平稳过渡。由于考虑到公路的运营和地段的特殊性,在处治方法的选择上就会有一定的限制。总的原则是减少对周围稳定结构的破坏,工期要短,尤其是对于高填路堤,一般不会采用大开大挖,而小规模填补又不能从根本上解决问题。

由此可知,减少路桥过渡段不均匀沉降,台背路堤处治可从以下几方面入手:

①合理安排施工工序和时间,设法尽早对路桥过渡段路堤进行施工,保证有足够的时间完成沉降;

②设法提高台背回填区路堤的压实度,减少因填料自重和车辆荷载作用下压实度增加而产生的沉降;

③在考虑经济性的前提下,合理选择填料,设法减少路桥过渡段路堤的自重作用,避免因自重过大而产生过大的压缩沉降;

④设法提高台背路堤自身承载能力,如利用土工格栅予以加筋等,增加路堤填土的整体性,减少不均匀沉降的梯度。

(1)施工工序的合理安排

为使桥台台背填土尽早开始,在立柱、桩基础施工中应先安排桥台,再做其他桥墩。为保证桥台盖梁下填土的压实质量,要求必须先将台背填土至盖梁地面高程,再浇筑桥台盖梁。为避免桥梁、伸缩缝、路堤三者高程不一致而形成错台,要求铺筑路面时,先将伸缩缝预留槽临时用沥青填筑,待路面铺筑完毕,再对预留槽进行切缝,安装伸缩缝。

另外,当台背路堤高度小于4m以下时,也可先填筑路堤预压,让路基排水固结,待路堤沉降基本完成以后，在涵洞或桥台位置再开挖合适的工作面，进行基础及桥台等施工。可用易于压实的二灰或三灰等材料对工作面进行回填，从而减少桥涵两端路堤的工后沉降，使桥涵两端路堤与桥台构造物的相对沉降尽量小一些。

(2)优化台背填方碾压方法

施工过程中尽可能扩大施工场地，以便充分发挥一般大型填方压实机械的作用。当受场地限制时，可采用横向碾压法，使压路机尽量靠近台背进行碾压。当大型压路机不能靠近台背时，可采用小型压路机配合人工夯实进行碾压。同时，可减薄碾压层厚度(15 ~20cm)，提高压实度，最终使压实度满足设计要求。

在涵洞的翼墙周围特别容易产生因压实不足而引起的沉陷，给养护工作带来麻烦，应注意压实。扶壁式桥台在施工时很可能使用大型压实机械，这种情况下，应与小型振动压路机配套使用，给以充分压实。

(3)强化台背回填材料

回填材料的性质对工程质量起决定作用。台背填料应在现场择优选用。填料应选择强度高、渗水性好、塑性小、压实快、透水性好的材料。同时，为了改善填土的密实性，应设计好相应的级配，且台后须设置横向泄水管或盲沟，以利排水，减少病害。

此外，应采用粗颗粒材料填筑桥涵两端路堤或者设置一定厚度的稳定土结构层。用粗颗粒材料作为路基的填料，不仅改善了压实性能，使其易达到要求的密实度，而且在北方地区特别有利于减缓冻融的危害。设置稳定土的改善层能够使路基、路面的整体刚度有所提高，从而减少沉陷。

国外台后填方采用轻质填料，其目的也是减轻填方土体对地基的压力，提高地基的承载力和抗变形的能力。在桥头路堤任一高度的平面内不应采用不同填料填筑(不同层次可用不同填料)，不准采用高塑性黏土填筑桥头路堤。

在挖方地段的台背回填部位，因场地特别窄小，应选择当地的石渣、砂砾等优质填料(在湿陷性黄土地区宜用水泥、白灰稳定土)。填料的施工层厚度以压实后小于20cm为宜。无论填方或挖方地段的台背填料，最好不要采用容易产生崩解的风化岩的碎屑，以免因填料风化崩解而产生下陷。这一点在土方调配时应予以重视。

在高填方的拱涵及涵洞与侧墙的相接部位，应尽量使用内摩擦角大的填料进行填筑，而且施工时应注意填料土压的平衡，不得发生偏压，以免造成工程事故。

受施工条件的限制，一般土方的内摩擦角较小，加之压实质量难以保证，因此，桥台背通常选用如岩渣、砾石、砂砾等摩擦角大、强度高、压实快、透水性好的填料。这类回填料不但有利于从台背缝隙中渗入的雨水沿盲沟或泄水管顺利排到路基外，减缓雨水的危害，而且也有利于改善压实性能，使路基容易达到设计要求的密实度。但这样的措施在缺石地区难以实现，且相应的成本也较高。

随着电力工业装机容量的增加，排灰量、占地量还要相应增加。这对土地资源相对缺乏的高速公路沿线的环境保护来说，不论从现实还是长远来讲，都是一个很大的压力和威胁。因此，结合台背回填问题，采用合理的技术将这些粉煤灰利用起来，不仅可为解决公路构造物台背路堤处治技术提供途径，又可减少工业废料的占地和取土毁地的面积，有利于环境保护。

粉煤灰材料的工程特性分析如下：

①干密度低。粉煤灰颗粒相对比较均匀单一，所以其孔隙率较大，结构组织疏松。此外，粉煤灰颗料本身是一些空心的微粒组成的混合体，因此，粉煤灰的干密度较小，基本上在0.61~1.20g/cm$^3$，比一般土类填料低1/3左右。

②透水性大。由于粉煤灰孔隙率较大，导致其透水性也较大，且饱水后强度急剧降低，压缩性较大。

③无黏结性或黏结性小。粉煤灰主要由粒径大小不同的粉质颗粒组成，小于0.002mm颗粒含量极少，一般不能搓成条或很难搓成条，几乎没有塑性。粉煤灰液限较大，据实测资料显示，粉煤灰颗粒愈粗，其液限值愈大。其原因与空心颗粒含量有关，一般颗粒愈粗，空心含量愈多，其液限值就愈大。粉煤灰的这种性质与土的规律性正好相反。

④具有一定的活性。普通松散的粉煤灰无黏结力或黏结力很低，压实后强度虽有明显的增长，但仍为松散体材料，一般情况下其抗剪强度低，稳定性差，甚至有振动液化的可能。

但在碱性环境下，比如掺加一定量的石灰或水泥，粉煤灰将发生水化、硬化反应。随着龄期的增长，混合料的强度也随之增大，表现出具有强度高、板体性好、水稳定性和温度稳定性优良等特点。

基于以上分析，粉煤灰的干密度小，用其回填台背可大大降低路堤下地基的附加荷载，有利于减少地基沉降及路堤对桥台的侧压力。但是，由于透水性大、稳定性差以及无黏结性等特点，粉煤灰不宜直接用于台背回填。可利用石灰粉煤灰混合料作为台背路堤填料，经压实后形成轻质整体性路堤。

(4)土工格栅处治台背填土

随着加筋土技术的日趋成熟，土工格栅也逐渐被用于桥台台背，以处治桥头跳车问题。从20世纪80年代开始，国外进行了大量的室内外试验，研究土工格栅加筋用于处治桥头跳车，取得了良好的效果。美国怀俄明州公路局用土工格栅加筋处治了近50座桥台。结果表明，该处治措施可以有效消除桥头跳车问题。在国内，长沙理工大学对土工格栅加筋土技术处治桥头跳车问题进行了一些有益的探讨，通过室内模型试验和工程实例的数据，分析得出了台背填土压实度、铺网长度与台背填土沉降之间的关系。在107国道湖南湘潭段龙云立交桥、320国道湖南株洲白关桥、广东深汕高速公路4座桥梁以及京沪高速公路4座桥涵等都有成功应用土工格栅加筋土技术处治桥头跳车的工程实例。

尽管土工格栅处治桥头跳车这些技术已使用多年，但尚处于摸索探讨阶段，仍存在大量问题，如土工格栅与回填料的选择、土工格栅布置、施工质量控制以及设计方法等需要进一步解决，使其达到经济、有效地改善桥头跳车的目的。

①土工格栅处治机理。土工格栅处治桥头跳车的原理是：在填土中沿路线方向分层平铺土工格栅，格栅层的一端固定于桥台，另一端与台背连接，利用土工格栅变形的连续性及其高强度、高弹性、大变形特性将车辆荷载及上部土体的自重荷载部分地传递到桥台，在台背局部范围内，分层阻止填料沿台背沉降；与此同时，通过格栅与土体的相互作用，改善局部荷载作用下土体内部的受力状态，将荷载扩散到一个较大的范围内，从而减少外部荷载对土体的压缩沉降，延长沉降特征长度，使台背与填土交界部位的阶梯状沉降变为连续渐变沉降。

②土工格栅处治的设计方法。采用土工格栅处治，减少台背路堤不均匀沉降，通常将土工格栅一端锚固于桥台背，另一端向压实后的路基上水平展铺，最下一层铺设在构造物基础的顶

面，最上一层铺设在路基的顶面，以使得桥台借助于土工格栅和台背的路基压实土成为一体，见图 2-117。

格栅铺设间距可按式(2-20)计算：

$$\Delta H = \frac{100T_{GC}E_0}{E_r\gamma_m H_m\left[3.5\frac{\gamma_m H_m}{P_0}\left(1-\frac{Z^2}{H_m^2}\right)+\left(1-\frac{Z}{H_m}\right)\right]} \tag{2-20}$$

式中：$\Delta H$——距路基表面深度为 $Z$ 处的铺网间距，m；

$T_{GC}$——土工格栅的设计抗拉强度，按 60% 抗拉强度取值，$N/m^2$；

$H_m$——路基顶面与构造物基础顶面之间的高差，m；

$Z$——上一层土工格栅铺设位置距路基表面的垂直距离，m；

$E_0$——土工格栅的拉伸模量，Pa；

$E_r$——路基土填筑后的变形模量，Pa；

$P_0$——路基顶面所承受的来自路面自重与交通荷载的垂直压力，Pa；

$\gamma_m$——路基填土压实后的密度，$N/m^3$。

一般情况下，首先根据土工格栅设计抗拉强度 TGC 按式(2-20)计算不同路基深度处的土工格栅铺设最大层间距 $\Delta H_{max}$，然后绘制 $\Delta H_{max}$—$Z$ 关系曲线，即为台背加筋最大布筋间距包络线，如图 2-118 所示。

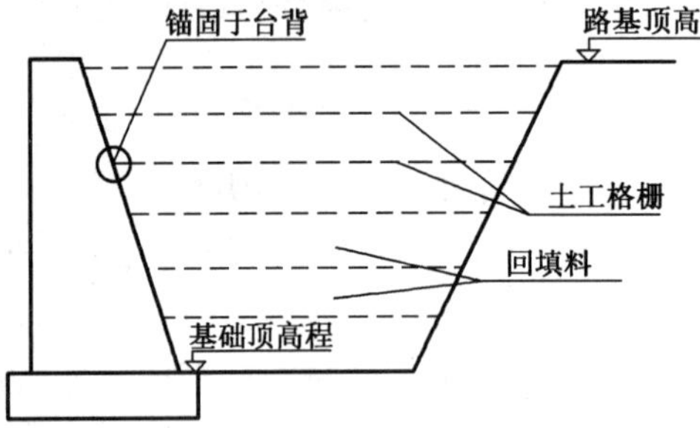


图 2-117　土工格栅处治台背示意图

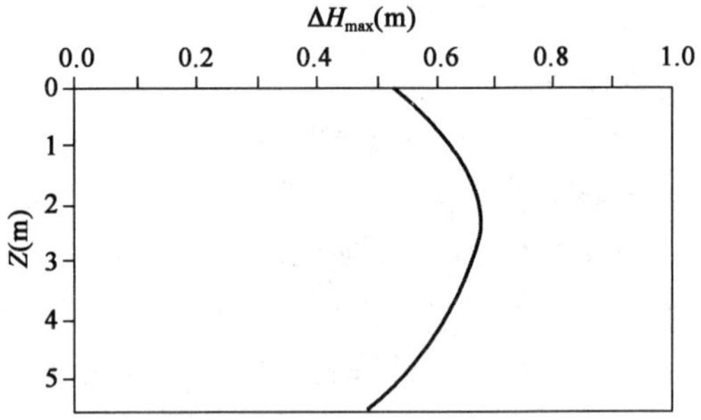


图 2-118　最大布筋间距包络线示意图

在进行布筋间距设计时，加筋体任一深度 $Z$ 处加筋材料的布设间距 $\Delta H$ 不能超出最大布筋包络线范围(图 2-118 斜线部分)。同时，在采用土工格栅加固时应注意，当桥台高度大于 12m 时，采用土工格栅加固的工程费用较高，故需慎重选择。此外，有限元计算发现，当铺网间距大于 1.2m 时，土体与土工格栅交界的界面上的剪应力很大，有可能导致两者之间的相对滑动，从而破坏了台背填筑体的整体性。因此，《公路土工合成材料应用技术规范》(JTJ/T 019—98)规定，在距路基顶面 5m 深范围以内，格栅间距以不大于 1.0m 为宜。依此原则，根据工程实际情况和设计需要，可以确定各加筋层合适的布筋间距 $\Delta H$。这样，就使布筋间距设计过程更为直观，且能充分利用加筋材料的弧度，节省加筋材料用量，在减少计算工作量的同时达到优化布筋设计的目的。

土工格栅的纵向铺设宜上长下短(图 2-117)，可采用缓于或等于 1∶1 的坡度自下而上逐层增大纵向铺设长度，最下一层的铺设长度应不小于最小纵向铺设长度 $L_{min}$。$L_{min}$ 可按式(2-21)计算：

$$L_{min} = 2 + \frac{0.5T_{GC}}{C_{GC} + \gamma_m H_m \tan\varphi_{GC}} \tag{2-21}$$

式中：$L_{min}$——土工格栅的最小铺设长度，m；

$C_{GC}$——土工格栅与土体交界面上的界面黏结力，Pa；

$\varphi_{GC}$——土工格栅与土体交界面上的界面摩擦角；

其余符号意义同前。

③土工格栅处治的施工技术。

a. 土工格栅的摊铺。其摊铺沿路线的纵向进行，将成捆格栅自桥台背部向外展开，按设计长度截断。若桥台与线路斜交，应将格栅靠桥台一端的端部截成与斜交角相同的角度，保证格栅铺向与路线走向平行。

b. 土工格栅的张拉、定位与锚固。先将土工格栅靠桥台一端用膨胀螺钉或预埋螺杆锚固在台背（膨胀螺钉间距为60cm），然后用一带钩横梁将土工格栅张紧，使之产生2%～4%的伸长率，后用U形钉定位（U形钉的布设间距不大于2cm，其长度宜为15cm左右），再将土工格栅用膨胀螺钉锚固于桥台两侧的翼墙上（膨胀螺钉间距不大于1.0m）。

c. 土工格栅的连接。对于每层土工格栅，应采用连接棒将相邻的两幅连为一体。

d. 填料的施工及检测。土工格栅铺好后，可在填料与台背交界部位填筑20cm厚的级配碎石，以便于台背排水。填料颗粒粒径小于3cm，每层松铺厚度小于等于20cm，整平后用12t以上压路机静压数遍后再起振碾压直至压实度符合公路路基施工技术规范的要求（路基顶面以下0～80cm范围内的压实度不小于95%），压实后的厚度约为15cm。碾压时应严格控制填料的含水率，在达到最佳含水率±2%以内的含水率时，方可进行碾压，否则应进行翻晒。在桥台和翼墙附近等大型压路机碾压不到的部位，还应采用电动打夯机夯实，以确保其压实度。在施工过程中，对回填质量应进行检测，内容包括填料常规的物理指标和压实度等。

④注意事项。

a. 砌筑桥台台背和翼墙时，其内侧表面应保证平整、规则，便于膨胀螺钉的安装和土工格栅的锚固，待圬工砌体达到规定的强度后再进行台背填筑。

b. 台背填筑禁止在雨天进行。台背填筑时，底层土工格栅下的级配碎石应分层摊铺，并用振动式压路机振动压实。当土工格栅摊铺在碎石层上时，应先在碎石层上撒铺2cm厚的粗砂，以免格栅直接与碎石接触而被压断。

c. 土工格栅应储存在不被阳光直接照射和被雨水淋泡处，根据工程进度和日用量按日取用。

d. 运料车应设法避免在已摊铺并张紧定位好的土工格栅上直接行走，以免对格栅产生推移作用。

### 3. 路面处治技术

(1)设置桥头搭板

为了避免不均匀沉降对行车造成的不良影响，目前在我国高等级公路建设中常用的方法是在桥台上设置桥头搭板。桥头搭板一端支撑于桥台，另一端通过枕梁或直接与路基相连。设置桥头搭板，可把集中的不均匀沉降量分散在搭板长度范围内，使柔性路堤产生的较大沉降逐渐过渡至刚性桥台上，从而起到匀顺纵坡的作用，使车辆通过时跳跃现象大为减少。合理设置的桥头搭板可有效地解决前述的局部沉陷和横坡变化的状况，但不能解决纵坡变化情况。因为当桥台和过渡段土体之间发生不均匀沉降后，搭板两端分别随两者下沉，即桥头搭板绕简支端转动，纵坡变化仍然存在。

如图 2-119 所示，桥台与路堤衔接段内出现三次较大的路面纵坡变化。桥头设置搭板本质上只是辅助性弥补不均匀沉降的措施，试图改善三次纵坡突变不利状况，消除行车跳车感。显然，要达到消除桥头跳车的目的，搭板设计的关键是如何合理确定搭板长度。

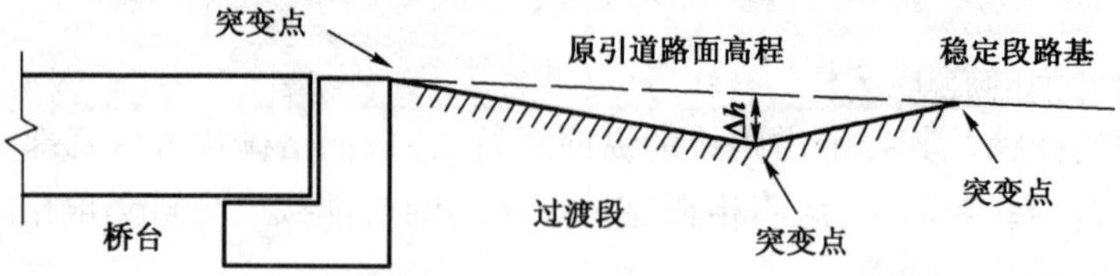


图 2-119　桥头处路面纵坡变化

以往，桥头搭板长度设计根据路桥过渡段不均匀沉降值 $\Delta h$ 及容许纵坡变化为 0.5% 计算确定，即

$$\frac{\Delta h}{L} \leqslant 0.5\% \Rightarrow L \geqslant 200\Delta h \tag{2-22}$$

式中：$\Delta h$——路桥过渡段不均匀沉降值，cm；

$L$——桥头搭板长度，m，工程实践中一般常取 3～15m。

式(2-22)很难从根本上解决跳车问题，因为其要求对不均匀沉降 $\Delta h$ 进行准确预估，这是很难做到的。即使可以做到准确预估 $\Delta h$，按式(2-22)计算搭板长度可能出现下列三种情况(图 2-120)：

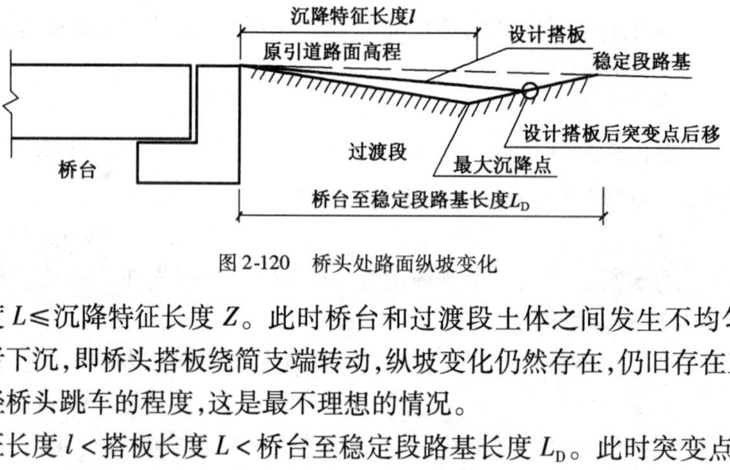


图 2-120　桥头处路面纵坡变化

①搭板长度 $L \leqslant$ 沉降特征长度 $Z$。此时桥台和过渡段土体之间发生不均匀沉降后，搭板两端分别随两者下沉，即桥头搭板绕简支端转动，纵坡变化仍然存在，仍旧存在三次纵坡突变，即丝毫没有减轻桥头跳车的程度，这是最不理想的情况。

②沉降特征长度 $l <$ 搭板长度 $L <$ 桥台至稳定段路基长度 $L_D$。此时突变点从最大沉降点处后移，跳车现象有所改善，但是仍旧存在三次纵坡变化，没能真正解决桥头跳车。

③搭板长度 $L \geqslant$ 桥台至稳定段路基长度 $L_D$。此时如果保证搭板末端不再发生沉降或者沉降很小，那么就可以实现消除纵坡突变状况，从而消除不均匀沉降引起的跳车现象。

因此，为了消除不均匀沉降引起的跳车的不舒适感，桥头搭板长度设计应该符合上述第三种情况，将搭板长度设计问题转化为如何确定桥台至稳定段路基长度 $L_D$ 的问题。

如前所述，由于回填区一般压实比较困难，压实度也很难到达要求，所以称之为欠压实区，见图 2-121；而回填区之外的路堤，在大型压实机械碾压作用下，压实度很容易满足要求，在此称之为压实区。由于压实区施工较早，路堤填土及地基有一定的沉降固结时间，相对台背回填区来讲，可以认为这部分路堤沉降已经趋于稳定。因此，搭板的末端应该设置在这段稳定的路基上，即搭板至少应该设置在欠压实区与压实区交界部位处，故搭板长度计算公式为

$$L \geqslant b + \frac{H}{i} \tag{2-23}$$

式中：$L$——搭板长度，m；

$b$——回填区基底长度，m；

$H$——桥台高度，m；

$i$——压实区与压实区界面坡度，一般为1:1。

由此可见，搭板长度与桥台高度成正比，桥台越高，搭板也就越长，反之亦然。当搭板设计长度为 $L_0$ 时，由图2-121可知，此时搭板受力与简支梁类似，对于桥台由于基础稳固，所以沉降较小；而搭板末端的路基由于应力集中而通常会发生局部沉降，从而再次引发二次跳车。因此，控制搭板末端与路堤间的不均匀沉降值，是桥头搭板设置要解决的第二大问题。

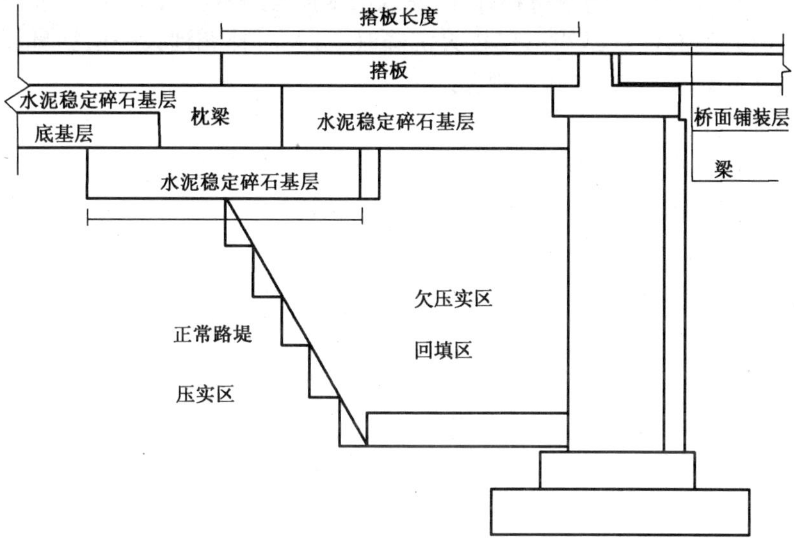


图2-121　搭板改进设计

为控制搭板末端与路堤间的不均匀沉降值，工程中一般在搭板末端设置枕梁，将搭板传下来的荷载分布到较大面积的路基上，同时还可增加搭板的横向抗弯刚度。枕梁截面底边一般取60cm以上，并且要求枕梁下地基容许承载力不小于250kPa，据此限制枕梁下的计算应力。枕梁的内力与变形可按弹性地基梁计算。然而，枕梁下的路基依旧是应力集中部位，必须作专门设计。有人建议布置碎石桩或水泥石灰桩，桩径约35cm，桩长视填土高度而定，一般取5m，桩距1.5m。该方法能较好解决搭板末端与路堤的衔接问题，但施工复杂，造价较高，工期较大，因此实际工程中很少采用。

为了改善搭板末端的受力状态，在搭板末端宜设置枕梁，但枕梁的设置却对搭板的弯拉应力带来了不利影响。据研究，枕梁设置可使板底弯拉应力增大约1/3，从而增大了搭板断裂的可能。搭板断裂不仅没能消除跳车现象，而且导致路面开裂，雨水下渗使土基受到破坏，加剧该部位的沉降。因而，防止搭板断裂是桥头设置搭板应该解决的第三大问题。

关于搭板配筋设计，目前设计中多采用简化分析方法：对于不设枕梁的单段式板，按简支结构，计算跨度取0.7倍的实际板长进行计算；对于设枕梁的单段式板，按简支结构，计算跨度取0.9倍的实际板长进行计算，并且在板上下边缘采用相同的配筋；对于多段式搭板，则视具体支承条件，参照单段式板的简化法计算。

上述简化计算还不很完善,难以保证不发生断板。因此,为了减少板底部弯拉应力,采取在板底设置一层或两层水泥稳定碎石层。水泥稳定碎石层改善了板底的局部沉降,为搭板提供了均匀支承,使搭板的受力更加均匀一致;同时,水泥稳定碎石层也改善了枕梁处应力集中的现象,进一步避免搭板和路堤衔接处出现局部沉陷,从而消除了因设置搭板而引起的二次跳车。

(2)采用过渡性路面

根据桥涵的长度和路基的容许工后沉降值,在桥头一定长度范围内铺设过渡性路面,待路堤沉降基本完成(一般为3~5年)后,再改铺原设计永久性路面。过渡性路面可采用预制水泥混凝土六棱块、条石铺砌、半刚性过渡层或沥青表处过渡层等类型。其中,水泥混凝土六棱块、条石铺砌仅适应于水泥混凝土路面,最大优点是翻修处理速度快;但不易铺砌平整,行车仍有抖动感觉,且其砌缝应采用防水材料,以防渗入雨水损害路基。值得推广的简便有效方法是铺设沥青表处过渡层,其优点是当出现较大沉降时,可及时补充铺设一层沥青混凝土或沥青砂,便能确保行车畅顺,有效避免跳车现象。

(3)设置纵向反坡

所谓的纵向反坡就是在可能产生沉降的范围内,根据沉降的经验值设置一定的纵向路面超高,以抵消在运营过程中的路基沉降,从而达到消除桥头跳车的目的。通常有设置搭板和不设搭板两种,如图2-122所示。

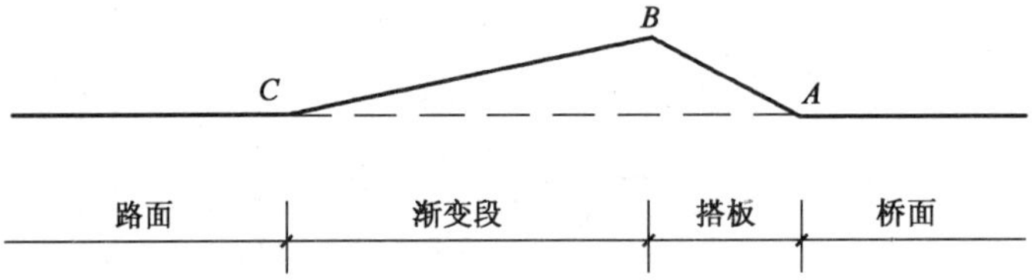


图2-122　桥头搭板设置纵向反坡

(4)HD掺胶混凝土修补处治

水泥混凝土路面结构与沥青混合料路面结构相比,有显著不同的特点。水泥混凝土强度高,强度形成的龄期长(一般需28d),弹性模量大等,导致处治水泥混凝土路面桥头跳车变得复杂。如果用同种水泥混凝土材料修复,不仅存在最小厚度要求,而且由于强度形成的龄期长,在已通车的高等级公路上,必须要封闭较长一段时间的区间交通,这显然不适应现代高速公路建设、运营的需要。

试验表明,采用HD掺胶混凝土快速修补水泥混凝土路面具有黏结强度高、早期强度好、抗折强度及模量大、抗冷热交变性好、路面视觉效果好、通车时间短等优点,在高等级公路水泥混凝土路面处治桥头跳车施工中具有很好的应用前景。

(5)采用可起吊的活动搭板

对部分桥头路基填土高、路桥过渡段施工进度快等特殊情况,考虑通车后剩余沉降量较大,很有可能出现跳车现象的路段,将桥头搭板设计为可起吊的活动搭板,通车一段时间后若出现跳车现象,可将搭板吊起,调整基层及枕梁高程,再将搭板放回原位即可通车。其施工工艺简单、方便,是一种处治桥头跳车的快捷、有效的方法。

4. 综合处治对策

路面、路基、地基是道路的重要组成部分,它们之间相互影响、相互作用,是一个密不可分的整体。地基是道路的基础,为承受上部荷载和保持其稳定性的主体,一旦出现问题,上部结构必然破坏。路堤不但传递上部荷载,对其上下的结构也有很大的影响,如路堤的不均匀沉降既会引起上部结构的凹陷,还会引起地基局部受力过大。同样,路面破坏后,雨水渗入也可能造成路基的破坏。因此,在对桥头跳车处治时,往往是对破坏段路基、路面同时进行综合处治,而且在处治过程中往往是多种方法相结合使用。

1)路基整体滑移或纵向开裂的综合处治对策

路基整体滑移造成的路桥过渡段病害虽然并不多见,但是由于其后果比较严重,因此很有必要对可能形成的病害的处治对策进行研究。前面已提到的路基整体滑移包括路基整体侧向和向桥台方向的滑移或开裂,其实质是路基的滑移破坏或边坡的坍塌。

针对路基整体滑移或纵向开裂产生的原因,治理的目的就是要削弱乃至完全消除存在的内、外因素。从外因方面考虑,要加强边坡防护,阻止雨水渗入,把边坡和已形成的裂缝全部封闭起来;从内因方面考虑,不仅要改变填土的性质,同时还需增加其强度,提高抗滑移的能力。

因此,对其治理可以采用类似治理滑坡的方法,由于路基的特殊性,通常采用桩体与其他方式相结合的综合处治措施。抗滑桩是治理滑坡和路基纵向开裂的一种最常用方法,其作用原理是借助桩与周围岩土共同作用,把滑坡推力传递到稳定地层的一种抗滑结构。下面就一般比较常用的方法作一些探讨。

(1)抗滑桩+注浆法

在路桥过渡段病害处治时同样可以采用抗滑桩法。利用抗滑桩可以阻止路基侧向变形发展,并提高抗滑移的能力。而注浆既可以改善滑移面的力学性能,还可以防止地表水的下渗,从而达到治理的目的,如图2-123所示。

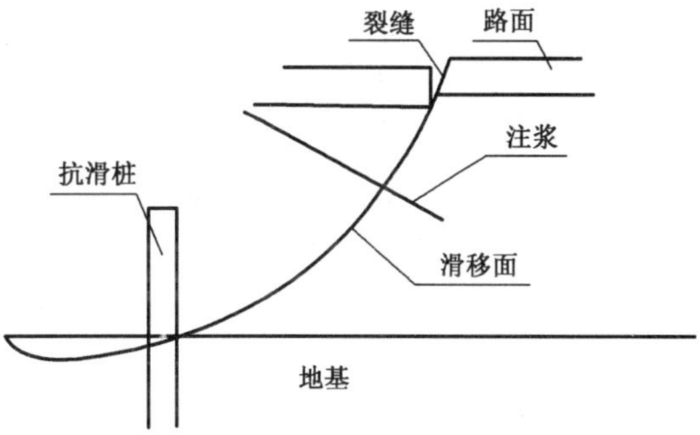

图2-123　抗滑桩+高压注浆法治理方案示意图

(2)密集弧形高压旋喷注浆+抗滑桩+注浆

当路基的下卧软弱层较厚、埋深较大时,可以采用密集弧形高压旋喷注浆+抗滑桩+注浆的处理措施。采用此方法可以达到以下目的:高压旋喷注浆水泥浆置换地基中软弱层部分土体,可以使其固结稳定,提高其承载力和抗剪能力;抗滑桩可以阻止路基侧向变形的发展,提高抗滑移的能力;注浆可以增加滑动面土体的整体性和防止地表水渗入,如图2-124所示。

(3)高压旋喷桩+注浆

高压旋喷注浆是在填土中形成高强度的水泥与填土混合的固结体,以阻止路基侧向变形的发展,提高抗滑移的能力;注浆则是将路面下已破裂的土体通过注浆连接起来,改变填土的性质,增加土体的强度和整体性,同时阻止雨水通过路面下渗,如图2-125所示。

该方法主要适用于地基较好的高填土质路基开裂或滑移。高压旋喷桩可以是一排或多排,注浆按其充填范围进行合理布置,待路基处理完毕后再根据具体情况做路面。

(4)挡土墙+注浆

低路堤段路面纵向开裂产生的原因,主要是由于存在切过地基的滑动面,缓慢蠕滑所致。其最初可造成路面架空,进而使路面形成纵向裂缝。雨水沿滑动面下渗,起到润滑剂的作用,促使滑动速度加快,裂缝渐渐变宽。如果路面纵向裂缝治理不及时,便会形成浅层滑坡。治理目的主要是阻止滑体蠕滑,阻止雨水沿滑面下渗。对于地基较好的低路堤,设置挡土墙可对滑动土体产生抗滑力;同时,对滑移面进行注浆不但可以有效增加滑动面土体的整体性和强度,还可以防止地表水沿裂缝入渗,如图2-126所示。

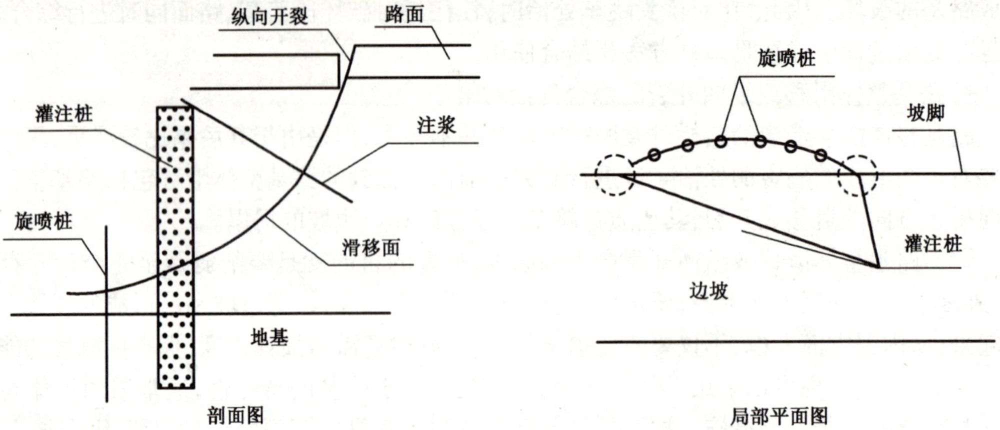


图2-124 密集弧形高压旋喷注浆+抗滑桩+注浆

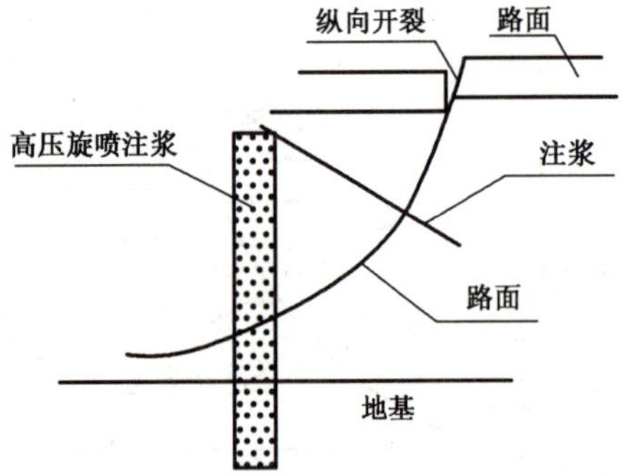


图2-125 高压旋喷注浆+注浆

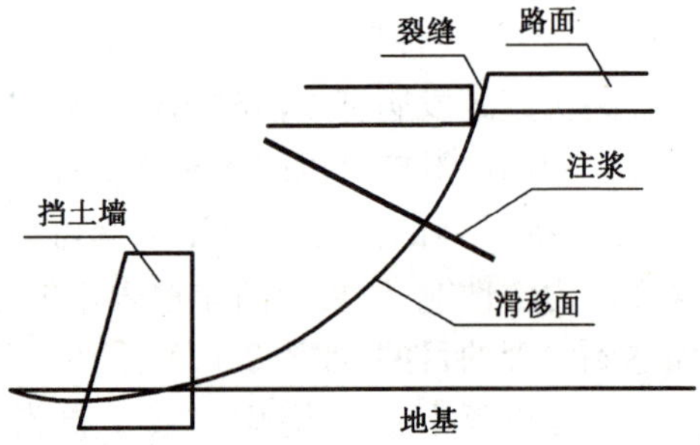


图2-126 挡土墙+注浆

(5)反压护道+注浆

当在较薄软土地基上填筑低路堤时,由于地基承载力不足,常会出现堤脚外面隆起,路基剪切破坏或引起路堤滑塌现象,因此,需要对路堤边坡进行加固处理。其中,反压护道和注浆综合处理是一种经济有效的方法之一。所谓反压护道,是在堤坝两侧一定距离内堆土石以防地基土被挤出,从而起到稳定堤坝的作用,也称镇压法。该法的优点是施工简单方便,不需要特殊的施工机具;填料可就地取材,经济实用。反压护道法虽然是一种较成熟的方法,但若与注浆相结合效果会更好,施工也更为方便,如图2-127所示。

(6)采用土工格室(栅)

对于基础较好的矮路基,也可将滑移体开挖后,采用土工格室(栅)加土分层按台阶状回填,这里主要利用土工织物的加筋作用。埋置于稳定路堤上的土工织物可以限制滑体的侧向位移,增加土体的抗剪能力,从而改善土体的力学性能,减小或消除差异沉降,如图2-128所示。

2)与路基沉降有关的桥头跳车综合处治对策

与路基沉降有关的路桥过渡段病害主要包括:台背差异沉降、路面凹陷、搭板断裂、搭板末端产生差异沉降或裂缝。上节分别从地基、路堤、路面方面针对以上病害提出了处治对策,但在实际中往往是路基、路堤、路面或搭板均发生破坏而产生桥头跳车。因此,治理时也应从地基、路堤、路面方面综合治理。

对于路基发生了不均匀沉降的未设搭板或者搭板已发生断裂的路桥过渡段，可采用路基处治与设置搭板相结合的方法，常用的有钻孔桩＋搭板、树根桩托换＋搭板、旋喷桩＋搭板、压力注浆＋搭板等。

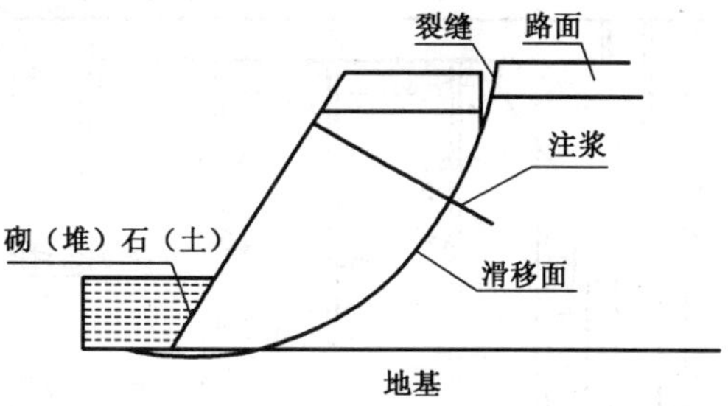


图 2-127　反压护道＋注浆治理示意图

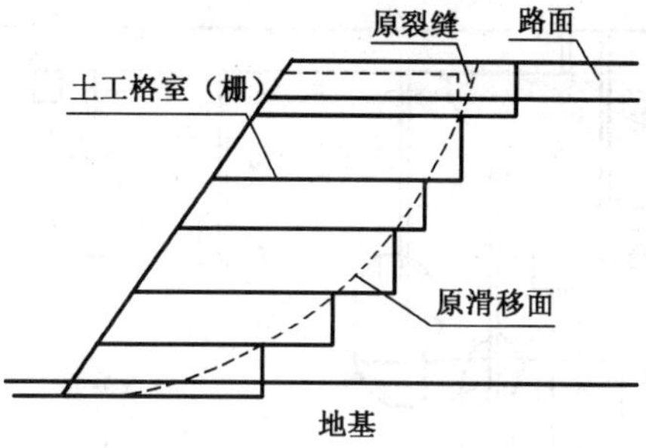


图 2-128　土工格室（栅）治理示意图

路基处治后生成的复合路基不但可以增加路基的强度和整体性，还可以有效阻止地基的后续沉降与变形。而设置搭板可以扩大路基（桩顶）的受力面积，最大限度地减少路面的不均匀沉降。

（1）钻孔桩、旋喷桩＋搭板

钻孔桩、旋喷桩＋搭板主要适用于未设搭板或搭板已破坏且沉降范围较大的路基。钻孔桩、旋喷桩既可以在一定程度上改善土的性质，又可以起到支撑上部荷载的作用。而搭板可以起到防止桩体刺入路面和扩散车轮荷载的作用。其布置形式如图 2-129 所示。

（2）树根桩托换＋搭板

树根桩主要适用于路基的局部不均匀沉降或局部加固。通过在路基局部沉降处设置树根桩，可以使该处的荷载扩散到强度较高的路基，从而起到改善此处的受力情况，达到减小不均匀沉降的目的，如图 2-130 所示。

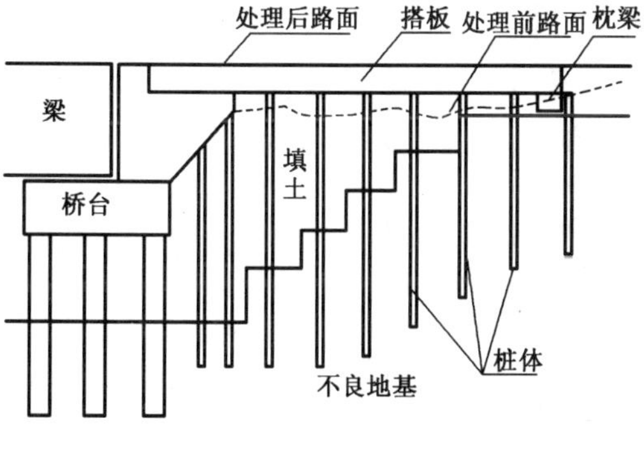


图 2-129　钻孔桩、旋喷桩＋搭板

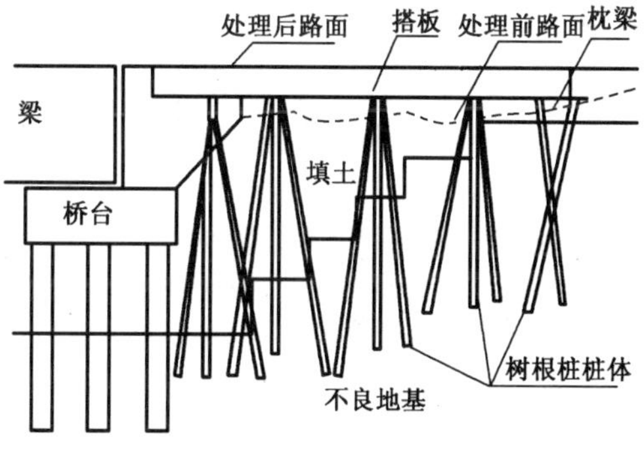


图 2-130　树根桩托换＋搭板

（3）劈裂（压密）注浆＋搭板

劈裂和压密注浆均属于压力注浆。其中，压密注浆主要利用的是其形成浆泡对土体的压密和抬升功能；劈裂不但有压密功能，还可以通过掺入不同化学物质来改善土体的物理、化学性质，如图 2-131、图 2-132 所示。

5. 排水措施的改进技术

在桥涵与路堤的连接部位，由于存在缝隙，雨水会沿缝隙渗入，从而对路面结构层和土基产生冲刷和侵蚀，增加路面各结构层和路基土的含水率，降低路面强度和路基整体稳定性，随着路基和各结构层的破坏，在外部车辆荷载冲击作用下，必然造成桥头路堤沉陷，产生跳车现象。因此，路桥过渡段应该设置完善的排水系统，尽可能减少不均匀沉降。

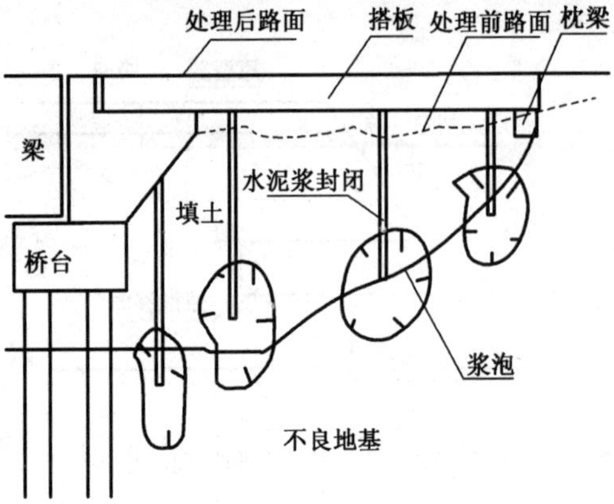


图 2-131　压密桩复合地基 + 搭板

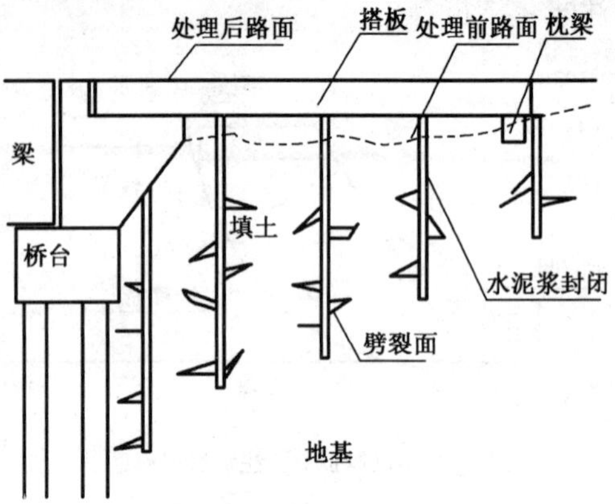


图 2-132　劈裂注浆 + 搭板

台背排水措施以往通常的做法是在台后填筑之前，在处治后的地基上设置泄水管或盲沟，如图 2-133 所示。在横坡为 3% ~4% 均匀夯实的黏土土拱上挖一条双向排水的地沟，尺寸一般为宽 40 ~60cm，深 30 ~50cm。然后在台背后全宽范围内铺一层油毡或尼龙薄膜下垫层、上盖油毡的隔水材料。在地沟内铺设直径为 10cm 硬塑料泄水管，管壁上开有小孔，孔径 5mm，小孔间距控制在 10cm 以内，呈梅花形布置，且其出口应伸出路基或桥头锥坡外。在硬塑料管四周再填筑粒径较大的透水性好的材料，由台背分层填筑至路基顶面。横向盲沟的设置与泄水管相同，应采用合适的材料（如大粒径碎石）填筑地沟。用土工布包裹盲沟出水口处，并对其作必要的处理。

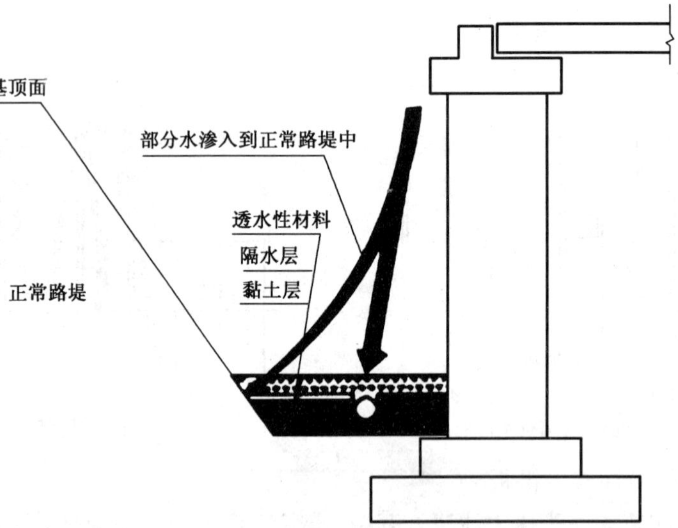


图 2-133　台后排水措施

分析如图 2-133 所示的排水措施。首先，要求台背采用透水性填料，这在缺石地区难以实现，且相应的成本也较高；其次，即使台背采用透水性填料，渗入路堤内的水会造成填料中细料土的流失，从而在荷载和自重作用下导致沉降；最后，渗入路基内的水难以保证全部汇集于泄水管或盲沟内，可能会有部分水沿着水平方向浸湿正常路堤的填料，从而影响两种不同填料界面附近的正常路堤的强度和稳定性，同样在车辆荷载和自重作用下导致该部位的路基沉降。鉴于此，对台后排水措施加以改进，如图2-134所示。

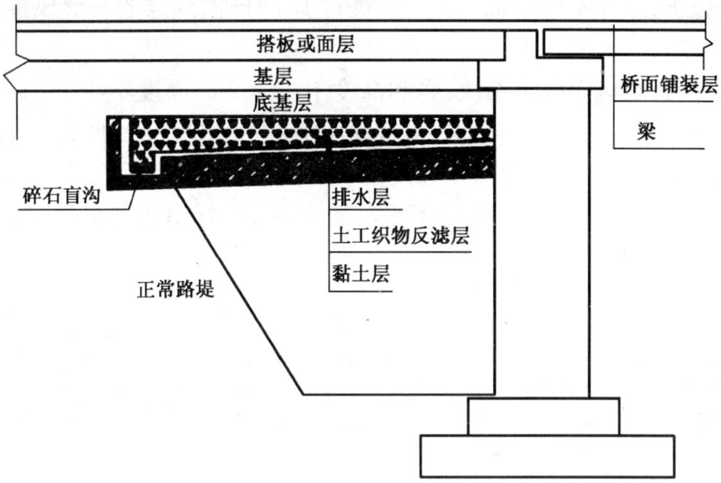


图2-134 台后排水措施的改进

由图2-134可见，改进后的排水措施从路基顶部向下依次设置透水层、隔离层和黏土层。黏土层和隔离层起隔水作用，可防止渗入路面内的水进一步下渗到路基内，从而影响路基的强度和稳定性。隔离层可以用油毡或其他防水材料直接铺筑在黏土层上，然后在隔离层上铺设2～5cm中砂，以免透水层材料直接与隔离层材料挤压而损伤隔离层材料。铺设隔离层之前，最好在台背处涂设一层沥青，防止水沿台背渗入下部。最后在隔离层上铺设透水层，透水层可采用级配碎石填筑，厚度宜取20cm左右。盲沟可以采用大粒径碎石，除了与透水层接触的进水口处设置土工织物反滤层外，盲沟周围均采用双层隔水层，一则隔离水渗入正常路堤，二则防止水继续下渗。此外，为了排水流畅，各结构层层底宜有3%左右的纵坡，这样就克服了传统台后排水措施的缺点，且台背填料不一定采用透水性材料（如粉煤灰轻质填料），可经济、有效地解决过渡段排水问题，从而达到减少不均匀沉降的目的。

## 三、纵向填挖交界处不均匀沉降原因分析

纵向填挖交界处不均匀沉降的原因如下：

①在山区公路施工中，路基填方与挖方结合处的填方一般处于一个“倒三角”的地形。在这种地形填方时，机械难以在底部展开工作，一般倾填至机械能及的位置后才进行碾压。倾填的部分由于大石料集中、填料的空隙率大，极不稳定。尤其是基底未经处理，地基的承载能力不均匀也导致了变形过大；而挖方地段基础处于天然密实状态，即使有沉降也是均匀的。

②高填方地段的工后沉降量大于挖方地段。

③填方时，填挖衔接处没有按要求采取挖台阶处理或者处理的宽度及高度不满足要求。

## 四、纵向填挖交界处不均匀沉降防治措施

### 1. 纵向填挖交界处不均匀沉降预防措施

①填方前应对基底进行处理，清除淤泥、腐殖土、杂草树根。

②做好临时排水设施。当坡面或坡脚处裂隙水比较丰富或有地下泉水时，应在沿坡脚位

置每间隔2～3个填层高度设置一个盲沟，将丰富的裂隙水或泉水导流至填方区以外排水沟内。此外，路堤在填筑过程中要按设计纵横坡保持路拱，以便雨季排水畅通。另外，对于半填半挖、填挖交界处施工，最好不要用推土机直接进行填土作业，这样容易形成推堆区，且满足不了压实要求。

③高填方路基前边坡应用较大石块，码砌高度不小于2m，厚度不小于1m；控制倾填料颗粒径，避免大石料过于集中；采用大吨位机械振动压实，避免出现过大的工后沉降。

④填方前，对于填挖交界处或自然横坡陡于1∶5时，应将原地面挖台阶，宽度不小于2m，其顶面做成2%～4%的内倾斜坡，压实度不得小于85%，挖好横向连接台阶，分层压实，如图2-135所示。

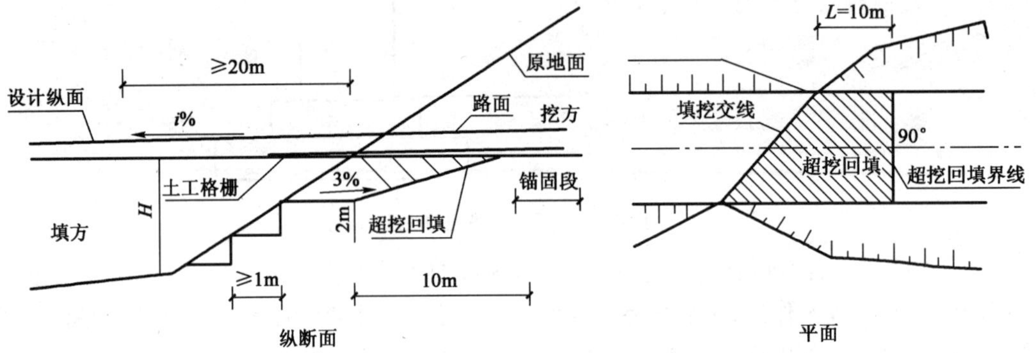


图2-135 线路纵向填挖交界路面过渡示意图

⑤做好挖方段地表及地下排水工作，避免水对新填路基的危害。

⑥在进行填方区压实度检测时，应将纵向填挖交界处作为重点检测对象。若压实度不合格，应根据不合格原因坚决进行返工或补压。

⑦为了解决在公路建设中经常遇到的填挖交界路基非均匀沉降对路面结构的破坏，在近年来的高速公路建设中，人们开始重视填挖交界路基非均匀沉降问题，并采取相应的处治措施。工程实践已证明，应用土工合成材料处治路基非均匀沉降，不失为一种有效的工程技术措施。

为保证纵向填挖交界处路基的稳定性，减少不均匀沉降，对部分填挖交界路基进行土工格网加固处理。山体自然坡度比不小于1∶2，且填高大于4m时，在路基顶部至0.4$H$（$H$为填土高度）高度处，每间隔100cm高度铺设一层土工格网。纵向填挖交界处土工格网沿横向铺设。当土工格网铺设长度超出路基边坡的范围时，则铺至离坡面30cm处即可。

2.纵向填挖交界处不均匀沉降处理措施

如果纵向填挖交界处的沉降已经发生，就必须采取一定的措施进行处理，使损失降到最低。目前，可采取的措施大致如下：

①分析产生的原因，观察沉降发展的情况，设计处理措施方案；

②错台差异不大的地方，对开裂的路面使用沥青砂或者水泥浆进行灌缝处理，避免路面水浸入而影响路面基层强度或路基的整体强度；

③如果沉降已经稳定，视差异高度加铺一层路面结构或重新填筑。

# 单元八　路基边坡病害整治

## 一、影响边坡稳定的因素

### 1. 影响岩质边坡稳定的因素

影响岩质边坡稳定的因素有:岩石性质、岩体结构、水的作用、风化作用、地震力、地形地貌及人为因素等。

(1)岩石性质

岩石的成因类型、矿物成分、结构和强度等是决定边坡稳定性的重要因素。由坚硬(密实)、矿物稳定、抗风化能力好、强度较高的岩石构成的边坡,其稳定性一般较好;反之,则稳定性较差。

(2)岩体结构

岩体的结构类型、结构面性状及其与坡面的关系是岩质边坡稳定的控制因素。

(3)水的作用

水的渗入使岩体质量增大,岩土体因被水软化而抗剪强度降低,并使孔(裂)隙水压力升高;地下水的渗流将对岩体产生动水压力,水位的升高将产生浮托力;地表水对岸坡的侵蚀使其失去侧向或底部支撑等,这些都对边坡的稳定不利。

(4)风化作用

风化作用使岩体的裂隙增多、扩大,透水性增强,抗剪强度降低。

(5)地形地貌

临空面的存在及边坡的高度、坡度等都是直接与边坡稳定有关的因素。平面上呈凹形的边坡较呈凸形的稳定。

(6)地震

地震使边坡岩体的剪应力增大,抗剪强度降低。

(7)地应力

开挖边坡使边坡岩体的初始应力状态改变,坡角出现剪应力集中带,坡顶与坡面的一些部位可能出现张应力区。在新构造运动强烈地区,开挖边坡能使岩体中的残余构造应力释放,可直接引起边坡的变形破坏。

(8)人为因素

边坡不合理的设计、开挖和加载、大量施工用水的渗入及爆破等都能造成边坡失稳。

### 2. 土质边坡破坏影响因素

影响土质边坡稳定的因素很多,有地形、地质、水文、气候等各方面的因素。由于重力作用的影响,土坡的稳定性随其高度及边坡的陡度而变化,高度愈大,边坡愈陡,其稳定性愈低。土体内若有水流下渗,水对土起润滑作用,降低了土的抗剪强度,从而降低土坡的稳定性,极易产生滑动,如边坡坍塌经常发生在雨季或暴雨之后,滑坡往往是由于地表水下渗或地下水渗流在土体内形成了软弱面所致。此外,边坡土层倾斜或夹有软弱土层、地面有张开裂缝、受动荷载或地震作用、沙土振动液化以及河流对土坡脚的冲刷淘蚀或人为开挖山坡下部等也可能造成土坡失去平衡而发生坍滑。在各种外界因素中，水是影响土坡稳定的主要因素。土坡稳定的内因在于土的物理力学性质。其中，土的力学强度是土坡抵抗破坏的基本因素，对土坡稳定性起决定作用。

## 二、岩、土质边坡防治措施

公路各边坡的地质、岩(土)性质、水文等条件不尽相同，边坡的防护措施也是多种多样。尤其是在生态防护技术广泛使用于边坡防护工程中后，边坡防护逐渐向注重生态环境恢复及开放式防护方向发展，一般均采用工程防护与生态防护相结合的方式进行边坡的治理。

1. 公路边坡工程防护技术

工程防护技术可分为工程加固措施与工程防护措施。工程加固措施可以对边坡可以起加固作用，如锚杆、抗滑桩和挡土墙等加固措施；工程防护措施用于对边坡坡面进行防护，只适用于稳定边坡，主要应用于岩石边坡，如干砌片石防护、喷射混凝土护坡等，其作用是防止岩石边坡坡面被风化、土质边坡坡面被雨水冲刷。

1)坡面防护

坡面防护措施主要有抹面、捶面、喷砂浆和喷混凝土、勾缝和灌浆、护面墙、干砌片石、浆砌片石等方式。

(1)抹面防护

适用于易风化的软质岩层路堑边坡，在坡面上加设一层耐风化表层，以隔离大气的影响，防止风化。常用的抹面材料有各种石灰混合料灰浆、水泥砂浆等(图 2-136)。抹面厚度一般为 3 ~ 7cm，可使用 6 ~ 8 年。为防止表面产生微细裂缝影响抹面使用寿命，可在表面涂一层沥青保护层。

图 2-136　岩质边坡抹面防护

(2)捶面防护

适用于易受冲刷的土质边坡或易风化剥落的岩质边坡，且坡度不陡于 1:0.5。其防护性质与抹面防护相近，使用材料也大体相同。一般厚度为 10 ~ 15cm，捶面厚度较抹面厚度要大，相应强度较高，可抵抗较强的雨水冲刷，使用期限为 8 ~ 10 年。

(3)喷砂浆和喷混凝土防护

适用于坡面易风化、节理裂缝发育、坡面为碎裂结构的岩石坡面，其主要作用是封闭边坡岩石裂缝、节理，阻止地表水侵入坡体内部，防止岩石继续风化，增加边坡的稳定性和保护边坡不发生落石崩坍。喷射混凝土护坡在具有质量轻、防止风化、施工简单等优点的同时，也具有费用高、厚度难控制、易偷工减料、对公路自然景观破坏大、封面阻水易引起边坡饱水坍塌滑坡的缺点。

(4)勾缝和灌浆

适用于较坚硬且不易风化的岩石路堑边坡，节理裂缝多而细者用勾缝，大而深者用灌浆。

(5)做护面墙

护面墙用于风化严重或易风化的软质岩，也用于较破碎岩石的挖方边坡和坡面易受侵蚀或易小型坍塌的土质边坡。护面墙除承受自重外，不担负其他荷载，也不考虑承受墙后的土压力，因此护面墙必须建在符合稳定边坡要求的地段，且护面墙的基础应设置在稳定的地基上。

其优点是既提高了挖方边坡的稳定性，又降低了边坡高度，同时还减少了边坡挖方数量，节省了工程造价。

(6)干砌片石防护

干砌片石防护适用于土质、软岩及易风化、破坏较严重的填挖方路基边坡，以防止雨水冲刷。在砌面防护中，宜首选干砌片石结构，这不仅可以节省投资，而且可以适应边坡有较大的变形。但干砌片石受水流冲击时，细小颗粒易被流水冲刷带走而引起大的沉陷。其结构分单层铺砌(图2-137)和双层铺砌两种。为防止坡面土层被水流冲出和减小漂浮物的撞击力，应在干砌片石防护下设置碎石或砂砾构成的垫层(反滤层)，垫层也可用土工织物代替。

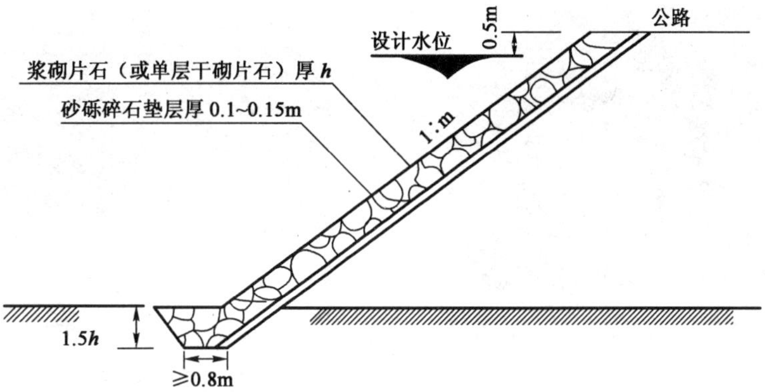


图 2-137　单层石砌护坡示意图

(7)浆砌片石护坡

浆砌片石护坡也是公路建设中常用的工程防护方法，一般适用于易受水侵蚀的土质边坡、严重剥落的软质岩石边坡、强风化或较破碎岩石边坡、残坡积较厚而松散的边坡。

抹面和捶面是我国公路建设中常用的防护方法，材料均可就地采集，造价低廉，但强度不高，耐久性差，手工作业，费时费工，在一般等级公路上使用该问题尚不明显，若在高速公路特别是边坡较高时就有一定的局限性。

干砌片石或浆砌片石防护在不适于植物防护或者有大量开山石料可以利用的地段最为适合。砌石防护的优越性是显而易见的，它坚固耐用、材料易得、施工工艺简单、防护效果好，因而在高速公路的边坡防护中得到广泛的应用。

2)锚杆加固防护

岩土锚固是一种把受力拉杆埋入地层的技术，能充分发挥岩土能量，调用和提高岩土自身强度和自稳能力，大大减轻结构自重，节约工程材料，并确保施工安全和工程稳定，具有明显的经济和社会效益，因而广泛用于岩土工程加固。适用于坡面为碎裂结构的硬岩、层状结构的不连续地层、坡面岩石与基岩分离有可能下滑的挖方边坡(图2-138)。这种防护还特别适用于岩层倾角接近边坡坡角和有裂隙的厚层岩石。

图 2-138　竖梁锚杆加固处治不稳定高陡边坡

3)土钉支护

目前，一般认为土钉支护机理是以新奥法理论为基础，其支护用于土体开挖和边坡稳定，是一种新的挡土技术。由于其经济可靠且施工简捷,已在岩土工程中得到迅速推广和应用。土钉的特点是以群体起作用,与周围土体形成一个组合体,在土体发生变形的条件下,通过与土体接触面上的黏结力或摩擦力使土钉被动受拉,并主要通过受拉工作以约束加固或使其稳定。

4)支挡工程

(1)挡土墙

挡土墙是一种能够抵抗侧向土压力、防止墙后土体坍塌和增加其稳定性的建筑物。在公路工程中,可用以支撑路堤或路堑边坡、隧道洞口,防止水流冲刷路基,同时也常被用于处理路基边坡滑坡崩坍等路基病害(图 2-139、图 2-140)。

图 2-139　低矮挡墙防护滑坡

图 2-140　景观式挡土墙防护滑坡

抗滑挡土墙是整治滑坡常用的有效措施之一。抗滑挡土墙一般设置在滑坡前缘,挡土墙基础必须深埋于滑动面(带)以下的稳定地层中,以免随滑体被推走。抗滑挡土墙采用重力式,利用墙身重力来抗衡滑体,其优点是取材容易、机械化要求不高、施工方便、见效快。

(2)抗滑桩

抗滑桩又称锚固桩,是近年来应用广泛的一种新型抗滑支挡结构物,可穿过滑体在滑床的一定深度处锚固,具有抵抗滑坡推力的作用。工程实践表明,抗滑桩能迅速、安全、经济地解决一些比较困难的工程,因此发展较快。

### 2. 公路边坡植物防护技术

植物防护是指在稳定的边坡上,进行种草、铺草皮、植树等对公路进行绿化防护的形式。植物防护是综合防护措施的核心,主要作用是维持与恢复因修建公路而破坏的公路沿线生态系统平衡及美化环境、保护生态。

1)公路边坡防护植物选择的原则

土壤是防护植物生长的基础,土壤的水分、肥力及温度等因素,影响着植物的生长和发育。行车给中央分隔带、路基边坡、公路两侧土壤造成了严重的污染,给植物的种植带来了困难,且路堑都是生土多、贫瘠、硬度大的土壤,降水和风都会对表层土壤产生侵蚀。因此,应慎重选择用于公路防护的植物物种,这是关系到防护成败的极为重要的基本工作,也是一项极其复杂且需反复探索的任务。而植物的培植生长受光照、气温、湿度、降水、风等气候的影响,最高、最低气温决定植物能否正常发育、能否顺利越冬越夏。降雨时期,雨量是决定采用何种植物的重要依据。综合考虑,植物选择的原则主要有以下几点:

(1)从护坡功能考虑

植物防护首先要求能加固稳定边坡,而且有绿化和改善公路环境的作用,所以防护植物要求有以下特点:

①植物根系发达,有良好的固土和护坡效果;

②覆盖度大,密度大;

③绿期长,多年生,耐践踏,适宜于粗放管理,容易移植、繁殖,最好能自然繁殖衍生,易于管理;

④最好有较强的抗污染和净化空气的能力。

(2)从气候土质环境考虑

理想的防护植物应具有以下条件:

①适当的气候(主要是湿度和降水)条件;

②抗逆性强,易繁殖,有抗寒、耐热、抗旱等性能;

③具有抗病毒、抗倒伏性能,生长快,扩张性强,在短时间内就能郁闭边坡;

④耐贫瘠,适合粗放型管理;

⑤能适应如盐碱等特殊环境条件。

2)植物防护技术的种类及特点

根据不同的边坡地质条件,采用不同的施工方法和施工工艺可将边坡生态防护技术分为:种草防护、铺草皮防护、植树防护、液压喷播植草防护、土工网植草防护、行栽香根草防护、蜂巢式网格植草防护、客土植生植物防护、喷混植生植物防护、三维网植草防护、土工格室结合三维网植草防护等。

(1)种草防护

种草坡面防护适用于边坡稳定、坡面冲刷轻微且边坡不高、坡度不陡于1∶1.25、适宜种草的土质边坡或经改良的边坡。一般要求边坡不高(<6m),不浸水或短期浸水,边坡上已扎根的种草坡面防护可容许缓慢流水的短期冲刷。种草坡面防护一般不适于岩石边坡防护,若要在岩石边坡中适用,需使用针对岩石边坡研发的生物防护技术。

种草防护注意事项:

①选用草籽应注意当地的土壤和气候条件,通常以容易生长、根部发达、叶茎低矮、枝叶茂密的多年生草种为宜。最好采用几种草籽混合播种,使之生成一个良好的覆盖层。

②种植时草籽宜掺砂或土粒拌和,使之播种均匀,播种时间以气候温暖、湿度较大的季节为宜。

种草常用的几种方法:

①撒播。最简单易行的方法,适用于比较松软的土质边坡。

②沟播。适用于土质比较坚硬的边坡上,需对沟内土体进行换土处理,使草籽易于发芽生长。

③喷播。适用于人员作业不便、或因边坡土质过于贫瘠、或是岩石边坡上。

④植生带。在暴雨强度较大的地区,可在坡面上铺设草坪植生带进行种草。

种草进行坡面防护的特点:施工简单方便,成本低,劳动强度小,施工进度快,美化路容与保护环境,具有较好的经济效益与社会效益。因此,在有条件的地方应尽量使用。

为克服边坡种草难以成活和不能立即发挥防护作用的缺点,可以用栽草代替种草。在苗圃的大批草籽成活后,拔草移栽在边坡上。与种草相比较,栽草可以较快地形成绿化带,较早发挥边坡防护的作用。

(2)铺草皮防护

铺草皮防护是通过人工在边坡面铺设天然草皮的一种传统边坡植物防护措施,适用于边坡坡度较陡、冲刷稍严重、需要迅速得到防护或绿化的土质边坡。铺草皮坡面防护方法，其作用与种草坡面防护一样，可以迅速对施工完后的边坡实施坡面防护。

铺草皮的方法可根据坡面冲刷的情况、边坡坡度、坡面水流速度的具体条件，分别采用平铺（平行于坡面铺装）、水平叠铺（平行于水平地面）、垂直叠铺（垂直于坡面）、斜交叠铺（与水平坡面垂直成小于90°的角）等形式。

平铺草皮防护，具有施工简单、工程造价较低等特点，适用于边坡高度不高且坡度较缓的各种土质及严重风化的岩层和成岩作用差的软岩层边坡防护工程，是设计应用最多的传统坡面植物防护措施之一。但由于施工后期养护管理困难，平铺草皮易被冲走，且成活率低，工程质量往往难以保证，达不到满意的边坡防护效果，而且易造成坡面冲沟、表土流失、坍滑等边坡病害，导致大量的边坡病害整治、修复工程。近年来，由于草皮来源紧张，使得平铺草皮护坡的作用逐渐受到了限制。

（3）种树防护

植树应在1:1.5或更缓的边坡上，或在边坡以外河岸及漫滩处。其主要作用是加固边坡，防止和减缓水流的冲刷。林带可以防汛、防沙和防雪，调节气候、美化路容、增加木材收益。植树品种以根系发达、枝叶茂盛、生长迅速的低矮灌木为主。

大量的调查和研究表明，以前在公路两边栽种行道树，尽管对公路绿化、防风、边坡保护、交通安全等有一定的保护作用，但会减少公路建筑限界，特别是阔叶乔灌木，枝繁叶茂，横在路肩上，临近行车道，有些粗枝会打碎汽车玻璃，甚至会击伤货车上的押货人员。另外，随着树龄的增大，树木的根部可使路缘石隆起，而且路树更新时，路树的处理也较为困难，往往因为处理树根而破坏路肩，尤其是硬化路肩。新规范中已要求不再在高等级公路两侧的土路肩上栽植高大的乔木，只能栽植低矮的灌木。但在公路边坡的填方坡脚或挖方边坡坡顶以外的区域可以栽植乔木，要求不影响行车视距和公路行车的视野。

（4）土工网植草防护

土工网植草护坡是国外近十多年新开发的一项集坡面加固和植物防护于一体的复合型边坡防护措施。该技术所用土工网是一种边坡防护新材料，是通过特殊工艺生产的三维立体网，不仅具有加固边坡的功能，在播种初期还起到防止冲刷、保持土壤以利草籽发芽、生长的作用。随着植物生长、成熟，坡面逐渐被植物覆盖，这样植物与土工网就共同对边坡起到了长期防护、绿化作用。土工网植草护坡能承受4m/s以上流速的水流冲刷，在一定条件下可替代浆（干）砌片石护坡。目前，国内土工网植草护坡在公路、堤坝边坡防护工程中使用较多，铁路部门使用相对较少。

（5）行栽香根草防护

香根草是近十多年才被人们“重新发现”的一种禾本科植物，长势挺立，在3~4个月内可长成茂密的活篱笆；根系发达、粗壮，一年内一般可深入地下2~3m；根系抗拉强度大，达75MPa；耐旱、耐涝、耐火、耐贫瘠、抗病虫、适应能力极强。行栽香根草护坡充分利用了香根草的优良特征，具有显著增强边坡稳定性和理想的固土护坡功能，大有取代传统片石护坡之势。目前在国内应用较少，尚有待于在公路、铁路、堤坝、城市建设等边坡防护工程中进一步试验推广。

（6）蜂巢式网格植草防护

蜂巢式网格植草防护是一项类似于干砌片石护坡的边坡防护技术，是在修整好的边坡坡面上拼铺正六边形混凝土框砖形成蜂巢式网格后，在网格内铺填种植土，再在砖框内栽草或种草的一项边坡防护措施。该技术所用框砖可在预制场批量生产,其受力结构合理,拼铺在边坡上能有效地分散坡面雨水径流,减缓水流速度,防止坡面冲刷,保护草皮生长。这种护坡施工简单,外观齐整,造型美观大方,具有边坡防护、绿化双重效果,工程造价适中,略高于浆砌片石骨架护坡,多用于填方边坡的防护(图2-141)。

(7)客土植生(客土喷播)植物防护

客土植生植物护坡,是在边坡坡面上挂网机械喷填(或人工铺设)一定厚度、适宜植物生长的土壤或基质(客土),并喷播种子的边坡植物防护措施。客土喷播是一种融合土壤学、植物学、生态学理论的生态防护技术。在这些理论的指导下精心配制适合于特殊地质条件下的植物生长基质(客土)和种子,然后用挂网喷附的方式覆盖在坡面,从而实现对岩石边坡的防护和绿化。该技术首先根据地质和气候情况确定边坡的植物生长基质配方,同时确定喷播厚度(一般为0.03~0.1m),然后根据坡面稳定性确定锚杆的长度和金属网的尺寸,多用于普通条件下无法绿化或绿化效果差的边坡。施工工序为:清理坡面、钻孔打锚杆、挂网、喷射客土。

图2-141　拱形骨架植草护坡

客土的配方包含土壤、纤维、肥料、保水剂、黏结剂、稳定剂。客土能满足植物生长所需要的基本厚度、酸碱度、空隙率、营养成分、水分以及耐久性。客土喷播的植物由多种草本、灌木组成,而且尽量采用与当地天然植被类似的种类。客土基质可以借助金属网的支撑附着在坡面,对坡率陡者可以加密网或设置双层网。由于客土可以由机械拌和,挂网实施容易,因此,施工的机械化程度高,速度快,无论从效率和成本上都比浆砌片石护面墙和挂网喷混凝土防护要优越。该技术在公路边坡防护中已被大量应用,在日本等国家已经被作为边坡绿化的常规方法加以应用,植被防护的效果良好,基本不需要养护即可维持植物的正常生长。

(8)喷混植生植物防护

喷混植生植物防护是类似于客土喷播的一项生态防护技术,是在稳定岩质边坡上施工短锚杆、铺挂镀锌铁丝网后,采用专用喷射机,将拌和均匀的种植基材喷射到坡面上,植物依靠"基材"生长发育,形成植物护坡的施工技术,具有防护边坡、恢复植被双重作用,可以取代传统的喷锚防护、片石护坡等圬工措施。该技术已广泛应用于铁路、公路、水利等各类岩石边坡绿化防护工程中。

对于边坡稳定性不足者,首先在坡面上打设锚杆并挂镀锌编织铁丝网起到稳定坡面的作用,然后将由黏土、谷壳、锯末、水泥、复合肥以及草木种子等通过一定配方拌和的混合物喷射在边坡上,喷射厚度一般为0.06~0.1m,视坡度和坡面的破碎程度而定。对于边坡比较稳定者则可以直接在原始坡面上喷射混合物。一周之后,岩石坡面上就会逐渐形成草木结合的植被绿化。在该技术中,混合物配方是成功实施的关键。该技术使用的种植基材由种植土、混合草灌种子、有机质、肥料、团粒剂、保水剂、稳定剂、土壤pH值缓解剂和水等组成。与客土喷播相比,此项技术的缺点是保水、保肥效果较差,植物演替及隔热性能较低。

(9)植生基质喷射防护

岩石边坡生态防护工程技术——植生基质喷射技术(简称PMS技术),可应用于坡度小于1:0.5的软岩、硬岩边坡及酸性、强酸性土质边坡。

PMS 技术是利用活性植物材料即植生基质(PGM),结合土工合成网等工程材料,在岩石坡面构建一个具有我自生长能力的功能系统,利用植生基质按设计厚度喷射到岩石坡面上,通过植物的生长活动和其他辅助工程措施进行边坡加固的一门高新技术。PMS 技术主要有三道工序,即打锚杆(锚钉)、挂土工合成网和喷植生基质。PMS 技术重点在于"恢复",对所施工的岩石坡面工程,要求保障坡面稳定,同时考虑周围的环境,形成与周围生态环境相协调的低养护水平的永久性生态护坡工程。PMS 技术成本低,不足国内外同类技术成本的一半,且施工后养护较粗放,维护简便,只需作适当的浇水管理。选择适合生长的混合植物种子,以形成草本植物群落(先锋植被)—草、灌混生植物群落(进化植被)—草、灌、乔多样性混生群落(稳定的护坡植被)的合理生态演变过程,从而达到良好的护坡效果(图 2-142)。

3. 路基边坡防排水

在对路基边坡进行防护时,一个很重要的环节就是路基边坡的防排水处理。其处理方法可概括为"疏、堵、绿、补"四字方针。

图 2-142　主动防护网加三维植生护坡

1)"疏"

就是有效地疏导路面积水,使其及时排出路基。要做好水流疏导工作,必须保持跌水槽、急流槽、截水沟、排水沟、路边沟等排水设施的有效性和完好性,保证路面不积水,排水系统水位不受自然因素影响,以确保路堤的稳定。

如何疏导路面积水是边坡排水中的重点是保证边坡稳定的根本。合理的排水设施设计是至关重要的。

(1)边坡排水设施及适用条件

边坡排水设施及适用条件见表 2-27。

边坡排水设施及适用条件　　表 2-27

| 名　称 | 定　义 | 适用条件 |
| --- | --- | --- |
| 边沟 | 为汇集和排除路面、路肩及边坡的流水,在路基两侧设置的纵向排水沟 | 设于挖方路段及低路堤坡脚外侧 |
| 截水沟(天沟) | 为拦截山坡上流向路基的水,在路堑边坡顶以外设置的排水沟 | (1)设于挖方路基边坡坡顶;<br>(2)设于山坡路堤上方适当处 |
| 排水沟(载水沟) | 将边沟、载水沟和路基附近低洼地处汇集的水引向路基以外的水沟 | (1)将边沟、载水沟的水引到路基外处;<br>(2)地面沟渠曲折,或低洼处积水影响路基稳定处;<br>(3)适于相邻涵洞,减少涵洞数量 |
| 急流槽 | 在陡坡或深沟地段设置的坡度较陡、水流不离开槽底的沟槽 | (1)设置于高差较大或坡度较陡需设置排水沟的地段;<br>(2)高路堤路段设有拦水缘石的出水口处 |
| 跌水 | 在陡坡或深沟地段设置的沟底为梯形、水流呈瀑布跌落式通过的沟槽 | (1)涵洞进出水口处;<br>(2)急流槽之间的连接处;<br>(3)载水沟与边沟连接的沟槽 |

续上表

| 名　称 | 定　义 | 适用条件 |
|---|---|---|
| 蒸发地 | 在气候干燥且排水困难地段，于公路两侧每隔一定距离，为汇集边沟流水任其蒸发所设置的积水池 | 雨量不大，气候干燥，日照较强，排水困难的地段 |
| 拦水缘石 | 为避免高路堤边坡路面排水冲刷，在路肩上设置的排水带 | 设于高路堤路肩上 |

(2)截水沟

截水沟类型及设置要求见表2-28，布置图式见表2-29。

**截水沟类型及设置要求**　　表2-28

| 类　型 | 图　式 | 设置要求 |
|---|---|---|
| 梯形土质截水沟 | 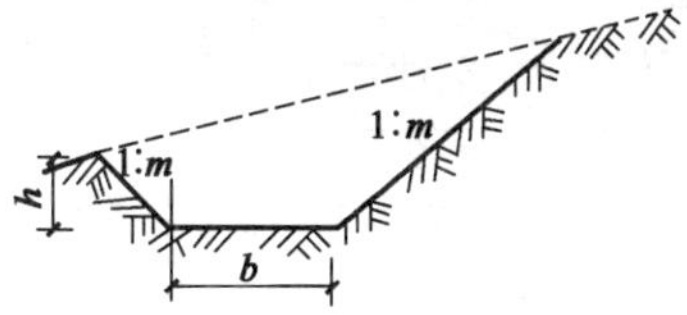 | (1)一般土质截水沟适用；<br>(2)b不小于0.5m；<br>(3)1∶ m=1∶ 1~1∶ 1.5；<br>(4)截水沟长度以200~500m为宜 |
| 山坡覆盖层较薄的截水沟 | 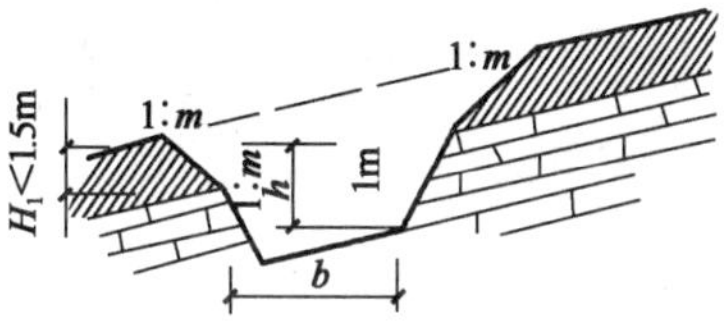 | (1)当覆盖层厚度<1.5m时适用；<br>(2)深度应适当加大，使沟底设于基岩上 |
| 设置土埂的截水沟 | 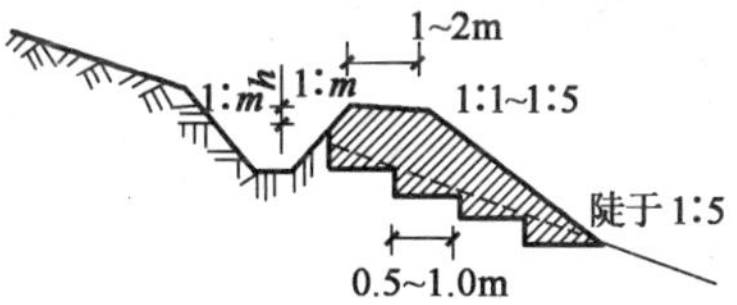 | (1)当最低边缘开挖深度不能满足设计要求时，可采用设置土埂的截水沟；<br>(2)迎水面坡度按设计水流速度、浸水高度所确定的加固类型而定 |
| 浆砌片石截水沟 | 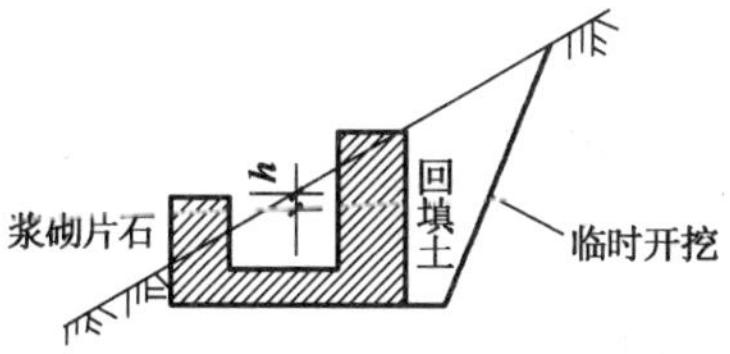 | (1)适用于地面横坡陡，采用梯形沟渠对地表覆盖层破坏范围较大的情况；<br>(2)当坡面地质较差，为减少破坏面也可采用 |

**截水沟布置图式**　　表2-29

| 名　称 | 图　示 | 设置要求 |
|---|---|---|
| 截水沟与截水沟的衔接 | 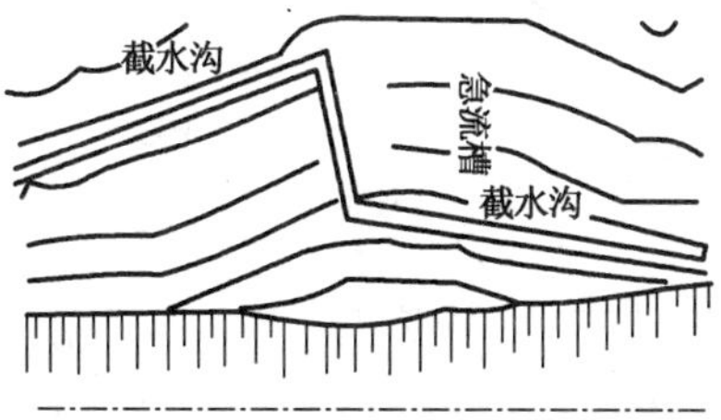 | 当受地形限制，绕行较长，工程艰巨，附近又无出水口时，可分段考虑，中部用急流槽衔接 |

| 名　称 | 图　示 | 设置要求 |
|---|---|---|
| 截水沟与涵洞的衔接 | 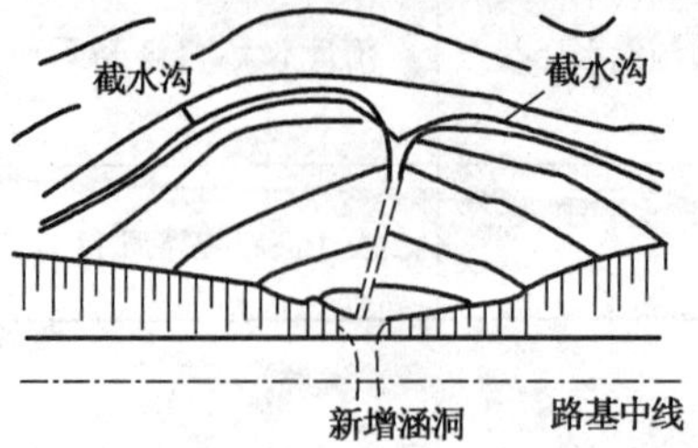  | 当有条件时，可采取增设涵洞，用急流槽与涵洞衔接 |
| 多道截水沟的布置 | 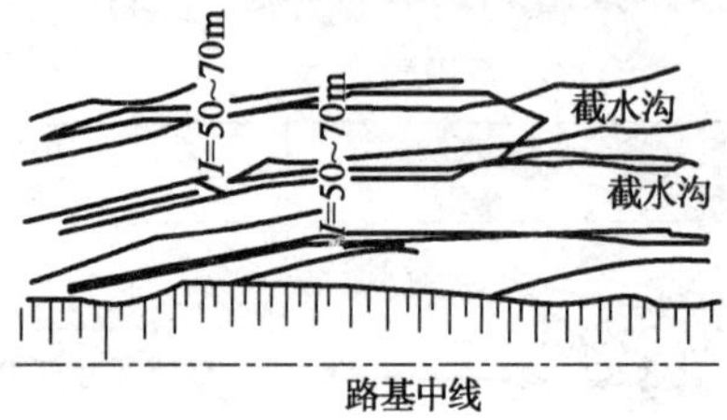  | 当边坡口距分水岭距离较长，山坡坡面土质较差，坡度较陡，植被较差时应布置多道截水沟 |
| 截水沟横向布置 | 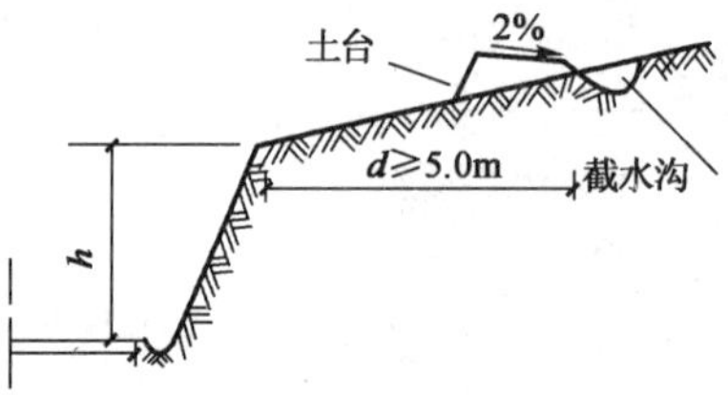  | 一般土层 $d>5$m，有软弱夹层 $d>5$m，但不应小于 10m |
| 设有弃土堆时截水沟横向布置 | 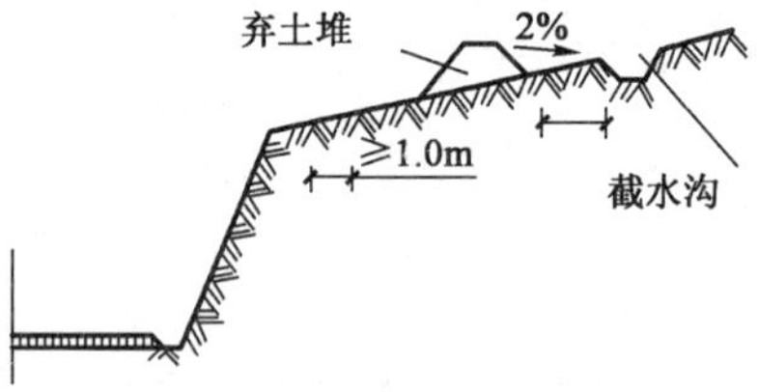  | 截水沟离弃土堆坡脚 1～5m，弃土堆坡脚离路基坡口不应小于 10m |
| 边坡平台上截水沟横向布置 | 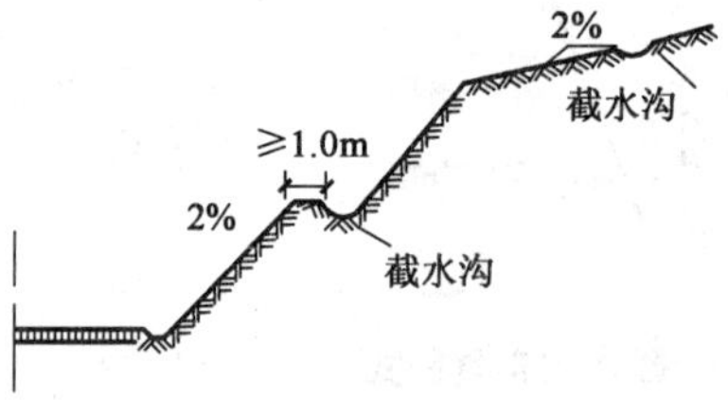  | 当土质边坡高度较大、降雨量较大时，可考虑在边坡平台上设置截水沟 |
| 山坡路堤上方设截水沟横向布置 | 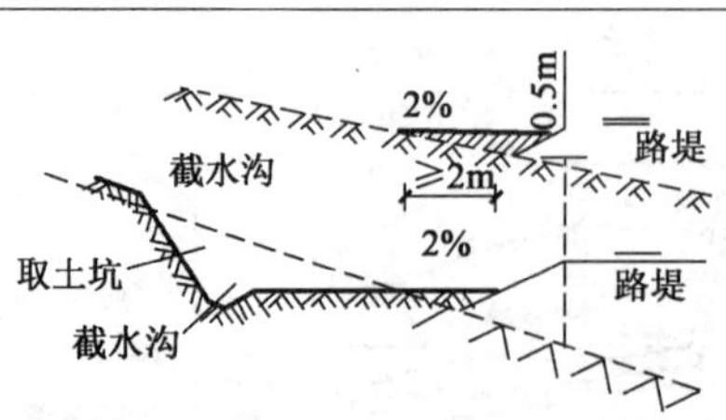  | 填方路堤上方截水沟，离开路堤坡脚至少 2m |

截水沟设计的一般要求：

①当路基挖方上侧山坡汇水面积较大时，应设置截水沟。

②截水沟应能保证迅速排除地面水,沟底纵坡一般不应小于0.5%,以免水流停滞。对土质地段的截水沟,必要时应采取加固措施,以免水流冲刷或渗漏。

③截水沟应结合地形合理布置,直接舒顺。在转折处应以曲线连接,必要时应采取加固措施。

截水沟布置的一般要求:

①截水沟断面一般为梯形,底宽不小于0.5m;深度按设计流量确定,也不应小于0.5m;边坡坡度视土质而定。

②截水沟沟壁最低边缘开挖深度不能满足断面设计要求,可在沟壁较低一侧培筑土埂,土埂顶宽1~2m,背水面坡度为1:1~1:1.5,迎水面坡度则按设计水流速度、漫水高度所确定的加固类型而定。

③截水沟内的水流一般避免排入边沟,且通常应尽量利用地形,将截水沟中的水流排入其所在山坡一侧的自然沟中或直接引到桥涵进口处,以免在山坡上任其自流,造成冲刷;截水沟的出水口,应与其他排水设备平顺衔接,必要时应设跌水或急流槽。

(3)排水沟

排水沟布置图式及要求见表2-30。

**排水沟布置图式及要求** 表2-30

| 图　式 | 布置要求 |
|---|---|
| 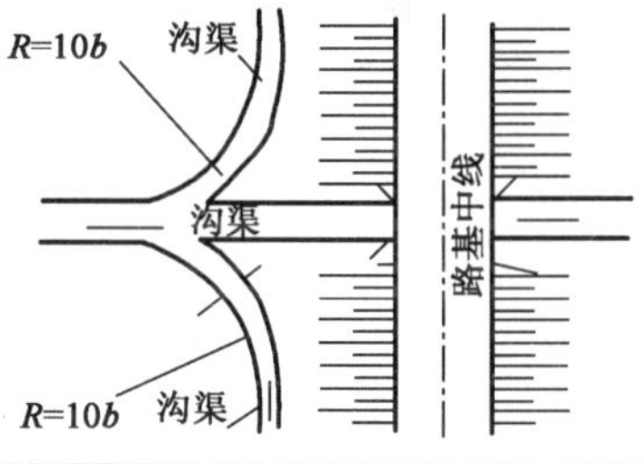  | (1)排水沟应尽量采用直线,如必须转弯时,其半径不宜小于10~20m,排水沟的长度根据实际需要而定,通常宜在500m以内;<br>(2)当排水沟中的水流流入河道或沟渠时,为让原水道不产生冲刷或淤泥,一般应使排水沟与原水道的水流流向成锐角相交,并力求小于45°,保证汇流处水流顺畅,如限于地形,锐角连接有困难时,可用半径及 $R=10b$ 的圆弧(弧长等于1/4圆周,$b$ 为排水沟顶宽) |

(4)急流槽

急流槽类型及适用条件见表2-31。

**急流槽类型及适用条件** 表2-31

| 类　型 | 适用条件 |
|---|---|
| 浆砌片石(或混凝土预构件)急流槽 | 适用于一般山坡段沟槽 |
| 金属管急流槽 | 适用于纵坡坡度陡于1:1.5的急流槽 |
| 路堤边坡急流槽 | 适用于高路堤边坡,与拦水带出水口相接的排水急流槽 |

2)"堵"

就是要堵住已损毁的圬工、砌体的孔隙和裂缝等处的渗漏水,同时还需要降低路基边沟水位,防止地下水位升高渗入路基,对路基造成侵蚀而降低路基强度。堵是对疏的补充,所谓大水要疏,小水要堵。要堵塞住漏水和渗水,就要使硬路肩与土路肩压顶之间、土路肩压顶与边坡防护砌体之间紧密连接,密不透水。没有土路肩压顶的路基,要做好土路肩横坡整理。根据路面宽度,等距离增设排水沟,保持路面排水顺畅。对因材料、结构、沉降、气候、雨水等原因引起的各种收缩缝、沉降缝、裂缝以及沉陷损坏等,要根据不同情况,分别采用沥青麻絮、砂浆、细粒式混凝土等进行填补修复,保证不漏水、不渗水。

3)"绿"

就是在路基边坡种植低矮灌木类植物,通过绿化植物的根系来固土护坡,并且利用植物的枝叶减弱雨水对路基边坡的直接冲刷,保证边坡的稳定性。按公路养护技术规范和 CBM 工程的要求,搞好边坡绿化种植,可以避免雨水冲刷造成的边坡坍塌。

4)"补"

就是要及时填补边坡缺土。当天气恶劣,土质含水率大或边坡较陡时,可外掺适量水泥或生石灰粉,用来降低土的含水率,提高边坡填土初期稳定性。补土时,应先将松散、潮湿的土方挖掘出来,整出台阶,然后分层填筑、夯实。每层填土厚度控制在 10cm 左右,夯击应采用均匀、密集的"鱼鳞夯"法,保证填土密实,回填完毕后整理好坡面,恢复好原坡形并适时补种植物。补土是对绿化工作的一种补充和辅助,两者相辅相成。造成缺土病害的原因大都是由于原路基填土不密实或人为破坏、绿化不到位等,因此及时补土、适时绿化就显得非常重要。

"疏、堵、绿、补"这 4 种防治边坡水害的方法,是通过实践总结出来的行之有效的方法。绿和补可以通过植物防护技术实现,前两种结合工程防护技术中的其他技术共同实现路基边坡的防护。在实际中要结合具体情况,因地制宜,灵活应用,尽可能发挥其花钱少、见效快、防治效果好的优点。

4. 公路边坡综合防护技术

综合防护技术是指将植物防护与工程防护技术有机结合起来,实现共同防护的一种方法。基于加固边坡、提高边坡水土保持及生态恢复能力三方面原理,通常采用三维网、混凝土、浆砌片(块)石、浆砌卵(砾)石等做骨架形成框格,框格内采用种草或铺草皮,并同时进行边坡防排水处理。其特点是可充分发挥植物防护与工程防护的优点,取长补短,施工简单,施工速度快,效果好。

1)三维植被网结合植被护坡技术

三维植被网结合植被护坡技术是最近几年发展起来的一种边坡防护技术,在我国山区已被广泛应用,正在向内陆地区推进。该技术具有施工方便、工期较短、造价低廉、护坡效果好等优点,可在短期内绿化、美化边坡,使公路与周围环境景观融为一体,并有利于生态平衡的恢复与维持。

(1)三维网垫的性能与功能

①三维土工网垫是以热塑树脂为原料,采用科学配方,经挤出、拉伸、焊接、收缩等一系列工艺而制成的两层或多层凹凸不平网包的层状结构孔网。材质疏松柔韧,耐酸碱,抗腐蚀,具有一定的弹性与强度。网孔较大的容土空间植草覆盖率高,抗风、水冲蚀能力强,并能加强较陡边坡的防护,抵抗大雨的袭击,减缓地表径流对土壤的冲刷。

②植物生长根系与土工网垫织缠在一起,形成浅层致密的坡面加筋复合保护层,具有一定的整体性与极强的抗冲蚀能力。

③土工网垫蓬松的三维空间网包可将土颗粒、草籽等填充物有效地包裹在一起,防止土粒、草籽或幼苗被冲刷流失。

④土工网垫表层凹凸不平,可使风和水流在网垫表层产生小涡流,起到缓冲水能作用,降低流速,使其携带物沉淀,避免表层土粒剥蚀流失。

⑤土工网垫呈网孔状,可提高土体的通透性,有利于表层雨水下渗和植物生根发芽,促进植物生长扎根于边坡土体中,可有效地降低坡面流水量,加强保护层的地表土层厚度。

(2)三维土工网垫作框格的优点

①工程造价低。三维土工网垫植草防护比其他防护投资小,见效快,效果好,只需作适当的季节性修剪工作。试验表明,其工程造价仅为同等面积浆砌片石骨架植草护坡的50%。

②社会效益好。三维土工网垫植被防护可恢复道路沿线的自然植被,保护自然生态平衡;能改善环境的温度和湿度,吸收和固定空气中汽车或机车排放的尾气和灰尘,达到净化空气的目的;能吸收和减弱行车噪声,减少行车对周围环境的影响;减轻太阳辐射和美化沿途景观,给人们以舒适的感觉,有利于行车安全。

③工程效果好。植物根系与三维土工网垫交织形成致密的覆盖层,对路基坡面形成连续性和长期性的持久保护,使坡面不因日晒雨淋而自然侵蚀剥落,减缓雨水冲击和水流的冲刷,达到固土的作用;植物扎根较深,能固土蓄水,调节土体湿度,使边坡不致受环境的变化而发生裂缝、坍塌或溜滑;其他综合防护的后期效果没有三维土工网垫好,而且整体稳定性也较差。

2)框格结构结合植草护坡

框格护坡可采用混凝土、浆砌片块石、卵(砾)石等材料做骨架,框格内宜采用植物防护或其他辅助防护措施。这种形式适用于土质或风化岩石边坡防护,能有效地防止路基边坡在坡面水冲刷下形成冲沟;同时,提高了边坡表面地表糙度系数,减缓水流速度,并且与植草等生物防护相结合,能取得很好的景观效果。

框格的骨架宽度宜采用20~30cm,嵌入坡面深度应视边坡土质和当地气候条件来确定,一般为15~20cm。框格的大小应视边坡坡度、边坡土质来确定,并应考虑与景观的协调。骨架一般采用方格形,与边坡水平线成45°夹角,方形框格尺寸宜为1.0m×1.0m~3.0m×3.0m。如做成拱形骨架的形式,拱圈的直径宜为2~3m。采用框格的边坡坡顶(0.5m)及坡脚(1.0m)应采用与骨架部分相同的材料镶边加固,加固条带的宽度宜为40~50cm。

## 三、崩塌的形成条件与防治

### 1.崩塌的形成条件

1)坡面条件

江、河、湖(水库)、沟的岸坡及各种山坡、铁路、公路边坡等各类人工边坡都是有利崩塌产生的地貌部位,一般在陡崖临空面高度大于30m、坡度大于50°的高陡斜坡、孤立山嘴或凸形陡坡及阶梯形山坡均为崩塌形成的有利地形。

2)岩土类型

岩土是产生崩塌的物质条件(一般而言,各类岩、土都可以形成崩塌,但不同类型所形成崩塌的规模大小不同)。通常,岩性坚硬的各类岩浆岩、变质岩及沉积岩类的碳酸盐岩、石英砂岩、砂砾岩等形成规模较大的崩塌,在软硬互层的悬崖上,因差异风化硬质岩层常形成突出的悬崖,软质岩层易风化形成凹崖坡,使其上部硬质岩失去支撑而引起较大的崩塌。

3)地质构造

各种构造面,如裂隙面、岩层层面、断层面、软弱夹层等软硬互层的坡面对坡体的切割、分离,为崩塌的形成提供脱离母体(山体)的边界条件。当其软弱结构面倾向于临空面且倾角较大(图2-143)时,易于发生崩塌;或者坡面上两组呈楔形相交的结构面,当其组合交线倾向临空面(图2-144)时,也会发生崩塌。

坡面条件、岩性条件、地质构造三个条件，统称为地质条件。这是形成崩塌的基本条件。

4)诱发崩塌的外界因素

图 2-143　节理面倾向于临空面

图 2-144　楔形结构面组合交线倾向临空面

(1)地震

地震时，由于地壳强烈震动，边坡岩体各种结构面的强度会降低；同时，因为水平地震力作用，边坡岩体的稳定性会大大降低，导致崩塌、落石的发生。一般烈度在 7 度以上的地震都会诱发大量的崩塌。

(2)融雪、降雨

特别是大雨、暴雨和长时间的连续降雨，使地表水渗入坡体，软化岩、土体及其中软弱结构面，产生孔隙水压力等，从而诱发崩塌。

(3)地表水的冲刷、浸泡

河流等地表水体不断地冲刷坡脚或浸泡坡脚，削弱坡体支撑或软化岩土，降低坡体强度，也能诱发崩塌。

(4)地下水

边坡和山坡中的地下水往往可以直接从大气降水补给，使其流量大大增加。充满裂隙中的水及其流动，对潜在崩塌体产生静水压力和动水压力以及向上的浮托力；岩体和充填物由于水的浸泡，抗剪强度大大降低；充满裂隙的水使不稳定岩体和稳定岩体之间的侧向摩擦力减小。

(5)风化作用

强烈的物理风化作用(如剥离、冻胀、植物根压等)将促使斜坡上岩体发生崩塌。

(6)人为因素的影响

边坡设计过高过陡，不适宜的采用大爆破，施工程序不当等导致崩塌发生。

作为公路工程技术人员，还应注意在山区修筑公路，如果改变了原来较稳定的斜坡外形，使斜坡变陡，当某些软弱结构面裸露或使部分被切割的岩体失去支撑时，也会引起崩塌。此外，边坡顶弃方荷载过大等也会引起崩塌。

### 2. 防治崩塌的工程措施

1)防治原则

由于崩塌发生得突然而猛烈，治理起来比较困难，而且十分复杂，所以应采取以防为主的原则。

在选线时，应根据斜坡的具体条件，认真分析发生崩塌的可能性及其规模。对有可能发生大、中型崩塌的地段，应尽量避开。若完全避开有困难，可调整路线位置，离开崩塌影响区一定距离，尽量减少防治工程；或考虑其他通过方案（如隧道、明洞等），确保行车安全。对可能发生小型崩塌或落石的地段，应视地形条件，进行经济比较，确定是绕避，还是设置防护工程。

在设计和施工中，避免使用不合理的高陡边坡，避免大挖大切，以维持山体的平衡稳定，在岩体松散或构造破碎地段，不宜使用大爆破施工，避免因工程技术上的失误而引起崩塌。

2）防治措施

（1）排水

在有水活动的地段，布置排水构筑物，以进行拦截疏导，防止水流渗入岩土体而加剧斜坡的失稳。排除地面水可修建截水沟、排水沟；排除地下水，可修建纵、横盲沟等。在距堑顶10m以外有覆盖土层时，宜种植防护林带，并封山禁止砍伐。林带对保护山坡阻挡落石、减少其滚动速度和跳跃高度均有明显作用，并能节省防护工程的费用。

（2）防护和加固工程

加固山坡和边坡，必要地段要修建挡墙、边坡锚杆、多级护墙和护面。

（3）支顶工程

对公路上方的危岩、危石应尽量清除，以防后患。在已建成公路上方的危岩、危石，若威胁行车安全时，应根据地形和岩层情况，采取支顶、支护、支撑等支挡建筑物加固，使坡面平顺，临空面有支护和支顶的力量，岩块重心较稳，从而增加斜坡的稳定性（图2-145）。

图2-145　危岩支顶

（4）拦截工程

在路肩边或山坡的适当地点修拦石墙，墙后留有空间作为落石坑。另在山坡上和拦石墙顶修建拦石网（图2-146），它可以与遮断信号电气联锁，崩塌时可发出信号示警。

（5）遮挡工程

即遮挡斜坡上部的崩塌落石。这种措施常用于高边坡有大型崩塌的地段，其他办法难以处理时，可修建明洞、棚洞等遮挡构造物。上可遮拦崩塌，下可加强坡脚稳定。必要时，洞顶还要做些支顶和支护工程，以防病害向两边扩大。

（6）综合治理工程

处理危岩危石除传统的排水和绿化措施外，还有如下一些办法：

①挂网喷浆（图2-147）将可能顺层滑动的层状岩石和下部较完整的基岩用格栅铁线网包裹，并用钢筋锚杆固定，插钢筋的槽孔捣进混凝土或灌浆。对于加压强拉之处宜预加应力，若岩石较破碎，可在钢筋网表面喷射混凝土。

②钢索拉牵在危石上装钢筋钩，用钢丝绳拉到稳定基岩上加以固定，或将破裂的岩石用一铁线捆扎，但要防止铁线的松弛和石块的向下脱落。

图 2-146　拦石墙与拦石网

图 2-147　挂网喷浆防护工程

## 四、滑坡的形成条件与防治

### 1. 滑坡发生的条件

(1)岩土类型

岩、土体是产生滑坡的物质基础。通常,各类岩、土都有可能构成滑坡体。其中,结构松软、抗剪强度和抗风化能力较低、在水的作用下其性质易发生变化的岩、土,如松散覆盖层、黄土、红黏土、页岩、泥岩、煤系地层、凝灰岩、片岩、板岩、千枚岩等及软硬相间的岩层所构成的斜坡易发生滑坡。

(2)地质构造

斜坡岩、土只有被各种结构面切割分离成不连续状态时,才可能具备向下滑动的条件。不论是土层,还是岩层,滑动面常发生在顺坡的层面、大节理面、不整合面、断层面(带)等软弱结构面上。因其抗剪强度较低,当斜坡受力情况突然改变时,都可能成为滑动面。同时,结构面又为降雨等进入斜坡提供了通道,特别是当平行和垂直斜坡的陡倾构造面及顺坡缓倾的构造面发育时,最易发生滑坡。

(3)水

水是滑坡产生的重要条件,绝大多数滑坡都是沿饱含地下水的岩体软弱结构面产生的。它的作用主要表现在:软化岩土,降低岩土体强度,潜蚀土体,增大岩土密度,对透水岩石产生浮托力等。尤其是对滑坡(带)的软化作用和降低强度作用最突出。

诱发滑坡发生的因素还有:地震;降雨和融雪;河流等地表水体对斜坡坡脚的不断冲刷;违反自然规律、破坏斜坡稳定条件的人类活动,如开挖坡脚、坡体堆载、爆破、水库蓄(泄)水、矿山开采等。

### 2. 防治滑坡的主要工程措施

滑坡的防治贯彻"以防为主,整治为辅"的原则。在选择防治措施前,一定要查清滑坡的地形、地质和水文地质条件,认真研究、确定滑坡的性质及其所处的发展阶段,了解产生滑坡的原因,并结合工程建筑的重要程度、施工条件及其他情况进行综合考虑。

1)防治原则

①由于大型滑坡的整治工程量大,技术复杂,因此,在测设时应尽可能采用绕避方案。若建成后路基不稳定,是治理,还是绕避,需要周密分析其经济和安全两方面的得失。

②对于中、小型滑坡的地段,一般情况下不必绕避,但是应注意调整路线平面位置,以获得

工程量小、施工方便、经济合理的路线方案。

③路线通过古滑坡时，应对滑坡体的结构、性质、规模、成因等作详细勘察后，再对路线的平、纵、横作出合理布设；对施工中的开挖、切坡、弃方、填土等都要作通盘考虑，稍有不慎，就可能引起滑坡的复活。

2）防治措施

整治滑坡的工程措施很多，归纳起来分为三类：一是消除或减轻水的危害；二是改变滑坡体外形、设置抗滑建筑物；三是改善滑动带土石性质。

（1）消除或减轻水的危害——排水（图2-148）

①排除地表水是整治滑坡中不可缺少的辅助措施，而且应是首先采取并长期运用的措施。其目的在于拦截、旁引滑坡外的地表水，避免地表水流入滑坡区；或将滑坡范围内的雨水及泉水尽快排除，阻止雨水、泉水进入滑坡体内。主要工程措施有：在滑坡体周围修截水沟；滑坡体上设置干枝排水系统，汇集旁引坡面径流于滑坡体外排出；整平地表，填塞裂缝和夯实松动地面，筑隔渗层，减少地表水下渗并使其尽快汇入排水沟内，防止沟渠渗漏和溢流于沟外。

图2-148　滑坡体上纵向排水沟

②排除地下水，对于地下水可疏而不可堵。其主要工程措施有：截水盲沟用于拦截和旁引滑坡外围的地下水；支撑盲沟兼具排水和支撑作用；仰斜孔群用近于水平的钻孔把地下水引出。此外，还有盲洞、渗管、渗井、垂直钻孔等排除滑体内地下水的工程措施。

③防止河水、库水对滑坡体坡脚的冲刷。主要工程措施有：设置护坡、护岸、护堤，在滑坡前缘抛石、铺设石笼等防护工程或导流构造物，以使坡脚的土体免受河水冲刷。

（2）减重和反压

对推移式的滑坡，在上部主滑地段减重，常起到根治的效果。对其他性质的滑坡，在主滑地段减重，也能起到减小下滑力的作用。减重一般适用于滑坡床为上陡下缓、滑坡后壁及两侧有稳定的岩土体，不致因减重而引起滑坡向上和向两侧发展造成后患的情况。对于错落转变成的滑坡，采用减重使滑坡达到平衡，效果比较显著。对有些滑坡的滑带土或滑坡体，具有卸荷膨胀的特点，减重后使滑带土松弛膨胀，尤其是地下水浸湿后，其抗滑力减小，引起滑坡。因此，具有这种特点的滑坡，不能采用减重法。另外，减重后将增大暴露面，有利于地面水渗入坡体和使坡体岩石风化，这些不利因素应充分考虑。

在滑坡的抗滑段和滑坡体外前缘堆填土石加重，如做成堤、坝等，能增大抗滑力而稳定滑坡。但是必须注意只能在抗滑段加重反压，不能填于主滑地段。而且填方时，必须做好地下排水工程，不能因填土堵塞原有地下水出口，造成后患（图2-149）。

对于某些滑坡可根据设计计算后，确定需减少的下滑力大小。同时，在其上部进行部分减重和下部反压。减重和反压后，应验算滑面从残存的滑体薄弱部位及反压体底面滑出的可能性。

（3）修筑支挡工程

因失去支撑而引起滑动的滑坡或滑坡床陡、滑动可能较快的滑坡，采用修筑支挡工程的办法，可增加滑坡重力平衡的条件，使滑体迅速恢复稳定。

支挡建筑物有抗滑桩、抗滑挡墙、锚杆和锚固桩等（图2-150）。

抗滑挡墙一般是重力式挡墙，挡墙的设置位置一般位于滑体的前缘；滑坡中、下部有稳定的岩土锁口者，设置于锁口处。如滑坡为多级滑动，当推力太大，在坡脚一级支挡施工量较大时，可分级支挡。

图 2-149　福建 205 国道箭丰滑坡减重后全貌

图 2-150　抗滑桩与挡土墙防护滑坡

抗滑桩适用于深层滑坡和各类非塑性流滑坡，对缺乏石料的地区和处理正在活动的滑坡，更为适宜。

锚（杆）索挡墙这是近 20 年来发展起来的新型支挡结构，它可节约材料，成功地代替了庞大的混凝土挡墙。锚（杆）索挡墙由锚杆、肋柱和挡板三部分组成。滑坡推力作用在挡板上，由挡板将滑坡推力传于肋柱，再由肋柱传至锚杆上，最后，通过锚（杆）索传到滑动面以下的稳定地层中，靠锚（杆）索的锚固来维持整个结构的稳定（图 2-151）。

（4）改善滑动带土石性质

一般采用焙烧法（ >800℃）、压浆及化学加固等物理化学方法对滑坡进行整治。

由于滑坡成因复杂、影响因素多，因此常常需要上述几种方法同时使用，综合治理（图 2-152），方能达到目的。

图 2-151　挡墙、抗滑桩与锚索防护滑坡

图 2-152　挡墙与生态护坡防护滑坡

## 五、泥石流的形成条件与防治

### 1. 泥石流形成的基本条件

泥石流的形成必须同时具备以下三个条件：陡峻的便于集水、集物的地形地貌；丰富的松散物质；短时间内有大量的水源。

1）地形地貌条件

在地形上具备山高沟深、地势陡峻，沟床纵坡降大流域形态有利于汇集周围山坡上的水流和固体物质，在地貌上，泥石流的地貌一般可分为形成区、流通区和堆积区三部分。上游形成区的地形多为三面环山、一面出口的瓢状或漏斗状，山体破碎、植被生长不良，这样的地形有利于水和碎屑物质的集中；中游流通区的地形多为狭窄陡深的峡谷，谷床纵坡降大，使上游汇集到此的泥石流形成迅猛直泻之势；下游堆积区为地势开阔平坦的山前平原或河谷阶地，使倾泻下来的泥石流到此堆积起来（图 2-153）。

2）地质条件

泥石流常发生在地质构造复杂、断裂褶皱发育、新构造活动强烈、地震烈度较高的地区。地表岩层破碎，滑坡、崩塌、错落等不良地质现象发育，为泥石流的形成提供了丰富的固体物质来源；另外，岩层结构疏松软弱、易于风化、节理发育，或软硬相同成层地区，因易受破坏，也能为泥石流提供丰富的碎屑物来源。

图 2-153　典型泥石流沟谷

3）水文气象条件

水既是泥石流的重要组成部分，又是泥石流的重要激发条件和搬运介质（动力来源）。泥石流的水源有强度较大的暴雨、冰川积雪的强烈消融和水库（池）突然溃决等。

4）人为因素

滥伐乱垦会使植被消失、山坡失去保护、土体疏松、冲沟发育，大大加重水土流失，进而导致山坡稳定性破坏，滑坡、崩塌等不良地质现象发育，从而很容易产生泥石流，甚至会使那些已退缩的泥石流又有重新发展的可能。

修建铁路、公路、水渠以及其他工程建筑的不合理开挖，不合理的弃土、弃渣、采石等也可能形成泥石流。

2. 泥石流的防治

对泥石流病害，应进行调查，通过访问、测绘、观测等获得第一手资料，掌握其活动规律，有针对性地采取预防为主、以避为宜、以治为辅，防、避、治相结合的方针。

泥石流的治理要因势利导，顺其自然，就地论治，因害设防和就地取材，充分发挥排、挡、固等防治技术的有效联合。

1）跨越工程

跨越工程是指修建桥梁、涵洞从泥石流沟上方跨越通过，让泥石流在其下方排泄，用以避防泥石流，但是要考虑淤积的问题。这是铁道部门和公路交通部门为了保障交通安全常用的措施（图 2-154）。

2）防护工程

防护工程是指对泥石流地区的桥梁、隧道、路基及其他重要工程设施，修建一定的防护建筑物，用以抵御或消除泥石流对主体建筑物的冲刷、冲击、侧蚀和淤埋等的危害。防护工程主要有护坡、挡墙、顺坝和丁坝等（图 2-155）。

3）排导工程

在泥石流下游设置排导措施，使泥石流顺利排除。其作用是改善泥石流流势，增大桥梁等建筑物的泄洪能力，使泥石流按设计意图顺利排泄。排导工程包括排洪道、导流堤、急流槽、排导沟等，见图 2-156。

4)拦挡工程

在中游流通段,用以控制泥石流的固体物质和雨洪径流,用于改变沟床坡降,降低泥石流速度,以减少泥石流对下游工程的冲刷、撞击和淤埋等危害的工程设施。拦挡措施有拦截坝、停淤场、溢洪坝等,见图2-157。

图2-154 成昆铁路跨越四川盐井沟泥石流

图2-155 格栅坝防护泥石流

图2-156 大溪沟泥石流排导槽

图2-157 梯级拦沙坝防护泥石流

5)穿过工程

穿过工程是指修隧道、明洞和渡槽从泥石流沟下方通过,而让泥石流从其上方排泄。这是铁路和公路通过泥石流地区的又一主要工程形式,一般用于路基通过堆积区、泥石流规模大、常发生危害严重且采取其他措施有困难的地区,见图2-158、图2-159。

图2-158 穿越武夷山脉分水关隧道

图2-159 川藏公路上的渡槽

对于防治泥石流,采取多种措施相结合,比用单一措施更为有效。

## 六、减轻崩塌、滑坡、泥石流灾害的生物措施

滑坡、崩塌、泥石流三者常常具有相互联系、相互转化和不可分割的密切关系。

滑坡和崩塌常常相伴而生,产生于相同的地质构造环境中和相同的地层岩性构造条件下,且有着相同的触发因素,容易产生滑坡的地带也是崩塌的易发区。崩塌、滑坡在一定条件下可互相诱发、互相转化。另外,滑坡和崩塌也有着相同的次生灾害——泥石流。

### 1. 滑坡、崩塌与泥石流的关系

滑坡、崩塌与泥石流的关系十分密切,易发生滑坡、崩塌的区域也易发生泥石流,并且崩塌和滑坡的物质经常是泥石流的重要固体物质来源。滑坡、崩塌还常常在运动过程中直接转化为泥石流等,即泥石流是滑坡和崩塌的次生灾害,泥石流与滑坡、崩塌有着许多相同的促发因素。

### 2. 减轻崩塌、滑坡、泥石流灾害的生物措施

生物措施是防治水土流失,减轻崩、滑、泥石流灾害的主要措施之一。乱砍滥伐、毁林开荒、过度放牧以及人类不合理的生产生活活动所致的生态环境破坏,又是水土流失的主要原因,许多崩塌、滑坡、泥石流灾害即为水土流失恶性发展的直接结果。

减轻崩塌、滑坡、泥石流灾害的生物措施主要有:植树造林,封山育草,改良耕作技术以及改善对生态环境有重要影响的农、牧业管理方式等。其主要作用是:保护坡面,减少坡面物质的流失量,固结土层,调节坡面水流,削减坡面径流量,增大坡体的抗冲蚀能力等。

# 能 力 训 练

## 任 务 一

### 第一部分　学习准备

分析案例,查阅资料和相关规范、标准,完成以下引导问题:

(1)请陈述软土路基病害整治措施与应用条件。

(2)请陈述黄土路基病害整治措施与应用条件。

(3)请陈述膨胀土路基病害整治措施与应用条件。

(4)请陈述冻土路基病害整治措施与应用条件。

### 第二部分　计划与实施

组内分工,参照规范、标准,根据下列工程实际情况,编制病害整治设计,提交设计书和相关图件。

1. ××高速公路软土路基

××高速公路××段沿线土层主要属珠江三角洲海相沉积土层,全路罩港汊河道发育,鱼塘密布,有软土地基12km,软土地基一般表层为1~2m亚砂土(硬壳层),第二层为淤泥土,深度为6~15m,个别路段深达20余米,再下为淤泥质黏土。

本段淤泥的物理性能有如下特点:

含水率高:天然含水率高达73%~113%;

天然孔隙比大:孔隙比1.6:3.05;

压缩性大:压缩系数为0.229~0.463$cm^2$/kg;

内聚力小,抗剪强度低且具有流动性,直剪强度指标$c$:5~17kPa,$\varphi$:5°~5.5°。

可见,淤泥的土质极软弱,抗剪性能差,土质松软,沉降量大。但土质砂性粉性重,透水条件好,固结系数较大:(3~6)×$10^{-4}$$cm^2$/s,排水固结快。从上述土质资料来看,本工程地基以第二层淤泥土为控制工程的土层,该层含水率高,土质软弱,但透水性好。因此,要正确控制填土速率,确保路基填筑过程中安全,避免失稳事故发生,充分利用在填筑过程中的地基土排水固结强度拉长的有利条件。这是工程顺利进行的关键。

2. ××高速公路湿陷性黄土路基

××高速公路辅道K13+150~K13+210填方段(填高8.30m)为试验路段,该路段地质特征:表层为风积黄土(低液限黏土),分布深度0.20~8.00m,为非自重湿陷性黄土场地,总湿陷量$\Delta s$=4.90~24.70cm,湿陷等级为Ⅰ(轻微)级或Ⅱ(中等湿陷)级。其下为卵石,局部缺失,厚0.2~1.8m,下伏第三系泥岩。第三系泥岩为膨胀岩土,全风化呈土状,为一般的膨胀性软岩。

3. ××高速公路膨胀土路基

对××高速公路慈利东K85+374.6左15.8m位置所取膨胀土原状土样,经中国科学院

地质与地球物理研究所仲裁试验鉴定，该处膨胀土成因为碳酸盐岩残积膨胀土，其工程地质性质综合测试结果见表2-32。

**湖南××高速公路××段膨胀土综合测试结果表**　　表2-32

| 分析号 | 原号 | 取样深度(h/m) | 重度(kN/m$^{-3}$) | 含水率(%) | 干密度(kg/m$^{-3}$) | 密度 | 孔隙比 | 饱和度(%) | 液限(%) | 塑限(%) | 塑性指数 | 液性指数 |
|---|---|---|---|---|---|---|---|---|---|---|---|---|
| 3.651 | 5号 | 3.10~3.30 | 16.75 | 54.36 | 10.85 | 2.79 | 1.57 | 96.60 | 96.45 | 40.36 | 56.18 | 0.25 |
| 3.652 | 7号 | 3.80~3.95 | 17.04 | 52.59 | 11.17 | 2.79 | 1.50 | 97.82 | 92.54 | 39.82 | 52.72 | 0.24 |
| 3.653 | 8号 | 4.20~4.40 | 17.08 | 51.54 | 11.27 | 2.78 | 1.47 | 97.47 | 89.88 | 40.39 | 49.49 | 0.23 |

| 分析号 | 原号 | 线缩(%) | 体缩(%) | 自由膨胀率 | 膨胀量 | 膨胀力(kPa) | 颗粒组成(%) | | | | |
|---|---|---|---|---|---|---|---|---|---|---|---|
| | | | | | | | >0.075 | 0.075~0.010 | 0.010~0.005 | <0.005 | <0.002 |
| 3.651 | 5号 | 10.24 | 29.78 | 85 | 0.65 | | 1.49 | 18.32 | 0.76 | 79.44 | 78.28 |
| 3.652 | 7号 | 12.00 | 35.89 | 85 | 1.38 | 65 | 0.72 | 18.80 | 0.92 | 79.56 | 78.00 |
| 3.653 | 8号 | 14.30 | 36.89 | 88 | 1.18 | 65 | 1.33 | 17.71 | | 80.48 | 77.04 |

| 分析号 | 原号 | 活性指标/A | pH值 | 膨胀势判别结果 | | 有效蒙脱石含量(%) |
|---|---|---|---|---|---|---|
| | | | | 国标法 | 国标法 | |
| 3.651 | 5号 | 0.72 | 5.85 | 中等膨胀 | High expansion | 28.55 |
| 3.652 | 7号 | 0.68 | 6.42 | 中等膨胀 | High expansion | 27.81 |
| 3.653 | 8号 | 0.64 | 6.38 | 中等膨胀 | High expansion | 27.08 |

4. ××高速公路岛状多年冻土路基

××高速公路位于欧亚大陆多年冻土分布区的东南，为连续多年冻土与季节冻土的过渡带，并在退化之中。在该地区，多年冻土呈岛状零星地分布于融区中，多见于沼泽区的塔头草或泥炭层下，面积不大，厚度小，含冰量大，很不稳定，对工程危害较大。这个地区岛状多年冻土的上限深度为1~1.7m，下限为2.5~4.5m，多年冻土厚度为1.5~3.5m，冻土层厚度较薄，埋深较浅，处于退化阶段，极不稳定。在该地区，工程实施对自然环境的破坏与改变极易引发冻土融沉。这是该地区公路建设的主要不良地质问题。

## 第三部分　评价反馈

1. 学生互评(表2-33)。

**学 生 互 评 标 准**　　表2-33

| 考核指标 | 考核标准 | 分　值 |
|---|---|---|
| 1. 工作态度 | 积极主动参与研究策划、设计方案制订、设计方案实施等项工作，遵守时间 | 20 |
| 2. 工作任务 | 参与组织协调、资料收集、总结、设计 | 30 |
| 3. 工作能力 | 在病害整治设计中表现出良好的创意和较强的工作能力，如统筹安排能力、沟通协调能力、总结或设计能力等 | 10 |
| 4. 工作业绩 | 学以致用，活学活用，取得理想的实训效果，并为小组的设计施工成果及其评比作出了较大贡献，汇报、回答问题 | 30 |
| 5. 合作精神 | 有良好的团队合作意识，能够与他人融洽地共处、共事，能够学习他人的优点、听取他人意见，能够与他人共享自己的经验，支持和协助他人为了共同的目标而努力工作，成功完成对其他组的指导 | 10 |

2. 教师考评(表2-34)。

**教师考评标准**　　表2-34

| 指标 | | 考核标准 | 分值 |
| --- | --- | --- | --- |
| 团队成果 | 1. 引导问题 | 整洁、完善、正确,符合规范要求 | 20 |
| | 2. 设计 | 图文并茂,整治设计符合规范要求 | 40 |
| | 3. 成果汇报评比 | 表达清楚,回答问题正确 | 40 |
| 小组总分 | | | |

3. 学生单元成绩汇总表(表2-35)。

**学生单元成绩汇总表**(单元__________)　　表2-35

| 编号 | 学号 | 学生姓名 | 个人成果40% | 团队成绩60% | 平均成绩 |
| --- | --- | --- | --- | --- | --- |
| 1 | | | | | |
| 2 | | | | | |
| 3 | | | | | |
| 4 | | | | | |
| 5 | | | | | |
| 6 | | | | | |

# 任　务　二

## 第一部分　学习准备

分析案例，查阅资料和相关规范、标准，完成以下引导问题：

（1）请陈述高填方路堤路基病害整治措施与应用条件。

（2）请陈述路基纵向不均匀沉降病害整治措施与应用条件。

（3）请陈述路基横向不均匀沉降病害整治措施与应用条件。

## 第二部分　计划与实施

组内分工，参照规范、标准，根据工程实际情况，编制高填方路堤与路基纵、横向不均匀沉降病害整治设计，提交设计书和相关图件。

1. ××高速高填方路堤

K21 +414 ~ K21 +470，全长56m，由于该段为高填方路段，最大填土高度14m，而且原地面边坡较陡，施工过程中台阶做得不理想，原地面与填料结合部位比较薄弱，没有形成整体，填体部分有总体下滑的趋势。

2. ××高速改扩建路基横向不均匀沉降

某一路线通过芦苇软基地段，由于区域内软土地基含水率较大，地下水位较高，路基加宽部分基底填前碾压要达到规定的压实度标准较为困难。

3. ××高速某立交桥头路基纵向不均匀沉降

××高速公路某立交桥为桩基重力式桥台，摩擦桩长25m，台后路堤设计高度为5.5m。施工时台后顶留底宽9m，顶宽15m的缺口，架桥后用级配砂砾石填料经振动碾压加填，其路堤先于缺口5 ~6个月填筑完成。

当台后路基将填筑到设计高度时，离台面1 ~2m处出现若干0.5 ~0.15cm宽、贯通路基并继续发展的横向裂缝，原因是在其地表1.0m以下有新近沉积厚约2.5m的高压缩性淤泥质黏土。估计其变形量大，沉降持续时间长，缺口处路堤完工后沉降将超过10cm。

## 第三部分　评价反馈

1. 学生互评（表2-36）。

学 生 互 评 标 准　　表2-36

| 考核指标 | 考核标准 | 分　值 |
|---|---|---|
| 1. 工作态度 | 积极主动参与研究策划、设计方案制订、设计方案实施等项工作，遵守时间 | 20 |
| 2. 工作任务 | 参与组织协调、资料收集、总结、设计 | 30 |
| 3. 工作能力 | 在病害整治设计中表现出良好的创意和较强的工作能力，如统筹安排能力、沟通协调能力、总结或设计能力等 | 10 |

续上表

| 考核指标 | 考核标准 | 分值 |
| --- | --- | --- |
| 4. 工作业绩 | 学以致用，活学活用，取得理想的实训效果，并为小组的设计施工成果及其评比作出了较大贡献，汇报、回答问题 | 30 |
| 5. 合作精神 | 有良好的团队合作意识，能够与他人融洽地共处、共事，能够学习他人的优点、听取他人意见，能够与他人共享自己的经验，支持和协助他人为了共同的目标而努力工作，成功完成对其他组的指导 | 10 |

2. 教师考评（表2-37）。

**教师考评标准**

表2-37

| 指标 | | 考核标准 | 分值 |
| --- | --- | --- | --- |
| 团队成果 | 1. 引导问题 | 整洁、完善、正确，符合规范要求 | 20 |
| | 2. 设计 | 图文并茂，整治设计符合规范要求 | 40 |
| | 3. 成果汇报评比 | 表达清楚，回答问题正确 | 40 |
| 小组总分 | | | |

3. 学生单元成绩汇总表（表2-38）。

**学生单元成绩汇总表**（单元__________）

表2-38

| 编号 | 学号 | 学生姓名 | 个人成果40% | 团队成绩60% | 平均成绩 |
| --- | --- | --- | --- | --- | --- |
| 1 | | | | | |
| 2 | | | | | |
| 3 | | | | | |
| 4 | | | | | |
| 5 | | | | | |
| 6 | | | | | |

# 任 务 三

## 第一部分　学习准备

分析案例、查阅资料和相关规范、标准,完成以下引导问题:

(1)请陈述崩塌病害整治措施与应用条件。

(2)请陈述滑坡病害整治措施与应用条件。

(3)请陈述泥石流病害整治措施与应用条件。

## 第二部分　计划与实施

组内分工,参照规范、标准,根据工程实际情况,编制崩塌、滑坡、泥石流病害整治设计,提交设计书和相关图件。

1. ××高速公路崩塌

××高速公路 K36 +210 ~ K36 +270 路段岩体岩性为花岗岩,逆向公路节理发育,倾角较大,将岩体切割成厚度 0.5 ~1.5m 的层状。由于修路时的不合理爆破及下部岩体清理,致使岩体沿节理临空。由于岩层较薄,花岗岩性脆,其他方向的节理也非常发育,在岩体自重力和地震力作用下,岩体极易破裂崩落。

2. ××高速公路滑坡

××高速公路滑坡段落位于 K65 +200 ~ K65 +400 段内,滑坡出现于施工期内雨季。由滑坡形成的时间、位置、规模情况分析,主要有以下几个方面原因产生:

①滑坡出现于雨季,主要是滑坡土层多为粉质黏土,干燥后坚硬、潮湿时可塑,孔隙大,透水性好,进入雨季,地表水增多且不易排除,土体重度加大,强度降低,下滑力增大,从而导致滑坡。

②此段落位于较陡的山坡处,属于深挖边坡,挖深在 15m 以上,由于施工削坡破坏了坡体平衡状态,从而导致滑坡。

③此段落地下水极为丰富,且有地下泉水出露,对坡体平衡造成破坏,从而导致滑坡。

## 第三部分　评价反馈

1. 学生互评(表 2-39)。

学 生 互 评 标 准　　　表 2-39

| 考核指标 | 考核标准 | 分　值 |
|---|---|---|
| 1. 工作态度 | 积极主动参与研究策划、设计方案制订、设计方案实施等项工作,遵守时间 | 20 |
| 2. 工作任务 | 参与组织协调、资料收集、总结、设计 | 30 |
| 3. 工作能力 | 在病害整治设计中表现出良好的创意和较强的工作能力,如统筹安排能力、沟通协调能力、总结或设计能力等 | 10 |

续上表

| 考核指标 | 考核标准 | 分值 |
| --- | --- | --- |
| 4. 工作业绩 | 学以致用，活学活用，取得理想的实训效果，并为小组的设计施工成果及其评比作出了较大贡献 | 30 |
| 5. 合作精神 | 有良好的团队合作意识，能够与他人融洽地共处、共事，能够学习他人的优点、听取他人意见，能够与他人共享自己的经验，支持和协助他人为了共同的目标而努力工作，成功完成对其他组的指导 | 10 |

2. 教师考评（表 2-40）。

**教师考评标准**

表 2-40

| 指标 | | 考核标准 | 分值 |
| --- | --- | --- | --- |
| 团队成果 | 1. 引导问题 | 整洁、完善、正确，符合规范要求 | 20 |
| | 2. 设计 | 图文并茂，整治设计符合规范要求 | 40 |
| | 3. 成果汇报评比 | 表达清楚，回答问题正确 | 40 |
| 小组总分 | | | |

3. 学生单元成绩汇总表（表 2-41）。

**学生单元成绩汇总表**（单元__________）

表 2-41

| 编号 | 学号 | 学生姓名 | 个人成果 40% | 团队成绩 60% | 平均成绩 |
| --- | --- | --- | --- | --- | --- |
| 1 | | | | | |
| 2 | | | | | |
| 3 | | | | | |
| 4 | | | | | |
| 5 | | | | | |
| 6 | | | | | |

# 学习情境三　路基病害整治施工组织设计

| | | | |
|---|---|---|---|
| 学习任务 | 特殊路基土(软土、黄土、膨胀土、冻土)、高填方路堤与路基纵、横向不均匀沉降、路基边坡病害整治施工组织设计 | 建议学时 | 12 |
| 工作情境描述 | 施工组织设计可以全面考虑项目的具体施工条件,拟订合理的施工方案,确定施工顺序、施工方法、劳动组织和技术经济组织措施,合理地统筹安排拟定施工进度计划,保证施工项目按期投产或交付使用;为保证施工项目的设计方案在经济上的合理性、在技术的科学性和在实施工程上的可能性提供依据 | | |
| 学习任务描述 | 根据本组编制的病害整治设计案例,在教师的指导下,小组分工合作,依据规范、标准编制 1 ~4 种病害的施工组织设计 | | |
| 学习目标 | 完成本学习任务后,在教师指导下,你应当能够根据编制下列 1 ~4 种病害的施工组织设计:<br>(1)用 CFG 桩、碎石桩、塑料排水法整治软土病害的施工组织设计;<br>(2)用强夯法整治黄土病害的施工组织设计;<br>(3)用客土喷播种植技术与表水防护整治膨胀土病害的施工组织设计;<br>(4)用换填天然砂砾等方法综合整治冻土病害的施工组织设计;<br>(5)用注浆法整治高填方路堤病害的整治施工组织设计;<br>(6)用填筑、碾压土工格栅整治路基横向不均匀沉降病害的整治施工组织设计;<br>(7)高压旋喷桩和注浆整治路基纵向不均匀沉降病害的整治施工组织设计;<br>(8)用清除危岩、危岩支顶与排水整治崩塌的施工组织设计;<br>(9)用减重和反压、排水、挡墙与植被护坡整治滑坡的施工组织设计;<br>(10)用上游绿化、中游拦截、下游排导渠整治泥石流的施工组织设计 | | |
| 内容结构 |  | | |
| 教学条件 | (1)教学设备:计算机、多媒体。<br>(2)学习资料:<br>①路基病害整治校本教材(自编);<br>②路基病害整治施工组织设计引导文(自编);<br>③公路路基设计规范(JTG D30—2004 );<br>④建筑边坡工程技术规范(GB 50330—2002)<br>(3)教学场地:理实一体实训室。<br>(4)教师安排:1 名教师 | | |
| 教学组织要求 | (1)工作完成形式:本次实训以分组的形式完成项目教学,共分 8 个小组,每个小组 5 ~6 名学生,小组成员分工合作,制订工作计划,完成实训项目,教师总结。<br>(2)基本要求:每个同学都要学会编制 1 ~4 种路基病害施工组织设计 | | |

# 相关知识

## 单元一　路基病害整治费用控制

### 一、路基病害整治招投标

为了解决好投资与效益的关系，使有限的资金发挥最大的效益，各地逐步建立了公路养护市场准入制度，规范公路养护市场招投标行为，对大型路基病害整治工程实行招投标制。

1. 招标条件

实施招标的路基病害整治项目，应具备以下条件：

①项目已列入年度路基病害整治计划；

②资金来源已落实；

③有关路基病害整治方案或设计文件已经完成，并经批复；

④招标文件已编制完毕；

⑤其他相关准备工作已完成。

2. 路基病害整治工程招投标方式

路基病害整治工程招投标可采用公开招标、邀请招标两种形式。公开招标是招标人通过报刊、广播、电视、信息网络等媒介公开发布招标公告，邀请不特定的法人或者其他组织投标。邀请招标是招标人以投标邀请书的方式邀请特定的法人或者其他组织投标，邀请的投标人不得少于3个。因突发事件、紧急抢险或战备需要的特殊公路路基病害整治工程项目可采取指定施工单位的方式进行路基病害整治。

3. 路基病害整治工程招投标程序

路基病害整治工程招投标采取方式不同，招投标程序也有所区别，如果路基病害整治工程实行公开招标，则按下列程序进行招标：

①组织编制招标文件；

②发布招标公告；

③发售资格预审文件；

④资格预审，并向资格审查合格者发售招标文件；

⑤组织投标人勘察现场，针对投标人的询问，解释招标文件中的疑点；

⑥组织编制标底和制订评标办法；

⑦组织开标，并进行标书清算、算术性复核与澄清；

⑧评标，并确定推荐中标人；

⑨确定中标人，并履行有关批准程序；

⑩发出中标通知书；

⑪与中标人签订路基病害整治工程项目合同。

若路基病害整治工程采取邀请招标方式，则按下列程序进行招标：

①发出投标邀请书；

②发售招标文件；

③组织投标人勘察现场，针对投标的询问，解释招标文件中的疑点；

④组织编制标底和制订评标办法；

⑤组织开标，并进行标书澄清；

⑥评标及推荐中标人；

⑦确定中标人，并履行有关批准程序；

⑧发出中标通知书；

⑨与中标人签订路基病害整治工程项目承包合同。

4.路基病害整治工程招投标文件主要内容

路基病害整治工程招标文件的主要由以下内容构成：

①投标须知。包括路基病害整治工程项目概况、资金来源、工期要求、报价编制、招标程序和有关规定、评标原则等。

②合同及合同条款。包括合同文件格式、通用合同条款、特殊合同条款等。承发包合同中明确的各项条款应全面、正确地阐述合同双方相互的权利义务关系。

合同条款主要内容：承发包形式、付款和结算办法、工期要求、质量要求、现场交通组织的要求、解决变更的方式、主要材料供应方式及价格、验收以及违约责任等。

③技术文件。包括应采用的技术标准和操作规程的名称、路基病害整治技术要求、路基病害整治工程项目特殊要求、计量与支付规则、质量标准与验收等。

④投标书格式及附表。投标书应包括投标人投标标段或工程、投标价、工期、投标文件有效期等；附表主要有投标人组织机构及人员表、参加工程任职主要人员简历表、投入工程的主要机械设备表等。

⑤工程量清单。

⑥评标办法。包括对路基病害整治工程项目的评标、定标原则等。

投标人应按招标文件的规定，向招标人递交投标文件，份数按资料表规定。其中一份为正本并标记，其余为副本，副本应是正本的复制件。当正本与副本有不一致时，以正本为准。公路路基病害整治工程投标文件主要包括投标书及其附表、授权书、有报价的工程量清单及总价汇总表、公路路基病害整治工程作业方案。其中，公路路基病害整治工程作业方案包括进度安排、平面布置、主要路基病害治理作业方法、交通疏导方案、技术和安全措施、质量保证体系等。

## 二、路基病害整治工程概预算

### 1.概、预算的定义与分类

公路基本建设工程概(预)算是指在公路基本建设各个设计阶段，按照国家有关政策和规定，依据设计文件具体计算其全部建设费用的文件。

概(预)算的分类可按工程内容和设计阶段来划分。公路建设内容可分为公路基本建设、公路改扩建、公路大中修与公路小修保养。根据公路基本建设程序，公路工程设计可以实行一阶段设计、两阶段设计、三阶段设计。基本建设项目可划分为建设项目、单项工程(又称工程项目)、单位工程、分部工程、分项工程。建设项目由多个单项工程组成,单项工程由多个单位工程组成,单位工程是由各个分部工程组成的,分部工程又由若干个分项工程组成。根据不同的建设内容、设计阶段及建设项目组成,可对概(预)算进行具体分类。

(1)按建设项目组成分

①单位工程概(预)算,它是计算单位工程建设费用的文件;

②单项工程概(预)算,它是由若干个单位工程概(预)算综合而成的文件;

③建设项目概(预)算,它是计算整个建设项目全部投资额的文件。

(2)按建设内容分

①公路基本建设工程概(预)算;

②公路大、中修工程概(预)算;

③公路小修保养工程预算。

(3)按各设计阶段分

①设计概算(简称概算)。概算是公路工程初步设计文件的重要组成部分,是设计单位根据建设项目初步设计,按国家颁布的《公路工程概算定额》(简称《概算定额》、《公路基本建设工程概算、预算编制办法》(简称《编制办法》)及有关文件编制的计算工程投资额的文件。概算应控制在批准的建设项目可行性研究报告投资估算允许幅度范围之内。概算经批准后是基本建设项目投资的最高限额。

②修正概算。修正概算是三个阶段设计中第二阶段,即技术设计阶段文件的重要组成部分,是设计单位根据建设项目技术设计,按国家颁布的《概算定额》和《编制办法》及有关文件编制的计算工程项目修正投资额的文件。

③施工图预算。施工图预算是施工图设计文件的重要组成部分,是按国家颁布的《预算定额》和《编制办法》及有关文件编制的计算工程造价的文件。预算应控制在已批准的概算(或修正概算)范围之内。

2. 概、预算的作用

(1)概算、修正概算的作用

①设计概算经批准后,是基本建设项目投资最高限额;

②是编制建设项目计划、签订建设项目总包合同、实行建设项目包干和控制预算的依据;

③是考核设计经济合理性和建设成本的依据;

④以批准的初步设计进行施工招标的工程,其设计概算是控制标底的最高限额。

(2)施工图预算的作用

①对于按预算承发包的工程,经审定的预算是确定工程造价、签订建筑工程安装合同、实行建设单位和施工单位投资包干及办理工程结算、实行经济核算和考核工程成本的依据;

②以施工图设计进行施工招标的工程,审定后的施工图预算是编制工程标底的依据。

(3)公路养护工程预算的作用

①养护工程预算是合理确定养护工程资金需求量、编制养护工程年度计划的依据;

②经批准的养护工程预算是向财政部门编报公路养护资金年度预算的依据；

③养护工程预算经审定后，是确定养护工程造价、签订养护工程承包合同、实行经济核算和考核养护工程成本的依据；

④按养护工程预算承发包的工程，是编制工程结算的依据。

3. 路基病害整治工程概、预算编制依据

(1)概算(修正概算)编制依据

①国家发布的有关法律、法规、规章、规程等；

②现行的《公路工程概算定额》、《公路工程预算定额》、《公路工程机械台班费用定额》及《公路工程基本建设项目概算预算编制办法》；

③工程所在地省级交通主管部门发布的补充计价依据；

④批准的可行性研究报告(修正概算时为初步设计文件)等有关资料；

⑤初步设计(或技术设计)图纸等设计文件；

⑥工程所在地的人工、材料、机械及设备预算价格等；

⑦工程所在地的自然、技术、经济条件等资料；

⑧工程施工方案；

⑨有关合同、协议等；

⑩其他有关资料。

(2)施工图预算编制依据

①国家发布的有关法律、法规、规章、规程等；

②现行的《公路工程预算定额》、《公路工程机械台班费用定额》及本办法；

③工程所在地省级交通主管部门发布的补充计价依据；

④批准的初步设计文件(或技术设计文件，若有)等有关资料；

⑤施工图纸等设计文件；

⑥工程所在地的人工、材料、设备预算价格等；

⑦工程所在地的自然、技术、经济条件等资料；

⑧工程施工组织设计或施工方案；

⑨有关合同、协议等；

⑩其他有关资料。

(3)公路养护工程预算编制依据

公路养护工程预算编制依据是交通运输部《公路工程预算编制导则》、《公路养护管理办法》、《公路养护技术规范》、《公路养护工程预算定额》等。

4. 公路路基病害整治工程概、预算文件的组成

概(预)算文件是设计文件的重要组成部分。概(预)算文件由封面、目录、概(预)算编制说明及全部概(预)算计算表格组成。

(1)封面及目录

封面和扉页应按《公路工程基本建设项目设计文件编制办法》中的规定制作，扉页的次页应有建设项目名称，编制单位，编制、复核人员姓名，并加盖资格印章，编制日期及第几册、共几册等内容。目录应按概(预)算表的表号顺序编排，即先列示甲组文件的目录，

接着编列甲组文件的各表(以上应印制多份),再接着列示乙组文件的目录,最后编列乙组文件的各表。

(2)概、预算编制说明

①建设项目设计资料的依据及有关文号,如建设项目可行性研究报告批准文件号、初步设计和概算批准文号(编修正概算及预算时),以及根据何时的测设资料及比选方案进行编制的等;

②采用的定额、费用标准,人工、材料、机械台班单价的依据或来源,补充定额及编制依据的详细说明;

③与概、预算有关的委托书、协议书、会议纪要的主要内容(或将抄件附后);

④总概、预算金额,人工、钢材、水泥、木料、沥青的总需要量情况,各设计方案的经济比较,以及编制中存在的问题;

⑤其他与概、预算有关但不能在表格中反映的事项。

(3)概、预算表格

公路工程概、预算应按统一的概、预算表格计算(表格式样见本章附录)。按不同的需要概、预算文件分为两组,甲组文件为各项费用计算表,乙组文件为建筑安装工程费各项基础数据计算表。甲、乙组文件包括的内容如下:

甲组文件:编制说明;

总概(预)算汇总表(表3-13);

总概(预)算人工、主要材料、机械台班数量汇总表(表3-14);

总概(预)算(表3-15);

人工、主要材料、机械台班数量汇总表(表3-16);

建筑安装工程费计算表(表3-17);

其他工程费及间接综合费率计算表(表3-18);

设备、工具、器具购置费计算表(表3-19);

工程建设其他费用及回收金额计算表(表3-20);

人工、材料、机械台班单价汇总表(表3-21)。

乙组文件:建筑安装工程费计算数据表(表3-22);

分项工程概(预)算表(表3-23);

材料预算单价计算表(表3-24);

自采材料料场价格计算表(表3-25);

机械台班单价计算表(表3-26);

辅助生产工、料、机械台班单位数量表(表3-27)。

表格样式见附录。

#### 5. 概、预算费用组成

概、预算费用组成如图3-1所示。

#### 6. 公路工程建设各项费用的计算程序及计算方式

公路工程建设各项费用的计算程序及计算方式见表3-1,各项费率取定详见JTG B06—2007《公路工程基本建设项目概算预算编制办法》。

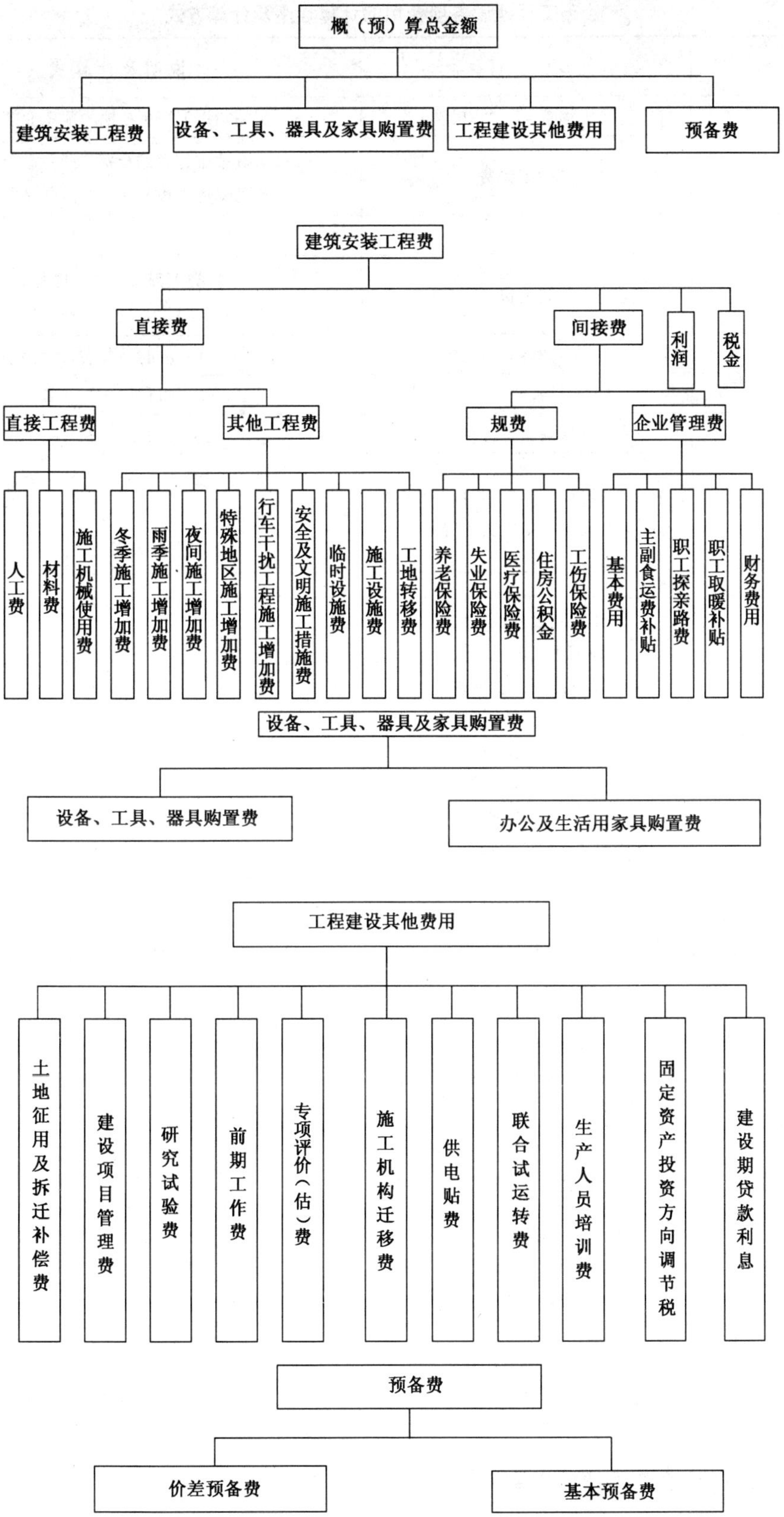
概（预）算总金额
建筑安装工程费
设备、工具、器具及家具购置费
工程建设其他费用
预备费
建筑安装工程费
直接费
间接费
利润
税金
直接工程费
其他工程费
规费
企业管理费
人工费
材料费
施工机械使用费
冬季施工增加费
雨季施工增加费
夜间施工增加费
特殊地区施工增加费
行车干扰工程施工增加费
安全及文明施工措施费
临时设施费
施工设施费
工地转移费
养老保险费
失业保险费
医疗保险费
住房公积金
工伤保险费
基本费用
主副食运费补贴
职工探亲路费
职工取暖补贴
财务费用
设备、工具、器具及家具购置费
设备、工具、器具购置费
办公及生活用家具购置费
工程建设其他费用
土地征用及拆迁补偿费
建设项目管理费
研究试验费
前期工作费
专项评价（估）费
施工机构迁移费
供电贴费
联合试运转费
生产人员培训费
固定资产投资方向调节税
建设期贷款利息
预备费
价差预备费
基本预备费

图 3-1　概、预算费用组成

**公路工程建设各项费用的计算程序及计算方式** 表3-1

| 代 号 | 项 目 | 说明及计算式 |
|---|---|---|
| (一) | 直接工程费(工、料、机费) | 按编制年工程所在地的预算价格计算 |
| (二) | 其他工程费 | (一)×其他工程费综合费率或各类工程人工费和机械费之和×其他工程费综合费率 |
| (三) | 直接费 | (一)+(二) |
| (四) | 间接费 | 各类工程人工费×规费综合费率+(三)×企业管理费综合费率 |
| (五) | 利润 | [(三)+(四)-规费]×利润率 |
| (六) | 税金 | [(三)+(四)+(五)]×综合税率 |
| (七) | 建筑安装工程费 | (三)+(四)+(五)+(六) |
| (八) | 设备、工具、器具购置费(包括备品备件)<br>办公及生活用家具购置费 | Σ(设备、工具、器具购置数量×单价+运杂费)×(1+采购保管费率)<br>按有关规定计算 |
| (九) | 工程建设其他费用<br>土地征用及拆迁补偿费<br>建设单位(业主)管理费<br>工程质量监督费<br>工程监理费<br>工程定额测定费<br>设计文件审查费<br>竣(交)工验收试验检测费<br>研究试验费<br>前期工作费<br>专项评价(估)费<br>施工机构迁移费<br>供电贴费<br>联合试运转费<br>生产人员培训费 | <br>按有关规定计算<br>(七)×费率<br>(七)×费率<br>(七)×费率<br>(七)×费率<br>(七)×费率<br>按有关规定计算<br>按批准的计划编制<br>按有关规定计算<br>按有关规定计算<br>按实计算<br>按有关规定计算<br>(七)×费率<br>按有关规定计算 |
| (十) | 固定资产投资方向调节税<br>建设期贷款利息 | 按有关规定计算<br>按实际贷款数及利率计算 |
| (十一) | 预备费<br>价差预备费<br>基本预备费<br><br>预备费中施工图预算包干系数<br>建设项目总费用 | 包括价差预备费和基本预备费两项<br>按规定的公式计算<br>[(七)+(八)+(九)-固定资产投资方向调节税-建设期贷款利息]×费率<br>[(三)+(四)]×费率<br>(七)+(八)+(九)+(十) |

## 三、路基病害整治工程招投标案例

下面是西藏某一公路整治工程招标文件,可供学习参考应用。

## 第1篇　投标邀请书

# 投标邀请书

(潜在投标人全称):

××段整治改建工程项目已由交通运输部(交公路发[　　]号文)批准修建,并已列入基本建设计划。资金来源为国家全额投资。现决定对该项目路基、路面、桥梁和滑坡治理等工程的实施和完成进行公开招标。你单位已通过资格预审,现邀请你单位按照招标文件规定的内容,参加第__________合同段的投标。

1. 本项目分为1个滑坡治理合同段,1个路基合同段和1个路基、路面合同段,各合同段独立招标。技术标准三级,沥青混凝土路面。

2. 请你单位法定代表人或其授权的代理人凭本邀请书、单位介绍信、授权书和身份证(均为原件)必须于2008年5月28日至2008年6月1日,每天9:00～12:30和15:30～18:00(北京时间)到××处购买招标文件。招标文件每套售价3 000元人民币(含图纸、参考资料卷),现金支付,售后不退。

3. 本项目投标保证金只接受现金担保。潜在投标人应按投标人须知规定将金额为人民币50万元的投标保证金在2008年6月13日17:00时(到账时间)之前转入招标人指定账户,否则视为放弃投标。投标保证金转账汇出银行应为中国银行、中国建设银行、中国农业银行之一,且必须以潜在投标人的名义转入下面指定银行:

开户行:

账　号:

地　址:

户　名:

4. 招标人将于下列时间和地点组织召开标前会议,现场考察自行安排。

现场考察由潜在投标人根据自己实际自行安排,费用自理。(考察地点:×××线K3 362～K3 402(第一合同段)、K3 359～K3 387(第二合同段)、K3 387～K3 406(第三合同段))。

标前会议时间:2008年6月4日10:00时(北京时间);地点:××××××。

5. 投标文件送交的截止时间为2008年6月16日10:30时(北京时间),投标文件必须在上述时间之前送交至××地,招标人定于投标文件送交截止的同一时间、同一地点举行公开开标。请你单位法定代表人或其授权的代理人(带法人证或授权书、身份证均为原件)必须参加开标会,否则拒收投标文件。

6. 请在收到本邀请书24小时(以发出时间为准)内,以书面方式回函确认。如果你单位不准备参与投标,也请尽快书面通知我们,谢谢合作。

招标人地址:

邮　　编:　　　　电　　话:　　　　传　　真:

联 系 人:

招标人:×××公路建设项目管理中心

××××年××月××日

# 第2篇　投标人须知

投标人须知资料表　　表3-2

| 条　款　号 | 具体信息或数据 |
|---|---|
| 1.1 | 工程项目名称：×××段整治改建工程 |
| 1.2 | 工程说明：详见附件1：工程说明 |
| 1.3 | 预计工期：24个月 |
| 2 | 本项目经交通运输部（交公路发[　]××号文）批准修建，已列入基本建设计划；资金来源为：国家全额投资 |
| 3.2 | 应更新的资审资料：除本须知3.2(1)…(7)外，还应更新：无 |
| 5.1 | 现场考察时间：潜在投标人自行考察 |
| 6.1 | 标前会议时间：2008年6月3日10:00时（北京时间），地点：××××× |
| 11.6 | 指明合同是否调价：在合同实施期间，除给出指导价的沥青可以调价外，其余材料均不予调价。调整方法如下：招标文件给出沥青指导价5 000元/t（成都价），并由业主统一招标，其数量以施工单位现场实际使用数量作为结算依据，以超补跌扣的方式调整材料价差 |
| 12.1 | 投标文件有效期：开标之日起90天 |
| 13.1 | 投标保证金：人民币50万元 |
| 13.2(2) | 不适用 |
| 14.1 | 不适用 |
| 15.1 | 投标文件份数：正本1份，副本2份 |
| 16.2 | 不适用 |
| 16.3(1) | 递交投标文件地址：×××××× |
| 16.3(2) | ×××段整治改建工程项目<br>第________合同段投标文件 |
| 16.3(3) | 开标时间：2008年6月16日10:30时（北京时间） |
| 17.1 | 投标截止期：2008年6月16日10:30时（北京时间） |
| 17.2 | 投标截止期7天前 |
| 20.1 | 开标时间：2008年6月16日10:30时（北京时间）<br>开标地点：×××××× |
| 28 | 招标人将采用合理低价法进行评标； |
| 32.1 | 履约保证金的金额和提交时间：合同总价的10%（银行汇票）；在收到业主的中标通知书后的28天内，并在签订合同协议书之前汇入指定银行账户 |
| 33.1 | 中标人在收到中标通知书28天内 |
| 34.4 | 监督机构：×××××纪检组　　电话：<br>地　　址：　　邮编： |

**投标人须知修改表** 表 3-3

| 条款号 | 原 条 款 | 修改后的条款 |
|---|---|---|
| 3.3 | 原文见《范本》 | **修改为**:投标人应独家参与投标,本工程不接受任何联合体形式投标 |
| 3.5 | 原文见《范本》 | **将原(1)款修改为**:施工单位可以将非关键性工程分包给具有相应资质的单位,并对分包工程负连带责任 |
| 3.6 | 原文见《范本》 | **增加**:每个投标人只能投《投标邀请书》确定的合同段 |
| 6.1 | 原文见《范本》 | 标前会议时间:2008 年 6 月 4 日 10:00 时(北京时间)<br>地点:××××××|
| 6.4 | 增加 | 本项目实施中,潜在投标人应接受业主推广使用的"BN-EPM"公路建设项目管理软件,该软件将实现合同、台账、变更、计量、支付、监理月报、统计报表、竣工资料、决算等信息一体化管理 |
| 7.2 | 原文见《范本》 | 增加 7.2 款如下:<br>招标人出售招标文件时,同时提供"工程量清单数据的应用 U 盘",投标人只需填写各细目单价或总价,即可自动生成投标价,评标阶段无须进行算术性复核。<br>投标人不得对 U 盘中工程量清单的格式、工程数量及运算定义进行任何修改,否则视为投标报价无效。当投标人的投标价与 U 盘的工程量清单不一致时,属于重大偏差,按废标处理。<br>投标人在递交投标文件时应附招标人发出的有关资料。<br>将原 7.2、7.3 改为 7.3、7.4 款 |
| 8.1 | 原文见《范本》 | **修改**:<br>原文中"应在送交投标文件截止期至少 18 天前"改为"应在送交投标文件截止期至少 11 天前"。<br>原文中"招标人应在投标截止期 15 天前"改为"招标人应在投标截止期 7 天前" |
| 9.1 | 原文见《范本》 | **修改为**:原文中"递交投标文件截止期 15 天前"改为"递交投标文件截止期 7 天前" |
| 9.2 | 原文见《范本》 | **原条款修改为**:<br>招标人定于 2008 年 6 月 8 日在××公路项目中心网站发布补遗书,由投标人自行下载,招标人不承担非招标人原因造成投标人未收到此类补遗书的责任。各次补遗书按时序编号作为招标文件组成部分对所有投标人都有约束力 |
| 9.4 | 增加 | 招标人设有上下限控制价,在开标前 3 天通过××公路项目中心网站发布 |
| 10.1 | 原文见《范本》 | **原条款修改为**:<br>10.1 投标人编写的投标文件应包括下列各项内容:<br>(1)投标书及其附录;<br>(2)投标保证金;<br>(3)授权书;<br>(4)标价的工程量清单(含工程量单价分析电子文件光盘);<br>(5)投标书附表及施工组织设计建议书;<br>(6)资格预审更新资料(如果有);<br>(7)按本须知规定应填报的其他资料。<br>以上内容都必须使用招标文件中提供的格式,除另有规定者外,投标人不得修改 |
| 10.2 | 原文见《范本》 | **原条款修改为**:<br>随同投标文件提供的施工组织设计建议书必须满足招标文件合同条款、技术规范、计划工期的要求,同时按招标文件第十一篇规定的内容,针对合同工程的特点、施工的难点、高原生态环境脆弱、环保、施工保通问题突出、高原缺氧以及供电、供料等方面的实际情况认真编写,提出在上述工程环境下保质量、保工期、保安全、创优良工程、环境保护、施工保通以及为当地农牧民增收和防止拖欠民工工资的具体措施 |

续上表

| 条款号 | 原 条 款 | 修改后的条款 |
|---|---|---|
| 11.3 | 原文见《范本》 | 投标人的投标文件中应含的保险费按如下规定办理：<br>(1)工程一切险和第三方责任险由承包人与业主联名投保，保险费由业主承担。上述保险费在工程量清单第100章中列有一个单独的支付细目，由投标人按照招标文件的规定填写总额价，中标后业主将按承包人实际支付的保险费的保单支付给承包人。<br>(2)根据《国务院关于解决农民工问题的若干意见》中第十七条的要求，对农民工保险(含农民工工伤险，农民工意外伤害险)在工程量清单第100章中列有一个单独的支付细目，按30万元固定报价，中标后业主将按承包人实际支付的保险费的保单支付给承包人。<br>(3)除上述工程一切险和第三方责任险、农民工保险外，所投其他保险(含承包人装备险、职工险等)均由承包人自行投保，保险费由承包人承担并支付，并包含在所报的单价或总额价中，不单独报价 |
| 11.4 | 原文见《范本》 | 原条款修改为：<br>本合同工程需缴纳的一切税费均由承包人承担，并包含在所报的单价或总额价内。其中，营业税、教育费附加由业主统一代扣代缴 |
| 11.6 | 原文见《范本》 | 原条款修改为：<br>投标人报价时(除沥青外)，应把物价上涨因素影响计入单价或总额价中，在合同执行中不再调整。要求投标人用WCOST2000软件，提供该项目单价分析的电子文件(光盘)密封于投标文件的正本中。<br>投标人必须提供有报价的工程量清单的数据U盘(招标人提供的)，并密封于投标文件的正本中。业主将每个合同段的投标人中标价之和与上级批复的预算价的比值作为下浮点，中标人在施工中出现的新增单价按预算单价乘该下浮点计算确定。该预算单价应以《西藏公路工程造价信息》(2008年第1期)为依据计算 |
| 11.8 | 原文见《范本》 | **原条文修改为：**本工程不接受调价函 |
| 11.9 | 增加 | 鉴于本项目的特殊施工环境，投标人对环境保护措施费用在工程量清单第100章中以50万元固定报价。承包人为承包本工程施工所需的石料、砂、砾石等材料必须在指定的料场进行开采，承包人应负责办理料场开采证或料场租用手续，并承担由此产生的一切费用和责任。项目实施中，若发现设计指定料场储量不足、材料质量不满足施工要求或由于环保等方面的原因，可根据实际情况予以变更 |
| 11.10 | 增加 | 依据《公路水运工程安全生产监督管理办法》(中华人民共和国交通部令(2007年第1号))有关规定，投标人对安全生产费用在工程量清单100章中以200章至700章合计(不含暂定金)的1%报价。安全生产费用由业主根据监理工程师对工程安全生产情况的签字确认进行支付 |
| 12.2 | 原文见《范本》 | **增加：**投标人应在24小时内以传真等书面形式，对招标人提出的投标文件有效期的延长作出答复 |
| 13.2 | 原文见《范本》 | **原条款修改为：**<br>投标人的投标担保形式是银行汇票 |
| 13.4 | 原文见《范本》 | **原条款修改为：**<br>投标保证金的转账回单扫描件装入投标文件中。未按规定提交投标保证金的投标文件，招标人将予以拒绝 |
| 13.6 | 增加 | (4)经核查投标人有行贿舞弊、串通抬价，以致损害国家或他人利益者。<br>(5)中标人未按本须知规定签订廉政合同，环保、保通、安全生产协议 |

续上表

| 条款号 | 原　条　款 | 修改后的条款 |
|---|---|---|
| 14.1 | 原文见《范本》 | **原条款修改为：**<br>投标人应按照招标文件所要求的基本技术条件和技术要求编制投标文件。本工程不接受选择方案 |
| 15.4 | 原文见《范本》 | **原条款修改为：**<br>本须知第15.2款规定的授权书必须由法定代表人亲自签署并由公证机关公证，公证书原件应装订在投标文件的正本之中。公证书中应对投标人的法定代表人、被授权代理人的签字、投标人的公章的真实性作出公证。如果由投标人的法定代表人亲自签署投标文件，则不需提交授权书，但必须对投标文件中法定代表人的签字及投标人签章的真实性作出公证。公证书出具的日期与授权书出具的日期同日或之后，投标书出具日期与公证书出具日期同日或之后 |
| 16.2 | 原文见《范本》 | 不适用 |
| 16.5 | 原文见《范本》 | **修改为：**投标文件必须由投标人当面递交至招标人处，由招标人签收 |
| 22.1 | 原文见《范本》 | 原文修改为：(6)、(9)条不适用 |
| 23.1 | 原文见《范本》 | 不适用 |
| 23.2 | 原文见《范本》 | 不适用 |
| 24.3 | 原文见《范本》 | 原文修改为：(1)、(4)条不适用 |
| 25.1(1) | 原文见《范本》 | 不适用 |
| 25.2(1) | 原文见《范本》 | 不适用 |
| 25.2(4) | 原文见《范本》 | **原文修改为：**投标人修改了工程细目、工程数量，则投标报价视为无效 |
| 25.2(5) | 原文见《范本》 | 不适用 |
| 25.2(6) | 原文见《范本》 | 不适用 |
| 25.4 | 增加 | 招标人如发现投标人所报工程量清单的各章之间或工程细目中报价存在严重的不平衡，则可要求中标单位在总价不变的情况下在合同谈判期间并在签订合同前，调整部分不合理单价直至平衡，并经双方确认。若中标人拒绝调整，招标人有权选择第二中标人 |
| 28.1 | 评标方法 | 内容为：<br>本工程项目评标采用合理低价法，满分按100分计算。招标人设定上下限控制价，开标前三天在指定网站上公布。<br>1.投标价大于和等于招标人控制价上限的，作废标处理。<br>2.投标价小于和等于招标人控制价下限的，作废标处理。<br>3.计算方法：将所有被宣读的有效投标价进行算术平均，并对所有小于和等于此算术平均值的投标人的投标报价进行二次平均，作为评标基准价。投标人的投标价等于评标基准价时得满分，每高于评标基准价一个百分点时扣2分，每低于评标基准价一个百分点时扣1分，其中间值内插。<br>4.当投标人投标报价相同时，以工程量清单中200章至700章报价合计较低者优先。<br>5.若两家及以上投标报价相同的潜在投标人工程量清单中第200章至第700章报价相同时，均按废标处理 |
| 29.1 | 原文见《范本》 | **原文修改为：**<br>招标人将把合同授予投标文件通过初步评审和详细评审，投标价得分最高的投标人 |
| 30.2 | 增加 | 若投标人无故放弃中标，招标人有权没收其投标保证金；经过评标阶段的投标申请人，若第一名自愿放弃中标，招标人将推荐排名第二的备选中标候选人为中标候选人，中标价采用中标候选人和备选中标候选人投标报价较低的投标价 |

续上表

| 条款号 | 原　条　款 | 修改后的条款 |
|---|---|---|
| 32.1 | 原文见《范本》 | **原文**(最后一句)**删除**:<br>联合体的履约保证金由联合体主办人出具或联合体成员共同出具,金额等于招标文件规定 |
| 33.5 | 增加 | 根据国家和交通运输部有关廉政建设的规定,为预防和遏制腐败现象的滋生,业主和中标人在签订合同协议书的同时需按照本招标文件规定的格式和要求签订廉政合同、环保以及保通协议,明确双方在廉政建设以及环保、保通协议方面的权利和义务以及应承担的违约责任 |

注:《范本》即交通部《公路工程国内招标文件范本》(2003 年版)(附件从略)

## 第 3 篇　合同通用条款

见交通部《公路工程国内招标文件范本》(2003 年版)。由投标人自行购买。

## 第 4 篇　合同专用条款

合同专用条款是对合同通用条款有关条款的补充、删改或具体化,应对照合同通用条款中同一编号的条和款一起阅读和理解。

如果合同专用条款与合同通用条款之间有不符之处,以本合同专用条款为准(具体内容从略)。

## 第 5 篇　技术规范专用条款

技术规范专用条款依据×××段整治改建工程所处的自然环境和生态环境、设计图纸、施工条件及项目特点对交通部颁《公路工程国内招标文件范本》(2003 年)中技术规范的下列章节进行了补充、完善和修改。工程检查实测项目及技术要求按《公路工程质量检验评定标准》(JTJ F80/1—2004)和现行部版技术标准、规范执行。

本技术规范专用条款应对照《公路工程国内招标文件范本》(简称范本)中技术规范的章、节、条、款一起阅读和理解。本技术专用条款与《范本》不一致之处,以本技术规范专用条款为准(具体内容从略)。

## 第 6 篇　投标书与授权书

### A 投标书格式

**投　标　书**

致:×××××公路建设项目××××

1. 在研究了第______合同段的招标文件(含补遗书第______号至第______号)和考察了工程现场后,我们愿意按人民币(大写)____________元(¥______元)的投标总价,遵照招标文件的要求承担本合同工程的实施、完成及其缺陷修复工作。

2. 第______合同段由 K______+______至 K______+______,长________km,技术标准____级,路面。有大中桥______座以及其他构造物工程等。

3. 如果你单位接受我们的投标,我们将保证按照你单位认可的条件,以本投标书附录内写明的金额提交履约保证金。

4. 如果你单位接受我们的投标,我们将保证在接到监理工程师的开工通知书后,在本投标书附录内写明的开工期内开工，并在______个月内的工期内完成本合同工程，达到合同规定的要求，该工期从本投标书附录内写明的开工期的最后一天算起。

5. 我们同意在从规定的开标之日起90天的投标文件有效期内严格遵守本投标书的各项承诺。在此期限届满之前，本投标书始终将对我们具有约束力，并随时接受中标。

6. 在合同协议书正式签署生效之前，本投标书连同你单位的中标通知书将构成我们双方之间共同遵守的文件，对双方具有约束力。

7. 我们理解，你单位不一定接受最低标价的投标书或你单位接到的其他任何投标。同时也理解，你单位不负担我们的任何投标费用。

8. 随同本投标书，我们出具金额为人民币50万元的投标担保。如果我们在本投标文件有效期内撤回投标文件；或拒绝接受按投标人须知规定的对投标文件中细微偏差进行澄清与补正；或拒绝接受工程数量调整；或不平衡单价调整；或在接到中标通知书后的28天内未能或拒绝签订合同协议书；或未能提交履约保证金(银行汇票)，你单位有权没收投标保证金，另选投标单位。

投　标　人：______（全称）______（盖章）

法定代表人或其授权的代理人：(职务)(姓名)(签字)

投标人地址：______________________

邮 政 编 码：______________________

电　　　话：______________________

传　　　真：______________________

日　　　期：______年______月______日

**B 投标书附录**

表3-4

| 序号 | 事　　项 | 合同条款 | 数　　据 |
|---|---|---|---|
| 1 | 投标担保金额 | — | 人民币50万元(银行汇票) |
| 2 | 履约保证金金额 | 10.1 | 合同总价的10%(银行汇票) |
| 3 | 发出开工令期限(从签订合同协议书之日算起) | 41.1 | 28天内 |
| 4 | 开工期(接到监理工程师的开工令之日算起) | 41.1 | 7天内 |
| 5 | 工期 | 43.1 | 24个月 |
| 6 | 拖期损失偿金 | 47.1 | 合同总价的0.1%/天 |
| 7 | 拖期损失偿金限额 | 47.1 | 合同总价的10% |
| 8 | 缺陷责任期 | 49.1 | 2年 |
| 9 | 保修期 | 50.2 | 5年 |
| 10 | 期中(月进度)支付证书最低限额 | 60.2 | 合同总价的2%或人民币100万元 |
| 11 | 保留金的百分比 | 60.3 | 月支付额的10% |
| 12 | 保留金限额 | 60.3 | 合同总价的10% |
| 13 | 开工预付款 | 60.5 | 合同总价的10%(不含暂定金额) |
| 14 | 材料预付款 | 60.7 | 路面用碎石60%(单价经监理工程师确认)和进场水泥、钢材、沥青主要材料单据所列费用的60% |
| 15 | 支付时间 | 60.15 | 中期支付证书开出后21天<br>最后支付证书开出后42天 |
| 16 | 未付款额的利率 | 60.15 | 0.05‰/天 |

投标书签署人签名：______________

**C 授权书格式**

## 授　权　书

致：×××××公路建设项目××××

本授权书宣告：(投标人全称)(职务)(姓名)合法地代表我单位，授权(投标人或其下属单位全称)的(职务)(姓名)为我单位代理人。该代理人有权在(公路项目名称)第________合同段工程的投标活动中，以我单位的名义签署投标书和投标文件，与招标人(或业主)协商、签订合同协议书以及执行一切与此有关的事项。

投　标　人：________(盖章)________

授　权　人：________(签字)________

被授权的代理人：________(签字)________

日　　期：________年______月______日

注：在授权书后应附有经公证机关盖章和加盖钢印并由公证员盖签名章的公证书，如果由申请人的法定代表人签署申请书，则不需要提交授权书，但仍需对申请人法定代表人的签字、申请人公章的真实性作出公证。若投标文件中缺少公证书或公证书不满足要求(公证书原件装入投标文件正本中)，招标人有权将其作为废标处理。

# 第7篇　工程量清单

(具体内容从略)

# 第8篇　投标书附表

**拟为承包本合同工程设立的组织机构图**　　表3-5

| |
|---|
| |
| 说明： |

**拟在本合同工程任职的主要人员简历表**　　表3-6

| 姓　名 | | 年　龄 | | 专　业 | | |
|---|---|---|---|---|---|---|
| 职　务 | | 职　称 | | 拟在本合同工程担任职务 | | |
| 毕业学校 | _____年___月毕业于_______________(学校)________系(科)，学制________年 | | | | | |
| | 经　历 | | | | | |
| 年～　年 | 参加过施工的工程项目名称 | | | 担任何职 | 备　注 | |
| | | | | | | |

注：1. 所有人员必须身体健康，适应高原工作环境，拟投入人员必须与资格预审文件一致，否则按废标处理。

2. 简历表后应附主要人员证件彩色扫描件。

**拟投入本合同工程的主要施工机械表**　　表3-7

| 机械名称 | 规格型号 | 额定功率(kW)或容量($m^3$)或吨位(t) | 厂牌及出厂时间 | 数量(台) | | | | 新旧程度(%) | 预计进场时间 |
|---|---|---|---|---|---|---|---|---|---|
| | | | | 小计 | 其中 | | | | |
| | | | | | 拥有 | 新购 | 租赁 | | |
| | | | | | | | | | |
| | | | | | | | | | |
| | | | | | | | | | |

注：拟投入施工机械不得低于资格预审文件中的要求。

**拟投入本合同工程主要测试仪器、设备表** 表3-8

| 序号 | 仪器设备名称 | 规格型号 | 单　位 | 数　量 | 备　注 |
| --- | --- | --- | --- | --- | --- |
| | | | | | |
| | | | | | |

注：拟投入试验仪器和设备不得低于资格预审文件中的要求。

**合同用款估算表** 表3-9

| 从开工月算起的时间(月) | 投标人的估算 | | | |
| --- | --- | --- | --- | --- |
| | 分　期 | | 累　计 | |
| | 金额(元) | (%) | 金额(元) | (%) |
| 第一次开工预付款 | | | | |
| 1~3 | | | | |
| 4~6 | | | | |
| 7~9 | | | | |
| …… | | | | |
| 缺陷责任期 | | | | |
| 小计 | | 100 | | |
| 投标价： | | | | |
| 说明 | | | | |

**临时用地计划表** 表3-10

| 用　途 | 面　积($m^2$) | | | | 需用时间____年____月至____年____月 | 用地位置 | | |
| --- | --- | --- | --- | --- | --- | --- | --- | --- |
| | 菜地 | 旱地 | 果园 | 荒地 | | 桩号 | 左侧(m) | 右侧(m) |
| 一、临时工程 | | | | | | | | |
| 1. 便道 | | | | | | | | |
| 2. 便桥 | | | | | | | | |
| 3. …… | | | | | | | | |
| 二、生产及生活临时设施 | | | | | | | | |
| 1. 临时住房 | | | | | | | | |
| 2. 办公等公用房屋 | | | | | | | | |
| 3. 料库 | | | | | | | | |
| 4. 预制场 | | | | | | | | |
| 5. …… | | | | | | | | |
| 租用面积合计 | | | | | | | | |

**分 包 人 表** 表 3-11

| 分包人名称 | | | 地　址 | | |
|---|---|---|---|---|---|
| 法定代表人姓名 | | 营业执照号码 | | 资质等级证书号码 | |
| 拟分包的工程内容 | 估计分包值(元) | | 以往做过的类似工程 | | |
| | | | 注:①本栏应写明分包人以往做过的类似工程,包括工程名称、工程地点、造价、工期、竣工年份和其业主与监理工程师的姓名和地址。<br>②若无分包人,则投标人应填写“无” | | |
| | | | | | |
| | | | | | |
| | | | | | |
| | | | | | |
| 分包值合计 | | | | | |

**分 管 领 导 表** 表 3-12

| |
|---|
| 请提供本项目分管领导的联系方式(由总公司委任,要求提供电话、传真和电子邮件),并能随时响应业主的指令,处理该项目的一些突发应急情况。 |

## 第 9 篇　合同协议书

(具体内容从略)

## 第 10 篇　开工预付款银行保函

(具体内容从略)

## 第 11 篇　施工组织设计建议书

1. 施工组织设计建议书共由 7 张表(图)组成。投标人应按“投标人须知”第 10.2 款的要求,依照所附的格式认真编制。

2. 由投标人填报的本建议书应控制在 30 000 字以内,并将作为评标的考虑因素之一。

3. 投标人如果中标,将提交详细的施工组织设计、进度计划,但应与本建议书基本上保持一致。

4. 本建议书包含下列内容:

①施工组织设计的文字说明;

②分项工程进度率计划(斜率图);

③工程管理曲线;

④施工总平面布置;

⑤主要分项工程施工工艺框图;

⑥分项工程生产率和施工周期表;

⑦施工总体计划表。

(表格格式从略)

## 第 12 篇　评标办法

(具体内容从略)

# 附录　概(预)算表格样式

**总概(预)算汇总表**　　表3-13

建设项目名称：　　第　页共　页

| 项次 | 工程或耐用名称 | 单位 | 总数量 | 概(预)算金额(元) | | | | 技术经济指标 | 各项费用比例(%) | 备注 |
|---|---|---|---|---|---|---|---|---|---|---|
| | | | | | | | 合计 | | | |
| | | | | | | | | | | |
| | | | | | | | | | | |

填表说明：1. 一个建设项目分若干个单项工编制概(预)算时，应通过本表汇总全部建设项目概(预)算金额。
2. 本表反映一个建设项目的各项费用组成，概(预)总值和技术经济指标。
3. 本表项次、工程费用名称、单位、总数量、概(预)算金额应由各单项或单位工程总概(预)算表转来，“目”、“节”、可视需要增减，“项”应保留。
4. “技术经济指标”以各项概(预)算金额汇总合计除以相应总数量计算，“各项费用比例”以汇总的各项目概(预)算金额合计除以总概(预)算金额合计计算

编制：　　复核：

**总概(预)算人工、主要材料、机械台班数量汇总表**　　表3-14

建设项目名称：　　第　页共　页

| 序号 | 规格名称 | 单位 | 总数量 | 编制范围 | | | | | | | | | |
|---|---|---|---|---|---|---|---|---|---|---|---|---|---|
| | | | | | | | | | | | | | |
| | | | | | | | | | | | | | |

填表说明：1. 一个建设项目分若干个单项工程编制概(预)算时，应通过本表汇总全部建设项目的人工、主要材料、机械台班数量。
2. 本表各栏数据均由各单项或单位工程概(预)算中的人工、主要材料、机械台班数量汇总表转来，编制范围指单项或单位工程

编制：　　复核：

**总概(预)算表**　　表3-15

建设项目名称：

编 制 范 围：　　第　页共　页

| 项 | 目 | 节 | 细目 | 工程或费用名称 | 单位 | 数量 | 概(预)算金额(元) | 技术经济指标 | 各项费用比例(%) | 备注 |
|---|---|---|---|---|---|---|---|---|---|---|
| | | | | | | | | | | |
| | | | | | | | | | | |

填表说明：1. 本表反映一个单项或单位工程的各项费用组成，概(预)算金额、技术经济指标等。
2. 本表“项”、“目”、“节”、“细目”、“工程或费用名称”、“单位”等应按概(预)算项目表的序列及内容填写。“目”、“节”、“细目”可视需要增减，但“项”应保留。
3. “数量”、“概(预)算金额”由建筑工程费计算表，设备、工具、器具购置费计算表、工程建设其他费用及回收金额计算表转来。
4. “技术经济指标”以各项目概(预)算金额除以相应数量计算；“各项费用比例”以各项概(预)算金额除以总概(预)算金额计算

编制：　　复核：

## 人工、主要材料、机械台班数量汇总表

表 3-16

建设项目名称：

编 制 范 围：　　　　　　　　　　　　　　　　　　　　　　　　第　页共　页

| 序号 | 规格名称 | 单位 | 总数量 | 分项统计 | | | | | | | 场外运输损耗 | |
|---|---|---|---|---|---|---|---|---|---|---|---|---|
| | | | | | | | | | | | % | 数量 |
| | | | | | | | | | | | | |
| | | | | | | | | | | | | |
| | | | | | | | | | | | | |
| | | | | | | | | | | | | |
| | | | | | | | | | | | | |
| | | | | | | | | | | | | |
| | | | | | | | | | | | | |

填表说明：1. 本表各栏数据由分项工程概（预）算基础数据表及辅助生产工、料、机械台班单位数量表经分析计算后统计而来。

2. 发生的冬季、雨季及夜间施工增工及临时设施用工，根据有关附录规定计算后列入本表有关项目内

编制：　　　　　　　　　　　　　　　　　　　　　　　　　　　　复核：

## 建筑安装工程费计算表

表 3-17

建设项目名称：

编 制 范 围：　　　　　　　　　　　　　　　　　　　　　　　　第　页共　页

| 序号 | 工程名称 | 单位 | 工程量 | 直接费（元） | | | | | | 间接费（元） | 利润（元）费率% | 税金（元）综合税率% | 建筑安装工程费 | |
|---|---|---|---|---|---|---|---|---|---|---|---|---|---|---|
| | | | | 直接工程费 | | | | 其他工程费 | 合计 | | | | 合计（元） | 单价（元） |
| | | | | 人工费 | 材料费 | 机械使用费 | 合计 | | | | | | | |
| 1 | 2 | 3 | 4 | 5 | 6 | 7 | 8 | 9 | 10 | 11 | 12 | 13 | 14 | 15 |
| | | | | | | | | | | | | | | |
| | | | | | | | | | | | | | | |
| | | | | | | | | | | | | | | |
| | | | | | | | | | | | | | | |
| | | | | | | | | | | | | | | |
| | | | | | | | | | | | | | | |

填表说明：本表各栏数据之间关系，5～7 均由分项工程概（预）算基础数据表经计算转来；8 = 5 + 6 + 7；9 = 8 × 9 的费率或（5 + 7）× 9 的费率；10 = 8 + 9；11 = 5 × 规费综合费率 + 10 × 企业管理费综合费率；12 =（10 + 11 − 规费）× 12 的费率；13 =（10 + 11 + 12）× 综合费率；14 = 10 + 11 + 12 + 13；15 = 14 ÷ 4

编制：　　　　　　　　　　　　　　　　　　　　　　　　　　　　复核：

## 其他工程费及间接综合费率计算表

表 3-18

建设项目名称：

编 制 范 围：　　　　　　　　　　　　　　　　　　　　　　　　第　页共　页

| 序号 | 工程类别 | 其他工程费费率（%） | | | | | | | | | | | | | 间接费费率（%） | | | | | | | | | | | |
|---|---|---|---|---|---|---|---|---|---|---|---|---|---|---|---|---|---|---|---|---|---|---|---|---|---|---|
| | | 冬季施工增加费 | 雨季施工增加费 | 夜间施工增加费 | 高原地区施工增加费 | 风沙地区施工增加费 | 沿海地区施工增加费 | 行车干扰工程施工增加费 | 安全文明施工措施费 | 临时设施费 | 施工辅助费 | 工地转移费 | 综合费率 | | 规费 | | | | | | 企业管理费 | | | | | |
| | | | | | | | | | | | | | Ⅰ | Ⅱ | 养老保险费 | 失业保险费 | 医疗保险费 | 住房公积金 | 工伤保险费 | 综合费率 | 基本费用 | 主副食运费补贴 | 职工探亲路费 | 职工取暖补贴 | 财务费用 | 综合费率 |
| 1 | 2 | 3 | 4 | 5 | 6 | 7 | 8 | 9 | 10 | 11 | 12 | 13 | 14 | 15 | 16 | 17 | 18 | 19 | 20 | 21 | 22 | 23 | 24 | 25 | 26 | 27 |
| | | | | | | | | | | | | | | | | | | | | | | | | | | |
| | | | | | | | | | | | | | | | | | | | | | | | | | | |
| | | | | | | | | | | | | | | | | | | | | | | | | | | |
| | | | | | | | | | | | | | | | | | | | | | | | | | | |
| | | | | | | | | | | | | | | | | | | | | | | | | | | |

填表说明：本表应根据建设工程项目具体情况，按概（预）算编制办法有关规定填入数据计算。其中：14 = 3 + 4 + 5 + 8 + 10 + 11 + 12 + 13；15 = 6 + 7 + 9；21 = 16 + 17 + 18 + 19 + 20；27 = 22 + 23 + 24 + 25 + 26

编制：　　　　　　　　　　　　　　　　　　　　　　　　　　　　复核：

## 设备、工具、器具购置费计算表

表 3-19

建设项目名称：

编 制 范 围：　　　　　　　　　　　　　　　　　　　　　　　　　　　　第　页共　页

| 序号 | 设备、工具、器具规格名称 | 单　位 | 数　量 | 单价(元) | 金额(元) | 说　明 |
|---|---|---|---|---|---|---|
| | | | | | | |
| | | 填表说明：本表应根据具体的设备、工具、器具购置清单进行计算，包括设备规格、单位、数量、单价以及需要说明的有关问题 | | | | |
| | | | | | | |
| | | | | | | |
| | | | | | | |

编制：　　　　　　　　　　　　　　　　　　　　　　　　　　　　　　　复核：

## 工程建设其他费用及回收金额计算表

表 3-20

建设项目名称：

编 制 范 围：　　　　　　　　　　　　　　　　　　　　　　　　　　　　第　页共　页

| 序号 | 费用名称及回收金额项目 | 说明及计算式 | 金额(元) | 备　注 |
|---|---|---|---|---|
| | | | | |
| | 填表说明：本表应按具体发生的工程建设其他费用项目填写，需要说明和具体计算的费用项目依次相应在说明及计算式栏内填写或具体计算，各项费用具体填写如下：<br>1. 土地征用及拆迁补偿费应填写土地补偿单价、数量和安置补助费标准、数量等，列式计算所需费用，填入金额栏。<br>2. 建设项目管理费包括建设单位(业主)管理费、工程质量监督费、工程监理费、工程定额测定费、设计文件审查费、竣(交)工验收试验检测费，按“建筑安装工程费 × 费率”或有关定额列式计算。<br>3. 研究试验费应根据设计需要进行研究试验的项目分别填写项目名称及金额，或列式计算或进行说明。<br>4. 建设项目前期工作费按国家有关规定填入本表，列式计算。<br>5. 其余有关工程建设其他费用的填入和计算方法，根据规定依此类推 | | | |
| | | | | |
| | | | | |
| | | | | |
| | | | | |
| | | | | |
| | | | | |
| | | | | |
| | | | | |
| | | | | |
| | | | | |

编制：　　　　　　　　　　　　　　　　　　　　　　　　　　　　　　　复核：

## 人工、材料、机械台班单价汇总表

表 3-21

建设项目名称：

编 制 范 围：　　　　　　　　　　　　　　　　　　　　　　　　　　　　第　页共　页

| 序号 | 名称 | 单位 | 代号 | 预算单价(元) | 备注 | 序号 | 名称 | 单位 | 代号 | 预算单价(元) | 备注 |
|---|---|---|---|---|---|---|---|---|---|---|---|
| | | | | | | | | | | | |
| | | | 填表说明：本表预算单价主要由材料预算单价计算表和机械台班单价计算表转来 | | | | | | | | |
| | | | | | | | | | | | |
| | | | | | | | | | | | |

编制：　　　　　　　　　　　　　　　　　　　　　　　　　　　　　　　复核：

**建筑安装工程费计算数据表** 表3-22

建设项目名称： 编制范围： 数据文件编号： 公路等级：

路线或桥梁长度(km)： 路基或桥梁宽度(m)： 第 页共 页

| 项的代号 | 本项目数 | 目的代号 | 本目节数 | 节的代号 | 本节细目数 | 细目的代号 | 费率编号 | 定额个数 | 定额代号 | 项或目或节或细目或定额的名称 | 单位 | 数量 | | 定额调整情况 |
|---|---|---|---|---|---|---|---|---|---|---|---|---|---|---|
| | | | | | | | | | | | | | | |
| | | | | | | | | | | | | | | |
| | | | | | | | | | | | | | | |

填表说明：1. 本表应逐行从左到右横向跨栏填写。

2.“项”、“目”、“节”、“细目”、“定额”等的代号应根据实际需要按《编办》附录四“概、预算项目表”及现行《公路工程概算定额》(JTG/T B06—01)、《公路工程预算定额》(JTG/T B06—02)的序列及内容填写。

3. 本表主要是为利用计算机软件编制概、预算提供基础数据，具体填表规则由软件用户手册详细制订

编制： 复核：

**分项工程概(预)算表** 表3-23

编制范围：

工程名称： 第 页共 页

| 编号 | 工程项目 | | | | | | | | | | | | | 合计 | |
|---|---|---|---|---|---|---|---|---|---|---|---|---|---|---|---|
| | 工程细目 | | | | | | | | | | | | | | |
| | 定额单位 | | | | | | | | | | | | | | |
| | 工程数量 | | | | | | | | | | | | | | |
| | 定额表号 | | | | | | | | | | | | | | |
| | 工、料、机名称 | 单位 | 单价(元) | 定额 | 数量 | 金额(元) | 定额 | 数量 | 金额(元) | 定额 | 数量 | 金额(元) | | 数量 | 金额 |
| 1 | 人工 | 工日 | | | | | | | | | | | | | |
| 2 | …… | | | | | | | | | | | | | | |
| | | | | | | | | | | | | | | | |
| | 定额基价 | 元 | | | | | | | | | | | | | |
| | | | | | | | | | | | | | | | |
| | 直接工程费 | 元 | | | | | | | | | | | | | |
| | 其他工程费 I | 元 | | | | | | | | | | | | | |
| | 其他工程费 II | 元 | | | | | | | | | | | | | |
| | 间接费 规费 | 元 | | | | | | | | | | | | | |
| | 间接费 企业管理费 | 元 | | | | | | | | | | | | | |
| | 利润及税金 | 元 | | | | | | | | | | | | | |
| | 建筑安装工程费 | 元 | | | | | | | | | | | | | |

填表说明：1. 本表按具体分项工程项目数量、对应概(预)算定额子目填写，单价由人工、材料、机械台班单价汇总表转来，金额 = 工、料、机各项的单价 × 定额 × 数量。

2. 其他工程费按相应项目的直接工程费或人工费与施工机械使用费之和 × 规定费率计算。

3. 规费按相应项目的人工费 × 规定费率计算。

4. 企业管理费按相应项目的直接费 × 规定费率计算。

5. 利润按相应项目的(直接费 + 间接费 − 规费) × 利润率计算。

6. 税金按相应项目的(直接费 + 间接费 + 利润) × 税率计算

编制： 复核：

**材料预算单价计算表** 表 3-24

建设项目名称：

编 制 范 围： 第 页共 页

| 序号 | 规格名称 | 单位 | 原价(元) | 运杂费 | | | | | 原价运费合计(元) | 场外运输损耗 | | 采购及保管费 | | 预算单价(元) |
|---|---|---|---|---|---|---|---|---|---|---|---|---|---|---|
| | | | | 供应地点 | 运输方式、比重及运距 | 毛重系数或单位毛重 | 运杂费构成说明或计算式 | 单位运费(元) | | 费率(%) | 金额(元) | 费率(%) | 金额(元) | |
| | | | | | | | | | | | | | | |

填表说明：1. 本表计算各种材料自供应地点或料场至工地的全部运杂费与材料原价及其他费用组成预算单价。
2. 运输方式按火车、汽车、船舶等及所占运输比重填写。
3. 毛重系数、场外运输损耗、采购及保管费按规定填写。
4. 根据材料供应地点、运输方式、运输单价、毛重系数等，通过运杂费构成说明或计算式，计算得出材料单位运费。
5. 材料原价与单位运费、场外运输损耗、采购及保管费组成材料预算单价

编制： 复核：

**自采材料料场价格计算表** 表 3-25

建设项目名称：

编 制 范 围： 第 页共 页

| 序号 | 定额号 | 材料规格名称 | 单位 | 料场价格(元) | 人工(工日)单价 (元) | | 间接费(元)(占人工费%) | ( )单价 (元) | | ( )单价 (元) | | ( )单价 (元) | | ( )单价 (元) | |
|---|---|---|---|---|---|---|---|---|---|---|---|---|---|---|---|
| | | | | | 定额 | 金额 | | 定额 | 金额 | 定额 | 金额 | 定额 | 金额 | 定额 | 金额 |
| | | | | | | | | | | | | | | | |

填表说明：1. 本表主要用于分析计算自采材料料场价格，应将选用的定额人工、材料、机械台班数量全部列出，包括相应的工、料、机单价。
2. 材料规格用途相同而生产方式(如人工捶碎石、机械轧碎石)不同时，应分别计算单价，再以各种生产方式所占比重根据合计价格加权平均计算料场价格。
3. 定额中机械台班有调整系数时，应在本表内计算

编制： 复核：

**机械台班单价计算表** 表 3-26

建设项目名称：

编 制 范 围： 第 页共 页

| 序号 | 定额号 | 机械规格名称 | 台班单价(元) | 不变费用(元) | | 可变费用 | | | | | | | | |
|---|---|---|---|---|---|---|---|---|---|---|---|---|---|---|
| | | | | 调整系数 | | 人工(元/工日) | | 汽油(元/kg) | | 柴油(元/kg) | | …… | | 合计 |
| | | | | 定额 | 调整值 | 定额 | 金额 | 定额 | 金额 | 定额 | 金额 | 定额 | 金额 | |
| | | | | | | | | | | | | | | |

填表说明：1. 本表应根据公路工程机械台班费用定额进行计算。不变费用如有调整系数，应填入调整值；可变费用各栏填入定额数量。
2. 人工、动力燃料的单价由材料预算单价计算表中转来

编制： 复核：

**辅助生产工、料、机械台班单位数量表**

表 3-27

建设项目名称：

编 制 范 围：　　　　　　　　　　　　　　　　　　　　　　　　　第　页共　页

| 序　号 | 规格名称 | 单　位 | 人工(工日) | | | | | | |
|---|---|---|---|---|---|---|---|---|---|
| | | | | | | | | | |
| | | | 填表说明：本表各栏数据由自采材料料场价格计算表统计而来 | | | | | | |
| | | | | | | | | | |
| | | | | | | | | | |

编制：　　　　　　　　　　　　　　　　　　　　　　　　　　　　复核：

## 单元二　路基病害工程监测与检测

高速公路、一级公路或二级公路设计车速高,路面平整性要求高,因此,规定在施工过程中必须进行沉降和稳定观测,这样一方面可保证路堤在施工中的安全和稳定,另一方面能正确预测工后沉降,使工后沉降控制在设计的允许范围之内。

高填方路堤的地基土体由于填筑体对其施加了较大压力,会产生压缩变形;填筑体在自身重力作用下也要压密变形。这两个变形的完成都需要一定的时间才能完成,并逐步达到稳定。高填方路堤的基底承受的荷载很大,一般应进行路堤稳定性验算和对基底土的承压强度值进行检查。如对原地基进行常规压实仍不能满足稳定验算要求,应对地基进行加固处理。因此,高路堤施工除应优先安排施工外,还有必要对其稳定与沉降实施动态监测,以保证工程和确定路面施工时间。

在软土地基上修筑公路路堤,最突出的问题是稳定和沉降。虽然软土地基处理方法有很多并已在公路工程中广泛应用,但鉴于软土地基地质条件、路堤荷载条件和施工条件的复杂性,一般难以对每种处理方法进行严密的理论分析,还不能在设计时作精确的计算与设计。为掌握路堤在施工期间的变形动态,必须进行动态观测。动态观测项目除设计有明确要求的外,一般视工程的重要性和地基的特殊性,以及观测对施工的影响程度等来确定。

### 一、路基病害整治施工监测

#### 1. 监测目的与原则

路基病害整治施工监测的目的主要有 4 个方面,即以工程监测的结果指导现场施工,确定和优化施工参数,进行信息化施工。根据监测结果及时发现危险的先兆,分析原因判断工程的安全性,采取必要的工程措施,防止发生工程破坏事故和环境事故。评价路基工程的技术状况,检验设计参数和设计理论的正确性,为设计、施工、管理和科学研究提供资料。路基病害整治施工监测的原则如下:

①监测点应设在观测数据容易反馈的部位。地基条件差、地形变化大和设计问题多的部位和土质调查点附近均应设置观测点,桥头纵向坡脚、填挖交界的填方端、沿河、临空等特殊路段均应酌情增设观测点。

②无论是在路堤的纵向,还是横向,测点越多,测得的结果越能反映路堤真实情况。但测点多,费用、测试工作量、测点保护工作量都会相应增加,并会对施工造成不便。从满足监测需要与施工便利性考虑,一般路段沿纵向每隔 100 ~ 200m 设置一个观测断面,桥头引道路段应设置 2 ~ 3 个观测断面。

③沿河、临河等临空面大且稳定性差的路段,必要时应进行地基土体内部水平位移的观测。对于成层软土地基需进行土体内部竖向和水平向位移观测。

④测点的设置不仅要根据设计要求,同时还应根据施工中掌握的地质、地形等情况增设。

⑤在施工期间位移观测应每填筑一层观测一次;如果两次填筑时间间隔较长,每 3d 至少观测一次。路堤填筑完成后,堆载预压期间观测应视地基稳定情况而定,一般半月或每月观测一次。对于孔隙水压力的观测,每填筑一层后,应每隔 1h 观测一次,连续观测 2 ~ 3d。

⑥当路堤稳定出现异常情况而可能失稳时,应立即停止加载,并采取果断措施。待路堤恢

复稳定后，方可继续填筑。

⑦沉降和稳定等观测点最好设在同一横断面上，这样有利于测点看护，便于集中观测，统一观测频率，更重要的是便于各观测项目数据的综合分析。

⑧观测频率应与位移速率相适应，位移越小，观测频率越小；反之，位移越大，观测频率越高。一般路堤在极限高度以下，位移较小，观测次数可少些；在极限高度以上填筑时，路堤极易失稳，因此，要求每填一层均要观测，间歇期要增加测次。当位移曲线骤然变大时，更要跟踪观测，分析原因，并考虑是否需要采取措施。

2. 路基病害整治施工监测应注意的问题与内容

为了检验路基病害处理的效果，通常在同一地点分别在处理前后进行测试，以进行对比，并注意下列问题：

①前后两次测试应尽量使用同一仪器、同一标准进行；

②由于各种测试方法都有一定的适用范围，因此必须根据测试目的和现场条件，选择最有效的方法；

③无论何种方法都有一定的局限性，故应尽可能采用多种方法，进行综合评价；

④测试位置应尽量选择有代表性的部位，测试数量按有关规定要求进行。

根据《公路路基设计规范》（JTG D30—2004）和《公路路基施工技术规范》（JTG F10—2006）的要求，路基病害整治工程监测主要包括路堑边坡或滑坡监测、高路堤稳定和沉降观测、预应力锚固工程原位监测三部分，涉及路基沉降、稳定和地基承载力。因此，在本章中主要以软土地基为例介绍路基病害整治中路基的稳定和沉降监测方法，同时对复合地基载荷试验作简要介绍。

## 二、路基病害整治监测技术要求

路基病害整治施工监测技术要求是根据《公路路基设计规范》（JTG D30—2004）和《公路路基施工技术规范》（JTG F10—2006）中对滑坡地段路基、高填方路堤和软土地区路基等特殊路基稳定性提出的内容为依据，具体如下：

1. 高填方路堤

（1）高路堤稳定性分析的强度参数

高路堤稳定性分析的强度参数应根据填料场地情况，选择有代表性的土样进行室内试验，并结合现场情况确定。

①路堤填土的强度参数 $c$、$\beta$ 值，采用直剪快剪或三轴不排水剪试验获得。试样的制备要求及稳定分析各阶段采用的试验方法详见表 3-28。当路堤填料为粗粒土或填石料时，应采用大型三轴试验仪进行试验。

②分析高路堤的稳定性时，地基的强度参数 $c$、$\beta$ 值宜采用直剪固结快剪或三轴固结不排水剪试验获得。

③分析路堤沿斜坡地基或软弱层带滑动的稳定性时，应结合场地条件，选择控制性层面的土层试验获得强度参数 $c$、$\beta$ 值。可采用直剪快剪或三轴不固结不排水剪试验。当可能存在地下水时，应采用饱水试件进行试验。

（2）路堤稳定性分析

路堤稳定性分析包括路堤堤身的稳定性、路堤和地基的整体稳定性、路堤沿斜坡地基或软弱层带滑动的稳定性等内容。

①路堤的堤身稳定性、路堤和地基的整体稳定性宜采用简化 Bishop 法进行分析计算；

②路堤沿斜坡地基或软弱层带滑动的稳定性可采用不平衡推力法进行分析计算。

(3)路堤的稳定安全系数

路堤稳定性计算分析得到的稳定安全系数不得小于表 3-28 所列值。

**路堤填土采用的强度指标** 表 3-28

| 控制稳定的时期 | 强度计算方法 | 土类 | 试验方法 | 采用的强度指标 | 试样起始状态 | 备注 |
|---|---|---|---|---|---|---|
| 施工期 | 总应力法 | 渗透系数小于 $10^{-7}$cm/s | 直剪快剪 | $c_u$、$\phi_u$ | 填筑含水率和填筑密度。当难以获得填筑含水率和填筑密度时，或进行初步稳定分析时，密度采用要求达到的密度，含水率按击实曲线上要求密度对应的较大含水率 | |
| | | 任何渗透系数 | 三轴不排水剪 | | | |
| 运营期 | 总应力法 | 渗透系数小于 $10^{-7}$cm/s | 直剪固结快剪 | $c_{cu}$、$\phi_{cu}$ | 同上 | 用于新建路堤的稳定性分析 |
| | | 任何渗透系数 | 三轴固结不排水剪 | | | |
| | | 渗透系数小于 $10^{-7}$cm/s | 直剪快剪 | $c_u$、$\phi_u$ | 同上，但要预先饱和 | 用于新建路堤边坡的浅层稳定性分析 |
| | | 任何渗透系数 | 三轴不排水剪 | | | |
| | | 渗透系数小于 $10^{-7}$cm/s | 直剪快剪 | $c_u$、$\phi_u$ | 取路堤原状土 | 用于已建路堤的稳定性分析 |
| | | 任何渗透系数 | 三轴不排水剪 | | | |

(4)路堤基底处理

路堤基底处理应符合《公路路基设计规范》(JTG D30—2004)有关地基表层处理的规定，当地基中分布有软弱土层时，应按软土地段路基的有关规定，做好地基加固设计。当路堤稳定安全系数小于表 3-29 中相应的稳定安全系数时，应采取改善基底条件或设置支挡结构物等措施。

**推荐的路堤稳定安全系数** 表 3-29

| 分析内容 | 计算方法 | 地基情况 | 计算采用的地基平均固结度及强度指标 | 安全系数 |
|---|---|---|---|---|
| 路堤的堤身稳定性 | 简化 Bishop 法 | | 按表 3-29 确定 | 1.35 |
| 路堤和地基的整体稳定性 | 简化 Bishop 法 | 地基土渗透性较差、排水条件不好 | 取 $U=0$，地基土采用直剪固结快剪或三轴固结不排水剪指标，路堤填土按表 3-28 确定 | 1.20 |
| | | | 按实际固结度，采用直剪固结快剪或三轴固结不排水剪指标，路堤填土按表 3-28 确定 | 1.40 |
| | | 地基土渗透性较好、排水条件良好 | 取 $U=1$，采用直剪固结快剪或三轴固结不排水剪指标，路堤填土按表 3-28 确定 | 1.45 |
| | | | 取 $U=1$，地基土采用快剪指标，路堤填土按表 3-28 确定 | 1.35 |
| 路堤沿斜坡地基或软弱层滑动的稳定性 | 不平衡推力法 | | 采用直剪快剪或三轴不排水剪指标，路堤填土按表 3-28 确定 | 1.30 |

(5)路堤稳定性监测

①路堤施工监测项目。路堤施工应注意观测路堤填筑过程中或以后的地基变形动态,对路堤施工实行动态监控。观测项目参照表3-30选定。

**高路堤稳定和沉降观测项目** 表3-30

| 观测项目 | 仪具名称 | 观测目的 |
|---|---|---|
| 地表水平位移量及隆起量 | 地表水平位移桩(边桩) | 用于稳定监控,确保路堤施工安全和稳定 |
| 地下土体分层水平位移量 | 地下水平位移计(测斜管) | 用于稳定监控与研究,掌握分层位移量,推定土体剪切破坏位置。必要时采用 |
| 路堤顶沉降量 | 地表型沉降计(沉降板或桩) | 用于工后沉降监控,预测工后沉降趋势,确定路面施工时间 |

②设计应明确观测的路堤段落、观测项目、观测点的数量及位置等,确定稳定性观测控制标准,说明施工中应注意的事项。

## 2. 软土地区路基

(1)软土地基上公路路基的设计

软土地基上公路路基的设计包括沉降计算、稳定验算及其相应的处治方法的设计。施工中的沉降与侧向位移(稳定)观测的技术要求应作为设计内容。

(2)软土的鉴别指标及依据

软土的鉴别指标及依据见表3-31。

**软土鉴别指标** 表3-31

| 土类 | 天然含水率(%) | | 天然孔隙比 | 直剪内摩擦角(°) | 十字板剪切强度(kPa) | 压缩系数 $a_{0.1\sim0.2}$(MPa) |
|---|---|---|---|---|---|---|
| 粘质土、有机质土 | ≥35 | ≥液限 | ≥1.0 | 宜小于5 | <35 | 宜大于0.5 |
| 粉质土 | ≥30 | | ≥0.90 | 宜小于8 | | 宜大于0.3 |

(3)稳定验算

软土地基路堤的稳定验算一般采用瑞典圆弧滑动法中的固结有效应力法、改进总强度法,有条件时也可采用简化Bishop法、Janbu普遍条分法。验算时,按施工期和营运期的荷载分别计算稳定安全系数。施工期的荷载只考虑路堤自重,营运期的荷载包括路堤自重、路面的增重及行车荷载。

(4)地基稳定性与工后沉降控制标准

软土地基处治设计包括稳定处治设计和沉降处治设计,当计算的稳定安全系数小于表3-32的规定值时,应针对稳定性进行处治设计;当路面设计使用年限(沥青路面15年、水泥混凝土路面30年)内的残余沉降(简称工后沉降)不满足表3-33的要求时,应针对沉降进行处治设计。

**稳定安全系数** 表3-32

| 指标 | 不同的试验方法对应的安全系数 | | | | |
|---|---|---|---|---|---|
| | 固结有效应力法 | | 改进总强度法 | | 简化Bishop法、Janbu法 |
| | 不考虑固结 | 考虑固结 | 不考虑固结 | 考虑固结 | |
| 直接快剪 | 1.1 | 1.2 | | | |
| 静力触探、十字板剪 | | | 1.2 | 1.3 | |
| 三轴有效剪切指标 | | | | | 1.4 |

注:当需要考虑地震力时,稳定安全系数减少0.1。

**容许工后沉降** 表 3-33

| 道路等级 | 工程位置 | | |
|---|---|---|---|
| | 桥台与路堤相邻处 | 涵洞、通道处 | 一般路段 |
| 高速公路、一级公路 | ≤0.10m | ≤0.20m | ≤0.30m |
| 二级公路 | ≤0.20m | ≤0.30m | ≤0.50m |

(5)沉降与稳定观测

①软土地基上的高填方路堤和桥头路堤应进行沉降与稳定观测设计,其设计内容包括:沉降观测与侧向位移(稳定)测点位置,观测仪选型与布设,观测方法,观测频率。必要时,应进行软土地基深部位移观测。

②路堤填土速率应满足下列要求:填筑时间不小于地基抗剪强度增长需要的固结时间;路堤中心沉降量每昼夜不得大于10~15mm,边桩位移量每昼夜不得大于5mm。

③沉降与稳定观测项目。二级及二级以上公路路堤施工中,必须进行沉降和稳定的动态观测,其具体观测项目见表3-34。

**沉降与稳定动态观测项目** 表 3-34

| 观测项目 | 常用仪具名称 | 观测内容及目的 |
|---|---|---|
| 地表沉降量 | 地表型沉降计(沉降板) | 根据测定数据调整填土速率;预测沉降趋势,确定预压卸载时间和结构物及路面施工时间;提供施工期间沉降土方量的计算依据 |
| 地表水平位移量及隆起量 | 地表水平位移桩(边桩) | 监测地表水平位移及隆起情况,以确保路堤施工的安全与稳定 |
| 地下土体分层水平位移量 | 地下水平位移计(测斜管) | 用作掌握分层位移量,推定土体剪切破坏的位置。必要时采用 |

(6)路面铺筑时间的确定

路面铺筑应在沉降稳定后进行,采用双标准控制,即要求推算的工后沉降量小于设计容许值,同时要求连续2个月观测的沉降量每月不超过5mm,方可卸载开挖路槽并开始路面铺筑。

### 3. 滑坡地段路基

(1)滑坡稳定性分析

①滑坡稳定性评价。滑坡稳定性应采用工程地质类比法和力学计算进行综合评价。验算时,高速公路、一级公路安全系数应采用1.20~1.30;二级及二级以下公路安全系数应采用1.15~1.20;考虑地震力、多年暴雨的附加作用影响时,安全系数可适当折减0.05~0.1。

②滑坡稳定性计算方法。计算滑坡推力时应考虑的荷载:滑体重力、滑坡体上建筑物产生的附加荷载、地下水产生的荷载(包括静水压力和动水压力)、动荷载(如汽车荷载)等永久荷载以及地震水平作用力、作用在滑体上的施工临时荷载。滑坡剩余下滑力可采用传递系数法。当滑坡体最后一个条块的剩余下滑力小于或等于0时,滑坡稳定;当大于0时,滑坡不稳定。此 $T_i$ 值可作为设计支挡工程结构所承受的推力。滑坡稳定性分析所得的稳定系数不得小于滑坡稳定性评价中抗滑稳定安全系数的规定。

③参数取值。滑面岩土抗剪强度取值可根据滑面岩土室内试验资料、极限平衡反算值、工程地质类比经验数据,结合滑坡可能出现的最不利情况进行分析确定。必要时可由现场试验资料进行确定。

(2)施工监测与动态设计

①高速公路、一级公路的滑坡防治应进行滑坡监测与动态设计。滑坡防治监测包括施工安全监测、防治效果监测和营运期监测，应以施工安全监测和防治效果监测为主。在施工期间，监测结果应作为判断滑坡稳定状态、指导施工、反馈设计和防治效果检验的重要依据。

②滑坡监测项目可按表3-35、表3-36选定。

**路堑边坡或滑坡监测** 表3-35

| 监测内容 | | 监测仪具或方法 | 监测目的 |
|---|---|---|---|
| 地表监测 | 水平位移监测 | 全站仪、光电测距仪 | 观测地表位移、变形发展情况 |
| | 垂直变形监测 | 水准仪 | |
| | 裂缝监测 | 标桩、直尺或裂缝计 | 观测裂缝发展情况 |
| 地下位移监测 | | 测斜仪 | 探测相对于稳定地层的地下岩体位移，证实和确定正在发生位移的构造特征，确定潜在滑动面深度，判断主滑方向，定量分析评价边（滑）坡的稳定状况，评判边（滑）坡加固工程效果 |
| 地下水位监测 | | 人工测量 | 观测地下水位变化与降雨关系，评判边坡排水措施的有效性 |
| 支挡结构变形、应力 | | 测斜仪、分层沉降仪、压力盒、钢筋应力计 | 支挡构造物岩土体的变形观测，支挡构造物与岩土体间接触压力观测 |

**预应力锚固工程原位监测内容和项目** 表3-36

| 预应力锚杆工作阶段 | 监测内容 | | 监测项目 |
|---|---|---|---|
| 施工阶段 | 锚杆体材料 | 锚杆的工作状态<br>锚杆的施工质量 | 锚杆张拉力；锚杆伸长值；预应力损失 |
| | 锚固对象 | 加固效果 | 被锚固体的位移和变形 |
| 工程运营阶段 | 锚杆体 | 锚杆的工作状态 | 预应力值变化 |
| | 锚固对象 | 锚固工程安全状况 | 被锚固体的位移与地下水状态 |

③监测点应布置在滑坡体稳定性差或工程扰动大的部位，力求形成完整的剖面，采用多种手段互相验证和补充。

④防治效果监测应结合施工安全和营运期监测进行，防治效果监测时间应在整治工程完工且公路营运后不少于一年，施工期监测数据采集时间宜为每天一次，营运期监测数据采集时间间隔宜为7～15天，在外界扰动较大时，如暴雨期间，应加密观测次数。

⑤应及时分析滑坡监测资料，预测滑坡位移、变形的发展趋势和整治工程的效果，适时调整滑坡整治工程设计和施工方案，保证工程施工安全和路基稳定。

## 三、软土地基整治施工监测技术

### 1. 软土地基整治施工监测内容

(1)软土地基整治监测内容

软土地基整治监测内容包括：变形监测、应力监测和其他监测。监测项目和目的如表3-37所示。

(2)软土地基整治监测工作

软土地基整治监测工作包括以下6个方面：

①观测项目的确定和布置；

②观测设备的设计；

③量测仪具的埋设安装；

④现场观测和成果的记录；

⑤观测成果的计算和整理分析；

⑥观测资料的整编等步骤。

**常用监测项目一览表**　　表 3-37

| 监 测 项 目 | | 仪 表 名 称 | 观 测 目 的 |
|---|---|---|---|
| 沉降 | 地表沉降 | 地表型沉降计(沉降板) | 地表以下土体沉降问题。常规观测项目 |
| | 地基深层沉降 | 深层沉降标 | 地基某一层位以下沉降量,按需要设置 |
| | 地基分层沉降 | 分层沉降标 | 地基不同层位分层沉降量,按需要设置 |
| 水平位移 | 地面水平位移 | 水位位移边桩 | 测定路堤侧向地面水平位移并监测地面沉降或隆起量,用于稳定监测。常规观测项目 |
| | 地基土体水平位移 | 地下水平位移标(测斜仪、管) | 观测地基各层位土体侧向位移量,用于稳定监测和了解土体各层侧向变位以及附加应力过程中的变化发展情况。常规观测项目 |
| 应力 | 地基孔隙水压力 | 孔隙水压力计 | 观测地基孔隙水压力变化,分析地基土固结情况,按需要设置 |
| | 土压力 | 土压力计(盒) | 一般用于地基或桩(柱)的承载能力测定。粉喷桩地基应作此观测,其他地基必要时采用 |
| | 承载力 | 载荷试验仪 | 观测地基处理后地下水位的变化情况,校验孔隙水压力计读数 |
| 其他 | 地下水位(辅助观测) | 地下水位观测计 | 观测地基处理后地下水位的变化情况,校验孔隙水压力计读数 |
| | 出水量(辅助观测) | 单孔出水量计 | 检测单个竖向排水井排水量,了解地基排水情况 |

### 2. 软土地基整治施工监测量测器具

量测仪具的功能和质量极为重要,往往是测试成果优劣的决定性因素。测量仪具按测试原理分电测式和非电测式两大类。

(1)非电测式

非电测式量测仪具包括机械式和液压式。它的特点是性能可靠,使用简便,对环境适应性强;缺点是一般灵敏度较低,不便于遥测和测试记录的自动化,机械式量测仪具还不能进行结构内部和岩土内部应力、变形的量测。

常用的机械式量测仪具有:百分表、千分表、挠度计、测力计、水准式倾角计、手持式应变计等;液压式量测仪具是利用液体的不可压缩性和流动性来传递压力和变形,常用的有液压式压力盒等。

(2)电测式

电测式量测仪具的特点是:元件轻,量程大,灵敏度高,便于量测结构内部和岩土内部的应力应变,便于遥测和测试记录自动化,但有些电测式量测仪对环境的适应性差,长期稳定性差。

电测式量测仪具一般由传感器、放大器、记录器组成,其种类较多。按原理常用的有:电阻应变式、差动电阻式、差动变压器式、振弦式等。利用这些原理做成的量测仪具有:电测百分表、电测位移计、电测应力计、电测应变计、电测钢筋计、钢弦式土压力盒、埋入式应变计等。

随着电力、激光、微电脑等新技术的应用，电测技术正迅速向多功能、微型化、高灵敏度、高稳定性，以及控制、数据采集和处理的高度自动化的方向发展。

3. 变形监测技术

变形监测主要包括地表位移和土体内部位移，位移方向包括竖向位移和水平向位移。水平向位移又包括垂直路堤中心线的横向水平位移和平行路堤中心线的纵向水平位移。

沉降及水平位移观测通常可在地表上安设固定标点，用精密水准仪、经纬仪等仪器，按精密测量方法求得。地基及路堤内部沉降通常采用电磁式、深层沉降板。测点沉降时，埋入不同土层深度中的标、环发生沉降后，计算与初始位置的差值，即可求出测点某一深度的沉降增量。深层土层的沉降也可用刚性标杆引出地表，用地表测量方法测量。土层内部水平位移，一般用测斜仪来测量。沉降与水平位移观测应配合进行，沉降已基本稳定或已基本掌握其变化规律后，可根据工程重要性适当减少测试次数或停止观测。

1）控制点的布设与观测

软基路堤工程的垂直沉降和水平位移观测控制标点的布置应根据路基工程的重要性、规模、施工方案、地质情况以及采用的观测方法而定，以能全面掌握路堤变形状态为原则。一般布置如下：

（1）水准点的布设

①地面水准测点。一般为每200m一个，以便一个测站视距不超过80m完成测点的观测。水准点设在土质坚硬便于长期保存和使用的测点，并埋设混凝土水准标石，统一用BM。

②桥上水准点。路堤填筑到上路床时，为了减少转点传递对观测高程的影响，适时将地面水准点转移到有灌注桩基础的桥台上，预埋经磨圆的$\phi 8 \sim 20$mm，长20cm的钢筋。

③通道水准点。若二桥相距甚远，为了工作需要，也可在通道上选择经观测确已稳定的通道上设水准点，其稳定标准为通道测点连续三次月沉降速率小于1～2mm/月的测量精度范围内的点，且要求每隔半年复核一次。

（2）监测断面及沉降观测点布置

①桥头路基段，分桥头段和过渡段。一般在桥头踏板的尾部（一般踏板长5～8m）设测断面，过渡段自桥头起50m尾再设一观测断面。

②软基路基一般每隔100～200m，非软基路堤则每隔500～1 000m设一观测断面。横断面可设左、中、右三点，一般情况仅设中点。

③桥头或路堤大于5m的高填方的非软基路段沿纵向长度为10～50m范围增设一点。

根据工程需要也可在局部地段增加水平位移的观测。

2）地表沉降观测

地表沉降观测可控制和保证软基路堤、高路堤等工程质量，确保建完后的工程的工后沉降量满足设计要求。通过系统连续、正确、完整的观测及分析，掌握、控制工程地基沉降量，预测沉降趋势，验证和指导工程设计及施工。

（1）沉降观测的精度指标及频率

①沉降观测的精度指标。通常与沉降量有关。沉降量越小，观测精度越高。在公路路基施工中，沉降量的变化与路堤填筑、预压、铺路面及建完后运行等4个阶段相关。

②沉降观测的频率。取决于沉降量的大小、加载方法和观测目的等。通常要求观测的次数能反映出沉降变化的过程，又不遗漏变化的时刻。

(2)水准测量的精度与方法

观测精度指标确定后，选用何种等级的水准测量是众所关心的问题。现取水准测量规范中二、三、四等水准测量的观测中误差（尺上一次读数中误差，分别为 0.18mm、0.78mm、1.04mm）来分析一测站的高差中误差和两期观测测站之差的中误差。根据理论推导，如不考虑水准点误差，二期观测由一个测站完成的高差之差的中误差分别是：二等水准为 ±0.25mm，三等水准为 ±1.1mm，四等水准为 ±1.5mm。若二期观测由水准点起连续两个测站完成，则高差之差的中误差分别是：二等为 ±0.35mm，三等为 ±1.6mm，四等为 ±2.1mm。观测精度指标为 1 ~2mm 时，应采用二等水准，否则用望远镜放大率大于 30 倍的进口水准仪作三等水准观测。在路基填筑中，要求达到 2 ~3mm 的观测精度时应采用四等水准。

3）沉降观测的实施

(1)准备工作

①沉降板的制造及埋设。图 3-2 中，沉降板由 200mm 长、直径为 25.4mm 的钢管和 600mm ×600mm ×9mm 的沉降板组成。底部钢管用互成 120°角的撑脚三角板焊接在沉降板中心处，节管用管箍连接。节管顶部用护管帽盖住。施工人员按设计的桩号断面将沉降板埋入铺好的砂垫层下。实际操作时，当第一层土压实后，在压实面上挖土坑（深度为 20 ~30cm），铺上 5cm 左右的砂垫层，层面要水平，将沉降板放在砂垫层上（图 3-2），管顶应低于压实面 5 ~8cm，随即测量管顶至底板的高差，换土夯实至管顶，并测量管顶高程（初读数）。当第二层土施工完毕后，在管顶位置接上第二节钢管。观测时，每节管的顶面有上、下管顶高程，下节管顶高程用于计算第一次沉降量，上节管顶高程作为下次计算沉降量的数据。循序逐节升高，重复上述工作。

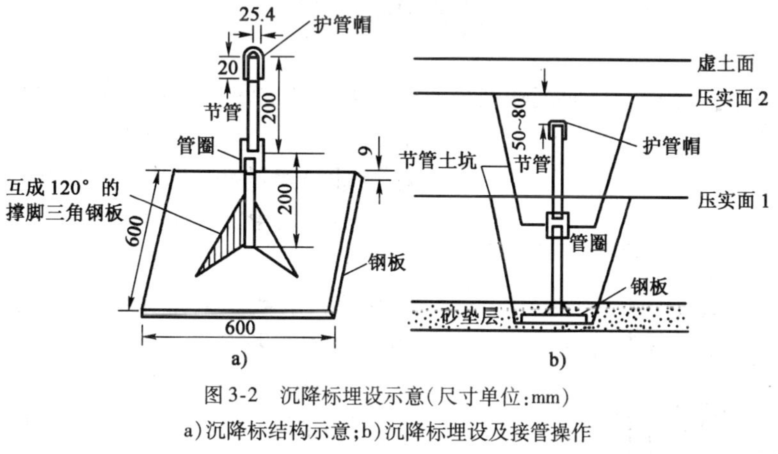


图 3-2　沉降标埋设示意（尺寸单位：mm）

a）沉降标结构示意；b）沉降标埋设及接管操作

路基填筑过程中，由于路堤荷重的作用，使路堤坡脚处可能产生水平位移和垂直位移，因此在沉降板埋设断面的一侧坡脚处设置若干垂直于路基的位移桩。如果路基经过地基处理，且能满足压实要求，可以不埋设位移桩。

②水准点布设及转置桥上水准点。水准点应选在垂直于路中心线 50m 外、土质坚硬、便于长期保存和使用的地点，并埋设混凝土水准标石。路堤升至一定高度时，为了减少沉陷观测由地面水准点传递到路面的高差影响，可将水准点转设到有灌注桩的桥台上，钻孔埋设有球状顶面的水准标点。桥台水准点用三等水准往返观测，高差闭合差为 $\pm 4\sqrt{n}$（$n$ 为测站数）。

③水准仪及水准尺。二等水准测量仪器采用 DSl 型精密水准仪，配用水准尺；三、四等水准测量采用DS3型水准仪，配用3m长的红、黑面木质水准尺。水准仪各部分转动应灵活，望

远镜制、微动螺旋作用应可靠,调焦镜运用及目镜调节不能有明显的晃动现象。每次观测前除检验圆水准器、十字丝位置正确性、自动安平水准仪补偿器灵敏度等项目外,必须正确进行 $i$ 角的检验。DS1 型水准仪 $i$ 角不应超过 15″;DS3 型水准仪 $i$ 角不应超过 20″。

水准尺必须牢固无损,尺底不应有松动,尺面不能有弯曲。水准尺必须装有圆水准器,不符合要求不能使用。需要指出的是:大多数施工队习惯用塔尺进行沉降观测,这是不允许的。因为塔尺上没有圆水准器,尺子的垂直度难以控制。若尺子前后有倾斜,加上风的影响,则尺上 3 ~ 5m 处的读数误差影响可达 5 ~ 10mm。

(2)沉降观测的外业

为了提高沉降观测精度,应按下列要求进行操作:

①每期观测做到 4 个固定:固定观测人员;固定仪器及水准尺;固定后视尺读数;固定测站及转点。由于沉降量由两期观测高程之差求得,每次观测的高程即使有 $m_{\Delta h}$ 的误差,只要固定仪器 $i$ 角校正值很小,不等差引起的高程误差 $m_{\Delta h}$ 可以在两期高程相减中给予消除,所求得的沉降量是正确的。

②观测时必须携带尺垫,严禁用砖石或不设尺垫作为转点。

③每次观测结束后,应及时填写沉降观测记录。

(3)沉降观测的成果整理

成果整理时,首先检查数据和计算是否正确,观测限差是否符合要求,文字说明是否齐全,计算两期观测的沉降量和累计沉降量。为了清楚地表示时间、填土高度和沉降量之间的关系,应绘制沉降点的时间—填土高度—沉降量的关系曲线。

4)土体内部沉降观测

土体内部沉降观测目前主要有分层沉降和剖面沉降。

(1)分层沉降仪

①分层沉降仪的原理。目前沉降观测使用最多的是电磁式分层沉降仪。它的基本原理是在钻孔的不同深度埋设铁环,当探头(内置电磁振荡线圈)经过铁环时(进、出瞬间),磁场能量变化发出声音,由此确定铁环的位置,见图 3-3。

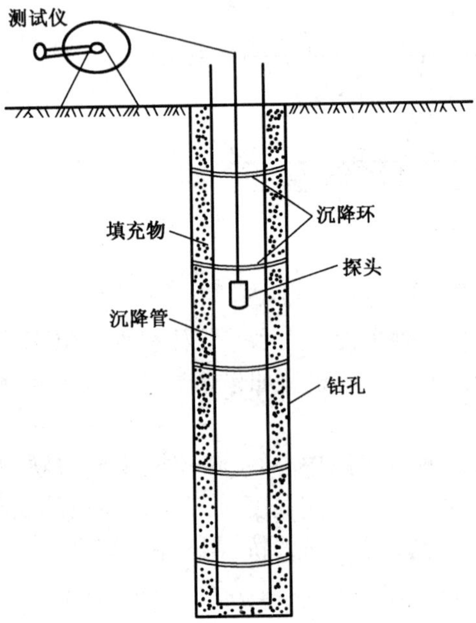

图 3-3　电磁式沉降仪工作图

电磁式分层沉降仪由两大部分组成:测量系统和跟踪系数。测量系统包括沉降仪、钢卷尺(内置电缆)、探头和三角架。跟踪系统包括沉降管和沉降环。

②沉降管的埋没。沉降管的埋设步骤是:

a. 在测点钻孔。钻孔直径一般为 108 ~ 125mm,最好用全断面取土器成孔,不可水冲,钻孔斜角小于 1/100。

b. 下沉降管。注意接头连接与密封。

c. 下沉降环。按设计要求每间隔一定距离放置沉降环(土体中一般 2.0m 一个)。从下往上,用送环器沿管壁下放,到规定深度后放开叉簧片,使其固定于土体中。

d. 每埋一个沉降环,及时进行回填,直至上一个沉降环位置。

e. 整个钻孔沉降环埋设结束，进行第一次测量，记录下环的初始位置，并及时测量孔口高程。

f. 做好埋设记录，内容包括：工程名称、观测孔编号、孔深、孔口坐标、高程、沉降环数量、初始位置、主要埋设人员、日期等。

③测试。

a. 每次必须测量孔口高程；

b. 对每一沉降环均应重复测量；

c. 应同一人、同一仪器测量同一只孔。

（2）剖面沉降仪

①剖面沉降仪的原理。为了测量整个连续剖面上土体的垂直沉降，可在某个土层中埋设柔性导管（通常为聚氯乙烯管，其强度可根据上覆土层的压力控制制造），用拉弦控制探头在导管内作水平移动。在测线外设置一个基准点，根据各测点与基准点差计算出测线上各点沉降变化，如图 3-4 所示。

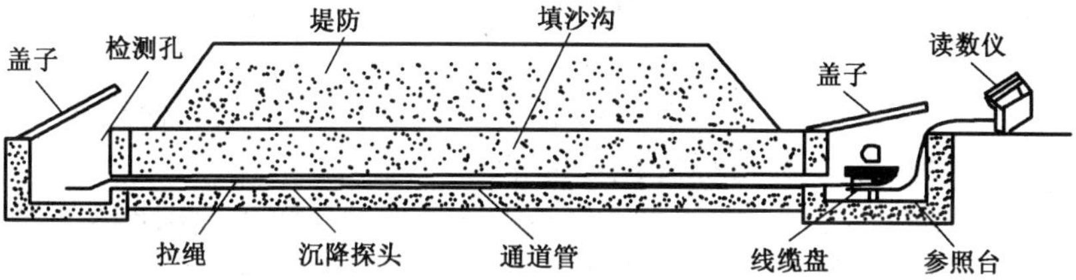


图 3-4　剖面沉降仪测试原理图

剖面沉降仪有水压式、振弦式和水平测斜仪等。

水压式剖面沉降仪的实质就是测量测线上各测点与基准点的水位差，但其精度较差，目前较少使用。振弦式剖面沉降仪则是由一组装满液体（如水银）的管子相互连接构成，根据测点与基准点的液位差改变悬挂钢弦的张力和共振频率，从而达到高精度测量的目的。水平测斜仪则是测斜探头呈水平向构造，由沉降管和二次仪器组成。它可以测量路基内部不同位置、不同深度处的全断面沉降值。通过把特制的 PVC 沉降管埋在路基中，用记录仪电缆把装有伺服加速度传感器的探头从沉降管的一段拉到另一端。由于地基沉降，探头处于倾斜方向，通过重力加速度在敏感水平轴上的投影，可精确测量探头的倾角，再根据探头的长度计算探头两端的高程差，从而得到探头两端点对应的沉降差，如此累积便可以计算出路基横断面中任一点处的沉降值。水平测斜仪的优点是：精度高，试验证明，每次读数误差小于 0. 1mm，50m 长的坡面测试的累积误差小于 5mm；操作方便，整个测试系统（探头、电缆及拉线、记录仪）可由一人携带，移动非常方便，测试操作仅需一人即可完成；可以测量整个断面的沉降曲线。

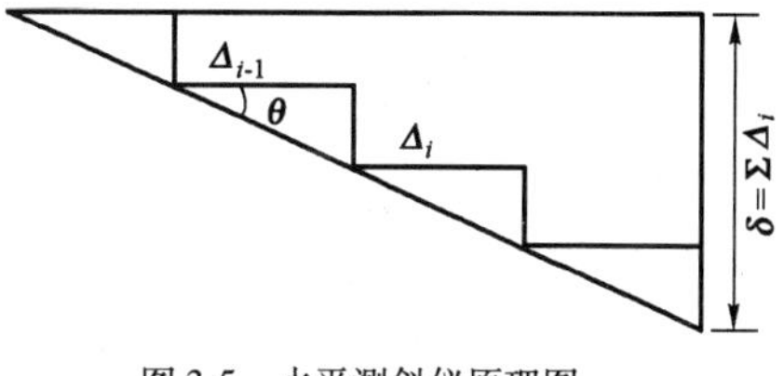


图 3-5　水平测斜仪原理图

水平测斜仪的工作原理如图 3-5 所示，当加速度计敏感轴在水平方向时，矢量 $g$ 在敏感轴上的投影为零，加速度计的输出为零。当加速度计敏感轴与水平方向存在一夹角 $\theta$ 时，加速度计的输出电压信号为：

$$U_{\text{out1}} = K_0 + K_1 g\sin\theta \tag{3-1}$$

式中：$K_0$——加速度计初始偏值，在仪器出厂时由厂家给定；

$K_1$——加速度计电压因数。

为了消除 $K_0$ 的影响，可将探头调转 180°，在该点进行第二次测量得：

$$U_{out2} = K_0 - K_1 g\sin\theta \tag{3-2}$$

两式相减有：

$$U_{out1} - U_{out2} = 2K_1 g\sin\theta \tag{3-3}$$

由图 3-5 知：

$$\sin\theta = \Delta_i / L \tag{3-4}$$

式中：$\Delta_i$——探头在某位置时，两端的高程差值；

$L$——探头长度，m，即两个导管 K 轮的间距。

所以：

$$\Delta_i = L(U_{out1} - U_{out2})/2K_1 g \tag{3-5}$$

用导线拖拉探头前进，每隔 0.5m（探头长度）记录一个高程差 $\Delta_i$，则任意位置相对于测试起始点位置的高程差即为此距离内所有读数的代数和：$\delta = \sum\Delta_i$。

剖面沉降仪也可用于地表沉降观测。

②导管的埋设及其他准备。

a. 测线定位，要求准确、平直。

b. 开沟：沟宽 30～50cm，深度 40～60cm，若上部有大型机械施工时深度更大，沟底部平整、夯实，铺一层 5～10cm 的细砂。

c. 预先在导管中放置一根拉弦（测绳或细钢丝），连接铺设导管。使用水平测斜仪时，铺设的导管应在每管两头槽口上做好标志，不得扭曲。

d. 导管放好后回填砂土并压实。遇到交通道路段时应作特殊加固处理。埋设完毕后将探头在管中试行滑动，检查是否顺利。若不顺利，则挖开堵塞处，重新埋设。

e. 使用钢弦式剖面沉降仪时，应在距导管出口处不远的地方选择一处不受沉降影响的基准点，砌制水泥基准台，表面水平，其高度略低于导管可能到达的最低点，并测量其坐标、高程。

f. 作埋设记录，内容包括：工程名称、测线坐标、导管长度、导管出口处坐标高程、基准点坐标高程、埋设人员、日期等。

③测试。

a. 测试前所用仪器必须经过测定。

b. 使用水平测斜仪先在孔口处调零；使用钢弦式剖面沉降仪时，先在基准台上调零。

c. 测试时位于导管两边的两位人员应协作配合，当距离较大或中间土体挡住视线时可使用对讲机联系。

d. 每次测试时均应测量两出口处坐标、高程。

e. 每次测试必须测量温度，并根据厂方提供的温差校准曲线进行校准。

### 4. 土体水平位移观测

(1)测斜仪工作原理

目前，测量土体内部发生水平向位移及其方向大多使用测斜仪。它的工作原理是测量测斜管轴线与铅垂线之间的夹角变化，从而计算土体在不同高程的水平位移。一般先在土体中埋设一竖直互成90°的4个导槽的管子（铝合金或 PVC 塑料管）。管子在土体中受力后发生变形，这时将测斜仪探头放入测斜管导槽内，每间隔一定距离（通常为 0.5m）测量变形后管子的轴与垂直线的夹角，按式(3-6)计算不同高程处的水平位移增量 $\Delta d_i$：

$$\Delta d_i = L\sin\theta_i \tag{3-6}$$

测得各分段位移后，可由测斜管底部或顶部为基准开始累加，求得任一高程处的实际位移数值。测斜仪的工作原理如图 3-6 所示。

(2)测斜仪的结构及技术指标

一般测斜仪由探头、电缆、数据采集仪(读数仪)组成。目前使用最多的是伺服式测斜仪,探头外型如图 3-7 所示,由传感器、壳体、导轮、底座、电缆卡等组成。

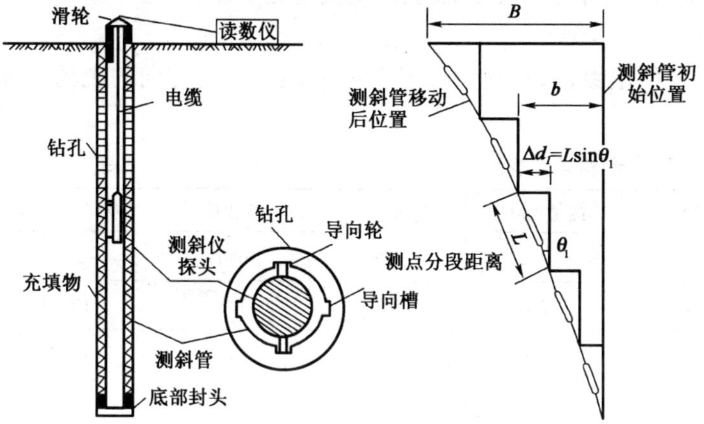


图 3-6　测斜仪工作原理图测斜管初始位置

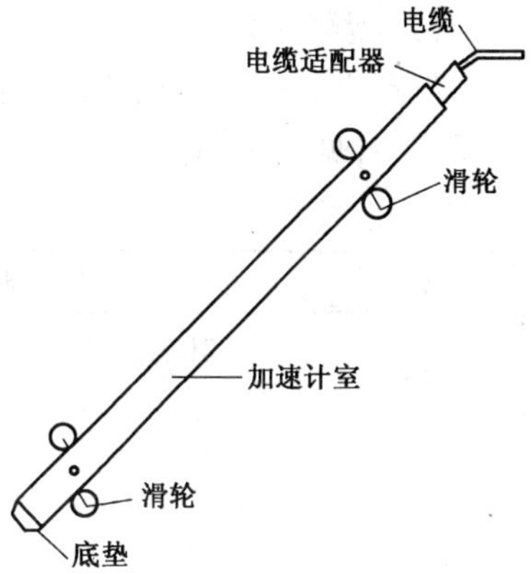


图 3-7　测斜仪的构造

测斜仪的精度主要由探头的精度控制。其主要技术指标是:量程、灵敏度、稳定性及抗渗性能。测斜仪的先进性则由数据采集仪控制。体积小、内存大,配置优良的预处理软件是其先进性的表现。

(3)测斜管埋设步骤

①钻孔。要求定位准确;倾斜度小于 1°;钻孔直径与测斜管匹配(比测斜管略大)。

②检查测斜管。下管前必须对测斜管进行检查。对外观质量较差、受力后弯曲变形、老化、受损的不合格管子,应予报废。底部测斜管应用闷头钉好,以防泥浆进入。

③下管准备。下管前计算好长度、节数。接头处打好自攻螺丝导孔(导孔直径比螺丝直径略小)。准备好下管时固定用的麻绳或卡口。

④下管。用经纬仪确定导向槽的方向,逐节连接下管。下深孔时应采用钻机或吊车等机械设备向管内注入清水。当上浮力太大或钻孔缩孔时,应适当施加压力,但不可将测斜管压弯。

⑤孔壁回填。当测斜孔较浅(一般小于 20m),且埋管与观测时间间隔较长(大于 2 个月)时,可采用细砂回填和自然塌落消除孔壁空隙,但细砂回填时一定要用长钢筋捣动,且间隔一定时间加砂,达到真正密实。

当测斜管较深或埋管与观测时间间隔较短时,应采用孔壁注浆的方法。孔壁注浆有管外注浆和管内注浆两种方法。管外注浆是在管壁外下注浆管,然后用水泥浆泵注入水泥浆。管内注浆则是采用特殊的注浆闷头,将其安装在测斜管底部,然后在管中接上注浆管,由下向上注入水泥浆,直至水泥浆溢出地面。

⑥孔口设置。测量测斜管顶端坐标及高程,安装保护盖,测斜管四周砌设混凝土墩,并做好标志。

(4)观测

将测头导轮卡置在测斜导管的导槽内,轻轻将测头放入测斜导管中,放松电缆使测头滑至孔底，记下深度标志。当触及孔底时，应避免激烈的冲击。测头在孔底停留5min，以便在孔内温度下稳定。

将测头拉起至最近深度标志作为测读起点，每0.5m测读一个数，利用电缆标志测读至导管顶端为止。每次测读时都应将电缆对准标志并拉紧，以防读数不稳。

将测头调转180°重新放入测斜导管中，将测头滑至孔底，重复上述步骤。

(5)观测成果

将测得的正、反向数据以测读末位记数，如0.046 3，记为463，填入标明方向的现场测读记录表中，见表3-38。

**侧斜导管观测表** 表3-38

| 深度(m) | 初始值 | 测值0° | 测值180° | 差值 | 变化值 | 位移值(mm) |
|---|---|---|---|---|---|---|
| 0.5 | 213 | 463 | -436 | 899 | 686 | -3.19 |
| 1.0 | 166 | 303 | -284 | 587 | 421 | -10.05 |
| 1.5 | 145 | 121 | -99 | 220 | 75 | -14.26 |
| 2.0 | 198 | 79 | -57 | 136 | -62 | -15.01 |
| 2.5 | 167 | 84 | -64 | 148 | -19 | -14.39 |
| 3.0 | 138 | 82 | -62 | 144 | 6 | -14.2 |
| 3.5 | 109 | 46 | -27 | 73 | -36 | -14.26 |
| 4.0 | -196 | -145 | 166 | -311 | -115 | -13.9 |
| 4.5 | -487 | -315 | 336 | -651 | -164 | -12.75 |
| 5.0 | -573 | -376 | 398 | -774 | -201 | -11.11 |
| 5.5 | -653 | -446 | 465 | -911 | -258 | -9.1 |
| 6.0 | -873 | -489 | 507 | -996 | -123 | -6.52 |
| 6.5 | -101.8 | -507 | 526 | -1033 | -15 | -5.29 |
| 7.0 | 105.2 | -493 | 512 | -1005 | 47 | -5.14 |
| 7.5 | 102.6 | -469 | 487 | -956 | 70 | -5.61 |
| 8.0 | -119.3 | -565 | 581 | -114.6 | 47 | -6.31 |
| 8.5 | -126.6 | -616 | 635 | -125.1 | 15 | -6.78 |
| 9.0 | -119.6 | -604 | 623 | -122.7 | -31 | -6.93 |
| 9.5 | -110.3 | -575 | 594 | -116.9 | -66 | -6.62 |
| 10.0 | -106.5 | -579 | 597 | -117.6 | -111 | -5.96 |
| 10.5 | -970 | -532 | 549 | -108.1 | -111 | -4.85 |
| 11.0 | -859 | -456 | 471 | -927 | -68 | -3.74 |
| 11.5 | -746 | -391 | 409 | -800 | -54 | -3.06 |
| 12.0 | -500 | -223 | 240 | -463 | 37 | -2.52 |

注：1. 初始值为第一次测读时0°和180°计数差值。

2. 变化值 = 新差数 - 初始差数(初测值)。

位移是从导管底端开始，将变化值作代数和，累加到导管顶端，该数乘以导管任何深度的水平位移，如图3-8所示位移1。将每次观测结果汇总见表3-39，即可得到水平位移—深度曲线，如图3-8所示，从中可以看出任何两次的水平位移变化。

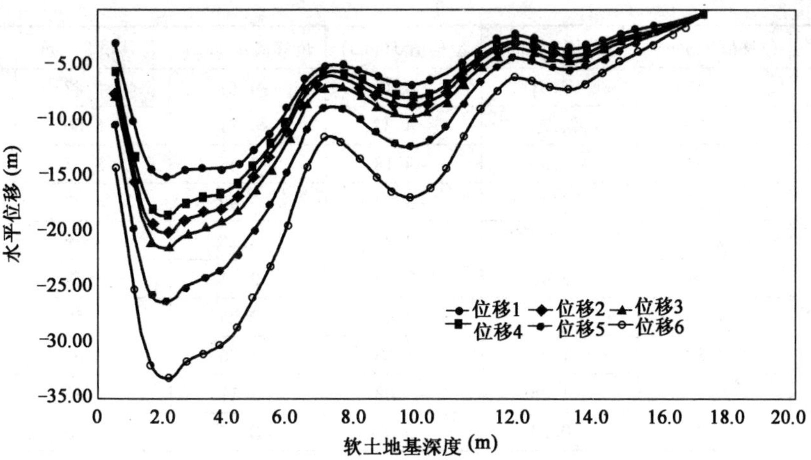


图 3-8　水平位移—深度关系曲线

**侧斜导管观测汇总表**　　表 3-39

| 深度(m) | 位移值 1(mm) | 位移值 2(mm) | 位移值 3(mm) | 位移值 4(mm) | 位移值 5(mm) | 位移值 6(mm) |
|---|---|---|---|---|---|---|
| 0.5 | -3.19 | -5.55 | -6.32 | -7.53 | -10.40 | -14.23 |
| 1.0 | -10.05 | -13.17 | -14.29 | -15.54 | -19.65 | -25.06 |
| 1.5 | -14.26 | -17.78 | -19.20 | -20.61 | -25.38 | -31.86 |
| 2.0 | -15.01 | -18.39 | -19.91 | -21.35 | -26.14 | -32.97 |
| 2.5 | -14.39 | -17.32 | -18.80 | -20.21 | -24.81 | -31.54 |
| 3.0 | -14.2 | -16.81 | -18.23 | -19.63 | -24.09 | -30.81 |
| 3.5 | -14.26 | -16.42 | -17.73 | -19.12 | -23.36 | -30.05 |
| 4.0 | -13.9 | -15.56 | -16.69 | -18.02 | -21.92 | -28.41 |
| 4.5 | -12.75 | -14.09 | -14.99 | -16.23 | -19.75 | -25.84 |
| 5.0 | -11.11 | -12.30 | -13.07 | -14.21 | -17.37 | -22.94 |
| 5.5 | -9.1 | -10.12 | -10.77 | -11.81 | -14.52 | -19.10 |
| 6.0 | -6.52 | -7.31 | -7.80 | -8.72 | -10.87 | -14.15 |
| 6.5 | -5.29 | -5.93 | -6.34 | -7.20 | -9.06 | -11.71 |
| 7.0 | -5.14 | -5.81 | -6.27 | -7.13 | -9.07 | -11.96 |
| 7.5 | -5.61 | -6.43 | -6.98 | -7.87 | -10.03 | -13.43 |
| 8.0 | -6.31 | -7.29 | -7.93 | -8.83 | -11.23 | -15.07 |
| 8.5 | -6.78 | -7.87 | -8.59 | -9.52 | -12.10 | -16.30 |
| 9.0 | -6.93 | -8.09 | -8.85 | -9.77 | -12.42 | -16.85 |
| 9.5 | -6.62 | -7.76 | -8.49 | -9.37 | -11.88 | -16.17 |
| 10.0 | -5.96 | -7.00 | -7.64 | -8.46 | -10.66 | -14.49 |
| 10.5 | -4.85 | -5.68 | -6.16 | -6.90 | -8.65 | -11.74 |
| 11.0 | -3.74 | -4.37 | -4.73 | -5.38 | -6.71 | -9.21 |
| 11.5 | -3.06 | -3.57 | -3.84 | -4.42 | -5.48 | -7.62 |
| 12.0 | -2.52 | -2.93 | -3.14 | -3.66 | -4.52 | -6.33 |
| 12.5 | -2.89 | -3.40 | -3.55 | -4.04 | -4.85 | -6.62 |

续上表

| 深度(m) | 位移值1(mm) | 位移值2(mm) | 位移值3(mm) | 位移值4(mm) | 位移值5(mm) | 位移值6(mm) |
|---|---|---|---|---|---|---|
| 13.0 | -3.47 | -4.01 | -4.13 | -4.61 | -5.42 | -7.17 |
| 13.5 | -3.70 | -4.24 | -4.37 | -4.81 | -5.60 | -7.33 |
| 14.0 | -3.54 | -4.03 | -4.18 | -4.58 | -5.33 | -6.95 |
| 14.5 | -3.03 | -3.44 | -3.57 | -3.92 | -4.57 | -5.92 |
| 15.0 | -2.51 | -2.87 | -2.97 | -3.25 | -3.79 | -4.87 |
| 15.5 | -2.09 | -2.41 | -2.49 | -2.71 | -3.13 | -4.00 |
| 16.0 | -1.74 | -2.02 | -2.06 | -2.24 | -2.58 | -3.26 |
| 16.5 | -1.39 | -1.60 | -1.63 | -1.76 | -2.04 | -2.52 |
| 17.0 | -0.92 | -1.06 | -1.08 | -1.17 | -1.35 | -1.67 |
| 17.5 | -0.45 | -0.52 | -0.53 | -0.57 | -0.66 | -0.82 |

编制：　　　　　　　　　复核：　　　　　　　　　审核：

### 5. 应力监测技术

1)土中总应力测试

(1)测试设备

土中总应力测试一般使用土压力盒及其接收仪，按使用要求分，有接触式土压力盒和土中土压力盒。按采用的传感器不同，分为电阻应变式、钢弦式和差动电阻式三种，接收仪则相应为电阻应变仪、钢弦频率测定仪和比例电桥指示器。各种土压力盒结构外形基本相同，只是传感器不同。图3-9、图3-10和图3-11分别为应变式土压力盒、钢弦式土压力盒和差动电阻式土压力盒示意图。压力盒与土体的接触面对土压力变化较为灵敏，受力时引起钢弦振动或应变片变形，由此可测出土压力的大小。

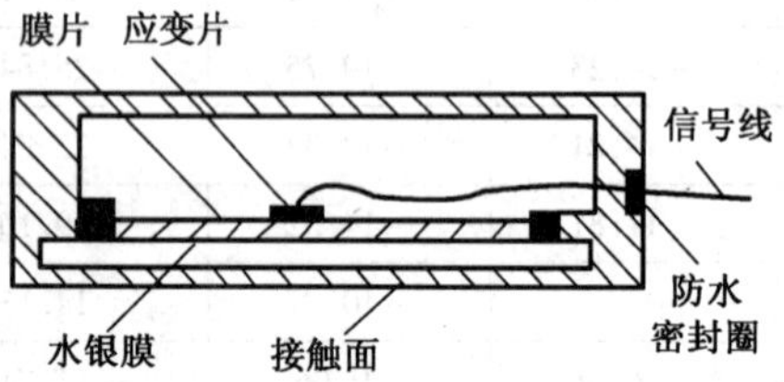


图3-9　应变式土压力盒示意图

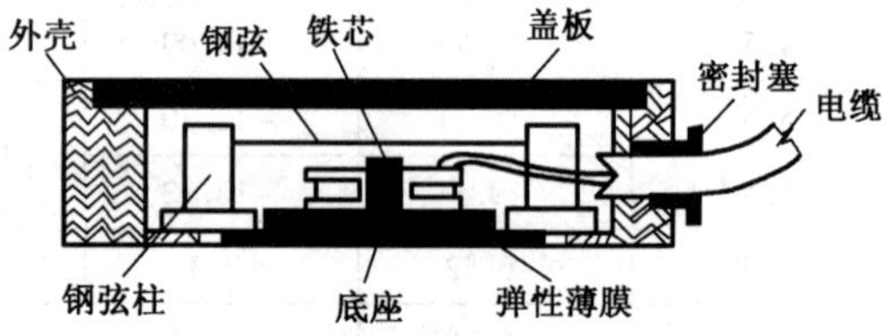


图3-10　钢弦式土压力盒示意图

(2)工作原理

当土压力作用于压力盒承压膜(一次膜)上，承压膜即产生微小挠性变形，使油腔内液体受压，因液体不可压缩特性而产生液体压力，通过接管传到压力传感器的受压膜(二次膜上)，或使钢弦式传感器的自振频率发生变化，或使差动电阻式传感器的电阻比和电阻值发生变化。对电阻应变片式传感器而言，则使4个桥臂的电阻发生变化。通过测读仪表，测出相应的变化值，经换算即可求得所测土压力值。

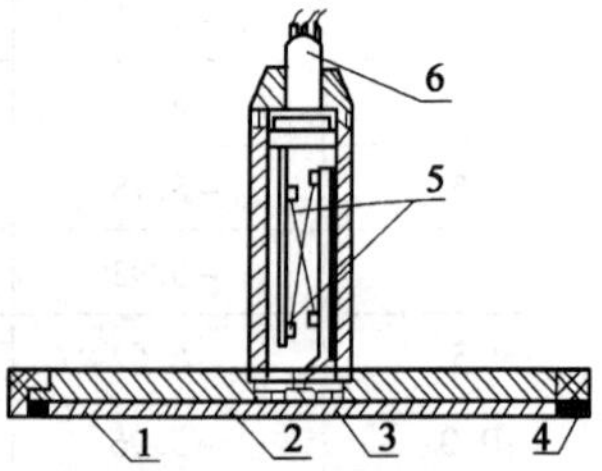


图3-11　差动电阻式压力盒

1-受压板；2-传压轴；3-一次膜；4-护圈；5-敏感元件；6-引出电缆

(3)埋设要点

①埋设土压力盒时，应该注意对土体的扰动、土与结构物固定的程度(接触式土压力盒)、膜盒与土的接触情况(土的粒径、全面接触或局部接触等)，并作详细记录。

②土中土压力盒的埋设方法如图3-12所示。特别要注意的是，回填土的性状应与周围土体一致，否则，会引起土压力的重新分布。用图3-12c)的方法埋设时，其标定方法也应一样，否则，标定资料将不好利用。

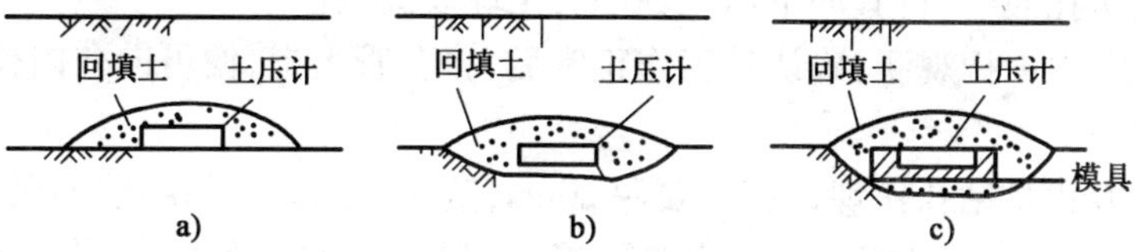


图3-12　土中土压力盒埋设方法模具电缆

③接触式土压力盒埋设方法应根据不同工程对象采用不同的方法。在结构物侧面安装土压力盒时，应在混凝土浇筑到预定高程处，将土压力盒固定到预测的位置上，土压力盒承压面必须与结构物表面齐平。在结构物基底上埋设土压力盒时，可先将土压力盒埋设在预设的混凝土块内，整平地面，然后将土压力盒放上，并将预制块浇筑在基底内。

④除土压力盒的埋设外，电缆线的埋设也是至关重要的。否则，在施工中容易遭受破坏。各测头电缆按一定路线集中于观测站中，并将土压力盒的编号、规格及埋设位置、时间等记入考证表内。

2）孔隙水压力监测

孔隙水压力现场观测时可根据测点孔隙水压力—时间变化曲线，反算土的固结系数，推算该点不同时间的固结度，从而推算强度增长，并确定下一级施加荷载的大小，因而可用来控制加荷速率。孔隙水压力计大体上可分为三类，即气压式、水压式、电感式等。水压式还可分为双水管式和单管式（测压管）。电感式可分为钢弦式、电阻应变片式、差动电阻式等。钢弦式稳定性，灵敏度高，使用最多。这里重点介绍钢弦式孔隙水压力计。

（1）仪器结构及主要技术指标

钢弦式孔隙水压力计主要由传感器、电缆、接收仪三部分组成。

（2）埋设技术

①埋设前的准备工作。

a. 取下仪器端部的透水石，在钢膜片上涂一层黄油或凡士林油以防生锈。

b. 将透水石在水中浸泡2h以上，以排除其中的气泡，达到饱和状态。

c. 在电缆上用铅皮打钢印制作编号，使电缆编号与测头编号相一致。

d. 准备封孔回填用的泥球和干净的中粗砂。泥球宜采用膨润土球或高崩解性黏土球。要求在钻孔中潮解后的渗透系数小于周围土体的渗透系数。土球应由直径为10～20mm的不同粒径组成，应风干，不宜日晒、烘烤。封孔时需逐粒投入孔内，切忌大量倾倒，以防架空。

e. 准备埋设的用具，如钻杆连接管、铅丝、电缆护管等。

②定位准确。孔隙水压力的平面布点集中于路中心，一般每种土层均应有测点，土层较厚时，一般每隔3～5m设一个测点。

③钻孔。钻孔一般采用干钻法，钻孔孔径一般为$\phi$108～$\phi$146mm。干钻时可向孔内加水润滑，但禁止用压力冲钻成孔，钻进过程中应随时下套管护壁，钻孔深度应比测点的高度高30cm，应详细记录成孔时土层的分布情况。必要时可采取土样进行土工试验，以补充或校核原土工试验资料或土性参数。成孔后应清孔，通过钻杆注入清水，将孔内泥浆翻出。

④测头的埋设。

a. 测头未装上透水石前，在大气中测量初始频率，并记录现场温度和大气压力值。

b.将透水石在水桶中装在测头上，将测头连同水桶送到钻孔边，将接管连接于钻杆上。

c.将细铅丝系在连接管上，用铅丝来承受孔压计及电缆的重力，这样可以避免电缆受力，并可测量埋设深度。

d.当测头到达孔底时，将其向下压入30cm，至埋设高程。

e.测头埋入土中进行观测，确认其工作正常后，将套管上提，便可向孔内投入泥球封孔，孔中电缆应放松弛。

另一种埋设方式是钻孔比埋设高程要深20cm，钻孔底用干净的细砂填至孔隙水压力计位置。孔压计就位于砂上或最好密封在含有干净、浸透的砂的帆布袋中，再就位于相应的位置上。用干净的砂充填在孔压计的周围及以上15cm，其上再用膨润土泥球封孔，最后回填普通土并夯实。

⑤电缆埋设和保护。

a.连接电缆敷设时必须留有余度，并禁止相互交绕。敷设余度依介质材料、测头埋设位置、高程而定，一般为敷设长度的5%～10%。

b.为防止填土过程中载货汽车等压断电缆，在电缆外加一层金属软管或其他保护管。

c.连接电缆在黏性土填方中上方安全覆盖厚度应不小于0.5m，在砂、碎石垫层中应不小于1.0m。

⑥监测。孔隙水压力计埋设与封孔过程中，应进行跟踪检测，严禁损坏仪器测头与连接电缆，一旦发现，必须及时处理重新埋设。

⑦填写埋设考证表。考证表的主要内容有：工程名称、测点编号、测头型号、量程、钢印号、接线长度、外形尺寸、生产厂家、埋设位置、埋设高程、地面高程，地下水位、电缆埋设深度、埋入前的频率、埋入后的频率、埋设日期、天气、气温、埋设示意图、埋设人员等。

(3)测试技术

埋设后待钻孔完全填实和埋设时超孔隙水压力消散时，才可测孔压计的初始读数，一般需要3～4d的稳定时间。测初始读数时需连续测读数日，直至读数稳定为止，以稳定的读数作为初始读数。对于单线圈激振脉冲型孔隙水压力计，用钢弦读数仪测读其周期、频率和频率平方非常简单。打开读数仪开关，将电缆夹子线插入"输入"插孔，用两个夹子夹住孔压计的两根信号导线，将选择开关拨到相应位置进行读数。

### 6.试验段工程

高速公路工程是大型线形工程，投资规模大，技术要求高，地基处理是决定投资规模和工程质量的重要方面，因此在大面积施工前，需要进行试验工程或前期工程，其目的是验证和优化地基处理设计，确定地基处理施工工艺和质量控制标准。

1)试验工程方案制订

试验工程必须在施工前编制试验研究大纲，制订详尽的试验研究计划。研究大纲应包括：试验工程位置确定，试验工程达到的目的；试验内容，施工工艺要求，组织机构，时间安排等。

(1)选地要求

试验工程应选择在地质、地貌及工程要求有代表性的场地，对沿线地质条件变化较大的情况，应考虑几种典型场地；对选定的场地，应进行补充勘察及土工试验，应保证勘察成果具有足够的可靠性和代表性；试验场地应尽量选在主线上，且施工方便。

(2)试验内容

对于同类地基问题，应考虑不同的地基处理方法、试验区段，以便比较，确定最经济有效的方法。对某种地基处理方法，应设置不同施工参数试验区段。对地基处理施工机械、建筑材料、质量检验方法等进行比较研究。对于设计上提出必须解决的问题，在试验时应安排专门试验内容。此外，还应考虑地基处理发展的需要，进行一些探索性试验内容。另外，试验内容的设置应因地制宜。

2）试验工程监测

试验工程监测是确保试验工程达到目的的必要手段。监测内容应围绕试验要求。常用监测项目见表3-36。表3-40为监测仪器设置。对于软土地基加固试验工程，监测仪器的布置参见图3-13。

**监测仪器设置表** 表3-40

| 序　　号 | 仪标名称 | 埋设位置 |
|---|---|---|
| 1 | 沉降板 | 埋设在路堤左、右肩和路中心下原地面上 |
| 2 | 水平位移边桩 | 在路堤两侧趾部以及边沟外缘以外10m处 |
| 3 | 深层沉降标 | 埋设在软土层顶面、软土层中或处理区底面 |
| 4 | 深层分层沉降标 | 埋至软土层底下的硬土层，分层观测点为沿管深间隔1m设置 |
| 5 | 地下水平位移标（测斜仪、管） | 埋至软土层底下的硬土层，测点沿测斜导管间隔50cm |
| 6 | 孔隙水压力计 | 埋在路中地基土层，深度至软土底部，埋设间隔深度为1～5m |
| 7 | 土压力盒（盒） | 横断面上左坡中至右坡中范围内埋设 |
| 8 | 地下水位观测计 | 设于坡脚外20m处，路堤横向两侧各设1～2处 |
| 9 | 单孔出水量计 | 设于排水井顶部，埋置于路中、路肩位置 |

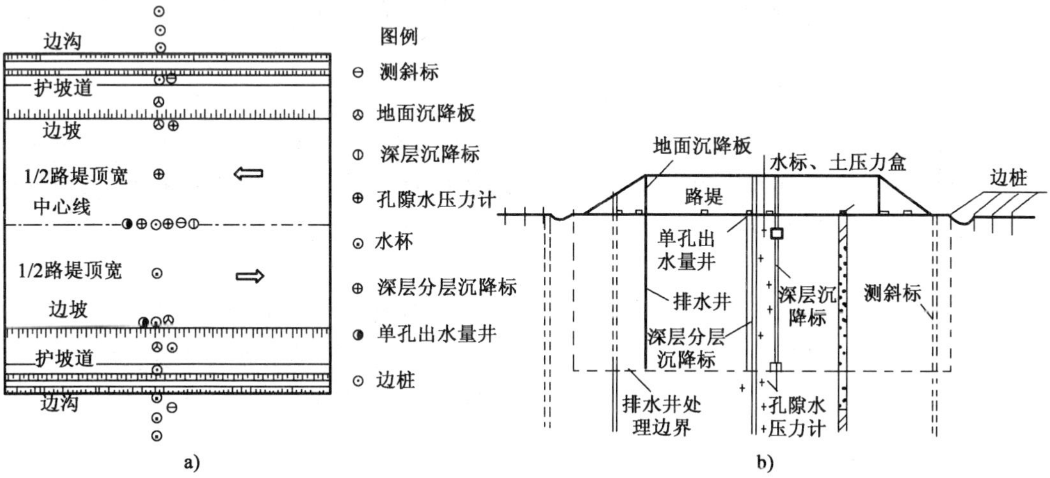


图3-13　监测仪器的布置

a）观测断面仪器标平面布设；b）观测仪标立体布设

## 四、复合地基载荷试验

### 1. 适用条件

本试验要点适用于单桩复合地基载荷试验和多桩复合地基载荷试验。

复合地基载荷试验用于测定承压板下应力主要影响范围内复合土层的承载力和变形参数。

2. 主要仪具

地基载荷试验主要用到的仪具有千分表、承载板。复合地基载荷试验承压板应具有足够的刚度。单桩复合地基载荷试验的承压板可用圆形或方形,面积为一根桩承担的处理面积;多桩复合地基载荷试验的承压板可用方形或矩形,其尺寸按实际桩数所承担的处理面积确定。桩的中心(或形心)应与承压板中心保持一致,并与荷载作用点相重合。

3. 试验步骤

(1)试验前准备工作

①试验前应采取措施,防止试验场地地基土含水率变化或地基土扰动,以免影响试验结果。

②承压板底面高程应与桩顶设计高程相适应。承压板底面下宜铺设粗砂或中砂垫层,垫层厚度取 50~150mm,桩身强度高时宜取大值。试验高程处的试坑长度和宽度,应不小于承压板尺寸的 3 倍。基准梁的支点应设在试坑之外。

(2)测试步骤

①加载等级可分为 8~12 级。最大加载压力不应小于设计要求压力值的 2 倍。

②每加一级荷载前后均应各读记承压板沉降量一次,以后每半个小时读记一次。当一小时内沉降量小于 0.1mm 时,即可加下一级荷载。

③当出现下列现象之一时可终止试验:沉降急剧增大,土被挤出或承压板周围出现明显的隆起;承压板的累计沉降量已大于其宽度或直径的 6%;当达不到极限荷载,而最大加载压力已大于设计要求压力值的 2 倍。

④卸载级数可为加载级数的一半,等量进行,每卸一级,间隔半小时,读记回弹量,待卸完全部荷载后间隔三小时读记总回弹量。

4. 复合地基承载力特征值的确定

当压力—沉降曲线上极限荷载能确定,而其值不小于对应比例界限的 2 倍时,可取比例界限;当其值小于对应比例界限的 2 倍时,可取极限荷载的一半。当压力—沉降曲线是平缓的光滑曲线时,可按相对变形值确定,但按相对变形值确定的承载力特征值不应大于最大加载压力的一半。具体方法如下:

①对砂石桩、振冲桩复合地基或强夯置换墩:当以黏性土为主的地基,可取 $s/b$ 或 $s/d$ 等于 0.015 所对应的压力($s$ 为载荷试验承压板的沉降量;$b$ 和 $d$ 分别为承压板宽度和直径,当其值大于 2m 时,按 2m 计算);当以粉土或砂土为主的地基,可取 $s/b$ 或 $s/d$ 等于 0.01 所对应的压力。

②对土挤密桩、石灰桩或柱锤冲扩桩复合地基,可取 $s/b$ 或 $s/d$ 等于 0.012 所对应的压力;对灰土挤密桩复合地基,可取 $s/b$ 或 $s/d$ 等于 0.008 所对应的压力。

③对水泥粉煤灰碎石桩或夯实水泥土桩复合地基,当以卵石、圆砾、密实粗中砂为主的地基,可取 $s/b$ 或 $s/d$ 等于 0.008 所对应的压力;当以黏性土、粉土为主的地基,可取 $s/b$ 或 $s/d$ 等于 0.01 所对应的压力。

④对水泥土搅拌桩或旋喷桩复合地基,可取 $s/b$ 或 $s/d$ 等于 0.006 所对应的压力。

⑤对有经验的地区,也可按当地经验确定相对变形值。

试验点的数量不应少于 3 点,当满足其极差不超过平均值的 30% 时,可取其平均值为复合地基承载力特征值。

## 五、土层锚杆试验与监测

### 1. 一般规定

①锚固体强度大于 15.0MPa 时，可进行锚杆试验；

② 锚杆试验用加荷装置的额定压力必须大于试验压力；

③锚杆试验用反力装置在最大试验荷载作用下应保持足够的强度和刚度；

④锚杆试验用检测装置（测力计、位移计、计时表）应满品设计要求的精度。

### 2. 基本试验

①任何一种新型锚杆或已有锚杆用于未曾应用过的土层时，必须进行基本试验。

②基本试验锚杆不应少于 3 根。用作基本试验的锚杆参数、材料及施工工艺必须与工程锚杆相同。

③最大试验荷载($Q_{max}$) 不应超过钢丝、钢绞线、钢筋强度标准值的 0.8 倍。

④砂质土、硬黏土中锚杆基本试验加荷等级与测读锚头位移应遵守下列规定：

a. 采用循环加荷，初始荷载宜取 $A \cdot f_{ptk}$ 的 0.1 倍；每级加荷增量宜取 $A \cdot f_{ptk}$ 的 1/10 ~ 1/15。

b. 砂质土、硬黏土中锚杆加荷等级与观测时间见表 3-41。

c. 在每级加荷等级观测时间内，测读锚头位移不应少于 3 次。

d. 在每级加荷等级观测时间内，锚头位移不大于 0.1mm 时，可施加下一级荷载。否则要延长观测时间，直至锚头位移增量 2.0$h$ 小于 2.0mm 时，再施加下一级荷载。

**砂质土、硬黏土中锚杆基本试验加荷等级与观测时间** 表 3-41

| | | | | | | | | |
|---|---|---|---|---|---|---|---|---|
| 加荷增量 ($A \cdot f_{ptk}$0/0) | 初始荷载 | — | — | — | 10 | — | — | — |
| | 第一循环 | 10 | — | — | 30 | — | — | 10 |
| | 第二循环 | 10 | 20 | 30 | 40 | 30 | 20 | 10 |
| | 第三循环 | 10 | 30 | 40 | 50 | 40 | 30 | 10 |
| | 第四循环 | 10 | 30 | 50 | 60 | 50 | 30 | 10 |
| | 第五循环 | 10 | 30 | 50 | 70 | 50 | 30 | 10 |
| | 第六循环 | 10 | 30 | 50 | 80 | 50 | 30 | 10 |
| 观测时间 | | 5 | 5 | 5 | 10 | 5 | 5 | 5 |

⑤淤泥及淤泥质土中锚杆基本试验加荷等级与测定锚头位移应遵守下列规定：

a. 初始荷载宜取 $A \cdot f_{ptk}$ 的 0.1 倍每级加荷增量宜取 $A \cdot f_{ptk}$ 的 1/10 ~ 1/15，加荷等级为 $A \cdot f_{ptk}$ 的 0.5 和 0.7 倍时，采用循环加荷、循环加荷分级与观测时间同表 3-42。

b. 锚杆各加荷等级的观测时间见表 3-42。

**淤泥及淤泥质土中锚杆基本试验加荷等级的观测时间表** 表 3-42

| 加荷等级 ($A \cdot f_{ptk}$0/0) | 初始荷载 | 第一级 | 第二级 | 第三级 | 第四级 | 第五级 | 第六级 |
|---|---|---|---|---|---|---|---|
| | 10 | 30 | 40 | 50 | 60 | 70 | 80 |
| 观测时间(min) | 15 | 15 | 15 | 30 | 120 | 30 | 120 |

c. 在每级加荷等级观测时间内，测读锚头位移不少于 3 次。

d. 荷载等级小于 $A \cdot f_{ptk}$ 的 50% 时，每分钟加荷不宜大于 20kN；荷载等级大于 $A \cdot f_{ptk}$ 的 50% 时，每分钟加荷不宜大于 10kN。

e. 当加断等级为 $f_{ptk}$ 的 0.6 和 0.8 倍时，锚头位移增量在观测时间内 2.0$h$ 小于 2.0mm，才可施加下一级荷载。

⑥锚杆破坏标准如下：

a. 后一级荷载产生的锚头位移增量达到或超过前一级荷载产生位移增量的 2 倍；

b. 锚头位移不收敛；

c. 锚头总位移超过设计允许位移值。

⑦试验报告应按《土层锚杆设计与施工规范》整理，并绘制锚杆荷载—位移（$Q$-$S$）曲线、锚杆荷载—弹性位移（$Q$-$S_0$）曲线、锚杆荷载—塑性位移（$Q$-$S_p$）曲线。

⑧基本试验所得的总弹性位移应超过自由段长度理论弹性伸长的 80%，且小于自由段长度与 1/2 锚固段长度之和的理论弹性伸长。

⑨试验得出的锚杆安全系数 $K_0$ 值由下式确定：

$$K_0 = R_u / N_t \tag{3-7}$$

式中：$R_u$——锚杆极限承载力，取破坏荷载的 95%。

3. 验收试验

验收试验锚杆的数量应取锚杆总数的 5%，且不得少于最初施工的 3 根。

最大试验荷载不应超过预应力筋 $A \cdot f_{ptk}$ 值的 0.8 倍，并应满足以下规定：

①永久性锚杆的最大试验荷载为锚杆设计轴向拉力值的 1.5 倍。

②临时性锚杆的最大试验荷载为锚杆设计轴向拉力值的 1.2 倍。

验收试验对锚杆施加荷载与测读锚头位移应遵守以下规定：

①初始荷载宜取锚杆设计轴向拉力值的 0.1 倍；

②加荷等级与各等级荷载观测时间应满足表 3-43 的规定；

**验收试验锚杆的加荷等级与观测时间表** 表 3-43

| 加荷等级 | 观测时间（min） | | 加荷等级 | 观测时间（min） | |
|---|---|---|---|---|---|
| | 临时锚杆 | 永久锚杆 | | 临时锚杆 | 永久锚杆 |
| $Q_1 = 0.10\ N_t$ | 5 | 5 | $Q_5 = 1.00\ N_t$ | 10 | 15 |
| $Q_2 = 0.20\ N_t$ | 5 | 5 | $Q_6 = 1.20\ N_t$ | 15 | 15 |
| $Q_3 = 0.50\ N_t$ | 5 | 10 | $Q_7 = 1.50\ N_t$ | — | 15 |
| $Q_4 = 0.75\ N_t$ | 10 | 10 | | | |

③在每级加荷等级观测时间内测读锚头位移不应少于 3 次；

④最大试验荷载观测 15min 后卸荷至 $0.1N_t$ 量测位移，然后加荷至锁定荷载锁定。

整理试验结果见表 3-44，并绘制锚杆验收试验图。

**锚杆试验记录表** 表 3-44

锚杆编号: 试验类型: 注浆日期: 试验日期:

| 土层类别 | 锚杆资料 | 注浆资料 | 检验荷载(kN) | 油压表读数(MPa) | 锚头位移读数(mm) | | | 锚头位移增量(mm) | 备注 |
|---|---|---|---|---|---|---|---|---|---|
| | | | | | 1 | 2 | 3 | | |
| | 锚杆类型<br>杆体截面积<br>杆体材料<br>杆体弹性模量<br>锚固段长度<br>自由段长度<br>钻孔倾角 | 注浆材料<br>配合比<br>外加剂<br>注浆方式 | | | | | | | |

注:锚杆的基本试验、验收试验、蠕变试验均用上表记录。

锚杆验收标准如下:

①基本试验所得的总弹性位移应超过自由段长度理论弹性伸长的80%,且小于自由段长度与1/2 锚固段长度之和的理论弹性伸长;

②在最大试验荷载作用下,锚头位移趋于稳定。

4. 蠕变试验

塑性指数大于17 的淤泥及淤泥质土层中的锚杆应进行蠕变试验。用作蠕变试验的锚杆不应少于3 根。

锚杆蠕变试验加荷等级与观测时间应满足表3-45 的规定,在观测时间内荷载必须保持恒定。

**加荷等级与观测时间** 表 3-45

| 加荷等级 | 观测时间(min) | | 加荷等级 | 观测时间(min) | |
|---|---|---|---|---|---|
| | 临时锚杆 | 永久锚杆 | | 临时锚杆 | 永久锚杆 |
| $Q_1=0.25\ N_t$ | — | 10 | $Q_4=1.00\ N_t$ | 60 | 120 |
| $Q_2=0.50\ N_t$ | 10 | 30 | $Q_5=1.20\ N_t$ | 90 | 240 |
| $Q_3=0.75\ N_t$ | 30 | 60 | $Q_6=1.33\ N_t$ | 120 | 360 |

每级荷载按时间间隔1、2、3、4、5、10、15、20、30、45、60、75、90、120、150、180、210、240、270、300、330、360 min 记录蠕变量。

试验结果按《土层锚杆设计与施工规范》(CECS 22—90)整理,并绘制蠕变量—时间对数($S$-log$t$)曲线,蠕变系数由下式求得:

$$K_0 = (S_2 - S_1)/\lg(t_2/t_1) \tag{3-8}$$

式中:$S_1$——$t_1$时新测得的蠕变量;

$S_2$——$t_2$时所测得的蠕变量。

锚杆蠕变试验测得的最后一级荷载作用下的蠕变系数不应大于2.0mm。

5. 锚杆预应力的长期监测与控制

永久性锚杆及用于重要工程的临时性锚杆,应对锚杆预应力变化进行长期监测。对长期监测预应力值的永久性锚杆的数量不应少于锚杆总数的5% ~10%,监测时间不宜少于12 个月。锚杆预应力监测应遵守以下规定:

①宜采用钢弦式压力盒、应变式压力盒、液压式压力盒进行监测。

②预应力变化值，在最初 10d，应每天记录一次；第 11～30d，每 10d 记录一次；第 31d 至第 12 个月，每 30d 记录一次。

预应力变化值不宜大于锚杆设计轴向拉力值的 10%，必要时可采取重复张拉或适当放松以控制预应力变化。

# 单元三　路基病害整治施工组织设计

## 一、施工组织研究的对象和任务

施工组织是针对项目施工的复杂性，研究工程建设的统筹安排与系统管理客观规律的一门学科。它研究如何组织、计划施工项目的全部过程，寻求最合理的组织管理方法。施工组织的任务是根据项目产品生产的技术经济特点，国家基本建设方针和各项具体的技术政策，为实现工程建设计划和设计的要求，提供各阶段的施工准备工作内容，对人力、资金、材料、机械和施工方法等进行科学合理的安排，协调工程建设中各施工单位、各工种、各项目资源之间以及资源与时间之间的合理关系。在整个建设过程中，按照客观的技术、经济规律，作出科学、合理的安排，使项目施工取得相对最优的效果。

现阶段施工组织学科的发展特点是广泛利用数学、网络技术、计算技术等定量方法，应用电子计算机，采取各种有效措施，对整个施工项目进行工期、成本、质量的控制，从而达到工期短、质量好和成本低的目的。因此，项目的组织管理者必须充分认识施工的特点，对各个环节要做到精心组织、严格管理，全面协调好施工中的各种关系。对于特殊、复杂的施工过程，要进行科学的分析，弄清主次矛盾，找出关键线路，有的放矢地采取措施。同时，合理组织各种资源的投入顺序、数量、比例，进行科学合理的安排，组织平行交叉流水作业，提高对时间、空间的利用，以取得全面的经济效益和社会效益。

## 二、施工组织设计的作用

施工组织设计是根据国家或建设单位对施工项目的要求，设计图纸和编制施工组织设计的基本原则，从施工项目全过程中的人力、物力和空间等三个要素着手，在人力与物力、主体与辅助、供应与消耗、生产与储存、专业与协作、使用与维修和空间布置与时间排列等方面进行科学、合理的部署，为施工项目产品生产的节奏性、均衡性和连续性提供最优的方案，从而以最少的资源消耗取得最大的经济效果，使最终项目产品的生产在时间上达到速度快和工期短；在质量上达到精度高和功能好；在经济上达到消耗少、成本低和利润高的目标。

简单地说，施工组织设计，是指施工项目在施工前，根据设计文件及业主和监理工程师的要求，以及主客观条件，对工程项目施工的全过程所进行的一系列筹划和安排。

施工组织设计的作用是对施工项目的全过程实行科学管理的重要手段。通过施工组织设计的编制，可以全面考虑项目的各种具体施工条件，扬长避短，拟订合理的施工方案，确定施工顺序、施工方法、劳动组织和技术经济组织措施，合理地统筹安排，拟订施工进度计划，保证施工项目按期投产或交付使用；也为施工项目的设计方案在经济上的合理性，在技术的科学性和在实施工程上的可能性进行论证提供依据；还为建设单位编制工程建设计划和建筑企业编制施工计划提供依据。建筑企业可以提前掌握人力、材料和机具使用上的先后顺序，全面安排资源的供应与消耗；可以合理确定临时设施的数量、规模和用途以及临时设施、材料和机具在施工场地上的布置方案。

通过施工组织设计的编制，可以预计施工过程中可能发生的各种情况，事先做好准备、预防，为建筑企业实施施工准备工作计划提供依据；可以把施工项目的设计与施工、技术与经济、前方与后方和建筑业企业的全部施工安排与具体的施工组织工作更紧密地结合起来；可以把直接参加的施工单位与协作单位、部门与部门、阶段与阶段、过程与过程之间的关系更好地协调起来。根据实践经验，对于一个施工项目来说，如果施工组织设计编制得合理，能正确反映客观实际，符合建设和设计单位的要求，并且在施工过程中认真地贯彻执行，就可以保证工程项目施工的顺利进行，取得好、快、省和安全的效果，能早日发挥建设投资的经济效益和社会效益。

近年来，随着市场竞争日趋激烈，在招标中对施工组织的要求愈来愈严格。在标书中科学合理的施工组织设计，能够反映施工企业的水平，也是中标的基础条件之一。施工组织与造价有着很密切的关系，科学合理的施工方案可以降低工程成本；反之，如果确定的施工方案工、料、机总费用超过合同价，一旦实施就是亏损，亏损额只有项目完成后作出决算才能得知，将给企业带来损失。因此，要使施工全过程顺利进行，达到预定的目标，就必须进行进行科学的组织，合理控制工程造价。

## 三、路基病害整治工程施工组织设计应提交的内容

①编制说明。其中包含编制依据、编制范围、编制原则。

②工程概况。其中包括自然条件、施工资源条件、主要工程数量、工程的重点与难点。

③施工组织、施工力量的设想和施工期限的安排。

④编制施工进度计划，人员、设备、材料、资金的组织与安排。其中包括本工程所需各工种名称、数量及进退场时间，拟投入本工程的主要机械设备仪器的名称、型号、数量、进退场时间，所需材料的品种、规格、数量、分期供应计划、材料来源与运输方法，资金使用计划。

⑤施工准备和临时工程。其中包括对施工用水、电、便道、便桥的安排，对材料场的安排，对预制场的安排，对生活设施的安排。

⑥施工方案、施工方法。列出总体施工方案和各整治项目的具体施工方法，常见的路基病害整治工程项目包括：填方路基、挖方路基、方格型骨架、高边坡防护、加筋土挡墙、桩基托梁、抗滑桩、浆砌挡土墙、土工格栅、浆砌沟、排水沟与高边坡观测等。

⑦确保质量、安全、工期和环保的技术措施（充分考虑施工中可能发生的问题以及采取哪些监测手段进行预防）。

⑧冬、雨季的施工安排及措施。

⑨要提交的图表：

a. 施工场地总平面布置图；

b. 主要工程数量表；

c. 施工进度计划横道图、网络图；

d. 劳动工天、材料（包括成品、半成品）、机械台班（包括运输工具）、资金需要量计算表；

e. 劳动力需要量计划表、材料供应计划表、主要施工机械设备计划表；

f. 临时工程数量表；

g. 各分项工程施工工艺流程图。

## 四、人工挖孔桩施工组织设计案例

### 1. 工程概况

××高速公路××大桥起点至K154+870段位于××县××乡××村××组××山坡上，K154+870至终点段位于××河右岸一级、二级阶梯上。桥位所在区为高中山深切河谷

内，山坡自然坡度一般大于50°，左侧斜坡近直立，桥位所在山顶高程为2 254.3m，山坡上植被比较发育。

本桥××墩（台）桩基础设计为挖孔灌注桩。其中，左幅××桥墩基础设计为方桩基础，基础桩径为2×2.69～2×3.53m，桩长为22～48m，合计桩长1 830m，桩基C30混凝土11 032$m^3$。其余桥墩基础设计为圆桩基础，基础桩径为1.5、1.8、2.2m三种，桩长为20～48m，累计桩长2 598m，桩基C30混凝土6 082$m^3$。

现人工挖孔桩施工的机具、人员已经到位，且施工前期的准备工作已经就绪，已具备施工条件。

2. 施工组织

(1)组织机构(略)

××墩人工挖孔桩的施工由项目经理部所属的××桥梁桩基三队负责组织施工。组织机构及主要管理人员和施工人员数量分别见《××桥梁桩基三队施工组织机构框图》、施工人员见《进场人员报审单》。

(2)计划投入的施工设备

见《进场设备报审单》。

(3)施工平面布置

见《××特大桥施工平面布置图》。

3. 施工进度计划

挖孔桩施工计划按总体实施行施工组织设计施工进度计划。

4. 施工方案和方法

1)施工方案

挖孔桩采用人工开挖，提升设备采用电动卷扬机及机械配合出土，钢筋混凝土锁口护壁防护。桩孔采用人工开挖，卷扬机提升出渣，遇石质时采用弱爆破施工。挖孔时，首先在桩位处下挖1.5m左右，然后立模灌注锁口及与锁口相连的第一节护壁。当护壁强度达到设计强度的70%左右，方可拆除模板，进行下节桩孔开挖并施工护壁。如此循环进行，直至挖到设计高程。每次循环进尺不得超过1.5m。

2)施工方法

(1)施工工艺流程

场地平整→测量放样→开挖第一节桩孔→绑扎锁口及护壁钢筋→立模浇筑锁口和第一节护壁混凝土→在锁口上投测高程及桩位十字轴线→设置垂直运输架→挖下节土石方→清理孔壁校核桩位→绑扎护壁钢筋→立模浇筑下节护壁(循环直至设计高程)→清理孔底，并排除孔底积水→加工、安装钢筋笼→安置串筒 → 浇筑桩身混凝土。施工工艺见图3-14。

(2)平整场地

当场地平地时，应清除地表杂物，挖除软土，整平；当场地为陡坡时，用枕木搭设工作平台。开挖前做好孔口四周安全防护工作和防排水工作。

(3)测量定位

场地平整、处理完成后，采用全站仪精确放出桩位，并报监理复核批准并引出护桩。开挖孔口及浇注钢筋混凝土锁口。

(4)开挖

①挖孔时，首先在桩位处，下挖 1.5m 左右，然后立模灌注锁口及与锁口相连的第一节护壁。当护壁强度达到设计强度的 70% 后，方可拆除模板支撑，进行下节桩孔开挖与施工护壁。如此循环进行，直至挖至设计高程。

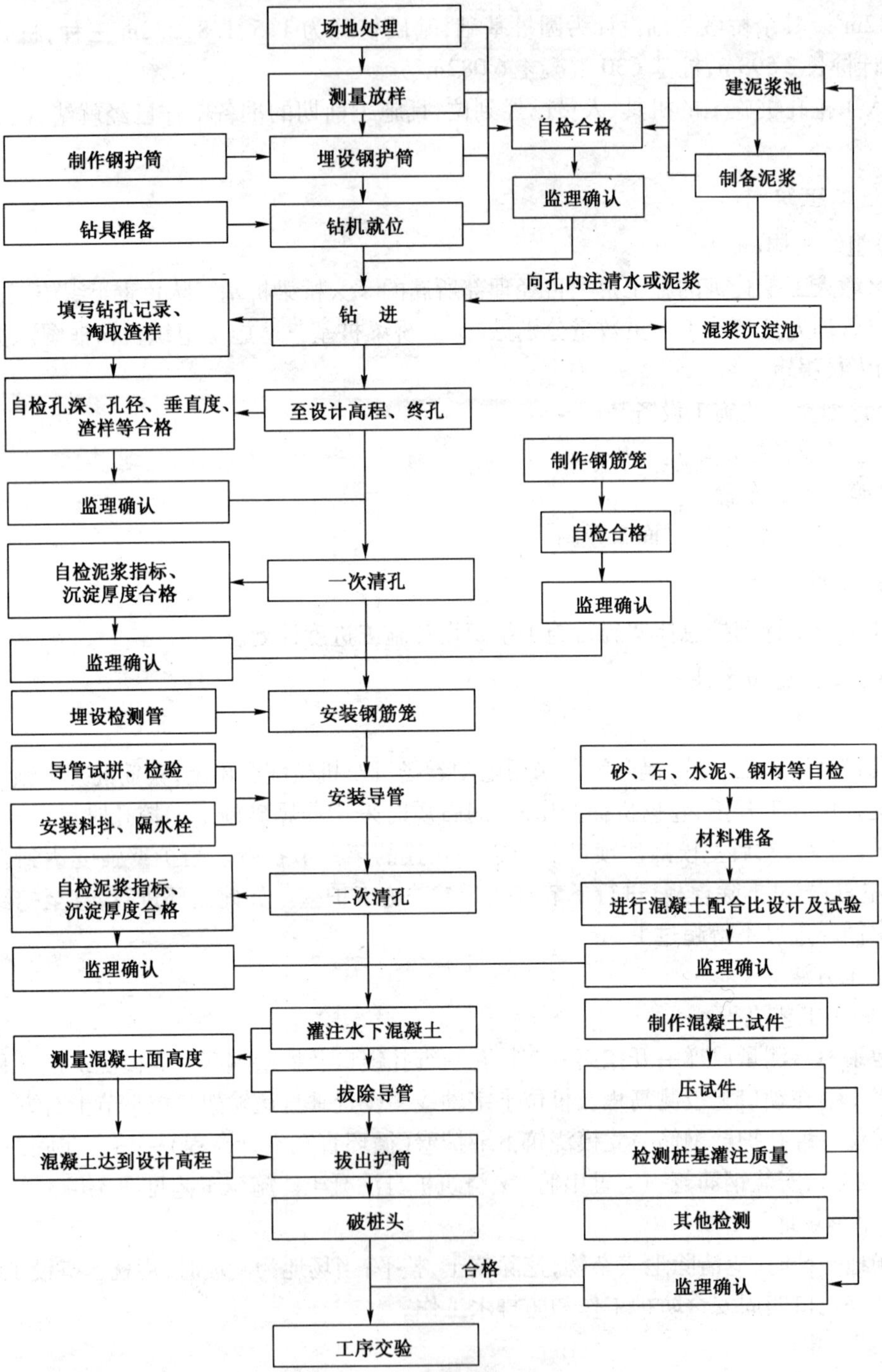


图 3-14　挖孔桩施工工艺框图

②挖土由人工用镐锹进行，挖至软岩采用锤钎开挖；对于人工开挖困难的坚硬岩石，采用孔内浅眼松动爆破开挖。爆破时，严格控制装药量，以确保施工安全。同时，在炮眼附近加强

支护，以防震坍孔壁。爆破采用电起爆，爆破后及时通风排烟。但在距基底150cm范围内禁止爆破。在挖孔过程中，需经常检查桩孔尺寸和平面位置，孔位偏移不得大于5cm，孔的中轴线偏斜不得大于孔深的0.5%，尺寸必须满足设计要求。

③出渣采用卷扬机提升，吊斗装渣。挖孔至设计高程后，进行基底承载力检测。达标后，进行孔底处理，采用与桩身同强度等级的混凝土进行封底。封底混凝土达到设计强度后才能进行钢筋的安装。必须做到平整、无松渣、污泥等软层。开挖过程中要经常检查，了解地质情况，并画出地质柱状图。出渣作业见图3-15。

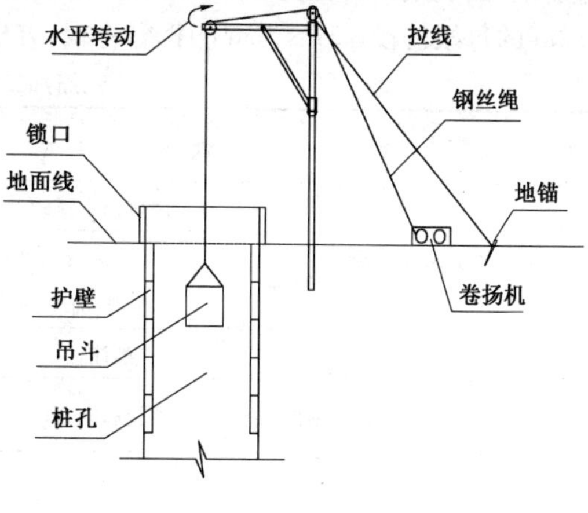

图3-15　挖孔桩出渣作业示意图

④每次循环进尺不得超过1.5m，当围岩破碎或有较大渗水时，分段长度应适当变短。护壁模板采用四瓣式木模，混凝土机械拌和，混凝土使用卷扬机送至井下，人工喂送，振动棒振捣密实。在挖孔过程中每挖掘一段应及时施工护壁，不得中途停顿，以防坍孔。在浇注锁口时锁口应高出地面20cm以上，以防地表水流入或坠物伤人。

⑤挖孔时，当井下有渗水时，可挖集水坑采用潜水泵及时抽排。

(5)终孔

当开挖至设计高程或进入岩层深度达到设计要求时，清除孔底松土、沉渣、杂物。及时对孔径、孔深及垂直度进行检查和记录，经自检合格后报监理进行检查、验收和确认。挖孔桩基的成孔质量必须满足表3-46挖孔桩成孔质量标准和规范要求。

**挖孔桩成孔质量标准表**　　表3-46

| 项　目 | 允许偏差 | | 检查方法和频率 |
|---|---|---|---|
| 孔的中心位置(mm) | 群桩 | 100 | 全站仪：每桩 |
| | 排架桩 | 50 | |
| 孔径(mm) | 不小于设计桩径 | | 探孔器：每桩 |
| 倾斜度 | 小于0.5% | | 垂线法：每桩 |
| 孔深 | 摩擦桩：不小于设计规定<br>支承桩：比设计深度超深不小于50mm | | 钢尺量：每桩测量 |
| 沉淀厚度(mm) | 不大于50mm | | 钢尺量：每桩检查 |

(6)加工、安放钢筋笼

圆桩基础钢筋的下料、弯制在加工场统一进行，根据挖孔桩的深度，分段加工，吊装入孔时再逐节接长焊成整体；方桩基础钢筋的下料、弯制，在加工场统一进行，桩孔内绑扎。要求主筋平直、箍筋圆顺、尺寸准确，主筋接头要相互错开，保证同一截面内的接头数目不多于主筋根数的50%，两个接头间距离应大于35$d$（$d$为钢筋直径）。为保证钢筋与孔壁的设计保护层，在钢筋笼主筋上每隔2m左右对称设置4个钢筋"耳环"。用吊车下放钢筋笼时认真对钢筋笼中心位置和高程核对，下放到位后，将其固定，防止在灌注混凝土过程中钢筋笼偏位，影响桩基质量。钢筋笼的加工和安装质量必须满足表3-47及规范的要求。

在绑扎安装桩基钢筋笼的同时加工和安装桩基的检测管，检测管绑焊在桩基钢筋笼内的箍筋上，圆桩基础直径为1.5、1.8、2.0m的每根桩设$\phi57\times3$cm的钢管3根；圆桩基础直径为2.2m的每根桩设$\phi57\times3$cm的钢管4根；方桩基础每根桩内设$\phi57\times3$cm的钢管4根。

**钢筋加工及安装质量表**

表3-47

| 项次 | 检查项目 | | | 规定值或允许偏差 | 检查方法和频率 |
|---|---|---|---|---|---|
| 1△ | 受力钢筋间距(mm) | 两排以上排距 | | ±5 | 尺量：每构件检查2个断面 |
| | | 同排 | 梁、板、拱肋 | ±10 | |
| | | | 基础、锚碇、墩台、柱 | ±20 | |
| | | 灌注桩 | | ±20 | |
| 2 | 箍筋横向水平钢筋、螺旋筋间距(mm) | | | ±10 | 尺量：每构件检查5~10个间距 |
| 3 | 钢筋骨架尺寸(mm) | 长 | | ±10 | 尺量：按骨架总数30%抽查 |
| | | 宽、高或直径 | | ±5 | |
| 4 | 弯起钢筋位置(mm) | | | ±20 | 尺量：每骨架抽查30% |
| 5△ | 保护层厚度(mm) | 柱、梁、拱肋 | | ±5 | 尺量：每构件沿模板周边检查8处 |
| | | 基础、锚碇、墩台 | | ±10 | |
| | | 板 | | ±3 | |

(7)混凝土灌注

当孔内渗水量较小，孔内水位上升速度等于或小于6mm/min时，桩基混凝土采用常规的方法施工。在混凝土灌注前抽排孔内积水，孔内积水不得超过50mm。混凝土在搅拌站集中拌和、罐车运送至现场，混凝土坍落度控制在70~90mm范围内，导管送入孔内灌注。导管安置于桩孔中心，混凝土在导管中自由坠落。开始灌注时，灌注速度尽可能加快且连续，使混凝土对孔壁的侧压力尽快大于渗水压力，以防止水渗入桩孔内。在桩顶2m以下的混凝土利用其自由坠落捣实，必要时辅以人工操作插入式振动棒进行振捣；桩顶2m以上的混凝土采用人工操作插入式振动棒捣实。桩基混凝土一次连续灌注完毕，若施工缝不可避免时，按照混凝土施工缝的要求进行处理，并在接缝位置设置上下连接钢筋。桩基混凝土浇灌应高出桩顶设计高程5cm，以便施工系梁或承台时凿除桩头，以保证桩头质量。

当孔内渗水量较大，孔内水位上升速度大于6mm/min时，桩基混凝土采用灌注水下混凝土的方法施工。水下混凝土的施工工艺和方法见钻孔桩施工方案。

(8)挖孔桩施工注意的事项

①开挖作业前由主管工程师和施工项目负责或技术负责人共同向作业班组进行技术交底，使每个作业员工都清楚、了解操作规程、施工工艺、质量标准和安全等要求。同时，提出可能出现的质量、安全的问题和处理措施及应急预案。

②每个桩孔由一个固定的班组负责施工，每个正在施工的井下、井上均应有人操作，并确保上、下之间有良好的联络信号。

③在施工挖掘前，认真研究钻探资料，分析地下情况，对可能出现流砂、涌水及有害气体等情况制订安全防护措施。在开挖过程中发现异常情况，如漏水、流沙、异气味时及时报告，并及时采取处理措施。

④每个开挖的井口必须设置围栏和防雨篷及水平可活动盖板，井下没有施工时，必须盖好井盖及做好井口的防护。

⑤挖孔作业的每个工班在下井作业前，必须首先检查孔内的空气质量和施工机具和起吊设备的完好情况。孔内的空气质量不得超过表3-48各项污染物的浓度限值的三级标准。如不符合要求时，采取机械向孔内通风排气，并保持孔内有足够的新鲜空气。当孔深超过10m时，采用机械通风。孔内经爆破后，先通风排烟，经检查无毒气，空气质量符合要求后，方可下井作业。

各项污染物的浓度限值　　表3-48

| 污染物名称 | 取值时间 | 浓度限制($mg/m^3$)(标准状态) | | |
|---|---|---|---|---|
| | | 一级标准 | 二级标准 | 三级标准 |
| 二氧化硫 $SO_2$ | 年平均 | 0.02 | 0.06 | 0.10 |
| | 日平均 | 0.05 | 0.15 | 0.25 |
| | Lh 平均 | 0.15 | 0.50 | 0.70 |
| 总悬浮颗粒物 TSP | 年平均 | 0.08 | 0.20 | 0.30 |
| | 日平均 | 0.12 | 0.30 | 0.50 |
| 可吸入颗粒物 | 年平均 | 0.04 | 0.10 | 0.15 |
| | 日平均 | 0.05 | 0.15 | 0.25 |
| 氮氧化物 NOx | 年平均 | 0.05 | 0.05 | 0.10 |
| | 日平均 | 0.10 | 0.10 | 0.15 |
| | Lh 平均 | 0.15 | 0.15 | 0.30 |
| 二氧化氮 $NO_2$ | 年平均 | 0.04 | 0.04 | 0.08 |
| | 日平均 | 0.08 | 0.08 | 0.12 |
| | Lh 平均 | 0.12 | 0.12 | 0.24 |
| 一氧化氮 $NO_1$ | 日平均 | 4.00 | 4.00 | 6.00 |
| | Lh 平均 | 10.00 | 10.00 | 20.00 |
| 臭氧 | Lh 平均 | 0.12 | 0.16 | 0.20 |

⑥挖孔时注意施工安全，作业人员必须配戴安全帽、安全绳。弃土和其他建筑材料在井内垂直运输时，采取措施，确保井下操作人员的安全。在井底设置安全区，以防物体堕落伤人，同时，在孔内设置应急软爬梯。

⑦开挖工作必须连续进行，交接班的时间尽量缩短，使未经支护的土体减少在空气中或水中的暴露时间，以防坍塌。

⑧当相邻孔桩在浇灌桩基混凝土时，原则上要停止掘进，以防竖井在较大侧压力下土体失去稳定而坍塌。

⑨桩孔内照明采用36V/100W低压防水罩灯泡照明。

5. 质量目标及检验

1)质量目标

××特大桥挖孔桩质量目标必须满足本合同段的质量要求，满足业主创优规划要求，以确保分项工程一次验收合格率100%，整体创省(部)优质工程，争创国家优质工程，配合全线整体创优。

2)质量检验

开工前复核设计图纸上全桥控制桩位的关系，全桥平面和高程的尺寸关系以及桥梁线形和高程与本合同段总体平、纵面的关系。确保各项数据一一对应后，再组织人员进行现场放样，并编定测量报告，质量检验流程见图3-16。

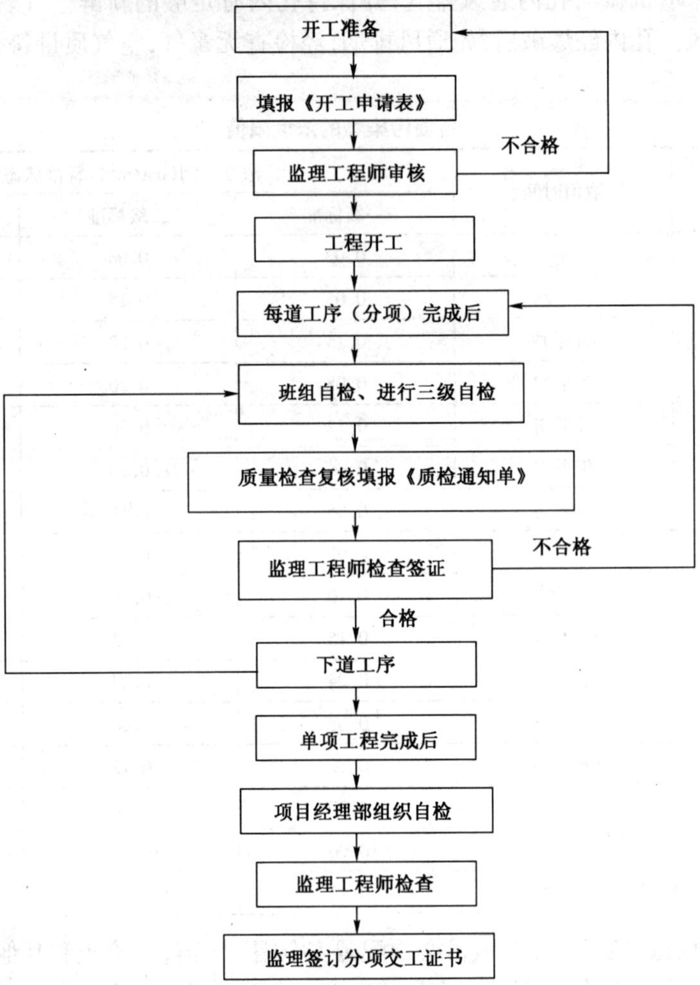


图3-16　质量检验流程图

(1)开工前具备条件

①施工现场场地平整，桩孔的锁口严格按施工规范要求施工，控制偏差，锁口中心竖直线应与桩中心线重合，误差不得大于50mm，竖直线倾斜不得大于0.5%。检查方法：采用全站仪对桩基检查。桩孔内径比桩径大20～40cm。

②井口周围防排水设施完善。

(2)成孔检验

①孔径、倾斜度。采用探孔器对桩孔进行检验，验孔时探孔器应放至孔底，探孔器应能顺利下至孔底。

②孔深检验。成孔后如无水，则直接采用钢尺测量；如有水且较深时，采用测钟由孔中心位置吊放至孔底进行检测。测钟应有一定质量，一般为4～5kg。孔深不小于设计深度。

③孔底沉淀厚度检验。灌注水下混凝土前就对孔底沉淀厚度进行检验。沉淀厚度＝第一次孔深－第二次孔深。孔底沉淀厚度不大于5cm。

④钢筋骨架底面高程检验。

钢筋笼底面设计高程 = 桩底设计高程 + 钢筋笼距孔底设计距离。

钢筋笼底面实测高程 = 护筒高程 + 支垫高 - 吊筋长度 - 钢筋笼长度。

(3)灌注混凝土现场检验

①混凝土严格按照施工配合比进行控制,普通混凝土坍落度控制在50~70mm;水混凝土坍落度控制在50~70mm,并应拌和均匀,防止离析。在施工过程中应在前段、中段和后段制取试件。

②水下混凝土在灌注过程中根据导管长度、灌注高程以及拆管时间进行记录,满足水下混凝土灌注工艺。

③混凝土浇灌到接近桩顶时,对桩基钢筋笼偏位进行校正,便于承台及墩柱钢筋的连接,浇灌桩顶高程应比设计高程出一定高度,一般为50~100cm。

### 6. 质量保证措施

1)组织措施

(1)质量管理机构

项目经理部建立完善的质量管理机构,成立以项目经理为组长,项目总工、项目副经理为副组长,各职能部门负责人和各施工队主要领导为成员的质量管理领导小组。项目经理部设安全质量部,配1名专职质量检查工程师,负责本合同项目工程质量检查和监督。具体组织机构和质量保证体系见《实施性总体施工组织设计文件》。同时,施工队也相应成立质量管理小组,并配备1名专职质量检查工程师,实施工程自检、互检、交接检查和质量评定,以保证每道工序均在严格的控制下进行。各级质量检查工程师配备数码相机,项目经理部质检工程师配备数码摄像机,以确保质量记录真实完整。

从项目经理部到各工程施工队实行质量责任终身制,质量目标,层层分解,终身责任,一级包一级,一级保一级,从严格技术把关入手,抓好施工生产全过程的质量管理。施工队质量管理小组组织机构见《××桥梁桩基质量管理小组组织框图》。

(2)质量奖惩制度

为积极推广全面质量管理,进一步完善质量责任制,促进质量管理,提高工程质量,项目部将根据业主有关工程质量评比奖励办法,针对本工程实际情况制订相应的工程质量评比奖励办法,实行质量奖惩制度。

(3)开展全面质量管理

抓好质量教育,加强全员质量意识,牢固树立“百年大计,质量第一”的观念。从材料的采购供应、质检验收到各个工序的施工生产过程、竣工验交等执行全过程管理,用良好的工作质量来保证工序质量,把全面质量管理的思想、方法应用到本合同段施工的全过程。

具体措施为:

①提高作业人员素质;

②开展标准化作业;

③积极开展QC小组活动;

④严格技术标准,尊重监理。

2)技术措施

(1)工程工艺控制

在施工中严格按《实施性施工组织设计》组织施工。对特殊、关键工序编制详细的《施工作业指导书》,用于指导施工,确保施工工艺质量。

(2)严格检测试验手段

试验准备:在施工准备规定的时间内,建立工地试验室。配备相应的建材、混凝土检测试验设备,以满足该工程试验的需要,编制试验大纲,并上报审批,建立健全工程试验管理制度。

检验测试设备的管理:

①各种检验测试设备由工地试验室统一归口管理;

②精密仪器设备指定仪器负责人,在规定的周期内检修保养及时填写使用记录。

试验资料的整理和保存:

①施工现场各种原始记录和试验报告必须实事求是,认真填写;

②试验报告必须经试验、复核、工地试验室负责人签字并加盖公章后方可有效。经计量认证的试验项目必须加盖认证标志章(MC),以保证试验报告的法律效力;

③工程原始记录和试验报告正确使用新表格和法定计量单位填写。

原材料检验和试验:

①对原材料、半成品及成品在入库和使用前都必须进行验证检验和试验,未经检验和试验的物资不得投入使用或加工,保证使用合格品;

②物资的检验和试验由工地试验室负责实施,工地试验室不能完成的试验项目由试验室负责人填写《材料试验委托单》,经本级主管领导同意后送国家法定检测机构进行试验。

混凝土质量检测控制:

①混凝土在灌注前测定砂石含水率、换算施工配合比、填写配料单,经项目总工审签后,送交施工负责人据以施工。施工单位接到配料单后,按配料单上规定的配料数量及材料规格,指定专人负责电子计量(水泥、外加剂不超过 ±2kg,砂石不超过 ±5kg),并挂牌标明配合比及每盘各材料用量;

②混凝土在灌注时对混凝土组成材料的外观检查、配料和拌和正确性的检查控制,每工班至少一次;对混凝土的坍落度及和易性的检查试验,每一工班至少两次;对砂石料含水率(湿度)试验和配合比的调整,每日开工前测一次,开工后宜每隔 4h 测一次。如遇降雨或其他原因湿度发生变化时,随时检测调整配合比。

③混凝土强度检查试件,在灌注地点采取随机取样,每组 3 块,按试验技术要求和规定制作,做抗压强度试验。

桩基检测:桩基全部采用超声波无损检测。超声波检测的优点是:理论基础可靠,测试技术先进,操作程序简便,能快速有效地判断桩的完整性和好坏质量,可迅速确定桩的缺陷性质,如断桩、缩颈、夹层、离析等,从而确定缺陷位置和桩身混凝土强度。

对监理工程师指示需要取芯检验的桩,我们配备有经认可的钻取 70 ~ 110mm 芯样的设备和熟练人员。

(3)严格测量管理

交接桩:对设计单位所交导线点及个别构造物控制桩做好保护工作。若有个别损坏或有松动桩要记录清楚,测量复核要加以注意,同时要核对是否与设计文件相对应。

桩橛复测:桩橛交接后对设计单位所交导线点及曲线控制桩进行同精度复测,采用两种不同方式或换手复测方式进行,测量结果满足要求后以文字形式写出。

复测报告:经监理工程师审核及批复后方可作为施工的依据,尤其对相邻合同段的衔接,要两个单位共同测量,取得正确数据后方可交付施工。

测量资料管理:各项测量记录要记注明显,没有涂抹,计算结果和图表准确清楚,所有测算资料均要签署完善,未经复测和验算的资料不得使用。一切观测值和记事项目,必须在现场核对记录清楚。控制测量由两人记录,不得凭回忆补记测量成果。各种测量手簿使用我单位统一印制的册子,不能用纸或小本子代替。

测量仪器管理:各种测量仪器均属计量器具应按计量器具统一管理。各种测量仪器、工具的质量性能要定期进行检定和维修,并设置台账、卡片登记。对经常使用的精密水准仪、经纬仪、全站仪等定期检定,以保持良好状态。

7. 安全保证措施

1)安全目标

杜绝因工亡人、重伤责任事故,无等级火灾事故,因工轻伤率控制在0.6‰以下。

2)安全保证措施

(1)安全管理组织机构

为了加强施工安全管理工作,项目经理部建立健全安全管理组织机构,并成立以项目经理为组长,项目副经理和安全监察长为副组长,项目经理部各职能部门负责人、各工程队队长为成员的安全管理领导小组,建立安全施工生产责任制。项目经理部设安全质量部,设专职安全监察长1名,专职安全员8名,负责全管段的安全工作。具体分工:××为安全监察长,负责全合同段的安全工作,××为施工片区专职安全员;项目经理部组织机构和安全保证体系见《实施性总体施工组织设计文件》。同时,施工队也相应成立安全管理小组,并设专职安全员1名,负责本队的施工安全工作;各工班设兼职安全员1~2名,负责本工班施工现场的安全工作。施工队安全管理小组组织机构见《××桥梁桩基安全管理小组组织框图》。

(2)建立安全岗位责任制

在施工中严格执行业主、监理单位制订下发的安全生产管理实施办法,严格履行安全生产合同。项目经理部逐级签订安全生产责任状,把安全生产纳入承包考核内容。建立健全各级人员安全岗位责任制,明确各自职责。严格奖惩制度,对个别由于失职、渎职造成事故的责任人员要按有关规定给予严肃处理,必要时追究其刑事责任。

(3)抓好安全教育和检查

搞好安全法制教育和安全技术培训。在开工前对全体人员进行《安全生产法》、《劳动法》及其他有关安全法律、法规的学习教育,提高大家的安全意识;同时,对全体施工人员分专业、多层次的进行安全操作技术规程培训,使大家在施工过程中按照安全规程进行施工;还要对担负重点项目和重要岗位的专业技术人员进行重点培训,坚持持证上岗。

开展安全生产检查活动。项目经理部每月组织一次安全检查,每季项目部和施工队联合组织一次安全大检查。各队每周组织一次安全检查。对重点工程的安全检查工作,应加大力度和检查次数。

(4)加强现场安全管理

以建设安全标准工地为载体,强化施工现场作业控制。各施工队要结合工程类别和施工工地的特点,制订出单位工程的施工安全标准。

现场安全管理瞄准桥梁高空作业、挖孔桩施工、汽车运输和交通安全等重点主攻方面,按照公路施工有关施工技术安全规则执行。尤其是在桥梁高空施工中,要确保高空作业人员的人身和机械设备安全。

在施工现场要布设安全警示牌、警告牌和宣传牌等。非施工人员不得进入施工现场,进入施工现场的人员必须配戴安全帽等。

(5)安全奖励和惩罚

项目部将根据本工程实际情况制订相应的安全评比奖励办法,在每月的安全检查总结会上,将对在为确保施工安全方面做出贡献的个人和单位进行表扬和奖励。同时,也对违规作业,致使存在施工安全隐患或造成安全事故的个人和单位进行批评教育和处罚。若造成安全事故,还要根据情节严重程度,对有关人员进行行政或法律处罚。

8. 工期保证措施

(1)组织保证

项目经理部成立保证工期领导小组,由项目经理任组长,对项目工期目标负责,以保证工程进度。

(2)严格施工网络计划进度管理

施工管理以施工组织设计为基础,制订科学合理的施工进度计划。根据总进度的要求,分别编制年度、季度、月、旬施工生产计划,使施工进度计划具体化,然后逐步实现各旬施工计划,从而达到实现确保工程工期的目的。加强关键线路上各工序的资源配置,确保按时或提前完成各关键线路上的工序,加强施工调度,确保施工资源的合理利用。

编制实施性施工组织设计,搞好工序的统筹、网络计划工作,科学组织施工,优化施工进度安排,牢牢抓住关键工序的管理与施工,抓好各工序的后勤保障工作,控制循环作业时间,减少工序搭接时间,提高施工速度。对重点、难点的项目施工,应集中人力、物力、财力优先安排。

(3)加大资源投入,合理配置生产要素

根据工程项目内容,选派优秀的、具有丰富施工经验、高素质、责任心强的管理、技术人员以及专业化施工队伍组织本项目施工。

配备现代化的施工机械设备,充分利用机械和技术力量雄厚的优势,在施工中加强和调试管理工作,抓住有利的施工日期,强化组合施工要素。做好设备的保修工作,配足常用的易损配件,保证设备正常运转,提高利用率。组织好施工机械、设备和材料的调运,满足施工需要。急用机械设备可在一周内进入施工现场。

(4)加强项目管理力度

抓施工的正规作业,标准化施工,通过合理的施工组织与正确的施工方法来提高施工进度,要稳定高产,防止大起大落。对施工中可能存在的问题和困难进行分析和预测,积极研究对策,以便及时采取应急措施。对突发性事件的处理要果断及时,措施得当。

在施工中,自觉接受监理工程师和建设单位指导,主动与他们搞好合作,以加快进度。主动向监理工程师汇报工程质量和进度。同时,与地方政府有关部门搞好关系,使供电、供水、供料和治安处于良好状态,以加快施工进度。

积极筹措资金,合理使用资金。当工程资金运转困难时,单位积极注入资金,保证施工连续不间断的实施,从资金上充分保证施工生产的正常进行。

(5)建立岗位责任制,使工期目标落到实处

实行“项目法”管理,项目经理对施工工期负全责。工期目标控制建立岗位责任制,签订包保责任状,明确各级管理人员的职责,完善考核及奖罚制度,实行分工负责。

(6)应用“四新”技术

施工中积极应用新技术、新工艺、新设备、新材料“四新”技术。同时,广泛开展“小发明、小创造、小革新、小建议、小改进”五小活动,充分发挥科技生产力作用。稳扎稳打,保证均衡生产。

(7)强化安全质量工作

牢固树立"百年大计,质量第一"的观念,加强施工质量管理,严格按设计、规范要求组织施工,确保工程质量一次成优,避免因质量问题延误工期。

(8)做好后勤保障工作

制订可行的特殊季节施工措施,合理安排施工顺序,落实到位。做好施工便道的维修和养护,确保施工道路晴雨、四季畅通无阻。

搞好文化、生活、卫生线的建设,注重员工的"三餐一宿",解决职工的后顾之忧。做好生活区的环境美化工作,不断增强全体员工的战斗力,提高工作效率。

(9)创造良好外部条件

主动与业主、监理单位、当地政府和群众联系,加强沟通,增进了解,取得支持。对友邻单位提供方便、互相帮助;加强与相邻标段各兄弟单位的合作,确保施工顺利进行。

9. 环境保护及文明施工措施

我们将严格执行《中华人民共和国环境保护法》、《中华人民共和国水土保持法》、当地各级政府有关环境保护的各项规章制度以及建设单位制订的环境保护和水土保持管理办法。

(1)环境保护

环境保护做到全面规划,合理布局,综合治理,化害为利。

施工用的废水、生活污水,利用临时排水系统及永久性排水设施排至污水坑内,经处理达到允许排放标准后,再进行排放。废弃物采用车辆运输的方法,整齐、合理地堆放在图纸或监理工程师指定的地方深埋覆盖。

工程用料根据具体情况,堆放在施工场地和征地线内,不影响农田耕种和污染环境。每道工序施工时做到工完料清,并对场地进行及时清理,保证施工场地整洁。

泥浆池利用完成后,将废弃泥浆挖除弃至业主指定弃渣场,换填耕植土。

(2)防护及绿化

施工便道的土质边坡视具体情况,分别采取浆砌或种植草皮等形式进行绿化。

施工驻地根据现场实际条件实施植草、种树等绿化。

(3)减少施工对周围环境的干扰和影响

尽量减少对周围居民生活的影响,避免造成环境污染;尽量减少噪声、粉尘、烟雾对居民日常生活的干扰。

避免对绿地、树木和耕地的破坏,必须占用时,依法办理临时占地手续,保证用完后恢复。

施工过程中会或多或少地干扰、影响周围居民的正常生活和生产劳动。在开工前,通过当地政府召开座谈会,利用张贴或制作标牌等宣传方式,向群众释解清楚,以求协作与支持,严格遵守群众纪律。

(4)施工现场的生活和环境卫生管理

施工现场的办公室、宿舍、食堂、仓库等临时房屋及生活区应经常清扫,保持清洁卫生,并在竣工后及时拆除或清理。

生活区和固定的生产场地设置临时厕所垃圾箱,经常打扫,保持清洁,定期消毒。

按照当地卫生防疫部门的规定,搞好防病治病,避免流行病和传染病。

(5)文明施工措施

教育全体员工遵守地方的各种法规,团结当地各族人民群众,遵纪守法,行为规范,文明礼貌,爱护当地农作物,保护当地资源;尊重各级地方政府,尊重当地人民群众,尊重民族风俗习惯;搞好路、地及友邻关系,为顺利施工创造必要的外部条件。

主动接受建设单位、监理及设计单位的监督、检查与指导。发现不足,立即整改。服从建设单位、设计单位、监理单位的组织安排和各方面的工作协调。

由项目部分别在场容、场貌、料具管理、环境控制、综合治理等方面确定责任人,采取"标准明确,责任到人"的管理目标责任制,将文明施工落到实处。

按规划布置临时施工设施,建立平面信息管理系统,对各项生产、生活设施、道路、管线、电力线路、各类物资放置场地及临时仓库实行平面动态管理,定期检查考评,有奖有罚。

在作业环境内设置必要的安全警示标志,各项施工工序实行挂牌标志的方法。

物资按类别采取库房和大棚两种方式储放,做到料架整齐划一,分区合理,产品标志正确,检验状态无遗漏。

加工机具应设防雨棚,做到机具维护到位,性能可靠,表面清洁。

建立卫生清洁责任制,划分卫生责任区域,由各责任人具体负责。

施工污水采用软管排入既有排水系统或流入规划的渗水坑、沉淀池内,杜绝无序排水,防止水土流失。

生活临建区域采用明沟排放雨水,生活废水通过地下管道排入集水坑,生活垃圾及时处理。

搞好职工宿舍文明评比活动,做到整齐、明亮、通风。

建立现场巡查保卫及值班交接记录制度,防止外部闲杂人员入内损坏成品和半成品或盗窃施工物资。

## 五、CFG 桩施工组织设计案例

### 1. 工程概况

本合同段 CFG 桩工程数量为 108 387m。其主要分布于主线、H、J 和 L 匝道,施工范围内主要有 3 个鱼塘和一处藕塘,处理范围较大。其中,主线 CFG 桩 68 408m, H 匝道 CFG 桩 28 243m, J 匝道 CFG 桩 10 440m, L 匝道 CFG 桩 1 296m。

### 2. 施工工艺流程

清理→填土整平→定位→钻机就位→成孔→提升、浇注混合料→成桩。

### 3. 施工工艺及方法

CFG 桩即为水泥粉煤灰碎石桩,施工前进行场地处理,测量定位后进行成桩试验,试验桩数量为 5 ~7 根。

(1)材料要求

对 CFG 桩的材料有严格的标准,碎石应根据施工方法,选择合理的集料级配和最大粒径;水泥选用 42.5 级普通硅酸盐水泥;粉煤灰选用不低于Ⅲ级粉煤灰。

(2)施工要求

水泥粉煤灰碎石桩施工应符合以下标准:

①桩体施工选择合理的施工顺序,避免对已成桩造成损害;

②成桩过程中,对已打桩的桩顶进行位移监测;

③混合料应拌和均匀。

在钻进过程中随时校正钻机的确位置,使沉管垂直对准桩心,保证 CFG 桩垂直度容许偏差不大于1%，平面差不大于15cm。沉管过程中做好记录，激振电流每米记录一次，对上层的变化应特别说明，直至沉管至设计高程。施工中混合料应严格按照设计配比配制，坍落度为80～100mm，碎石和石屑含杂质小于5%。成桩后桩顶浮浆不超过500 mm。料投完后，沉管应原地留振10s，然后边振边拔管。拔管速度控制在1.2～1.5m/min，在淤泥层中应放慢速度。施工桩顶高程宜高于设计高程0.5m。

桩施工时应隔行隔桩跳打，相邻桩施工时间间隔大于7d。采用从中心向外或从一边向另一边推进的方案。为防止缩颈、断桩及桩身强度不均，CFG桩沉管时间宜短，控制拔管速度在1.2～1.5m/min，不允许反插。

施工过程中，注意地面隆起及桩顶浮浆情况，必要时进行桩体静压。CFG桩地基加固完成7d后，开挖至设计高程，截去保护桩长后铺设褥垫层。CFG桩施工完成28d后，方可填筑路基。

### 4. 质量标准

CFG桩质量要求：水泥应符合设计要求；根据成桩试验确定的参数进行施工；在施工中必须隔行隔桩跳打；为了防止缩颈、断桩及桩身强度不均，CFG桩沉管时间宜短，拔管速度控制在1.2～1.5m/min，不允许反插（表3-49）。

**CFG桩质量标准** 表3-49

| 序　号 | 检 查 项 目 | 规定值或允许偏差 | 检查方法和频率 |
|---|---|---|---|
| 1 | 桩距(mm) | ±100 | 抽查3% |
| 2 | 桩径(mm) | 不小于设计 | 抽查3% |
| 3 | 桩长(m) | 不小于设计 | 查施工记录 |
| 4 | 竖直度(%) | 1 | 抽查桩数3% |
| 5 | 强度(kPa) | 不小于设计值 | 取芯法，总桩数的5% |
| 6 | 单桩和复合地基承载力 | 不小于设计值 | 成桩数的0.2%，并不少于3根 |

### 5. 资源配置

为优质按期完成本项目CFG桩施工任务，项目部根据工程工期、工程量等情况配备了各类相关专业人员（表3-50）。

**软基工程主要管理人员表** 表3-50

| 序　号 | 姓　名 | 职　务 | 备　注 |
|---|---|---|---|
| 1 | | 路基处主任工程师 | |
| 2 | | 软基工程具体负责人 | |
| 3 | | 试验负责人兼质检工程师 | |
| 4 | | 机材科长 | |
| 5 | | 测量工程师 | |
| 6 | | 资料负责人 | |
| 7 | | 施工班组长 | |
| 8 | | 机手 | |
| 9 | | 机手 | |
| 10 | | 机手 | |

CFG 桩工程主要施工机械设备、材料试验、工程测量和质检仪器见表 3-51。

**工程机械设备、材料试验、工程测量和质检仪器表** 表 3-51

| 序 号 | 机 械 名 称 | 规 格 型 号 | 单 位 | 数 量 |
|---|---|---|---|---|
| 1 | 振动沉管桩机 | DZ90 | 套 | 3 |
| 2 | 振动桩锤 | 30kW | 套 | 3 |
| 3 | 装载机 | 南骏 | 台 | 3 |
| 4 | 混凝土搅拌机 | 新津 | 台 | 3 |
| 5 | 抽水机 | $100^{3/h}$ | 台 | 3 |
| 6 | 全站仪 | 索佳 | 台 | 1 |
| 7 | 精密水准仪 | 索佳 | 台 | 3 |
| 8 | 水泥试验设备 | 沧州 | 套 | 1 |
| 9 | 水泥抗折试验机 | KZ50 | 套 | 1 |
| 10 | 水泥浆试模 | 7.07cm×7.07cm×7.07cm | 组 | 12 |
| 11 | 混凝土试模 | 15cm×15cm×15cm | 组 | 12 |
| 12 | 精密标准天平 | TP25-90 | 台 | 1 |
| 13 | 台秤 | TGT-500 | 台 | 1 |
| 14 | 水泥胶砂搅拌机 | JJ-5 | 台 | 1 |
| 15 | 水泥净浆搅拌机 | SJ-160 | 台 | 1 |
| 16 | 混凝土、砂浆振动台 | ZT96 |  | 1 |
| 17 | 干燥箱 | DB-210 | 台 | 1 |
| 18 | 混凝土维勃稠度仪 | 标准 | 台 | 1 |
| 19 | 电子称 | HP-1B | 台 | 1 |
| 20 | 电脑 | 联想 | 台 | 3 |

### 6. 质量保证措施

(1)建立以处领导负责制的现场质量保证体系

处质检科、工程科重点检查,施工班组设兼职质检员,班组设 QC 小组,形成 TQC 管理网络。

①在施工过程中,从处领导到各科室管理人员再到各施工班组要坚持"质量教育"的原则,全面推行质量管理教育,在全体施工人员中树立强烈的质量意识。

②技术保证。坚持做好 CFG 桩技术交底,使技术交底深入到施工现场,深入到施工班组施工人员心中。对关键工序,安排有经验和责任心强的人员负责。实行挂牌施工,严格按照规范和图纸施工。

③经济保证。工、料、机落实到位,质管职责分明、奖惩过硬。

(2)现场主要技术管理人员

为确保 CFG 桩质量的有效控制,项目部将成立了质量管理体系,主要负责人及其相应职责如下:

①××××××:现场 QC 小组组长,负责本工程的全面质量管理工作;

②××××××:技术主管,负责本工程质量、技术工作;

③××××××××:软基工程具体负责人,负责本工程的具体实施;

④×××××××:试验工程师,负责本工程中的原材料检验及施工过程中的抽样工作。

(3)工程施工中的主要控制措施

①严格控制施工种所需的砂、石、水泥等原材料进场这一关口,不合格的材料坚决不许进场,对进场材料严格按规范要求进行自检。

②实行质量目标管理,把质量目标层层分解,落实到施工的每一道工序上,把质量目标落实到每一个施工人员肩上。

③在工程施工技术工作中,严格执行施工技术交底制度和他人复核制度。

④施工操作上严格按招标文件和现行施工规范执行。

⑤内部质检上要严格执行现行质量验收规范。

⑥工程试验上严格执行现行试验规范。

⑦做到试验资料不充分不开工,测量放样不复核通过不开工,施工技术交底不合理、不全面不开工,技术工作不复核不开工。

⑧做到不能确保安全的施工方法不采用。

⑨质检工程师领导工地专职质检员对CFG桩进行全过程质量检查,按规定做好现场检查原始记录,每一道工序完工后进行自检,并报质检工程师复检。上一道工序验收合格后,才能进行下一道工序,不合格的项目一定要返工重做直至合格。

⑩认真负责,实事求是地做好施工原始记录。

⑪积极配合监理工程师及其代表对软基工程质量的检查验收工作。

7.安全保障措施

安全是企业的生命,也是企业发展的保障。在施工生产中,公司全体员工应严格遵守如下安全管理措施,以确保安全生产无事故:

1)统一安全的管理方针

坚持"安全第一、预防为主"的国策。在计划、施工、检查上,坚持以安全为核心,将其渗透于生产的各个环节。

2)安全管理模式

以公司安全管理委员会为指导,项目经理为主管,工地专职安全员执行日常工作的安全管理网络,确保安全管理工作有序有效地进行。

在项目部成立以项目经理为第一责任人、总工程师为第二责任人的安全生产领导小组,负责生产过程的安全工作。

3)职工的安全教育和管理

在工程开工之前,由项目经理部牵头,施工队组织对进场职工进行安全规程教育,对关键工序的工作人员严格要求其持证上岗。

4)安全管理基本措施

(1)安全用电措施

①采用通用的安全配电箱,实行一机一闸一漏电保护装置。主要配电箱均作接地,以防止其感应电伤人。

②照明线路不能与动力线路混用,钢筋木工机械、搅拌机等电动机械使用的电缆必须严格检查,不能使用绝缘性能差的或有破损的电缆。

③机械设备移位、电器检修时必须断电操作,严禁带电作业,并挂上警示牌。移位时,须有专人指挥,并有专人照看电缆,防止电缆压坏损伤。

④动电器修理电器由专业人员进行，非专业人员严禁操作。

(2)防火措施

①食堂、宿舍及机料仓库均设置灭火器，特别是油库和炸药库；

②冬季施工禁止用明火与电炉取暖；

③生活区禁止乱拉电线。

(3)施工现场操作区防护措施

①各种机械的传动外露系统均设置封闭防护罩；

②大型机械移位多垫枕木、垫平枕木、垫牢枕木，搅拌机移位将进料斗用钢链锁牢；

③吊机作业区严禁站人，在靠近居区生活区的施工作业面周围用铁丝网将其与外界隔离；

④施工危险地段(包括场所)设相应的醒目标志和标语，严禁非作业人员进入施工危险地段；

⑤高空作业要设置相应的安全网和其他安全设施。

(4)施工操作安全措施

①严格执行各种安全操作规程和安全规章制度。

②加强安全生产的宣传教育工作，做到"人人讲安全，事事讲安全，时时讲安全"。

③执行岗位责任制，加强特种作业人员的上岗培训。

④高空作业人员，一律佩戴好安全带、安全帽。

⑤起重机械、牵引机具与材料在使用前须全面检查，消除一切事故隐患。桥梁架设由专人指挥。

(5)交通安全措施

各路段车辆出入口由专人指挥，避免施工路段交通事故的发生；重型运输机械的施工通道要及时养护，避免车辆倾覆。

(6)夜间施工安全措施

施工作业面的照明要有足够的高度；合理安排施工人员，不能使其过度疲劳。

8. 文明施工及环保措施

(1)文明施工措施

①加强文明施工宣传力度，对全体施工人员进行文明施工、遵纪守法教育，创造团结、进取、友爱的工作环境；

②做好施工沿线的宣传工作，取得沿线工厂、群众及过往车辆的支持和配合；

③施工地段设立醒目的施工标志牌，做到挂牌施工。公布工程名称、开竣工工日期以及监督电话等；

④重点施工地段，工区驻地均应设置鲜明醒目的施工宣传标语及树立施工企业形象的宣传标志、宣传栏，对工程进展情况及好人、好事进行宣传报导；

⑤搞好施工现场的管理工作，做到清洁东西堆放整齐，一目了然；

⑥参加劳动人员按不同工种、不同岗位发放劳动保护用品，并做到上岗前检查；

⑦班组长以上人员及安全监督员、质检员均应配戴岗位证，实行挂牌上班；

⑧与当地群众搞好关系，防止施工队伍与当地民众产生纠纷，有事必须通过单位，有领导、有组织地解决，避免个人的不适当行为和言论；

⑨外地民工进入工地务工，需向当地劳动力管理部门办理关手续，经批准后录用；

⑩搞好施工组织项目的社会治安综合治理，对赌博、迷信、打架、偷盗等不法行为进行防范

和管理。若发生上述事件，交由当地治安管理机构处理。

为将本工程建成一条生态工程、环保工程，在施工中我们将采取一系列环保措施，以减少工程对环境的影响。

(2)施工期人员的管理

①进场后，我们将配备专职环保监督人员，负责宣传、检查本合同段的环境保护和水土保持工作，并加强对施工人员的环保意识的宣传，严格要求施工单位和施工人员文明施工。施工单位和施工人员将积极保护野生动物。

②对噪声较大的机械设备的安放应尽量远离人口密集区、学校等。

③弃土、弃料在指定位置堆放，并堆放整齐。必要时，进行植被保护和采取措施，以防水土流失造成环境和农田污染。借土区开挖后场地整平，边坡修整，并进行植被保护。

④施工中采取措施避免和减少水土流失，当发生水土或因水土流失对农田和环境造成污染时应及时处理。

⑤工程完工后，清除所有占用场地的杂物。临时工程用地在征用完土地后进行恢复，并进行植被保护。

⑥严格组织施工和管理，保护周围环境、河流、鱼塘，确保排灌系流及河边不间断和不堵塞。对于施工中损坏的水利渠道、道路，排水沟渠要及时恢复或加以接引。

⑦土方用混合料运输时，自卸汽车车箱应完整、密封。运输过程中，为防尘土扬起，应配备一定数量的洒水车，经常洒水，保护周围村民的生活环境。

⑧工区附近的居民区外围设置防尘网或设置隔尘墙，防止施工过程中对居民区的尘土污染。

9.施工进度计划安排

根据路基总体进度安排，本合同段 CFG 桩软基处理总工期为 3 个月，以 2008 年 1 月 1 日开始计算，至 2008 年 3 月 31 日完工。在施工中应协调好各匝道 CFG 桩工程的施工，发挥人员、设备等的最大效率。既要见缝插针，又不能互相干扰，并要相互提供有利条件。

10.其他需要说明事项

编制依据如下：

①湖北鄂东长江公路大桥设计文件、图纸和招投标文件；

②《公路工程技术标准》(JTG B01—2003)；

③《公路路基施工技术规范》(JTG F10—2006)；

④《公路工程质量检验评定标准》(JTG F80/1—2004)；

⑤《建筑地基处理技术规范》(JGJ 79—2002)；

⑥现场实际情况，本合同段工程任务情况，质量、工期要求；

⑦公司机械设备、技术力量、施工能力等具体情况。

# 能 力 训 练

## 第一部分 学习准备

分析案例,查阅资料和相关规范、标准,完成以下引导问题:

(1)请陈述 CFG 桩、碎石桩、塑料排水法整治软土病害的施工工艺、流程与注意事项。

(2)请陈述强夯法整治黄土病害的施工工艺、流程与注意事项。

(3)请陈述客土喷播种植技术与表水防护整治膨胀土病害的施工工艺、流程与注意事项。

(4)请陈述换填天然砂砾等方法综合整治冻土病害的施工工艺、流程与注意事项。

(5)请陈述注浆法整治高填方路堤病害的整治施工工艺、流程与注意事项。

(6)请陈述填筑、碾压土工格栅整治路基横向不均匀沉降病害的整治施工工艺、流程与注意事项。

(7)请陈述高压旋喷桩和注浆整治路基纵向不均匀沉降病害的整治施工工艺、流程与注意事项。

(8)请陈述清除危岩、危岩支顶与排水整治崩塌的施工工艺、流程与注意事项。

(9)请陈述减重和反压、排水、挡墙与植被护坡整治滑坡的施工工艺、流程与注意事项。

(10)请陈述上游绿化、中游拦截、下游排导渠整治泥石流的施工工艺、流程与注意事项。

## 第二部分 计划与实施

组内分工,参照规范、标准,根据工程实际情况,编制病害整治施工组织设计,提交施工组织设计。

## 第三部分 评价反馈

1. 学生小组内自评(表 3-52)。

**学生小组内自评标准** 表 3-52

| 考核指标 | 考核标准 | 分值 |
|---|---|---|
| 1. 工作态度 | 积极主动参与研究策划、施工组织设计方案制订、方案实施等项工作,遵守时间 | 20 |
| 2. 工作任务 | 参与组织协调、资料收集、总结、施工组织设计 | 30 |
| 3. 工作能力 | 在病害施工组织设计中表现出良好的创意和较强的工作能力,如统筹安排能力、沟通协调能力、总结或设计能力等 | 10 |
| 4. 工作业绩 | 学以致用,活学活用,取得理想的实训效果,并为小组的施工组织设计成果及其评比做出了较大贡献,汇报、回答问题 | 30 |
| 5. 合作精神 | 有良好的团队合作意识,能够与他人融洽地共处、共事,能够学习他人的优点、听取他人意见,能够与他人共享自己的经验,支持和协助他人为了共同的目标而努力工作,成功完成对其他组的指导 | 10 |

2. 教师考评(表 3-53)。

**教师考评标准**

表 3-53

| 指标 | | 考核标准 | 分值 |
|---|---|---|---|
| 团队成果 | 1. 引导问题 | 整洁、完善、正确,符合规范要求 | 20 |
| | 2. 设计 | 图文并茂,整治设计符合规范要求 | 40 |
| | 3. 成果汇报评比 | 表达清楚,回答问题正确 | 40 |
| 小组总分 | | | |

3. 学生单元成绩汇总(表 3-54)

**学生单元成绩汇总表**(单元________________)

表 3-54

| 编号 | 学号 | 学生姓名 | 个人成果 40% | 团队成绩 60% | 平均成绩 |
|---|---|---|---|---|---|
| 1 | | | | | |
| 2 | | | | | |
| 3 | | | | | |
| 4 | | | | | |
| 5 | | | | | |
| 6 | | | | | |

# 参 考 文 献

[1] 张湧,杨广庆,吕鹏,等.高等级公路路基病害分析与防治技术[M].北京:人民交通出版社,2007.
[2] 杨锡武.特殊路基工程[M].北京:人民交通出版社,2006.
[3] 王玉,任锦雄.公路工程质量通病防治指南[M].北京:人民交通出版社,2002.
[4] 马华堂,张新旺.公路工程病害分析与防治技术[M].郑州:黄河水利出版社,2003.
[5] 交通部公路司.公路工程质量通病防治指南[M].北京:人民交通出版社,2002.
[6] 陕西省公路局.公路工程八大通病分析与防治[M].北京:人民交通出版社,1999.
[7] 夏连学,赵卫平.路基路面工程[M].北京:人民交通出版社,2001.
[8] 李瑾亮.地质与土质[M].北京:人民交通出版社,1999.
[9] 高速公路丛书编委会.高速公路路基设计与施工[M].北京:人民交通出版社,1998.
[10] 铁道部第一工程局.铁路工程施工技术手册——路基[M].北京:中国铁道出版社,1994.
[11] 刘吉士,阎洪河.公路路基施工技术[M].北京:人民交通出版社,2003.
[12] 罗竟,邓廷权.路基工程现场施工技术[M].北京:人民交通出版社,2004.
[13] 俞高明.公路施工技术[M].北京:人民交通出版社,2002.
[14] 杨广庆.路基工程[M].北京:中国铁道出版社,2003.
[15] 黄兴安.市政工程质量通病防治手册[M].北京:中国建筑出版社,1999.
[16] 刘玉洁.公路环境保护与绿化[M].北京:人民交通出版社,2008.
[17] 齐丽云.工程地质[M].北京:人民交通出版社,2003.
[18] 金桃,张美珍.公路工程检测技术[M].北京:人民交通出版社,2005.
[19] 张超,郑南翔,王建设.路基路面试验检测技术[M].北京:人民交通出版社,2006.
[20] 陆春其.公路工程造价[M].北京:人民交通出版社,2007.
[21] 邢凤歧.公路工程投资估算与概、预算编制示例[M].北京:人民交通出版社,2001.
[22] 邓辉.浅谈土工格栅柔性挡墙在膨胀土路堑边坡防护加固中的应用[J].沿海企业与科技.2009(4):126-129.
[23] 李兴华.膨胀土挖方段边坡生态防护[J].中国科技博览.2009(18):216-217.
[24] 中华人民共和国行业标准.JTG B01—2003 公路工程技术标准[S].北京:人民交通出版社,2004.
[25] 中华人民共和国行业标准.JTG F10—2006 公路路基施工技术规范[S].北京:人民交通出版社,2006.
[26] 中华人民共和国行业标准.JTG F80/1—2004 公路工程质量检验评定标准(土建工程)[S].北京:人民交通出版社,2005.
[27] 中华人民共和国行业标准.JGJ 79—2002 建筑地基处理技术规范[S].北京:人民交通出版社,2002.
[28] 中华人民共和国行业标准.JTG H30—2004 公路养护安全作业规程[S].北京:人民交通出版社,2004.
[29] 中华人民共和国行业标准.JTJ 064—98 公路工程地质勘察规范[S].北京:人民交通出

版社,1998.
[30] 中华人民共和国行业标准.JTG D30—2004 公路路基设计规范[S].北京:人民交通出版社,2004.
[31] 中华人民共和国行业标准.JTJ 015—91 公路加筋土工程设计规范[S].北京:人民交通出版社,1991.
[32] 中华人民共和国行业标准.JTJ 035—91 公路加筋土工程施工技术规范[S].北京:人民交通出版社,1991.
[33] 中华人民共和国行业标准.JTJ/T 019—98 公路土工合成材料应用技术规范[S].北京:人民交通出版社,1998.
[34] 中华人民共和国行业标准.JTG E50—2006 公路工程土工合成材料试验规程[S].北京:人民交通出版社,2006.
[35] 中华人民共和国行业标准.JTJ 017—96 公路软土地基路堤设计与施工技术规范[S].北京:人民交通出版社,1997.
[36] 中华人民共和国行业标准.JTJ 076—95 公路工程施工安全技术规程[S].北京:人民交通出版社,1995.
[37] 中华人民共和国行业标准.JTG E60—2008 公路路基路面现场测试规程[S].北京:人民交通出版社,2008.